EBS 교육방송교재

인터넷 강의
검스타트
www.gumstart.co.kr

연습은 실전처럼!

2025 고졸 검정고시

실전모의고사

실전모의고사 5회 수록

KB028138

검정고시 합격을 위한 최적의 교재!

- 실전모의고사 5회 + 핵심 쏙쏙 해설 수록
- 실전 대비용 OMR 답안지 수록

시험 안내

고졸 검정고시는 부득이한 이유로 정규 고등학교 과정을 마치지 못한 사람들을 대상으로 실시하는 국가 자격 시험으로, 고졸 검정고시에 합격한 자는 고등학교를 졸업한 자와 동등한 자격을 인정받습니다.
※ 자세한 사항은 각 시 · 도별 공고문을 참고하십시오.

❶ 시행 기관

- 시 · 도 교육청 : 시행 공고, 원서 교부 및 접수, 시험 실시, 채점, 합격자 발표
- 한국교육과정평가원(KICE) : 문제 출제, 인쇄 및 배포

❷ 시험 일정*

구분	공고 기간	접수 기간	시험일	합격자 발표
제1회	1월 말 ~ 2월 초	2월 초 ~ 중순	4월 초 · 중순	5월 초 · 중순
제2회	5월 말 ~ 6월 초	6월 초 ~ 중순	8월 초 · 중순	8월 하순

※ 상기 일정은 시 · 도 교육청 협의에 따라 변경될 수 있습니다. 반드시 해당 시험 공고문을 참조하세요.

❸ 시험 과목 및 시간표

구분	1교시	2교시	3교시	4교시		5교시	6교시	7교시
시간	09:00~ 09:40	10:00~ 10:40	11:00~ 11:40	12:00~ 12:30	중식 12:30~ 13:30	13:40~ 14:10	14:30~ 15:00	15:20~ 15:50
	40분	40분	40분	30분		30분	30분	30분
시험 과목	국어	수학	영어	사회		과학	한국사	선택 과목

※ 필수 과목 : 국어, 수학, 영어, 사회, 과학, 한국사(6과목)
※ 7교시 선택 과목은 '도덕, 기술 · 가정, 체육, 음악, 미술' 중 1과목(따라서 총 7과목 응시)

❹ 출제 형식 및 배점

- 문항 형식 : 객관식 4지 택 1형
- 출제 문항 수 및 배점

구분	문항 수	배점
고졸	각 과목별 25문항(단, 수학은 20문항)	각 과목별 1문항당 4점(단, 수학은 1문항당 5점)

❺ 합격자 결정 및 취소

- 고시 합격 ➜ 각 과목을 100점 만점으로 하여 결시 없이 평균 60점 이상을 취득한 자(과락제 폐지)
- 과목 합격 ➜ 과목당 60점 이상 취득한 과목
- 합격 취소 ➜ 응시 자격에 결격이 있는 자, 제출 서류를 위조 또는 변조한 자, 부정행위자

6 응시 자격 및 제한

◆ 응시자격 및 응시과목

응시자격	응시과목
중학교 졸업자	• 국어, 수학, 영어, 사회, 과학, 한국사【필수 : 6과목】 • 도덕, 기술 · 가정, 체육, 음악, 미술【선택 : 1과목】
중학교 졸업학력 검정고시 합격자	
초 · 중등교육법시행령 제97조 · 제101조 및 제102조 해당자	
보호소년 등의 처우에 관한 법률 시행령 제69조 제3호의 규정에 의한 자	
3년제 고등기술학교 및 고등학교에 준하는 각종학교 졸업자 또는 졸업예정자	국어, 수학, 영어 【총 3과목】
3년제 직업훈련과정의 수료자	
3년제 고등기술학교 및 고등학교에 준하는 각종학교 졸업자 또는 졸업예정자, 3년제 직업훈련과정의 수료자 해당자로서 '89.11.22 이후 국가기술자격법에 의한 기능사 이상의 자격 취득자	국어, 수학 또는 영어 【총 2과목】
3년제 고등기술학교 및 고등학교에 준하는 각종학교 졸업자 또는 졸업예정자, 3년제 직업훈련과정의 수료자 해당자로서 '89.11.21 이전 국가기술자격법에 의한 기능사 이상의 자격 취득자	수학 또는 영어 【총 1과목】
만 18세 이후에 평생교육법 제23조 제2항에 따라 평가인정한 학습과정 중 고시과목에 관련된 과정을 교육부장관이 정하는 바에 따라 과목당 90시간 이상 이수한자	국어, 수학, 영어【3과목】와 미이수 과목

◆ 응시 자격 제한

- 고등학교 또는 초 · 중등교육법 시행령 제98조 제1항 제2호의 학교를 졸업한 자 또는 재학 중인 자(휴학 중인 자 포함)
- 공고일 이후 중학교 또는 초 · 중등교육법 시행령 제97조 제1항 제2호의 학교를 졸업한 자
- 고시에 관하여 부정행위를 한 자로서 2년이 경과되지 아니한 자
- 고등학교 또는 초 · 중등교육법 시행령 제98조 제1항 제2호의 학교에서 퇴학된 사람으로서 퇴학일부터 공고일까지의 기간이 6개월이 되지 않은 사람(다만, 장애인복지법에 제32조에 따라 등록한 장애인으로서 신체적 · 정신적 장애로 학업을 계속하는 것이 불가능하여 퇴학된 사람은 제외)

7 제출 서류

◆ 응시자 전원 제출 서류(공통)

- 응시원서(소정 서식) 1부(현장 접수 시, 온라인 접수 시는 전자파일 형식의 사진 1매만 필요)
- 동일한 사진 2매(탈모 상반신, 3.5㎝×4.5㎝, 응시원서 제출 전 3개월 이내 촬영)
- 본인의 해당 최종학력증명서 1부(아래 해당 서류 중 한 가지)
  - 중졸 검정고시 합격자 : 합격증서 사본(원본 지참)
  - 고등학교 재학 중 중퇴자 : 제적증명서
  - 중학교 졸업 후 상급학교 미진학자 : 상급학교 진학 여부가 표시된 '검정고시용' 중학교 졸업(졸업 예정)증명서, 미진학사실확인서

◆ 과목 면제 대상자 추가 제출 서류
- 과목합격증명서 또는 성적증명서, 평생학습이력증명서 등(이상 해당자만 제출)

◆ 장애인 시험 시간 연장 및 편의 제공 대상자 제출 서류
- 복지카드 또는 장애인등록증 사본(원본 지참), 장애인 편의 제공 신청서

8 출제 수준, 세부 출제 기준 및 방향

◆ 출제 수준
- 고등학교 졸업 정도의 지식과 그 응용 능력을 측정할 수 있는 수준

◆ 세부 출제 기준 및 방향
- 각 교과의 검정(또는 인정) 교과서를 활용하는 출제 방식
  - 가급적 최소 3종 이상의 교과서에서 공통으로 다루고 있는 내용으로 출제 (단, 국어와 영어 지문의 경우 공통으로 다루고 있는 교과서 종수와 관계없으며, 교과서 외 지문도 활용 가능)
- 문제은행(기출문항 포함) 출제 방식을 학교 급별로 차등 적용
  - 초졸 : 50% 내외, 중졸 : 30% 내외, 고졸 : 적용하지 않음.
- 출제 난이도 : 최근 5년간 평균 합격률을 고려하여 적정 난이도 유지

9 응시자 시험 당일 준비물

◆ 중졸 및 고졸

(필수) 수험표, 신분증, 컴퓨터용 수성사인펜
(선택) 아날로그 손목시계, 수정 테이프, 도시락

※ 수험표 분실자는 응시원서에 부착한 동일한 사진 1매를 지참하고 시험 당일 08시 20분까지 해당 고사장 시험 본부에서 수험표를 재교부 받을 수 있다.

※ 시험 당일 고사장에는 차량을 주차할 수 없으므로 대중교통을 이용해야 한다.

10 고졸 검정고시 교과별 출제 대상 과목

구분	교과(고시 과목)	출제범위(과목)
필수	국어	국어
	수학	수학
	영어	영어
	사회	통합사회
	과학	통합과학
	한국사	한국사
선택	도덕	생활과 윤리
	기술 · 가정	기술 · 가정
	체육	체육
	음악	음악
	미술	미술

나이스 검정고시 서비스 ×

http://kged.sen.go.kr

검정고시 온라인 원서 접수, 이렇게 해요!

※ 사전 준비 : 본인의 '공동인증서' 발급 받기

1. 온라인 접수 기간에 시 · 도 교육청의 검정고시 서비스 사이트에 접속

   http://kged.sen.go.kr

2. 검정고시 전체 서비스 메인 화면에서, 화면 왼쪽의 **검정고시 온라인 접수** 클릭

3. 왼편의 검정고시 온라인 접수에서 해당하는 '시 · 도 교육청'을 선택하여 이동

4. 상단의 〈온라인 원서 접수〉 메뉴에서 본인이 희망하는 자격의 검정고시 선택

   ☞ 해당 자격의 **원서 접수하기** 버튼을 클릭하면 '온라인 원서 접수 페이지'로 이동

5. 성명과 주민등록번호(또는 외국인등록번호)를 입력하고, 원서 접수 허위 사실 기재에 관한 안내 및 서약서와 개인식별번호 처리 동의에 체크(✓)한 뒤, **인증서 로그인**을 클릭한 후 본인의 공동인증서를 통해 로그인

6. 응시자 정보 → 학력 과목 정보 → 고사장 선택 → 접수 완료 순으로 작성

   (1) 응시자 정보에서 본인의 기본 신상 정보와 검정고시 응시 기본 정보를 입력한 후 **저장** 버튼을 클릭하여 저장 (*표시는 필수 입력 항목으로, 미입력 시 다음 순서로 진행되지 않음) → **다음** 버튼 클릭

   • 사진 파일은 100kb 크기 미만의 jpg와 gif 파일만 저장 가능

   (2) 학력 과목 정보에서 응시자 본인의 학력 정보와 과목 응시 정보를 등록, 관련된 서류를 첨부한 후 **저장** 버튼을 클릭하여 저장 → **다음** 버튼 클릭

   (3) 고사장 선택에서 금회차의 고사장이 조회되며, 고사장별 수용 인원이 도달할 때까지 응시자가 신청할 수 있음 → **다음** 버튼 클릭

   ※ 고사장을 변경할 시에는 상단의 〈원서 조회〉 메뉴에서 '3. 고사장 선택 입력 단계 화면'에서 수정

   (4) 접수 완료에서 이전 단계에서 등록했던 주요 항목을 다시 한번 확인한 후, **제출** 버튼을 클릭하여, 최종적으로 원서 제출

   ※ 입력을 완료하였으나 제출을 하지 않을 경우 오프라인으로 재접수를 해야만 응시 가능

   ※ 제출 완료한 응시원서에 수정이 필요한 경우, 〈수정후제출〉 버튼을 클릭하여 수정

7. 상단의 〈원서 조회〉 메뉴를 통해 본인이 응시한 검정고시 원서 조회 가능(공동인증서로 로그인)

8. 상단의 〈수험표 출력〉 메뉴에서 수험표 출력 가능(해당 자격의 '**수험표 출력하기**' 버튼 클릭)

   ※ 식별이 가능하도록 가급적 컬러프린터로 출력하여 시험 당일 소지할 것

이 책의 구성과 특징

최근 5개년 기출 분석

단원별 출제 빈도, 원그래프로 제시!

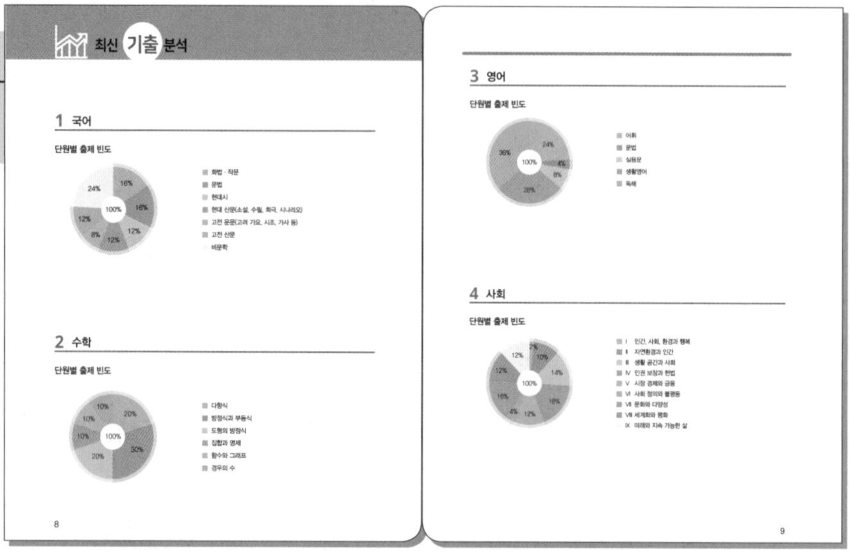

- 최근 5개년 기출문제를 면밀하게 분석하여 단원별 출제 빈도를 한눈에 알 수 있도록 원그래프로 제시
- 유의 사항 : 기출 분석에 따른 학습 포인트는 과목별 개념서 또는 핵심총정리를 참고할 것

실전용 5회분 모의고사 수록

실전보다 더 실전처럼!

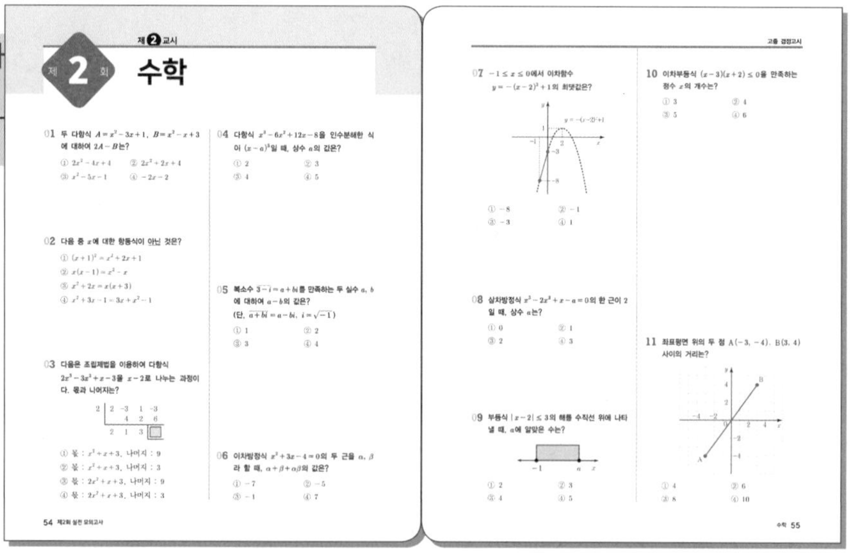

- 기출 분석을 토대로 제작한 최종 실전용 모의고사 5회분을 실제 시험 순서대로 수록
- 필수 6개 과목(국어, 수학, 영어, 사회, 과학, 한국사)과 선택 1과목(도덕)으로 구성

친절하고 상세한 해설

정답으로 직행하는 명쾌하고 알찬 해설 수록!

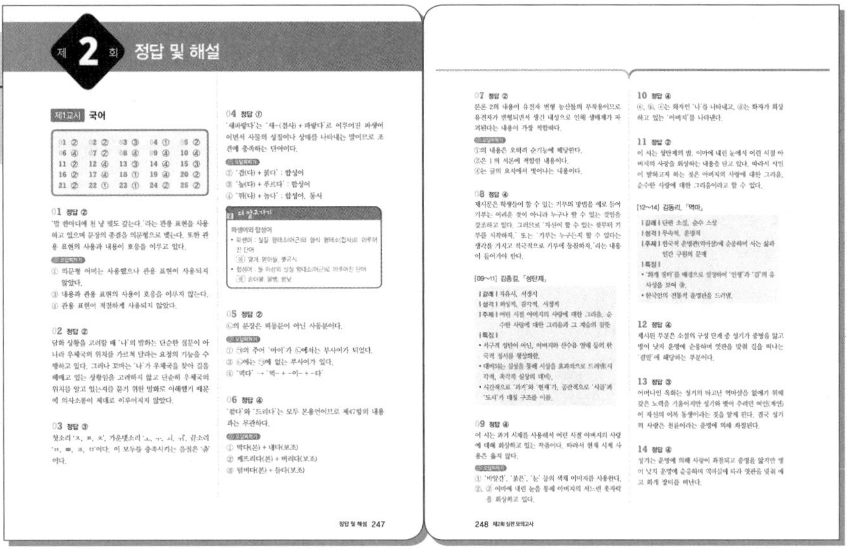

- 정답이 왜 정답인지, 오답이 왜 오답인지를 정확하게 알 수 있도록 명쾌하게 해설
- 중요하거나 이해가 잘 안 될 수 있는 부분은 선생님이 알아서 콕, 더 상세하게 해설

OMR 체크 카드

실전 대비 모의 평가용 OMR 카드 제공!

고등학교 졸업학력 검정고시 답안지

성 명 (한 글)
수 험 번 호
(1)
(2) ⓪ ① ② ③ ④ ⑤ ⑥ ⑦ ⑧ ⑨

교시	과 목 명	표기란
1		○
2		○
3		○
4		○
5		○
6		○
7		○

문항	답 란	문항	답 란	문항	답 란
1	① ② ③ ④	11	① ② ③ ④	21	① ② ③ ④
2	① ② ③ ④	12	① ② ③ ④	22	① ② ③ ④
3	① ② ③ ④	13	① ② ③ ④	23	① ② ③ ④
4	① ② ③ ④	14	① ② ③ ④	24	① ② ③ ④
5	① ② ③ ④	15	① ② ③ ④	25	① ② ③ ④
6	① ② ③ ④	16	① ② ③ ④		
7	① ② ③ ④	17	① ② ③ ④		
8	① ② ③ ④	18	① ② ③ ④		
9	① ② ③ ④	19	① ② ③ ④		
10	① ② ③ ④	20	① ② ③ ④		

※ 성명, 수험번호, 과목명 확인 후 감독관 날인.

감독관 확인란	

※ 응시자는 표기하지 마시오.

결시자 표기란	○

답안지 작성요령

1. 답안지 작성은 반드시 컴퓨터용 수성사인펜을 사용하여 다음 보기와 같이 표기합니다.
   〈보기〉 정상 답안 표기: ● 무효 처리 답안 표기: ⓥ ⊗ ⊙ ◐ ⓩ
2. 성명은 한글로 기재합니다.
3. 수험번호 (1)란은 아라비아 숫자를 쓰고, (2)란은 해당번호에 ● 표기 합니다.
4. 과목명 란은 해당교시 과목명을 한글로 기재하고 ● 표기 합니다.
5. 답안지에 낙서를 하거나 긁거나 구기면 안 됩니다.
6. 수정액(수정스티커)을 사용하거나 2개 이상 표기한 문항은 무효 처리 됩니다.

- 기출문제를 실전 대비 모의고사용으로 활용할 수 있도록 OMR 체크 카드를 교재 끝에 수록
- 유의 사항 : 체크 펜도 반드시 컴퓨터용 수성사인펜을 사용할 것

1 국어

단원별 출제 빈도

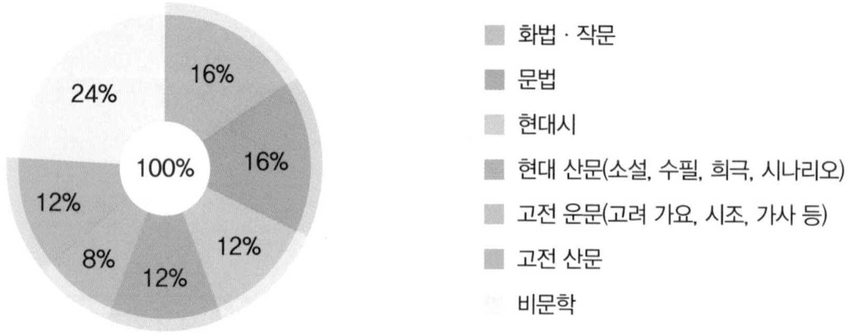

2 수학

단원별 출제 빈도

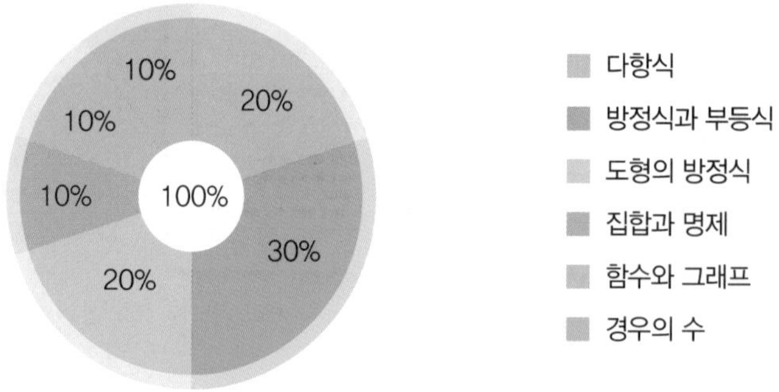

3 영어

단원별 출제 빈도

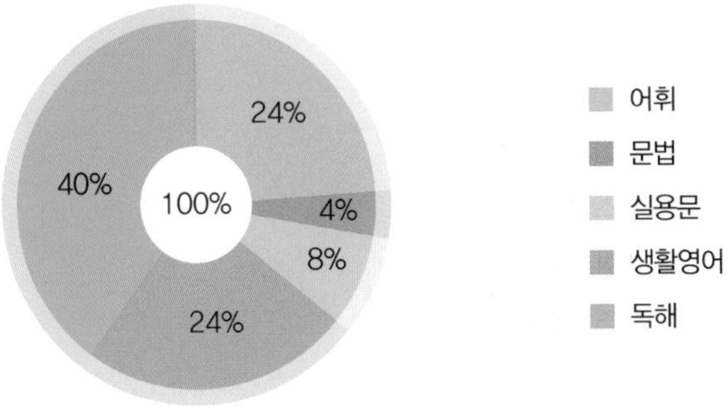

4 사회

단원별 출제 빈도

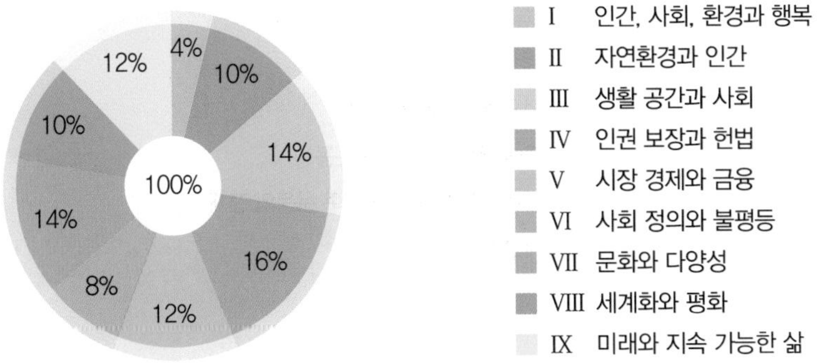

5 과학

단원별 출제 빈도

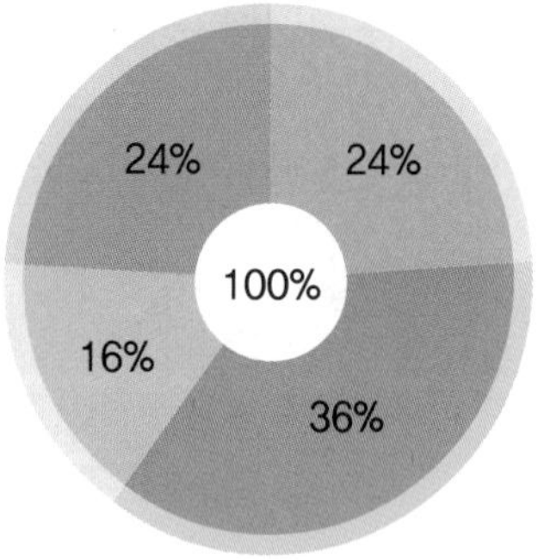

- 물질과 규칙성
- 시스템과 상호 작용
- 변화와 다양성
- 환경과 에너지

6 한국사

단원별 출제 빈도

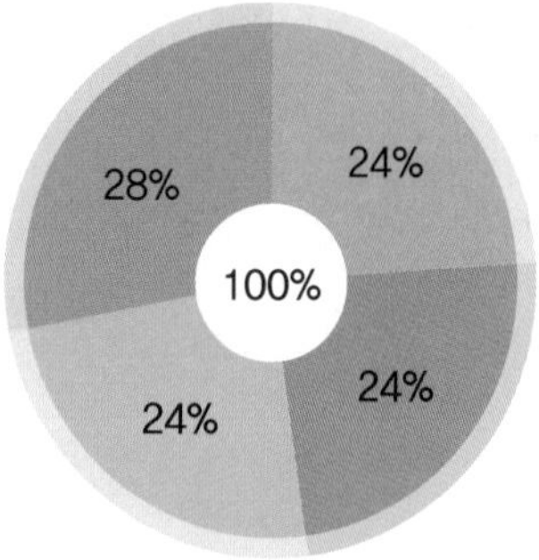

- 전근대 한국사의 이해
- 근대 국민 국가 수립 운동
- 일제 식민지 지배와 민족 운동의 전개
- 대한민국의 발전

7 도덕

단원별 출제 빈도

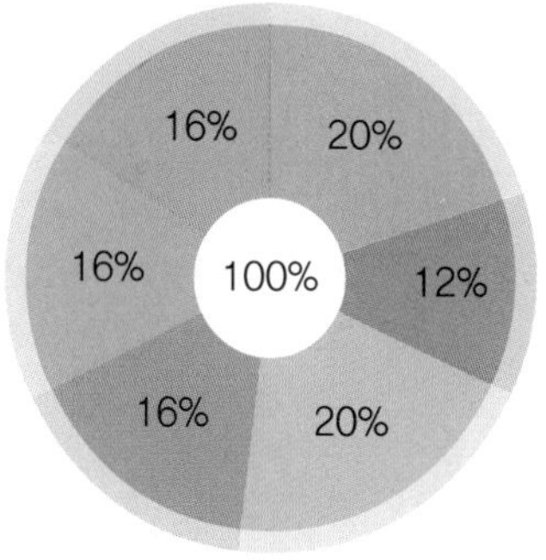

5개년 기출문제에서 반복적으로 출제되고 있는 주제 20

1	응용 윤리	2	공리주의	3	의무론	4	롤스의 정의론
5	인권	6	인간 중심주의	7	청렴	8	상부상조 전통
9	사회 윤리	10	생명외경	11	윤리적 성찰	12	사이버 폭력
13	무위자연	14	정명 사상	15	통일 비용	16	해외 원조
17	양성평등	18	윤리적 소비	19	배려 윤리	20	하버마스

차례

제1회 실전 모의고사

제2회 실전 모의고사

제3회 실전 모의고사

제4회 실전 모의고사

제5회 실전 모의고사

실전 모의고사 정답 및 해설

100% 합격을 위한 나만의 학습 계획

◆『고졸 검정고시 실전 모의고사』 학습 진도표

구분		진도 체크(✓)*		
		1회	2회	3회
제1회 실전 모의고사	제1교시 국어			
	제2교시 수학			
	제3교시 영어			
	제4교시 사회			
	제5교시 과학			
	제6교시 한국사			
	제7교시 도덕			
제2회 실전 모의고사	제1교시 국어			
	제2교시 수학			
	제3교시 영어			
	제4교시 사회			
	제5교시 과학			
	제6교시 한국사			
	제7교시 도덕			
제3회 실전 모의고사	제1교시 국어			
	제2교시 수학			
	제3교시 영어			
	제4교시 사회			
	제5교시 과학			
	제6교시 한국사			
	제7교시 도덕			
제4회 실전 모의고사	제1교시 국어			
	제2교시 수학			
	제3교시 영어			
	제4교시 사회			
	제5교시 과학			
	제6교시 한국사			
	제7교시 도덕			

구분		진도 체크(✓)*		
		1회	2회	3회
제**5**회 실전 모의고사	제1교시 국어			
	제2교시 수학			
	제3교시 영어			
	제4교시 사회			
	제5교시 과학			
	제6교시 한국사			
	제7교시 도덕			

*1회는 첫 모의 평가 시, 2회는 복습 시(두 번째 모의 평가 시), 3회는 최종 점검 시(최종 모의 평가 시) 표시해 주세요(평가 회차 사이에 시간적 간격을 넉넉하게 둘 것, 적어도 한 달 이상). 또 반드시 **평가 점수**까지 적어 합격 여부(60점 이상 획득 시)와 성적 변화 추세를 확인하세요.

당부 사항 복습을 위해 적어도 첫 번째와 두 번째 모의 평가 시까지는 문제지에 정답을 표시하지 말고 본 교재 끝에 첨부한 OMR 체크 카드를 사용하시기 바랍니다(컴퓨터용 수성사인펜 사용). 또 모의 평가를 할 때는 시험 시간은 물론 과목 순서까지 실제 시험과 같은 조건을 갖추어 놓고 치를 것을 권합니다. 그래야 실전 감각을 더 키울 수 있습니다. 또 기출문제집의 기출문제까지 합쳐 전체 모의 평가 계획을 잡아보는 것도 좋습니다. 이럴 경우 기출문제들을 먼저 풀어본 다음에 실전 모의고사들을 치르는 순서로 진행하시기를 권합니다.

◆ 시리즈 전체 공부 순서

Type 1 ① 과목별 개념서 ➜ ② 핵심 총정리(개념서 학습 정리용으로 활용) ➜ ③ 기출문제집 ➜ ④ 실전 모의고사 ➜ ⑤ 과목별 개념서 혹은 핵심 총정리로 최종 정리 [권장]

Type 2 ① 핵심 총정리(예습용으로 활용) ➜ ② 과목별 개념서 ➜ ③ 기출문제집 ➜ ④ 실전 모의고사 ➜ ⑤ 과목별 개념서 혹은 핵심 총정리로 최종 정리 [하위권 수험생]

Type 3 ① 기출문제집 ➜ ② 과목별 개념서 ➜ ③ 핵심 총정리 ➜ ④ 실전 모의고사 ➜ ⑤ 과목별 개념서 혹은 핵심 총정리로 최종 정리 [상위권 수험생]

고졸 검정고시

실전모의고사

고졸 검정고시

실전 모의고사

제 1 회

제1교시 국어
제2교시 수학
제3교시 영어
제4교시 사회
제5교시 과학
제6교시 한국사
제7교시 도덕

고졸 검정고시

실전 모의고사

제 1 회 국어

01 다음의 대화가 제대로 이루어지지 않은 이유로 적절한 것은?

> 선유 : 난 사랑구에 사는데, 넌 어디 사니?
> 진우 : 난 대한민국 행복시 수정구 중앙로 ○○아파트 ○동 ○○○호에 살아. 우리 동네에는 공원도 많고, 산도 있어서 주말마다 등산하는 사람이 많아.

① 지나치게 많은 양의 대화를 제공한다.
② 대화의 맥락에 맞지 않은 정보를 제공한다.
③ 모호한 표현이나 중의적인 표현을 사용한다.
④ 상대방에게 부담을 주는 표현을 많이 사용하였다.

02 다음 ㉠에 들어갈 공감하며 말하기로 적절한 것은?

① 훗, 그게 네 실력인 걸 어쩌겠니.
② 세 문제 틀렸다고 자랑하는 거니?
③ 너 열심히 하는 것 나도 봤는데 너무 속상하겠다.
④ 다음에 잘 보면 되지, 떡볶이나 먹으러 가자!

03 다음 규정이 적용되지 않는 것은?

> **한글 맞춤법**
> **제5항** 한 단어 안에서 뚜렷한 까닭 없이 나는 된소리는 다음 음절의 첫소리를 된소리로 적는다.

① 어깨 ② 잔뜩
③ 살짝 ④ 깍두기

[04~05] 다음 글을 읽고 물음에 답하시오.

> ㉠ 불·휘 기·픈 남·ᄀᆞᆫ ᄇᆞᄅᆞ·매 아·니 :뮐·ᄊᆡ
> ㉡ 곶 :됴·코 ㉢ 여·름 ·하ᄂᆞ·니
> :ᄉᆡ·미 기·픈 ·므·른 ·ᄀᆞᄆᆞ·래 아·니 그
> ·츨·ᄊᆡ
> :내·히 이·러 ㉣ 바·ᄅᆞ·래 ·가ᄂᆞ·니

04 윗글에서 밑줄 친 ㉠~㉣의 의미로 옳지 않은 것은?

① ㉠ : 뿌리 ② ㉡ : 꽃
③ ㉢ : 여름 ④ ㉣ : 바다

05 윗글에 나타난 표기의 특징으로 적절하지 않은 것은?

① 이어적기가 사용되었다.
② 어두 자음군이 사용되었다.
③ 모음조화가 지켜지고 있다.
④ 방점으로 성조를 나타내었다.

06 **다음 밑줄 친 부분의 피동 표현이 바르게 된 것은?**

① 오늘 안색이 안 좋은 것처럼 보여진다.
② 공부의 신이라 불려지는 친구가 있었다.
③ 이 문제는 매우 어려워서 잘 풀려지지 않는다.
④ 연휴 첫날인지라 이른 아침부터 도로가 막혔다.

07 **다음은 '동물보호법'을 주제로 한 토론의 일부이다. ㉠에 들어갈 말로 가장 적절한 것은?**

> 학생 1 : 저는 동물보호법 도입에 찬성합니다. 동물들의 눈빛을 보신 적 있으신가요? 그들도 고통과 감정을 느끼고 있습니다.
> 학생 2 : ㉠
> 실제로 실험에 이용되는 동물에는 '실험동물에 관한 법률'이 적용됩니다. 실험동물에 관한 법률은 생명 과학의 발전과 국민보건 향상에 이바지하기 위한 목적을 갖고 있는 법으로서 동물실험을 목적으로 사용되는 실험동물의 실험 또는 그 과학적 절차 등을 규정하고 있습니다.

① 감정에 호소하는 근거는 타당하지 않습니다.
② 성급한 일반화의 오류입니다.
③ 논점을 벗어난 내용입니다.
④ 의도를 확대하는 오류입니다.

[08~09] 다음 글을 읽고 물음에 답하시오.

> (가) 가시리 ㉠ 가시리잇고 나는
> 버리고 가시리잇고 나는
> 위 증즐가 대평성대
>
> (나) 날러는 어찌 살라 하고
> 버리고 가시리잇고 나는
> 위 증즐가 대평성대
>
> (다) ㉡ 잡사와 두어리마나는
> 선하면 ㉢ 아니 올세라
> 위 증즐가 대평성대
>
> (라) 설온 님 보내옵나니 나는
> ㉣ 가시는 듯 돌아오소서 나는
> 위 증즐가 대평성대

08 **밑줄 친 ㉠~㉣의 해석이 옳지 않은 것은?**

① ㉠ : 가시렵니까
② ㉡ : 붙잡아 두고 싶지만
③ ㉢ : 올까봐 두렵습니다.
④ ㉣ : 가시자마자 곧

09 **(다)와 관련된 화자의 정서로 가장 알맞은 것은?**

① 감정의 절제와 체념
② 이별의 확인과 안타까움
③ 슬픔의 고조
④ 재회에 대한 소망과 기원

[10~12] 다음 글을 읽고 물음에 답하시오.

> 우리가 ㉠ 물이 되어 만난다면
> 가문 어느 집에선들 좋아하지 않으랴.
> 우리가 키 큰 나무와 함께 서서
> 우르르 우르르 비 오는 소리로 흐른다면.
>
> 흐르고 흘러서 저물녘엔
> 저 혼자 깊어지는 강물에 누워
> 죽은 나무뿌리를 적시기도 한다면.
> 아아, 아직 처녀인
> 부끄러운 바다에 닿는다면.
>
> 그러나 지금 우리는
> 불로 만나려 한다.
> 벌써 숯이 된 뼈 하나가
> 세상에 불타는 것들을 쓰다듬고 있나니.
>
> 만 리 밖에서 기다리는 그대여
> 저 불 지난 뒤에
> 흐르는 물로 만나자.
> 푸시시 푸시시 불 꺼지는 소리로 말하면서
> 올 때는 인적 그친
> 넓고 깨끗한 하늘로 오라.
>
> – 강은교, 「우리가 물이 되어」 –

10 윗글에 대한 설명으로 적절하지 않은 것은?

① 대립적인 시어를 사용하여 시상을 전개한다.
② 반어법을 통해 주제를 강조한다.
③ 가정법의 형태로 소망을 드러낸다.
④ 명령 표현으로 간절함을 제시하고 있다.

11 ㉠의 시어가 드러내지 않는 것은?

① 포용 ② 정화
③ 소멸 ④ 생명력

12 다음 중 1연의 '가문 어느 집'과 성격이 유사한 시어로 알맞은 것은?

① 비 오는 소리
② 죽은 나무뿌리
③ 부끄러운 바다
④ 숯이 된 뼈

13 다음에 드러난 주장의 근거로 적절한 것을 〈보기〉에서 모두 고른 것은?

> 올바른 팬덤 문화는 청소년들의 건전한 문화 향유 방법이다.

> 보기
> ㄱ. 팬덤은 문화 세력으로서 사회에 참여하고 있다.
> ㄴ. 팬덤은 사회적인 문제에 관심을 가지는 방향으로 발전되었다.
> ㄷ. 팬덤 활동 시 정서적인 안정감, 스트레스 해소, 삶의 활력을 얻을 수 있다.

① ㄱ ② ㄱ, ㄴ
③ ㄱ, ㄷ ④ ㄱ, ㄴ, ㄷ

[14~16] 다음 글을 읽고 물음에 답하시오.

(가) "장인님! 인젠 저……."

내가 이렇게 뒤통수를 긁고, 나이가 찼으니 성례를 시켜 줘야 하지 않겠느냐고 하면, 그 대답은 늘,

"이 자식아! 성례구 뭐구 미처 자라야지!"

하고 만다.

이 자라야 한다는 것은 내가 아니라 장차 내 안해가 될 점순이의 키 말이다.

내가 여기에 와서 돈 한 푼 안 받고 일하기를 삼 년 하고 꼬박이 일곱 달 동안을 했다. 그런데도 미처 못 자랐다니까 이 키는 언제야 자라는 겐지 짜장 영문 모른다. 일을 좀 더 잘해야 한다든지, 혹은 밥을(많이 먹는다고 노상 걱정이니까) 좀 덜 먹어야 한다든지 하면 나도 얼마든지 할 말이 많다. 허지만, 점순이가 안죽 어리니까 더 자라야 한다는 여기에는 어째 볼 수 없이 고만 벙벙하고 만다.

(나) 실토이지 나는 점순이가 아츰상을 가지고 나올 때까지는 오늘은 또 얼마나 밥을 담었나 하고 이것만 생각했다. 상에는 된장찌개하고 간장 한 종지, 조밥 한 그릇, 그리고 밥보다 더 수부룩하게 담은 산나물이 한 대접, 이렇다. 나물은 점순이가 틈틈이 해 오니까 두 대접이고 네 대접이고 멋대루 먹어도 좋으나, 밥은 장인님이 한 사발 외엔 더 주지 말라고 해서 안 된다. 그런데 점순이가 그 상을 내 앞에 나려놓며 제 말로 지껄이는 소리가,

"구장님한테 갔다 그냥 온담 그래!"

하고 엊그제 산에서와 같이 되우 쫑알거린다. 딴은 내가 더 단단히 덤비지 않고 만 것이 좀 어리석었다, 속으로 그랬다. 나도 저쪽 벽을 향하야 외면하면서 내 말로,

"안 된다는 걸 그럼 어떡헌담!"

하니까,

"쇰을 잡아채지 그냥 둬, 이 바보야!"

하고 또 얼굴이 빨개지면서 성을 내며 안으로 샐죽하니 튀들어가지 않느냐. 이때 아무도 본 사람이 없었게 망정이지, 보았다면 내 얼굴이 에미 잃은 황새 새끼처럼 가여웁다 했을 것이다.

(다) 한번은 장인님이 헐떡헐떡 기어서 올라오드니 내 바지가랭이를 요렇게 노리고서 담박 웅켜잡고 매달렸다. 악, 소리를 치고 나는 그만 세상이 다 팽그르 도는 것이,

"빙장님! 빙장님! 빙장님!"

"이 자식! 잡아먹어라. 잡아먹어!"

"아! 아! 할아버지! 살려 줍쇼, 할아버지!"

하고 두 팔을 허둥지둥 내절 적에는 이마에 진땀이 쭉 내솟고 인젠 참으로 죽나 보다 했다. 그래두 장인님은 놓질 않드니 내가 기어히 땅바닥에 쓰러져서 거진 까무러치게 되니까 놓는다. 더럽다, 더럽다. 이게 장인님인가? 나는 한참을 못 일어나고 쩔쩔맸다. 그러나 얼굴을 드니(눈에 참 아무것도 보이지 않었다.) 사지가 부르르 떨리면서 나도 엉금엉금 기어가 장인님의 바지가랭이를 꽉 웅키고 잡아나꿨다.

(라) "아! 아! 이놈아! 놔라, 놔, 놔……."

장인님은 헷손질을 하며 솔개미에 챈 닭의 소리를 연해 질렀다. 놓긴 왜, 이왕이면 호되게 혼을 내 주리라 생각하고 짓궂이 더 댕겼다마는, 장인님이 땅에 쓰러져서 눈에 눈물이 피잉 도는 것을 알고 좀 겁도 났다.

"할아버지! 놔라, 놔, 놔, 놔, 놔놔."

그래도 안 되니까,

"애, 점순아! 점순아!"

이 악장에 안에 있었든 장모님과 점순이가 헐레벌떡하고 단숨에 뛰어나왔다.

나의 생각에 장모님은 제 남편이니까 역성을 할는지도 모른다. 그러나 점순이는 내 편을 들

어서 속으로 고수해서 하겠지……. 대체 이게 웬 속인지(지금까지도 난 영문을 모른다.), 아버질 혼내 주기는 제가 내래 놓고 이제 와서는 달겨들며
"에그머니! 이 망할 게 아버지 죽이네!"
하고 내 귀를 뒤로 잡어댕기며 마냥 우는 것이 아니냐. 그만 여기에 기운이 탁 꺾이어 나는 얼빠진 등신이 되고 말었다. 장모님도 덤벼들어 한쪽 귀마저 뒤로 잡아채면서 또 우는 것이다.
이렇게 꼼짝 못하게 해 놓고 장인님은 지게막대기를 들어서 사뭇 나려조겼다. 그러나 나는 구태여 피할랴지도 않고 암만해도 그 속 알 수 없는 점순이의 얼굴만 멀거니 들여다보았다.
"이 자식! 장인 입에서 할아버지 소리가 나오도록 해?"

– 김유정, 「봄 · 봄」 –

14 윗글에 대한 설명으로 적절하지 않은 것은?

① 전지적 작가 시점이다.
② 주인공 '나'는 어리숙한 성격이다.
③ 장인은 거칠며 금전적으로 인색한 인물이다.
④ 토속어를 사용하여 향토적인 느낌을 내고 있다.

15 윗글에 드러난 갈등의 구조를 아래와 같이 도식화했을 때, (가)와 (나)에 들어갈 말로 가장 알맞은 것은?

갈등의 원인		갈등을 해결 못하는 표면적 이유
(가)	------	(나)

	(가)	(나)
①	성례	성격 차이
②	성례	성례 비용
③	성례	점순이의 키
④	노동 임금	가난한 장인의 처지

16 윗글의 주제로 가장 적절한 것은?

① 일제 강점기 농촌 사람들의 고단한 삶
② 데릴사위와 점순이의 애틋한 사랑이야기
③ 데릴사위제도의 비판과 마름의 긍정적 삶의 이야기
④ 어리숙한 데릴사위와 그를 이용한 교활한 장인 간의 해학적 갈등

[17~19] 다음 글을 읽고 물음에 답하시오.

하루 종일 푸른 산 더운 볕에 위아래로 펼쳐진 밭이며 너른 들에 혹시라도 콩알이 있을 법하니 한 번 주우러 가 볼거나.

이때 장끼 한 마리 당홍대단 두루마기에 초록궁초 깃을 달아 흰 동정 씻어 입고 주먹 같은 옥관자에 꽁지 깃털 만신 풍채 장부 기상 좋을씨고. 까투리의 치장을 볼라치면 잔 누비 속저고리 폭폭이 잘게 누벼 위아래로 고루 갖추어 입고 아홉 아들과 열두 딸을 앞세우고 뒤세우며,

"어서 가자, 바삐 가자! 질펀한 너른 들에 줄줄이 퍼져서 너희는 저 골짜기 줍고 우리는 이 골짜기 줍자꾸나. 알알이 콩을 줍게 되면 사람의 공양을 부러워하여 무엇하랴. 하늘이 낸 만물이 모두 저 나름의 녹(祿)이 있으니 한 끼의 포식도 제 재수라."

하면서, 장끼와 까투리가 들판에 떨어져 있는 콩알을 주으러 들어가다가, ⓐ <u>붉은 콩 한 알</u>이 덩그렇게 놓여 있는 것을 장끼가 먼저 보고 눈을 크게 뜨며 말하기를,

"어허, 그 콩 먹음직스럽구나! 하늘이 주신 복을 내 어찌 마다하랴? 내 복이니 어디 먹어 보자."

옆에서 이 모양을 지켜보고 있던 까투리는, 어떤 불길한 예감이 들어서,

"아직 그 콩 먹지 마오. 눈 위에 사람 자취가 수상하오. 자세히 살펴보니 입으로 훌훌 불고 비로 싹싹 쓴 흔적이 심히 괴이하니, 제발 덕분 그 콩 일랑 먹지 마오."

"자네 말은 미련하기 그지없네. 이 때를 말하자면 동지섣달 눈 덮인 겨울이라. 첩첩이 쌓인 눈이 곳곳에 덮여 있어 천산에 나는 새 그쳐 있고, 만경에 사람의 발길이 끊겼는데 사람의 자취가 있을까 보냐?"

〈중략〉

장끼 고집 끝끝내 굽히지 아니하니 까투리 할 수 없이 물러났다. 그러자 장끼란 놈 얼룩 장목 펼쳐 들고 꾸벅꾸벅 고개짓하며 조츰조츰 콩을 먹으러 들어가는구나. 반달 같은 혓부리로 콩을 꽉 찍으니 두 고패 둥그러지며 머리 위에 치는 소리 박랑사 중에 저격시황하다가 버금수레 맞히는 듯 와지끈 뚝딱 푸드드득 푸드드득 변통 없이 치었구나.

이 꼴을 본 까투리 기가 막히고 앞이 아득하여,

"저런 광경 당할 줄 몰랐던가, 남자라고 여자 말 잘 들어도 패가(敗家)하고 계집 말 안 들어도 망신하네."

하면서, ㉠ <u>위아래 넓은 자갈밭에 자락 머리 풀어 헤치고 당글당글 뒹굴면서 가슴 치고 일어나 앉아 잔디풀을 쥐어뜯어 가며 애통해하고 두 발을 땅땅 구르면서 성을 무너뜨릴 듯이 대단히 절통해한다.</u> 아홉 아들 열두 딸과 친구 벗님네들이 불쌍하다 탄식하며 조문 애곡하니 가련공산 낙목천에 울음 소리뿐이었다.

– 작자 미상, 「장끼전」 –

17 윗글의 밑줄 친 ⓐ에 대한 설명으로 옳지 <u>않은</u> 것은?

① 장끼와 까투리의 갈등을 유발한다.
② 장끼의 죽음과 직접적인 연관이 있다.
③ 장끼와 까투리의 고민을 해결해 준다.
④ 장끼와 까투리는 서로 다른 견해를 보이게 된다.

18 윗글의 표현상 특징으로 적절하지 <u>않은</u> 것은?

① 다양한 음성 상징어가 사용된다.
② 의인법을 사용해 주제를 형상화한다.
③ 공간의 이동에 따라 이야기가 전개된다.
④ 판소리 사설의 느낌이 남아 있다.

19 ㉠에서 드러난 까투리의 심리와 가장 가까운 것은?

① 비분강개(悲憤慷慨)
② 간담상조(肝膽相照)
③ 견물생심(見物生心)
④ 교언영색(巧言令色)

[20~22] 다음 글을 읽고 물음에 답하시오.

> 과거의 기온 상승을 대기-해양 결합 모델로 추정한 결과, 실제 관측 기온과 상당히 차이가 벌어졌다. 그런데 이 모델에 탄소 순환 모델을 ㉠ <u>결합</u>하여 추정해 보았더니 관측한 기온과 훨씬 잘 부합하였다. 탄소 순환은 생물권을 중심으로 한 ㉡ <u>순환</u>이다. 이러한 과학적 탐구로 보아 생물권은 기후 변화에 크게 관여하고 있음을 알 수 있다. 그런데 현재처럼 이산화탄소 배출량이 계속 증가하면 2070년대 이후 생물권은 탄소의 흡수원에서 배출원으로 전환한다는 연구 결과가 있어 기후를 온화하게 하는 생물권의 역할이 오히려 ㉢ <u>전도</u>될 가능성이 있다. 이산화탄소 배출량을 감축해야 한다는 당위성이 여기에 있는 것이다.
>
> 현재 지구는 급속히 온난화되고 있다. 원인은 화석 연료에서 나오는 이산화탄소 농도의 증가 때문이다. 인간 활동으로 배출된 이산화탄소 가운데 3분의 1 이상을 생물권이 흡수하여 온난화를 완화하고 있다. 생물권 중에서도 숲의 역할이 가장 크다. 숲의 면적을 넓히고 생물 다양성을 유지하며 숲을 ㉣ <u>보존</u>해야 온난화의 피해를 줄일 수 있다. 생물권이 지니는 대체 불가의 생태계 서비스로 지구 온난화가 더 이상 진행되지 않도록 막는 길만이 인류의 미래를 보장할 것이다.
>
> – 김준호, 「지구 온난화에 맞서는 생태계」 –

20 윗글의 내용으로 적절하지 <u>않은</u> 것은?

① 이산화탄소의 배출량 증가는 생태계에 악영향을 준다.
② 화석 연료는 이산화탄소 배출량에 많은 영향이 있다.
③ 다양한 생물이 사는 생태계는 온난화에 피해를 끼친다.
④ 숲은 온난화로 인해 생태계가 훼손되는 것을 막아 준다.

21 윗글과 가장 잘 어울리는 속담은?

① 소 잃고 외양간 고친다.
② 가는 말이 고와야 오는 말이 곱다.
③ 금강산도 식후경이다.
④ 죽은 나무에 꽃이 핀다.

22 ㉠~㉣의 사전적 의미로 적절하지 <u>않은</u> 것은?

① ㉠ 결합(結合) : 둘 이상의 사물이나 사람이 서로 관계를 맺어 하나가 됨.
② ㉡ 순환(循環) : 주기적으로 자꾸 되풀이하여 돎.
③ ㉢ 전도(傳道) : 도리를 세상에 널리 알림.
④ ㉣ 보존(保存) : 잘 보호하고 간수하여 남김.

[23~25] 다음 글을 읽고 물음에 답하시오.

이대로는 안 된다. 폐기물 관리에서 가장 중요한 건 '감량'이다. 재이용, 재활용, 자원 회수 이전에 나날이 늘어나는 발생량 자체를 줄이는 것이 가장 먼저다. 거리 곳곳에 생겨난 커피 전문점에서는 종이컵 사용이 기본이다. 매장 안에서도 플라스틱 뚜껑을 닫은 종이컵을, 그것도 마분지 홀더 ㉠로 끼워서 쓴다. 매장 밖으로 가져가니 종이컵에 담아달라고 ㉡ <u>부탁하는게</u> 아니라 매장 안에서 마실 거니 머그잔에 담아달라고 따로 요청해야 한다. 언제부터인가 찬 음료를 담은 플라스틱 용기에도 홀더를 ㉢ <u>끼어</u> 쓴다. 냉장고에 진열된 병 주스를 사도 따로 플라스틱 용기에 얼음을 담아준다. 텀블러를 사용하면 할인 혜택을 주는 매장도 있지만 모두 그런 것도 아니다. 비가 올 때면 곳곳에선 일회용 비닐봉지가 으레 사용된다. 보고 버릴 영수증도, 휴대전화로 문자 ㉣ <u>메시지</u>가 오지만, 매번 출력된다. 이제 이런 게 일상이고 문화가 되어버렸다.

－윤순진, 「일회용품 사용, 이대론 안 된다」－

23 윗글을 고쳐 쓴 것으로 적절하지 <u>않은</u> 것은?

① ㉠ : 문맥상 어울리지 않는 조사이므로 '까지'로 고쳐 쓴다.
② ㉡ : 의존명사는 띄어 써야 하므로 '부탁하는 게'로 고쳐 쓴다.
③ ㉢ : 기본형이 '끼우다'이므로 '끼워'로 쓰는 것이 옳다.
④ ㉣ : 외래어 표기법에 따라 '메세지'로 쓰는 것이 옳다.

24 윗글의 내용 전개 방식으로 적절한 것은?

① 생활 속 다양한 예를 들어 이해를 돕고 있다.
② 비유법을 통해 생생하게 표현하고 있다.
③ 역설법을 이용해 자신의 주장을 강조한다.
④ 설문 결과를 제시해 신뢰성을 높인다.

25 윗글에서 유추할 수 있는 환경 보호 방법으로 적절한 것은?

① 양치질을 할 때 물을 잠근다.
② 대중교통을 이용하거나 가까운 거리는 걸어 다닌다.
③ 장을 보러 갈 때는 장바구니를 준비한다.
④ 식사 준비를 할 때는 음식물 쓰레기가 발생하지 않도록 적정량을 준비한다.

제 2 교시

제 1 회

수학

01 두 다항식 $A=x^2-3x+4$, $B=3x+1$에 대하여 $A+B$는?

① x^2-6x+3　② x^2+5
③ x^2+3x+1　④ x^2+3

02 등식 $ax^2+2x+1=2x^2+2x+1$이 x에 대한 항등식일 때, 상수 a의 값은?

① 1　② 2
③ 3　④ 4

03 다항식 x^3+2x^2+ax+1이 $x+1$로 나누어떨어질 때, 상수 a의 값은?

① -2　② -1
③ 1　④ 2

04 다항식 x^3+4^3을 인수분해한 식이 $(x+4)(x^2-ax+16)$일 때, 상수 a의 값은?

① 2　② 3
③ 4　④ 5

05 다음 등식을 만족하는 실수 a, b의 값은? (단, $i=\sqrt{-1}$)

$$(a+1)-i=3+bi$$

① $a=2$, $b=1$
② $a=2$, $b=-1$
③ $a=3$, $b=1$
④ $a=3$, $b=-1$

06 다음 이차방정식 중에서 서로 다른 두 실근을 갖는 것은?

① $x^2+2x-3=0$
② $x^2+1=0$
③ $x^2-4x+4=0$
④ $x^2+x+2=0$

07 $-3 \le x \le 2$에서 이차함수 $y=(x+1)^2-6$의 최솟값과 최댓값의 합을 구하면?

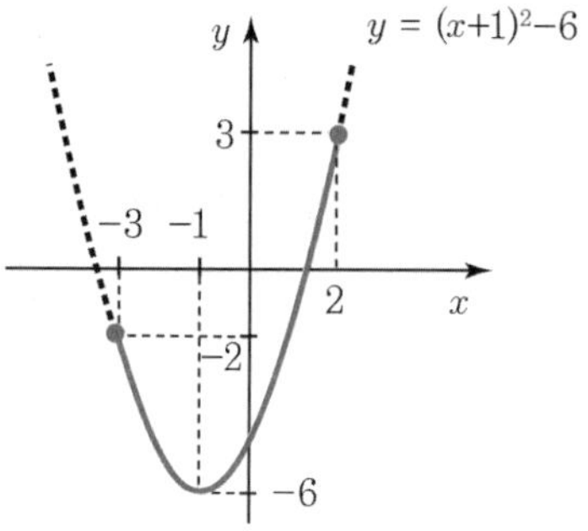

① -6 ② -2
③ 3 ④ -3

08 연립방정식 $\begin{cases} x+y=-1 \\ y+z=3 \\ z+x=2 \end{cases}$ 의 해가 $x=-1$, $y=a$, $z=b$일 때, 두 상수 a, b에 대하여 $a-b$의 값은?

① -4 ② -3
③ -2 ④ -1

09 연립부등식 $\begin{cases} x-8 \le -3x \\ x > -x-2 \end{cases}$의 해가 $-1 < x \le a$일 때, 상수 a의 값은?

① 2 ② 3
③ 4 ④ 5

10 이차부등식 $(x+2)(x-1) \ge 0$의 해를 수직선 위에 나타낸 것은?

① 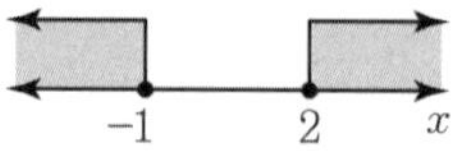

② 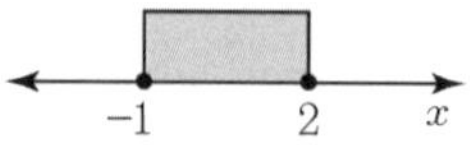

③ 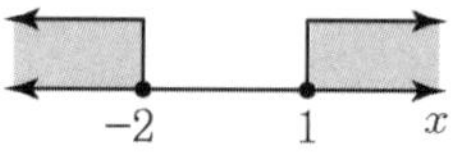

④ 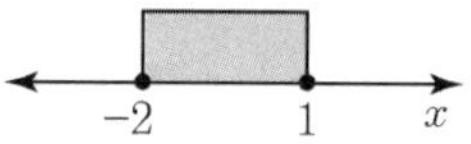

11 좌표평면 위의 두 점 A(0, 2), B(4, 4)의 중점의 좌표를 구하면?

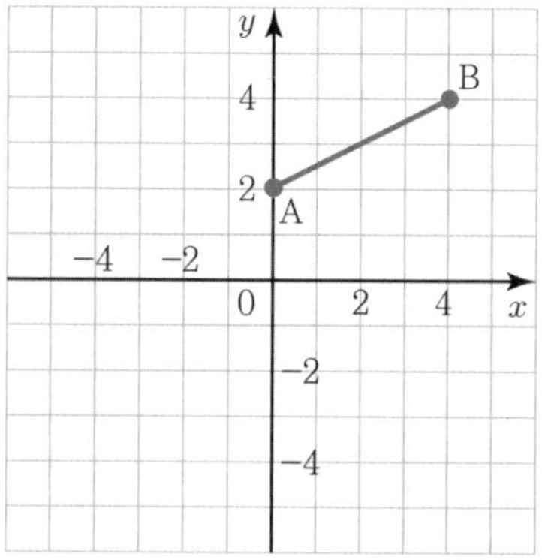

① (1, 1) ② (1, 2)
③ (2, 1) ④ (2, 3)

12 직선 $y = -\frac{1}{2}x + 6$에 수직이고, 점 $(0,\ 4)$를 지나는 직선의 방정식은?

① $y = 2x + 4$　　② $y = -x + 4$

③ $y = 2x + 6$　　④ $y = -x + 6$

13 중심이 점 $(-4,\ -1)$이고 반지름의 길이가 2인 원의 방정식은?

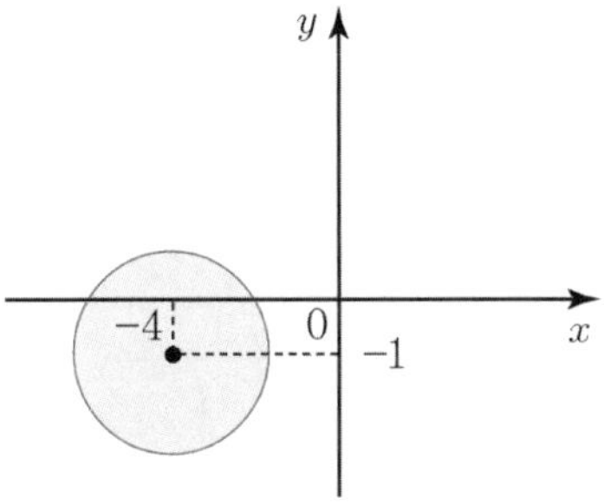

① $(x-4)^2 + (y-1)^2 = 4$

② $(x-4)^2 + (y-1)^2 = 2$

③ $(x+4)^2 + (y+1)^2 = 4$

④ $(x+4)^2 + (y+1)^2 = 2$

14 좌표평면 위의 점 $(1,\ 2)$를 x축의 방향으로 3만큼, y축의 방향으로 -4만큼 평행이동한 점의 좌표는?

① $(2,\ -2)$　　② $(4,\ 0)$

③ $(2,\ 2)$　　④ $(4,\ -2)$

15 전체집합 $U = \{1,\ 2,\ 3,\ 4,\ 5,\ 6,\ 7,\ 8\}$의 두 부분집합 $A = \{1,\ 2,\ 3,\ 5\}$, $B = \{4,\ 5,\ 6\}$에 대하여 $A \cap B^C$은?

① $\{1,\ 2\}$　　② $\{2,\ 3\}$

③ $\{3,\ 4\}$　　④ $\{1,\ 2,\ 3\}$

16 다음 중 참인 명제는?

① 정삼각형은 이등변삼각형이다.

② $x^2 = 4$이면 $x = 2$이다.

③ $x > 5$이다.

④ 사각형의 내각의 합은 $180°$이다.

17 다음 중 함수의 그래프가 <u>아닌</u> 것은?

①
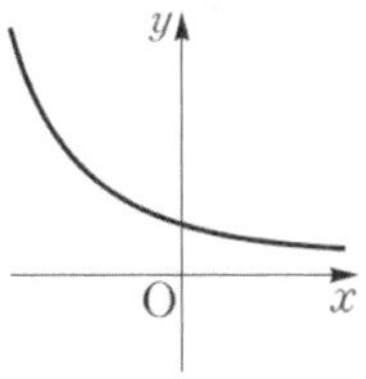

②
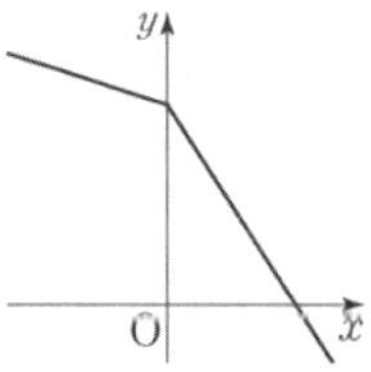

③
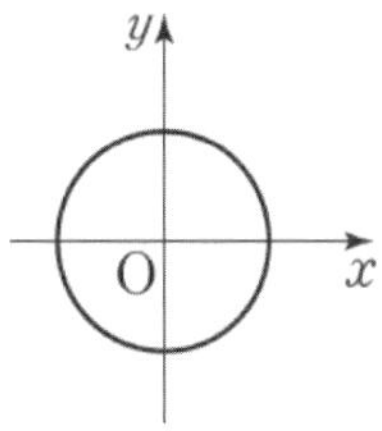

④
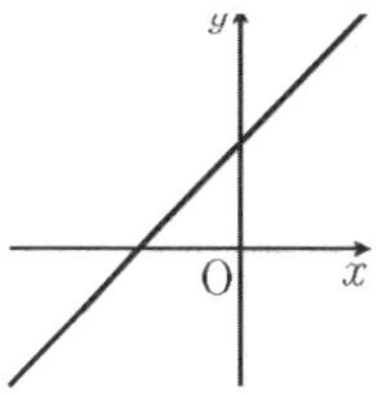

18 $y=\frac{1}{x}$의 그래프를 x축의 방향으로 a만큼, y축의 방향으로 b만큼 평행이동하면 $y=\frac{1}{x+4}+2$의 그래프가 된다. $a+b$의 값은?

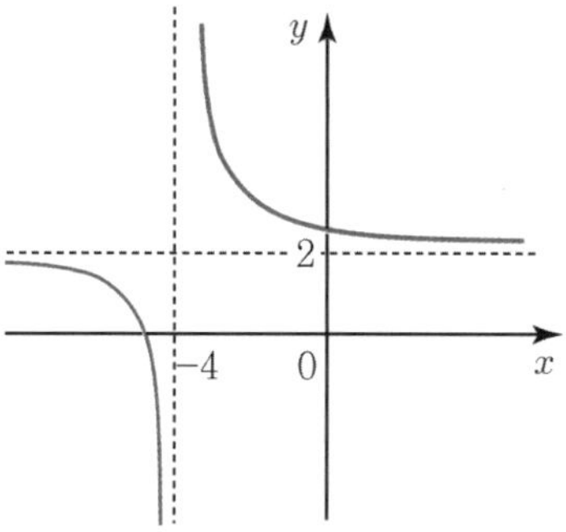

① 1　② -1　③ -2　④ -3

19 3명의 선수가 순서를 정하여 이어달리기에 참여하려고 한다. 이때, 순서를 정하는 경우의 수는?

① 6가지　② 8가지　③ 12가지　④ 15가지

20 5종류의 서로 다른 아이스크림 중에서 3종류를 고르는 방법의 수는? (단, 아이스크림을 고르는 순서는 구별하지 않는다.)

① 5　② 10　③ 20　④ 30

제 3 교시

제 1 회 영어

[01~03] 다음 밑줄 친 부분의 뜻으로 가장 적절한 것을 고르시오.

01

> The elevator is <u>out of order</u>.

① 새로 산 ② 고장 난
③ 작동 중 ④ 작업 중

02

> I'll try to <u>come up with</u> some ideas to solve the problem.

① 떠올리다 ② 악의가 있다
③ 방관하다 ④ 노력하다

03

> A : How can you <u>put up with</u> many things?
> B : I just try to pass them.

① 친해지다 ② 화가 나다
③ 참다 ④ 꿈을 꾸다

04 두 단어의 의미 관계가 나머지 셋과 <u>다른</u> 것은?

① empty – full
② quick – slow
③ polite – rude
④ slim – thin

05 다음 광고문에서 언급되지 <u>않은</u> 것은?

> Botanic Garden Club
>
> Do you love trees and flowers?
> If you join us, you can see many fabulous gardens which our members own.
> • When : Every Friday 11:00 a.m.
> • Cost : 5$(but a new 2$)
> • Contact : botanicman@de.com
>
> *botanic 식물의

① 일시 ② 참가 비용
③ 연락처 ④ 가입 조건

[06~08] 다음 빈칸에 공통으로 들어갈 말로 가장 적절한 것을 고르시오.

06

- ______ do you like better, coffee or tea?
- Give me the book ______ you borrowed yesterday.

① what ② where
③ which ④ why

07

- Would you please tell me your name and ______ ?
- Your essay does not ______ the real issues.

① avoid ② arrest
③ address ④ arrive

08

- I was surprised ____ the news.
- I like taking a walk in the park ____ night.

① at ② in
③ on ④ to

09 다음 대화에서 밑줄 친 표현의 의미로 가장 적절한 것은?

A : Hey, there is a new football club posting!
B : Oh! That would be of my interest.
A : If you are interested in it, you should apply for it as soon as possible. <u>The early bird catches the worm.</u>
B : OK, I got it.

① 쥐구멍에도 볕 들 날이 있다.
② 돌다리도 두들겨 보고 건너라.
③ 일찍 일어나는 새가 벌레를 잡는다.
④ 웃으면 복이 온다.

10 다음 대화에서 알 수 있는 B의 심정으로 가장 적절한 것은?

A : Congratulations on becoming the champion of this year.
B : Thank you.
A : Can you tell me how you're feeling now?
B : Well, I am so happy and excited now. I feel as if I were walking on air.

① delighted ② sad
③ angry ④ disappointed

11 다음 대화가 이루어지는 장소로 가장 적절한 것은?

A : Are these books on sale?
B : Yes, all of these are ten dollars each.
A : Do you have books about travel?
B : Yes, they are on the third floor.

① 서점 ② 식당
③ 옷가게 ④ 편의점

[12~13] 다음 대화의 빈칸에 들어갈 말로 가장 적절한 것을 고르시오.

12

A : ______________________
B : Sure. Can I see your ticket?

① What are you doing here?
② When did you get there?
③ Can you help me find my seat?
④ Where is your office?

13

A : You look very tired. What's the matter?
B : ______________________

① I am excited to see you.
② I stayed up all night yesterday.
③ Thank you for inviting me.
④ I want to eat hamburger.

14 다음 글에서 밑줄 친 It(it)이 가리키는 것으로 가장 적절한 것은?

<u>It</u> is a tasteless and nearly colorless chemical substance that is the main factor of Earth's streams, lakes, and oceans. <u>It</u> covers 71% of the Earth's surface. <u>It</u> is vital for all living things. Drinking <u>it</u> safely is essential to humans and other life-forms.

① fire ② carbon
③ water ④ oxygen

15 주어진 말에 이어질 두 사람의 대화를 〈보기〉에서 찾아 순서대로 가장 적절하게 배열한 것은?

Harry, I heard you got a job.

보기

(A) It is between T-bank and post office.
(B) That's right. I'll be working at the Molly Market from next month.
(C) I've never heard of that market. Where is it?

① (A) – (B) – (C)
② (B) – (A) – (C)
③ (B) – (C) – (A)
④ (C) – (A) – (B)

16 다음 자동차 극장에 관한 주의 사항에서 언급되지 <u>않은</u> 것은?

- Don't be allowed to bring outside food.
- No pet are allowed.
- Drive slowly and carefully in the theater.

① 외부 음식을 가져오지 말 것
② 애완동물을 데려오지 말 것
③ 극장 안에서는 천천히 주의해서 운전할 것
④ 아이들을 각별히 주의할 것

17 다음 글을 쓴 목적으로 가장 적절한 것은?

Dear Lora,
First of all, thank you for having invited me to your party. I really enjoyed every minute of the party. I am also planning to hold a lovely party. I want you to join me. Please come to enjoy my party.
Date : 7:00 p.m. 23, August.

① 파티플래너를 물어보기 위해서
② 파티에서 불쾌했던 것에 항의하기 위해서
③ 파티에 늦은 것에 사과하기 위해서
④ 파티에 초대하기 위해서

18 주머니쥐에 관한 다음 글에서 언급되지 <u>않은</u> 것은?

Opposum is a pouched mouse. They consist of six species. Opposum's size is similar with cat's. They eat fruit, meat, grass and whatever they can eat. They are able to hold objects using their tail. If they are in danger, they tend to act as if they were dead.

*opposum 주머니쥐

① 주머니쥐는 6종으로 이루어져 있다.
② 주머니쥐의 사이즈는 고양이와 유사하다.
③ 주머니쥐는 초식 동물로 주로 풀을 먹는다.
④ 주머니쥐는 위험에 처했을 때 죽은 시늉을 한다.

19 다음 글의 주제로 가장 적절한 것은?

It was important for our ancestor to find a place to stay safe in the woods. To find the place to stay safe in the forest, they had to remember some tips. First, it should help them protect themselves from other animals. Second, water have to be close to their place.

① 선조들의 사냥하는 방법
② 선조들이 숲에서 안전한 장소를 찾는 방법
③ 선조들의 자급자족하는 방법
④ 선조들의 협력

[20~21] 다음 글의 빈칸에 들어갈 말로 가장 적절한 것을 고르시오.

20

Customs _____ from country to country. In Korea, people take off their shoes in a living room. But it is fine with Americans to wear shoes in a living room.

① are the same ② buy
③ differ ④ wear

21

Plastic waste makes sea animal be in danger. The mix of plastic pieces flow into the small organism, which let them sick. Humans and all living things _________ water. So we need to protect water from the plastics.

① hate ② discount
③ float ④ depend on

22 다음 글의 바로 뒤에 이어질 내용으로 가장 적절한 것은?

I would like to tell you to do a wonderful experience during summer vacation. It is the Summer Lovely Volunteer Program. In the program you can do various things. Here are some groups for you to participate in.

① 노인들을 돕는 방법
② 자원봉사자들의 봉사 시간 수여
③ 여름 자원봉사 활동의 참여할 만한 모임
④ 봉사자들이 조심해야 할 주의 사항

23 글의 흐름으로 보아 다음 문장이 들어가기에 가장 적절한 곳은?

But, at the moment, he had a serious accident.

On September 4th, 1998, a five-year-old boy was playing on an escalator in a department store in Seoul, Korea. (①) He went up and down the escalator. (②) It was fun at first. (③) He fell on the escalator. (④) Two parts of his fingers were cut off on its sharp edges.

[24~25] 다음 글을 읽고 물음에 답하시오.

A good night's sleep is necessary to teens. _____, they can't sleep enough because of late-night homework and early morning school hours. The lack of sleep can negatively affect the mind and the body. It drops teens' memory and attention.

24 윗글의 흐름으로 보아 빈칸에 들어갈 말로 가장 적절한 것은?

① Besides
② For example
③ However
④ Therefore

25 윗글이 청소년들에게 말하고자 하는 것은?

① 아침 일찍 일어나야 한다.
② 학습 계획이 필요하다.
③ 충분한 잠이 필요하다.
④ 학교 수업에 집중해야 한다.

제 4 교시

제 1 회 사회

01 다음 글에 해당하는 탐구 관점은 무엇인가?

> 인간의 욕구와 내면의 양심을 기준으로 사회 현상을 바라보는 것이다. 이것은 인간 존엄성, 인권, 자유와 평등 등 인류의 보편적 가치를 중요시한다.

① 윤리적 관점 ② 공간적 관점
③ 사회적 관점 ④ 통합적 관점

02 다음 설명에서 강조하는 관점은 무엇인가?

> 세상에서 일어나는 다양한 현상을 위치와 장소, 분포 양상, 이동과 네트워크 등의 맥락 속에서 살펴보는 관점

① 시간적 관점 ② 공간적 관점
③ 윤리적 관점 ④ 통합적 관점

03 칸트가 주장한 행복으로 옳은 것은?

① 신앙을 통해 영원하고 완전한 신과 하나가 되는 삶이다.
② 육체에 고통이 없고 마음에 불안이 없는 평온한 삶이다.
③ 도덕 법칙을 실천하는 사람만이 행복을 누릴 자격이 있다.
④ 정념에 방해받지 않고 초연한 태도로 자연의 질서에 따라 사는 삶이다.

04 다음 기후의 특징에 대한 설명에서 옳지 <u>않은</u> 것은?

① 열대 기후 지역은 개방적 가옥 구조가 많다.
② 열대 기후 지역에서는 향신료를 이용한 음식 문화가 발달하였다.
③ 한대 기후 지역에서는 동물의 털가죽으로 의복을 지어 입는 경우가 많다.
④ 한대 기후 지역에서는 주로 이동식 화전 농업을 통해 식량 작물을 생산한다.

05 황사에 대한 설명으로 옳지 않은 것은?

① 호흡기 질환과 안구 질환을 유발한다.
② 정밀 기계의 오작동의 피해가 발생한다.
③ 서쪽에서 부는 바람인 편서풍을 타고 이동한다.
④ 겨울에 중국 내륙에서 발생한 흙먼지가 우리나라로 날아온다.

06 다음에서 나타나는 자연을 바라보는 관점으로 옳은 것은?

> 동물을 잔인하게 다루면 안 된다. 왜냐하면 인간의 심성이 안 좋아지기 때문이다.

① 인간 중심주의 ② 동물 중심주의
③ 생명 중심주의 ④ 생태 중심주의

07 다음과 같은 특징의 환경 문제는 무엇인가?

> • 피부암, 백내장 발병률 증가
> • 식물 성장 저해

① 산성비 ② 사막화
③ 지구 온난화 ④ 오존층 파괴

08 산업화 · 도시화에 따른 변화 모습으로 나타날 수 있는 현상으로 옳지 않은 것은?

① 도시의 인구가 촌락으로 이주하는 현상이 나타난다.
② 산업화 · 도시화 이전보다 토지의 이용이 집약적이다.
③ 공장제 기계 공업으로 상품의 대량 생산이 가능해졌다.
④ 산업화는 산업 혁명을 계기로 본격적으로 시작되었다.

09 정보 격차를 줄이기 위한 방안으로 가장 적절한 것은?

① 정보 윤리를 강화한다.
② 사이버 범죄 관련 법령을 강화한다.
③ 컴퓨터 활용 교육 프로그램을 지원한다.
④ 인터넷 중독 예방 프로그램을 운영한다.

10 촌락의 특징과 문제 해결 방안으로 옳지 않은 것은?

① 촌락에 교육, 의료, 문화 시설을 확충하여 촌락 문제를 해결한다.
② 도시와 가까운 촌락은 도시의 인구가 유입되어 전통 문화가 약화된다.
③ 중앙 정부의 주도적인 계획 개발을 통해 공업 도시로 변화시켜 인구 유입을 늘린다.
④ 도시와 멀리 떨어진 촌락은 인구 감소로 노동력 부족, 성비 불균형 문제가 나타난다.

11 (가)~(라)를 지역 조사의 순서대로 옳게 배열한 것은?

> (가) 지역 조사 목적, 주제, 조사 대상을 선정한다.
> (나) 수집된 지리 정보를 정리 및 분석하여 보고서를 작성한다.
> (다) 조사 대상 지역을 직접 답사하여 사진을 촬영하고, 지역 주민을 대상으로 설문 조사를 실시한다.
> (라) 조사 대상 지역의 지도를 찾아보고 조사 주제와 관련된 통계, 논문 등을 검색하여 지리 정보를 수집한다.

① (가) → (나) → (다) → (라)
② (가) → (라) → (다) → (나)
③ (나) → (다) → (라) → (가)
④ (나) → (라) → (다) → (나)

12 다음의 헌법 조항에 대한 설명으로 가장 적절한 것은?

> **제10조** 모든 국민은 인간으로서의 존엄과 가치를 가지며, 행복을 추구할 권리를 가진다. 국가는 개인이 가지는 불가침의 기본적 인권을 확인하고 이를 보장할 의무를 진다.

① 기본권의 제한 요건이 나타나 있다.
② 정치에 참여할 수 있는 권리인 참정권이 나타나 있다.
③ 인간은 목적적 존재가 아닌 수단적 존재임을 알 수 있다.
④ 개인이 국가에 대해 인권 보장을 요구할 수 있는 근거가 된다.

13 다음 설명에 해당하는 기본권은?

> 1919년에 제정된 독일의 바이마르 헌법은 근대 헌법 사상 처음으로 소유권의 의무성을 강조하고 인간다운 생존 보장을 규정함으로써 20세기 현대 헌법의 전형이 되었다.

① 자유권　　② 참정권
③ 청구권　　④ 사회권

14 시민 불복종의 정당화 조건으로 옳지 <u>않은</u> 것은?

① 공익성　　② 비폭력성
③ 비의도성　　④ 처벌 감수

15 밑줄 친 변화의 내용으로 가장 적절한 것은?

> 산업 혁명 이후 여러 사회 문제가 발생하고 1929년에는 미국에서 대공황이 발생하자 <u>자본주의의 운영 방식에 대한 변화의</u> 필요성이 제기되었다.

① 각종 경제 관련 규제를 철폐해야 한다.
② 시장에서 정부의 역할을 대폭 축소해야 한다.
③ 정부가 지출을 확대하고 고용을 창출해야 한다.
④ 정부가 민간의 자유로운 경제 활동을 보장해야 한다.

16 (가), (나)에 해당하는 경제 개념이 바르게 짝지어진 것은?

경제 개념	의미
(가)	어떤 하나를 선택함으로써 포기한 것의 가치 중 가장 큰 것
(나)	이미 지출되어 회수가 불가능한 비용

	(가)	(나)
①	편익	기회 비용
②	기회 비용	매몰 비용
③	절대 우위	비교 우위
④	매몰 비용	기회 비용

17 갑보다 을이 강조하는 장학금 분배 기준은 무엇인가?

> 갑 : 학업 성적이 가장 우수한 학생이 받는 것이 공정하다고 봅니다.
> 을 : 장학금은 성적보다는 가정 형편이 어려운 학생이 받아야 한다고 생각합니다.

① 필요에 따른 분배를 중시한다.
② 업적에 따른 분배를 중시한다.
③ 능력에 따른 분배를 중시한다.
④ 절차에 따른 분배를 중시한다.

18 롤스가 강조하고 있는 정의의 역할로 가장 적절한 것은?

① 사회의 효율성을 증진시키는 것이다.
② 최대 다수의 최대 행복을 보장하는 것이다.
③ 사회 구성원들의 기본권을 보장하는 것이다.
④ 법칙이나 규칙 등을 보완하는 것이다.

19 자유주의적 정의관에서 국가의 역할로 적절하지 <u>않은</u> 것은?

① 치안 유지　② 국토 방위
③ 법질서 유지　④ 공동선 실현

20 힌두교의 설명으로 옳은 것은?

① 돼지고기를 금기시하여 먹지 않는다.
② 매일 다섯 번씩 메카를 향해 기도를 한다.
③ 높은 첨탑이 있는 교회나 성당에서 기도를 한다.
④ 갠지스강을 신성시 여기며 종교 의식으로 목욕을 한다.

21 다음 글의 (가)~(다)에 해당되는 설명을 A~C에서 고른 것은?

> 지속 가능한 발전은 (가) <u>사회적 지속성</u>, (나) <u>경제적 지속성</u>, (다) <u>환경적 지속성</u>을 지향한다.

> A. 인간과 자연의 조화와 균형을 유지하고 자연 자원, 생물 종 다양성, 기후 변화에 대한 대비 등을 고려한다.
> B. 성장 위주의 정책보다 환경을 고려한 발전을 중시하며, 빈곤 퇴치, 기업 책임, 소득 재분배 등을 고려한다.
> C. 빈곤 문제 해결을 통한 인간의 기본 수요를 충족하고 세대 간 형평성을 강조하며, 인권, 평등, 건강, 문화적 다양성, 갈등 해소 등을 고려한다.

	(가)	(나)	(다)
①	A	B	C
②	A	C	B
③	C	A	B
④	C	B	A

22 다음과 같은 발전의 특징으로 옳지 <u>않은</u> 것은?

> 자원의 개발 및 생산, 공급, 소비 과정에서 발생하는 오염 물질을 정화하여 배출함으로써 생태계의 자정 능력이 유지되는 구조이다.

① 세대 간의 형평성을 중시하는 발전이다.
② 지구촌 구성원으로서의 책임을 강조한다.
③ 동물과 식물이 아닌 인간과 미래 세대를 강조한다.
④ 윤리적으로 생산된 상품을 구매하는 것을 중시한다.

23 다음 설명에 해당하는 개념으로 가장 적절한 것은?

> 다국적 기업의 여러 기능이 국제적으로 나누어 입지하는 현상이다.

① 산업화　　② 세계 도시
③ 공정 무역　　④ 공간적 분업

24 세계화에 대한 긍정적인 측면으로 옳지 <u>않은</u> 것은?

① 다국적 기업의 투자로 개발 도상국의 일자리가 증가하였다.
② 문화 교류의 확대로 다양한 문화를 접할 기회가 증가하였다.
③ 선진국들이 자국 문화를 상품화하여 공급하면서 문화의 다양성이 높아졌다.
④ 환경 오염이 심한 공업이 선진국에서 개발도상국으로 이전하는 현상이 나타났다.

25 다음에서 설명하는 용어는 무엇인가?

> 국내외적으로 전쟁, 테러 등 물리적 폭력이 없을 뿐만 아니라 간접적 폭력까지 모두 제거된 상태를 의미한다.

① 소극적 자유　　② 소극적 평등
③ 적극적 자유　　④ 적극적 평화

제 5 교시

제 1 회 과학

01 다음 설명에 해당하는 발전 방식은?

> • 땅속 뜨거운 지하수나 수증기로 물을 끓여 전기 에너지를 생산한다.
> • 난방 효과를 동시에 얻을 수 있다.

① 태양열 발전　② 지열 발전
③ 조류 발전　④ 연료 전지

02 그래핀에 대한 설명으로 옳은 것만을 〈보기〉에서 모두 고른 것은?

> **보기**
> ㄱ. 탄소와 수소로 이루어진 탄소 화합물이다.
> ㄴ. 열 전도성이 높다.
> ㄷ. 전기 전도성이 뛰어나다.

① ㄱ　② ㄱ, ㄴ
③ ㄱ, ㄷ　④ ㄴ, ㄷ

03 2kg의 물체가 4m/s로 운동하다 물체의 운동 방향과 같은 방향으로 외부에서 힘을 받아 빠르기가 10m/s로 변하였다. 물체가 받은 충격량의 크기는 몇 N · s인가? (단, 모든 마찰은 무시한다.)

① 12　② 14
③ 20　④ 40

04 그림과 같이 2kg의 물체가 중력만을 받아 자유 낙하 운동을 할 때 물체에 가해지는 중력의 크기(N)는? (단, 중력 가속도는 $10m/s^2$이고, 공기 저항은 무시한다.)

① 2　② 20
③ 19.6　④ 980

05 전자기 유도에 대한 설명으로 옳은 것만을 〈보기〉에서 모두 고른 것은?

> **보기**
> ㄱ. 전자기 유도를 이용하여 발전기를 만들 수 있다.
> ㄴ. 코일 주위에서 자석이 정지해 있는 경우 유도 전류가 흐르는 현상이다.
> ㄷ. 발전기에서는 전기 에너지 → 역학적 에너지로 에너지 전환이 일어난다.

① ㄱ　② ㄱ, ㄴ
③ ㄱ, ㄷ　④ ㄴ, ㄷ

06 다음은 변압기의 그림을 나타낸 것이다.

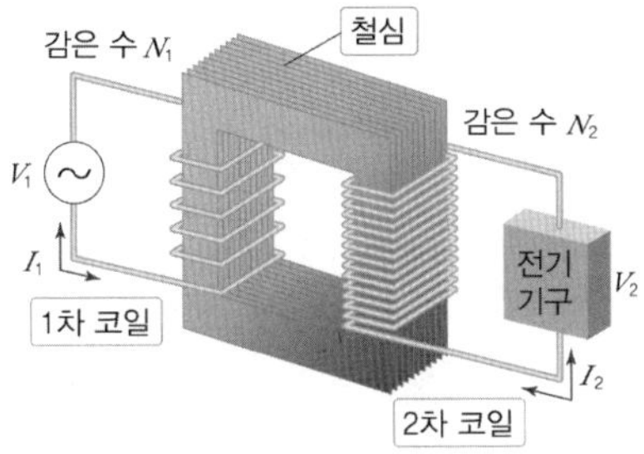

1차 코일과 2차 코일에 감은 수의 비가 $N_1 : N_2 = 1 : 100$이고 1차 코일에 걸린 전압이 2V일 때 2차 코일의 전압(V)은? (단, 변압기에서의 에너지 손실은 무시한다.)

① 10V ② 50V
③ 100V ④ 200V

07 다음 중 태양 에너지에 대한 설명으로 옳지 <u>않은</u> 것은?

① 태양 에너지는 수력 발전과 풍력 발전의 에너지 원천이다.
② 광합성을 통해 태양 에너지는 화학 에너지로 전환된다.
③ 지진, 화산 활동, 판의 운동을 일으킨다.
④ 대기 순환을 일으키는 에너지이다.

08 다음과 같은 특징을 갖는 금속 원소는?

- 은백색 광택을 띤다.
- 칼로 잘릴 정도로 무른 금속으로 밀도가 작다.
- 주기율표의 수소를 제외한 1족 원소가 해당한다.

① Cl ② N
③ Li ④ O

09 다음은 몇 가지 물질의 이온화를 나타낸 것이다. 세 가지 물질이 공통적으로 페놀프탈레인 용액을 붉은색으로 바꾸는 데 관여하는 이온은?

- $NaOH \rightarrow Na^+ + OH^-$
- $Ca(OH)_2 \rightarrow Ca^{2+} + OH^-$
- $KOH \rightarrow K^+ + OH^-$

① Na^+ ② Ca^{2+}
③ K^+ ④ OH^-

10 다음은 탄소 원자(C), 질소 원자(N), 산소 원자(O)의 전자 배치를 나타낸 것이다. 세 원자의 가장 바깥 전자 껍질에 들어 있는 전자 개수의 합은?

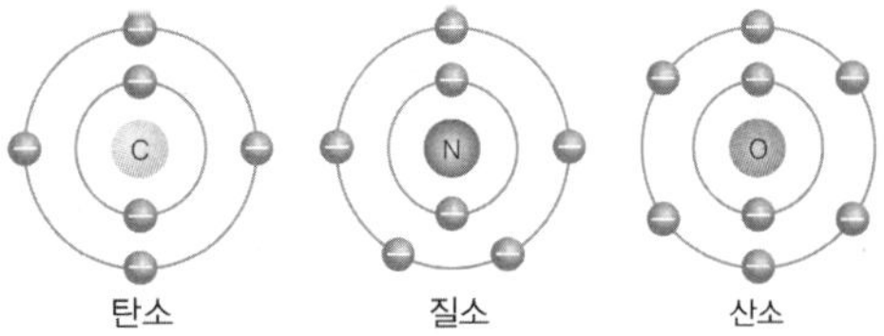

① 10 ② 12
③ 14 ④ 15

11 다음은 나트륨과 염소가 결합하여 염화 나트륨을 생성하는 과정을 모형으로 나타낸 것이다.

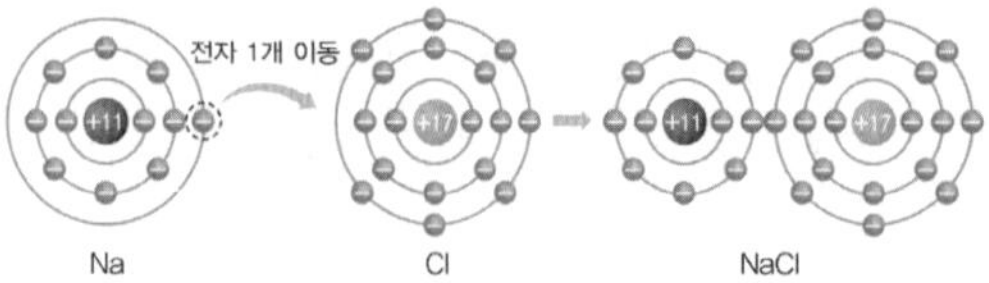

이에 대한 설명으로 옳은 것만을 〈보기〉에서 모두 고른 것은?

보기
ㄱ. 나트륨은 전자 1개를 잃고 나트륨 이온이 된다.
ㄴ. 염소는 전자 1개를 얻고 음이온이 된다.
ㄷ. 나트륨 이온과 염화 이온은 정전기적 인력으로 결합한다.

① ㄱ　② ㄱ, ㄴ
③ ㄱ, ㄷ　④ ㄱ, ㄴ, ㄷ

12 그림은 주기율표의 일부를 나타낸 것이다. 임의의 원소 A~D 중 전자 껍질의 수가 가장 많은 것은?

주기 \ 족	1	2	13	14	15	16	17	18
1	A							
2			B				C	
3							D	

① A　② B
③ C　④ D

13 다음은 생물체 내에서 일어나는 물질대사를 나타낸 것이다.

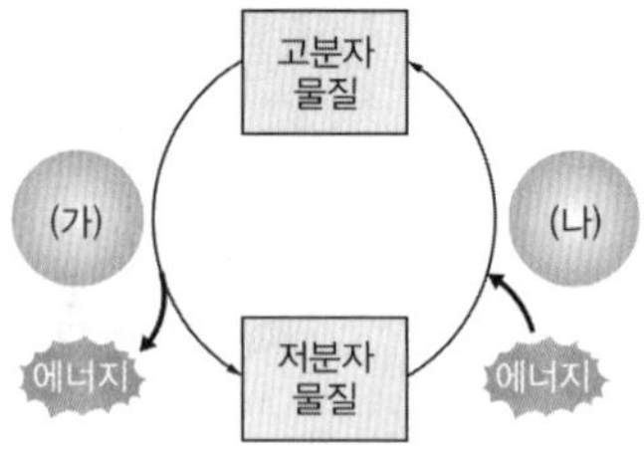

이에 대한 설명으로 옳은 것만을 〈보기〉에서 모두 고른 것은?

보기
ㄱ. (가)는 동화 작용이다.
ㄴ. (나)는 흡열 반응이다.
ㄷ. (가)와 (나)는 모두 효소가 필요하다.

① ㄱ　② ㄱ, ㄴ
③ ㄱ, ㄷ　④ ㄴ, ㄷ

14 그림은 동물 세포 내에서 일어나는 유전 정보의 흐름을 나타낸 것이다.

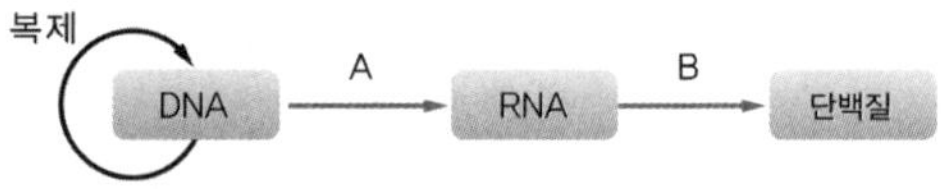

이에 대한 설명으로 옳은 것만을 〈보기〉에서 모두 고른 것은?

보기
ㄱ. A는 세포질에서 일어난다.
ㄴ. B를 전사라고 한다.
ㄷ. 유전 정보에 따라 단백질이 합성되는 장소는 리보솜이다.

① ㄱ　② ㄴ
③ ㄷ　④ ㄱ, ㄴ, ㄷ

15 다음 중 탄소 화합물이 <u>아닌</u> 것은?

① 물　　② 단백질
③ 지질　　④ 포도당

16 그림은 핵산의 한 종류를 나타낸 것이다. 이 핵산을 구성하는 염기로 옳지 <u>않은</u> 것은?

① A
② G
③ U
④ C

17 다음과 같은 생물의 적응과 관련이 있는 힘은?

- 식물은 뿌리를 땅속으로 뻗어 몸을 지지한다.
- 기린은 혈압이 높고 심장이 발달했다.

① 마찰력　　② 중력
③ 공기 저항　　④ 탄성력

18 그림은 기온 변화로 구분한 기권의 구조를 나타낸 것이다.

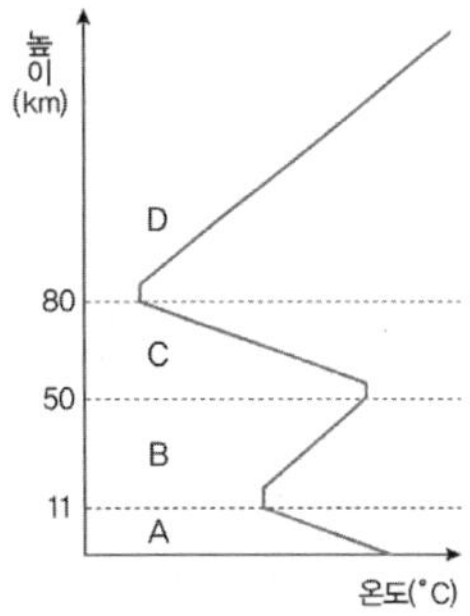

대류 현상 및 기상 현상이 모두 나타나는 층은?

① A　　② B
③ C　　④ D

19 다음은 흩어져 있던 대륙들이 모여 초대륙 판게아를 형성하는 모습이다.

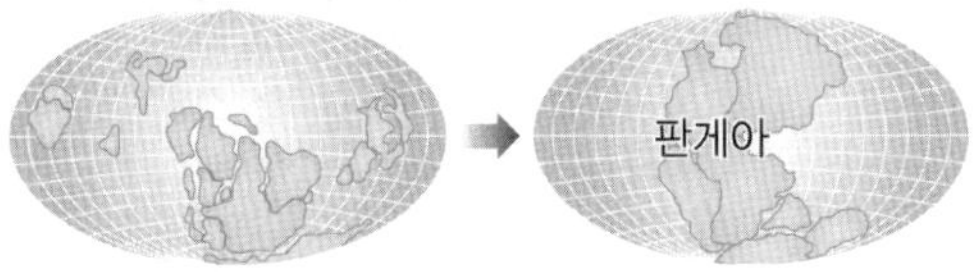

이 같은 수륙 분포의 변화가 일어나는 지질 시대의 화석은?

①

②
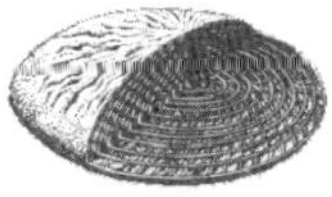
③

④

20 다음은 생물 다양성 중 한 가지를 나타낸 것이다. 설명에 해당하는 것은?

같은 종 사이에서 유전자가 달라 다양한 형질이 나타나는 것을 말한다.
이 같은 다양성이 높은 집단은 환경이 급격하게 변화하였을 때 적응하여 살아남을 확률이 높다.

① 유전적 다양성 ② 종 다양성
③ 생태계 다양성 ④ 개체군 다양성

21 그림은 판의 경계를 모식적으로 나타낸 것이다.

위와 같은 판의 경계에서 형성되는 지형은?

① 해구 ② 히말라야 산맥
③ 해령 ④ 변환 단층

22 다음 중 생물 다양성 감소 원인이 아닌 것은?

① 외래종 도입 ② 서식지 단편화
③ 생태 통로 ④ 불법 포획

23 다음은 별이 진화하는 과정의 일부를 순서 없이 나타낸 것이다. 우라늄, 금과 같이 무거운 원소가 형성되는 과정은?

(가) 초거성	(나) 주계열성
(다) 적색 거성	(라) 초신성 폭발

① (가) ② (나)
③ (다) ④ (라)

24 다음 중 에너지 전환 과정이 잘못된 것은?

① 선풍기 : 전기 에너지 → 운동 에너지
② 배터리 충전 : 전기 에너지 → 화학 에너지
③ 광합성 : 빛에너지 → 전기 에너지
④ 연료 전지 : 화학 에너지 → 전기 에너지

25 다음 중 화석 연료가 아닌 것은?

① 천연 가스 ② 석탄
③ 석유 ④ 우라늄

제 6 교시

제 1 회 한국사

01 ㉠, ㉡에 들어갈 내용으로 옳게 짝지어진 것은?

> • 부여는 가축의 이름으로 관직명을 정하여 마가, 우가, 저가, 구가 등이 있어 제가들이 별도로 (㉠)를 주도하였다.
> • 동예에는 각 부족이 영역을 정해 다른 부족이 함부로 침범하지 못하게 하는 (㉡) 라는 풍습이 있었다.

	㉠	㉡
①	영고	책화
②	영고	서옥제
③	사출도	책화
④	사출도	서옥제

02 가야에 대한 설명으로 옳지 않은 것은?

① 낙동강 하류의 변한 땅에서 여러 나라가 일어났다.
② 질 좋은 철을 바탕으로 중앙 집권 국가로 발전하였다.
③ 초기에는 금관가야가, 후기에는 대가야가 연맹을 주도하였다.
④ 신라 법흥왕 때 금관가야가, 진흥왕 때 대가야가 멸망하였다.

03 다음 (가)에 들어갈 알맞은 문화재는?

> **유네스코 지정 기록 유산 (가)**
> • 간행 연도 : ○○○○년
> • 간행 장소 : 청주 흥덕사
> • 역사적 의의 : 독일 구텐베르크가 인쇄한 책보다 70여 년 앞서 간행된, 현존하는 인쇄물 중 세계에서 가장 오래된 금속 활자본임.

① 팔만대장경
② 상정고금예문
③ 직지심체요절
④ 무구정광대다라니경

04 고려의 정치 기구 중 다음과 같은 역할을 하던 곳은?

> • 왕명 전달 • 군사 기밀

① 삼사 ② 상서성
③ 어사대 ④ 중추원

05 조선 시대 사림에 대한 설명으로 잘못된 것은?

① 16세기 말 선조 때 정권을 장악하였다.
② 향촌 자치와 성리학 이념에 따른 왕도 정치를 강조하였다.
③ 성종 때 이후 언관직을 중심으로 진출하였다.
④ 훈구 세력과 협력하여 개혁을 실시하려 하였다.

06 (가) 시기의 상황으로 옳은 것은?

선조 | 광해군 | (가) | 효종 | 현종

① 예송
② 환국
③ 친명 배금 정책
④ 중립 외교 정책

07 다음은 병인양요와 신미양요를 비교한 것이다. 바르지 못한 것은?

	구분	병인양요	신미양요
①	침입 국가	프랑스	미국
②	발단	천주교 박해	제너럴 셔먼호 사건
③	장소	광성진	정족산성, 문수산성
④	인물	양헌수, 한성근	어재연

08 다음 내용과 관련이 깊은 운동은?

- 병인양요 때 – 서양과의 통상 반대
- 강화도 조약 체결 때 – 일본과의 수교 반대
- 개화 정책 추진 때 – 유학자들의 상소

① 위정 척사 운동 ② 동학 운동
③ 개화 운동 ④ 애국 계몽 운동

09 갑오개혁 이후 달라진 사회 모습으로 볼 수 없는 것은?

① 과거제 폐지 ② 지계 발급
③ 신분제 폐지 ④ 과부 재가 허용

10 다음 자료와 관계 깊은 운동에 관한 설명으로 옳은 것은?

국채 1,300만 원은 바로 우리 한(韓) 제국의 존망에 직결된 것이라. 이것을 갚으면 나라가 존재하고 갚지 못하면 나라가 망할 것은 필연적인 사실이나, 지금 국고는 도저히 상환할 능력이 없으며, 만일 나라에서 갚지 못한다면 그때는 이미 삼천리 강토는 내 나라 내 민족의 소유가 못 될 것이다. 국토란 한번 잃어버리면 다시는 찾을 길이 없는 것이다.

① 조선일보는 문자 보급 운동을 전개하였다.
② 토산품 애용, 근검절약 등을 주장하였다.
③ 동아일보는 브나로드 운동을 전개하였다.
④ 국민들은 담배와 술을 끊고 반지와 비녀 등을 내어 성금을 모았다.

11 다음 인물이 실시한 정책에 해당하는 것은?

> **역사 인물 카드**
> - 본명 : 이하응
> - 생몰 연도 : 1820년~1898년
> - 조선의 왕족, 정치가
> - 아들인 고종의 즉위 후 실권 장악

① 기인 제도　　② 국자감 정비
③ 지계 발급　　④ 경복궁 중건

12 (가)에 들어갈 대답으로 옳은 것은?

① 서재필이 창간하였어.
② 박문국에서 발행했어.
③ 영국인이 공동 발행인으로 참여하였어.
④ 장지연의 '시일야방성대곡'이 게재되었어.

13 다음은 일제의 식민지 지배 정책의 변화를 적은 것이다. 다음과 같이 정책이 변화하게 된 계기가 된 (가) 사건은?

• 헌병 경찰제 • 105인 사건 • 언론의 자유 박탈	(가) ➡	• 보통 경찰제 • 문화 통치 • 민족 신문 발행 허용

① 5·18 민주화 운동
② 3·1 운동
③ 6·10 만세 운동
④ 광주 학생 항일 운동

14 ㉠, ㉡에 들어갈 독립운동 단체를 바르게 나열한 것은?

> 김원봉은 1938년에는 군사 조직으로 (㉠)을/를 창설하였다. 1941년 (㉠)은/는 두 세력으로 나뉘었다. 화북으로 이동한 대원들은 사회주의 계열의 독립운동가들과 함께 조선 독립 동맹을 조직하였고, 김원봉을 비롯한 일부 대원들은 (㉡)에 합류하였다.

	㉠	㉡
①	한국 독립군	한국 광복군
②	조선 의용대	한국 광복군
③	조선 의용대	한국 독립군
④	북로 군정서군	한국 독립군

15 (가)에 들어갈 내용으로 적절하지 <u>않은</u> 것은?

> 〈 조사 보고서 〉
> - 주제 : 일제기 우리 민족을 수탈한 사례
> - 사례 : (가)

① 미곡 공출제 시행
② 징용·징병제 실시
③ 조선 물산 장려회 조직
④ 일본군 위안부 강제 동원

16 다음 설명에 해당하는 단체는?

- 비타협적 민족주의자들과 사회주의자들이 협력하여 조직
- 광주 학생 항일 운동 지원과 진상 조사단 파견

① 신간회 ② 국채 보상 기성회
③ 헌정 연구회 ④ 대한 광복회

17 다음에서 설명하는 민족 운동은?

1930년대 동아일보에서 전개한 이 운동은 러시아어로 "민중 속으로"라는 뜻으로, 농촌에서 한글을 가르치고, 미신 타파, 구습 제거 등의 활동을 통해 농촌을 계몽하기 위한 것이었다.

① 의병 운동 ② 브나로드 운동
③ 물산 장려 운동 ④ 국채 보상 운동

18 다음에서 설명하는 사회 운동은?

갑오개혁으로 법적인 신분제는 없어졌지만, 사회적 차별은 여전히 남아 있었다. 이에 백정들이 1923년에 진주에서 단체를 조직하여 백정에 대한 차별 철폐 등을 주장하며 활동하였다.

① 형평 운동 ② 브나로드 운동
③ 국채 보상 운동 ④ 6·10 만세 운동

19 다음에서 설명하는 인물은?

- 민족주의 사학자로서 민족의 혼(魂)을 강조
- 『한국통사』, 『한국독립운동지혈사』 저술

① 정인보 ② 문일평
③ 박은식 ④ 백남운

20 (가)에 들어갈 내용으로 옳은 것은?

〈대한민국 임시 정부의 활동〉

- 1919 – 상하이에서 대한민국 임시 정부 수립
- 1920년대 초 – 연통제와 교통국 운영
- 1923 – 국민 대표 회의 소집
- 1940 – 충칭 도착
- 1941~1945 – (가)

① 지계 발급
② 봉오동 전투
③ 5·10 총선거
④ 국내 진공 작전 계획

21 다음 헌법이 공포된 정부는?

제39조 ① 대통령은 통일 주체 국민 회의에서 토론 없이 무기명 투표로 선거한다.
제53조 ② 대통령은 …… 국민의 자유와 권리를 잠정적으로 정지하는 긴급 조치를 할 수 있다.

① 이승만 정부 ② 박정희 정부
③ 전두환 정부 ④ 노태우 정부

22 다음의 (가)에 해당하는 사건은?

〈 탐구 활동 〉
- 탐구 주제 : (가)
- 탐구 내용 : 4·13 호헌 철폐, 6·29 민주화 선언

① 4·19 혁명　② 6·10 만세 운동
③ 베트남 파병　④ 6월 민주 항쟁

23 다음 사건들을 발생한 순서대로 바르게 배열한 것은?

ㄱ. YH 무역 사건
ㄴ. 6·29 선언
ㄷ. 12·12 군사 반란
ㄹ. 10월 유신

① ㄱ → ㄹ → ㄴ → ㄷ
② ㄷ → ㄴ → ㄹ → ㄱ
③ ㄹ → ㄱ → ㄷ → ㄴ
④ ㄴ → ㄷ → ㄱ → ㄹ

24 다음 정책을 실시한 정부는?

- 베트남 파병
- 외국 차관 도입
- 한·일 국교 정상화
- 경제 개발 5개년 계획 실시

① 이승만 정부　② 박정희 정부
③ 김대중 정부　④ 박근혜 정부

25 6월 민주 항쟁에 대한 설명으로 옳은 것은?

① 내각 책임제 정부가 등장하는 계기를 마련하였다.
② 대통령 직선제를 기초로 하는 헌법 개정을 가져왔다.
③ 김주열의 시신이 발견되면서 시위가 더욱 격화되었다.
④ 시민들이 계엄 철회와 신군부 퇴진을 요구하며 시위를 전개하였다.

제 1 회 도덕

01 다음 설명에 해당하는 윤리학은?

> 도덕적 언어의 논리적 타당성과 그 의미를 분석하는 윤리학

① 규범 윤리학 ② 기술 윤리학
③ 메타 윤리학 ④ 실천 윤리학

02 다음 내용을 주장한 사상가는?

> 이상적 의사소통이 이루어지기 위해서는 모든 대화 참여자에게 발언할 수 있는 동등한 기회가 주어져야 한다. 또한 주장의 근거를 제시하거나 요구하여 사실을 확인할 수 있어야 한다. 그리고 모든 대화 참여자들은 자신의 입장, 감정, 바람 등을 진실하게 말해야 한다.

① 뉴턴 ② 벤담
③ 하버마스 ④ 아리스토텔레스

03 다음 (가), (나)의 성찰 방법으로 바르게 연결된 것은?

> (가) 마음을 한 군데 집중하고, 몸가짐을 단정히 하고 엄숙한 태도를 유지하며, 항상 또렷한 정신 상태를 유지해야 한다.
> – 이황 –
> (나) 자신의 맑은 본성을 찾아 바르게 살기 위해 노력해야 한다. – 불교 –

	(가)	(나)
①	중용	신독
②	신독	중용
③	경(敬)	참선
④	참선	경(敬)

04 현대 사회의 바람직한 부부간의 윤리에 대한 내용 중 옳지 <u>않은</u> 것은?

① 성적 순결을 지켜야 한다.
② 서로 부족한 점을 상호 보완하여 대등하게 대우해야 한다.
③ 육아는 여성의 몫, 경제 활동은 남성의 몫으로 정확한 역할 분담을 한다.
④ 가정생활에 충실해야 하며, 서로 배려하고 돌봐야 한다.

05 다음 글의 입장만을 〈보기〉에서 고른 것은?

> 과학 기술의 영향력이 점점 더 확대되고 있으므로 과학 기술자는 연구 과제 설정과 연구 결과에 윤리적 책임을 져야 한다. 이에 따라 과학 기술자는 자신의 연구 목적이 인류에 이바지하는 것인지 검토해야 하며, 자신의 연구가 사회에 어떤 영향을 가져올 수 있는지 예측하여 이를 공개해야 한다.

보기

ㄱ. 과학 기술자의 연구 결과는 선악 판단의 대상이 아니다.
ㄴ. 과학 기술자는 연구 결과의 부작용을 공개해서는 안 된다.
ㄷ. 과학 기술자는 과학 기술의 사회적 영향력을 고려해야 한다.
ㄹ. 과학 기술자는 연구가 인류 복지에 공헌하는지 검토해야 한다.

① ㄱ, ㄴ ② ㄱ, ㄷ
③ ㄴ, ㄹ ④ ㄷ, ㄹ

06 인공 임신 중절에 대한 반대의 입장으로 옳지 <u>않은</u> 것을 〈보기〉에서 모두 고른 것은?

보기

ㄱ. 태아를 비롯한 모든 인간의 생명은 존엄하다.
ㄴ. 인간은 자신의 신체를 자율적으로 결정할 권리가 있다.
ㄷ. 잘못이 없는 인간을 해치는 행위는 도덕적으로 옳지 않다.
ㄹ. 태아는 여성 몸의 일부이므로 임신한 여성은 태아에 대한 권리가 있다.

① ㄱ, ㄴ ② ㄴ, ㄷ
③ ㄴ, ㄹ ④ ㄱ, ㄷ, ㄹ

07 스피넬로(Spinello, R.)의 사이버 윤리 원칙 중 다음에 해당하는 것은?

> 어떤 집단이나 사회에서 공정한 기준에 의해 혜택이나 부담이 분배되어야 한다.

① 자율성의 원칙
② 해악 금지의 원칙
③ 정의의 원칙
④ 선행의 원칙

08 다음 설명에 해당하는 개념은?

> • 외부의 강요 없이 스스로 자신의 성적 행동을 결정할 수 있는 권리
> • 다른 사람의 결정권을 자신의 결정권과 동일하게 인정하여 다른 사람에게 피해를 주지 않는 것

① 자아 실현권
② 지적 재산권
③ 단체 행동권
④ 성의 자기 결정권

09 안락사에 반대하는 입장의 근거를 〈보기〉에서 고른 것은?

> 보기
> ㄱ. 오진 가능성이 존재
> ㄴ. 생명의 존엄성을 훼손함.
> ㄷ. 환자의 삶의 질 고려
> ㄹ. 환자의 자기 결정권 존중

① ㄱ, ㄴ　② ㄱ, ㄷ
③ ㄴ, ㄷ　④ ㄷ, ㄹ

10 다음에서 설명하는 다문화 사회의 정책 모델로 옳은 것은?

> • 주류 문화의 정체성을 유지하면서 비주류 문화의 공존을 인정함.
> • 비주류 문화를 주류 문화와 동등하게 취급하지 않음.

① 용광로 이론　② 샐러드 볼 이론
③ 국수 대접 이론　④ 차별적 배제 모델

11 다음과 같은 내용을 주장한 인물은?

> 고통과 즐거움을 느낄 수 있는 존재는 모두 도덕적 고려의 대상이 된다고 주장하였다. 따라서 고통을 느낄 수 있는 동물을 학대하는 것은 그 자체로 도덕적으로 옳지 못한 것이라고 보았다.

① 칸트　② 싱어
③ 아퀴나스　④ 아리스토텔레스

12 ㉠에 들어갈 내용으로 옳은 것은?

> 주제 : ______㉠______
> 1. 특징 : 여성은 자신과 견해를 달리하는 사람의 견해에 귀를 기울이고 자신의 관점뿐만 아니라 다른 사람들의 관점까지 고려하여 판단한다.
> 2. 대표 학자 : 길리건, 나딩스

① 덕 윤리　② 종교 윤리
③ 배려 윤리　④ 생명 윤리

13 가족 해체 현상의 원인으로 옳지 않은 것은?

① 사회적 소외감을 겪는 노인들이 증가하고 있다.

② 개인적 시간이 많아 서로 접촉할 수 있는 시간이 부족하다.

③ 직업이나 교육 등의 문제로 떨어져 지내는 가족이 많아졌다.

④ 가족 공동체 안에서 가정의 사회화 기능이 제대로 이루어지지 못하고 있다.

14 다음의 내용에서 지향하는 가치로 적절하지 않은 것은?

> 문화는 인간이 이루어 놓은 유형, 무형의 산물이다. 이는 의식주, 언어, 종교, 예술, 규범, 제도 등을 포함하여 인간 삶의 토대가 된다. 이러한 문화는 지역, 사회 구조, 역사, 가치관에 따라 다른 특성을 가지게 되는데, 인간은 다양한 문화의 특성을 존중하고 배려하는 자세를 가져야 한다.

① 배타성　② 관용
③ 다양성　④ 상대성

15 정의로운 사회 구현을 위한 조건으로 옳은 것만을 〈보기〉에서 모두 고른 것은?

> **보기**
> ㄱ. 기본권 보장
> ㄴ. 공정한 분배
> ㄷ. 사회 질서 유지
> ㄹ. 특정 계층의 이익 극대화

① ㄱ, ㄴ　② ㄴ, ㄷ
③ ㄱ, ㄴ, ㄷ　④ ㄱ, ㄷ, ㄹ

16 다음의 ㉠에 공통으로 들어갈 덕목은?

> 사람이 (㉠)하지 못한 것은 그 지혜가 짧기 때문이다. 예로부터 지혜가 깊은 선비는 (㉠)을/를 교훈으로 삼고, 탐욕을 경계했다. 수령이 (㉠)하지 않으면 백성들은 그를 도적으로 지목하여 마을을 지날 때에 더럽다고 욕하는 소리가 드높을 것이니, 이 역시 수치스러운 일이다.
>
> – 정약용, 『목민심서』 –

① 자애　② 청렴
③ 관용　④ 공정

17 다음에서 주장하는 행위는?

> 표면상으로는 정당하지만 실제 작용에서는 부당한 법도 있습니다. 저는 허가받지 않은 시위 행진에 참석한 혐의로 체포된 적도 있습니다. 시위 행진을 허가 사항으로 규정한 법 자체는 부당하지 않습니다. 하지만 만일 이 법이 흑백 차별을 유지하고 미연방 헌법 수정 조항 제1조의 평화적인 집회와 항의를 할 권리를 제한하기 위해서 이용된다면, 그것은 부당한 것입니다. 〈중략〉 양심적으로 부당하다고 판단되는 법률을 위반하되 지역 사회의 양심에 그 법률의 부당성을 호소하기 위해서 징역형도 불사하는 사람이야말로 법을 지극히 존중하는 사람입니다.
> – 마틴 루서 킹, 『왜 우리는 기다릴 수 없는가』 –

① 단체 교섭 ② 인종 차별
③ 시민 불복종 ④ 윤리적 소비

18 비경제적 통일 편익에 해당하는 것을 〈보기〉에서 고른 것은?

> 보기
> ㄱ. 이산가족 문제 해결
> ㄴ. 전쟁에 대한 불안 해소
> ㄷ. 분단 비용 소멸
> ㄹ. 규모의 경제 실현

① ㄱ, ㄴ ② ㄱ, ㄷ
③ ㄴ, ㄷ ④ ㄷ, ㄹ

19 다음 사상가의 관점에 해당하는 것은?

> 개인이 아무리 도덕적으로 살려고 해도 그가 살고 있는 사회의 도덕성이 바르지 않다면, 개인의 그러한 노력이 무슨 소용이 있겠는가? 사회의 전체 구조가 잘못되어 있는데 개인에게만 올바르게 살라고 요구할 수 있는가? 개인에게 선하게 살아가라고 요구하기 전에 우선 잘못된 사회적 관행이나 제도를 고쳐야 할 것이 아닌가?

① 개인의 이기심은 집단 속에서 약화된다.
② 개인의 도덕성이 집단의 도덕성을 결정한다.
③ 사회 집단의 도덕성이 개인의 도덕성보다 더 떨어진다.
④ 국가는 어떤 경우에도 강제력을 행사해서는 안 된다.

20 다음 설명에 해당하는 분배 기준은?

> 혼자 사는 사람보다 부양가족이 있는 사람에게 돈이 더 필요하므로, 후자에게 더 많은 임금을 지급하는 것이 공정한 분배이다.

① 능력 ② 필요
③ 업적 ④ 지위

21 다음 내용과 같은 입장에서 예술을 바라보는 사상가로 가장 적절한 것은?

> "예술가에게 윤리적 동정심이란 용서할 수 없는 매너리즘이다." - 와일드 -

① 공자　② 플라톤
③ 스핑건　④ 톨스토이

22 ㉠의 원칙이 반영되어 있는 제도로 가장 적절한 것은?

> 정의로운 사회는 공정한 절차를 통해 사회 구성원들이 ㉠ 최소 수혜자에게 최대의 이익이 되도록 조정하는 원칙에 합의하는 사회이다.

① 금융 실명제
② 기부금 입학제
③ 기업 연봉 성과급제
④ 장애인 의무 고용 제도

23 종교 갈등의 극복 방안으로 옳지 않은 것은?

① 대화와 협력을 통해 갈등을 해결한다.
② 타 종교에 대한 관용적인 태도를 가진다.
③ 타 종교에 대한 이해와 존중의 자세를 가진다.
④ 자신의 종교 교리를 중심으로 배타적인 태도를 가진다.

24 다음 내용에 해당하는 개념은?

> • 유·무형의 비용, 군사 비용, 외교 비용
> • 이산가족의 고통
> • 전쟁 가능성으로 인한 불안 등

① 분단 비용　② 통일 편익
③ 통일 비용　④ 평화 비용

25 ㉠에 공통으로 들어갈 단어는?

> **주제 : 갈퉁(Galtung, J.)의 (㉠) 이론**
> • 소극적 (㉠) : 테러, 범죄, 전쟁과 같은 물리적 폭력이 없는 상태
> • 적극적 (㉠) : 물리적 폭력은 물론 문화적 폭력과 구조적 폭력까지 모두 사라진 상태

① 자유　② 평화
③ 복지　④ 평등

고졸
검정고시

실전 모의고사

고졸 검정고시

실전 모의고사

제 2 회

제1교시 국어

제2교시 수학

제3교시 영어

제4교시 사회

제5교시 과학

제6교시 한국사

제7교시 도덕

고졸 검정고시

실전 모의고사

제 2 회

제 1 교시

국어

01 다음 빈칸에 들어갈 내용으로 〈조건〉을 모두 만족하는 것은?

> 동생 : 누나, 친구랑 말다툼이 있었는데 어떻게 화해하는 게 좋을까?
> 누나 : 친구랑 화해하고 싶은 마음이 있다면 ______________________

조건
- 관용 표현이 포함되도록 할 것
- 의문형 어미를 활용할 것

① 친구가 원하는 말을 해 주는 것도 중요해. 한번 생각해 볼래?
② 진심을 다해서 다가선다면 통할 거야. 말 한마디에 천 냥 빚도 갚는다고 하잖니?
③ 선물 공세는 어때? 가는 말이 고와야 오는 말이 곱다고 하던데.
④ 손이 큰 네가 이해하고 다가서야지? 그럼 잘 풀릴 수 있을 거야.

02 다음 담화 상황에 맞게 의사소통을 하기 위해 고려할 점으로 적절한 것은?

> 내가 길을 가다가 한 꼬마에게 "우체국이 어디 있는지 아니?"라고 물었더니, "예."라고만 대답하고 그냥 가 버려서 당황했던 적이 있어.

① 지역에 따른 언어의 차이를 이해해야 한다.
② 화자의 발화 의도와 담화의 의미를 파악해야 한다.
③ 젊은 세대는 유행어를 사용하여 친근함을 드러내야 한다.
④ 세대에 따라 사용하는 언어 표현에 차이가 있음을 보여 주고 있다.

03 〈보기〉의 조건을 모두 충족시킨 음절은?

보기
- 첫소리 : 센입천장소리
- 가운뎃소리 : 원순 모음
- 끝소리 : 입술소리

① 창 ② 곰
③ 춤 ④ 답

04 **다음 조건을 모두 충족하는 단어는?**

- 어근과 접사의 결합으로 이루어진 단어
- 사람이나 사물의 성질이나 상태를 나타내는 단어

① 새파랗다　② 검붉다
③ 높푸르다　④ 뛰놀다

05 **다음 문장에 대한 설명으로 옳지 않은 것은?**

㉠ 아이가 과자를 먹는다.
→ ㉡ 엄마가 아이에게 과자를 먹인다.

① ㉠의 주어는 ㉡의 부사어로 바뀌었다.
② ㉡은 ㉠을 피동문으로 바꾼 것이다.
③ ㉡에는 ㉠에 없는 문장 성분이 있다.
④ ㉡은 접미사 '-이-'를 사용하였다.

06 **다음 규정에 해당하지 않는 것은?**

한글맞춤법 제5장
제47항 보조 용언은 띄어 씀을 원칙으로 하되, 경우에 따라 붙여 씀도 허용한다.

① 내 힘으로 막아 낸다.
② 그릇을 깨뜨려 버렸다.
③ 그가 덤벼 들었다.
④ 사과를 깎아 드렸다.

07 **다음은 '유전자 변형 농산물'에 대한 글쓰기 개요이다. ㉠에 들어갈 내용으로 가장 적절한 것은?**

Ⅰ. 서론 : 유전자 변형 농산물의 개념 및 현황
Ⅱ. 본론
　1. 유전자 변형 농산물의 필요성
　　가. 세계 식량 부족 문제
　　나. 고품질 농산물의 안정적 공급
　2. 유전자 변형 농산물의 부작용
　　가. ______㉠______
　　나. 새로운 형태의 알레르기 발생
Ⅲ. 결론

① 다양한 품종의 생산
② 병충해 내성으로 인한 생태계 파괴
③ 국내 유전자 변형 농산물 실태
④ 유전자 변형 농산물 구매 방법

08 **통일성을 고려할 때 ㉠에 들어갈 문장으로 적절한 것은?**

기부는 부자나 특별한 사람만이 할 수 있는 일이라고 생각하는 경우가 많다. 하지만 우리 주변에는 자신이 가진 것을 어려운 사람들에게 나누어 주는 사람이 적지 않다. 그렇다면 학생들이 할 수 있는 기부에는 어떤 것이 있을까? 먼저 자신의 재능을 기부해서 다른 사람들을 도울 수 있다. 또 안 쓰는 중고 학용품을 모아 국내외의 어려운 아이들에게 기부하는 방법도 있다. 기부는 어려운 것이 아니다. 따라서 (　　㉠　　)

① 어린이를 기부에 동참시키자.
② 기부는 국내외를 가릴 필요가 없다.
③ 어려운 아이들을 돕는 것이 시급하다.
④ 자신이 할 수 있는 것부터 기부를 시작하자.

[09~11] 다음 글을 읽고 물음에 답하시오.

어두운 방 안엔
바알간 숯불이 피고,

외로이 늙으신 할머니가
애처로이 잦아드는 ⓐ 어린 목숨을 지키고 계시었다.

이윽고 눈 속을
아버지가 약을 가지고 돌아오시었다.

아, 아버지가 눈을 헤치고 따오신
그 붉은 산수유 열매.

ⓑ 나는 한 마리 ⓒ 어린 짐승,
젊은 아버지의 서느런 옷자락에
열로 상기한 볼을 말없이 부비는 것이었다.

이따금 뒷문을 눈이 치고 있었다.
그날 밤이 어쩌면 성탄제의 밤이었을지도 모른다.

어느새 나도
ⓓ 그때의 아버지만큼 나이를 먹었다.

옛것이라곤 찾아볼 길 없는
성탄제 가까운 도시에는
이제 반가운 그 옛날의 것이 내리는데,

서러운 서른 살 나의 이마에
불현듯 아버지의 서느런 옷자락을 느끼는 것은,

눈 속에 따오신 산수유 붉은 알알이
아직도 내 혈액 속에 녹아 흐르는 까닭일까.

– 김종길, 「성탄제」 –

09 윗글의 특징으로 옳지 않은 것은?

① 색채 이미지를 사용해 시상을 전개한다.
② 과거를 회상하는 방식을 사용한다.
③ 촉각적 심상을 매개로 사용한다.
④ 현재 시제를 사용하여 생동감을 부여한다.

10 ⓐ~ⓓ 중 그 성격이 다른 하나는?

① ⓐ
② ⓑ
③ ⓒ
④ ⓓ

11 이 시의 작가가 말하고자 하는 것으로 가장 적절한 것은?

① 도심의 큰 변화와 사회의 발전
② 아버지의 사랑에 대한 그리움
③ 성탄제의 의미
④ 어린 시절 아팠던 기억에 대한 서러움

[12~14] 다음 글을 읽고 물음에 답하시오.

성기가 다시 자리에서 일어나게 된 것은 이듬해 우수(雨水), 경칩(驚蟄)도 다 지나 청명(淸明) 무렵 비가 질금거리는 때였다. 주막 앞에 늘어선 버들가지는 다시 실같이 늘어지고 살구, 복숭아, 진달래들이 골목 사이로, 산기슭으로 울긋불긋 피고 지고 하는 날이었다.

아들의 미음상을 차려 들고 들어온 옥화는 성기가 미음 그릇 비우는 것을 본 뒤, 이렇게 물었다.

"아직도 너, 함경도 쪽으로 가 보고 싶냐?"

"……." / 성기는 조용히 고개를 돌렸다.

"여기서 장가들어 살겠냐?"

"……." / 성기는 역시 고개를 돌렸다.

그 해 아직 봄이 오기 전, 보는 사람마다 성기의 회춘을 거진 다 단념하곤 하였을 때, 옥화는 이왕 죽고 말 것이라면, 어미의 심정이나 알고 가라고, 그래 그 체 장수 영감은 서른여섯 해 전 남사당을 꾸며 와 이 화개 장터에 하룻밤을 놀고 갔다는 자기의 아버지임에 틀림이 없었다는 것과, 계연은 그 왼쪽 귓바퀴 위의 사마귀로 보아 자기의 동생임이 분명하더라는 것을, 통정(通情)하노라면서, 자기의 왼쪽 귓바퀴 위의 검정 사마귀까지를 그에게 보여 주었다.

"나도 처음부터 영감 이야기를 듣고 가슴이 섬찟하긴 했다. 그렇지만 설마 했지 그렇게 남의 간을 뒤집어 놀 줄이야 알았나. 하도 아슬해서 이튿날 악양으로 가 명도(明圖)까지 불러 봤드니, 요것도 남의 속을 빤히 들여다보는드키 재출대는구나, 차라리 망신을 했지."

옥화는 잠깐 말을 그쳤다. 성기는 두 눈에 불을 켠 듯한 형형(炯炯)한 광채를 띠고 그 어머니의 얼굴을 쳐다보고 있었다.

"차라리 몰랐으면 또 모르지만 한번 알고 나서야 인륜이 있는데 어쩌겠냐."

그리고 부디 에미 야속타고나 생각지 말라고, 옥화는 아들의 뼈만 남은 손을 잡고서 눈물을 떨어뜨렸다.

옥화의 이 마지막 하직같이 하는 통정 이야기에 의외로도 성기는 도로 힘을 얻은 모양이었다. 그 불타는 듯한 형형한 두 눈으로 천장을 한참 바라보고 있던 성기는 무슨 새로운 결심이나 하듯 입술을 지그시 깨물고 있었다.

아버지를 찾아 함경도 쪽으로 가 볼 생각도 없다, 집에서 장가들어 살림을 할 생각도 없다, 하는 아들에게, 그러나 옥화는 전과 같이 이제 고지식한 희망을 두는 것도 아니었다.

"그럼 어쩔라냐? 너 좋을 대로 해라."

"……." / 성기는 아무런 말도 없이 도로 자리에 드러누워 버렸다.

그러고 나서 한 달포나 넘어 지난 뒤였다.

성기가 좋아하는 여러 가지 산나물이 화갯골에서 연달아 자꾸 내려오는 이른 여름의 어느 장날 아침이었다. 두릅회에 막걸리 한 사발을 쭉 들이키고 난 성기는 그 어머니에게,

"어머니, 나 엿판 하나만 맞춰 주." / 하였다.

"……." / 옥화는 갑자기 무엇으로 머리를 얻어맞은 듯이 성기의 얼굴을 뻔히 바라보고 있었다.

그런 지도 다시 한 보름이 지나, 뻐꾸기는 또 다시 산울림처럼 유창하게 울고, 늘어진 버들가지엔 햇빛이 젖어 흐르는 아침이었다. 새벽녘에 잠깐 가는 비가 지나가고, 날은 다시 유달리 맑게 갠 화개 장터 갈림길 위에서 성기는 그 어머니와 하직을 하고 있었다. 갈아입은 옥양목 고의적삼에 명주 수건까지 머리에 동여매고 난 성기는 새로 맞춘 새하얀 나무 엿판을 질빵해서 느직하게 엉덩이 즈음에다 걸고 있었다. 윗목판에는 새하얀 가락엿이 반 넘어 들어 있었고, 아랫목판에는 팔다 남은 이야기책 몇 권과 간단한 방물이 좀 들어 있었다.

그의 발 앞에는 물과 함께 갈리어 길도 세 갈래로 나 있었으나, 화갯골 쪽엔 처음부터 등을 지고 있었다. 동남으로 난 길은 하동, 서남으로 난 길이

구례, 작년 이맘때도 지나 계연이가 한나절이나 얼굴을 맞대고 울고 갔다는 늙은 소나무는 올해도 비스듬히 고개져 돌아간 구렛길 산모퉁이에 그냥 서 있었다. 그러나 그 소나무를 한참 동안 바라보고 서 있던 성기는 어느덧 몸을 돌이켜 하동 쪽을 향해 발을 떼어 놓았다.

한 걸음, 한 걸음, 발을 옮겨 놓을수록 그의 마음은 한결 가벼워져서, 멀리 버드나무 사이에서 그의 뒷모양을 바라보고 서 있을 그의 어머니의 주막이 그의 시야에서 완전히 사라져 갈 무렵이 되어서는 육자배기 가락으로 제법 콧노래까지 흥얼거리며 가고 있는 것이었다.

– 김동리, 「역마」 –

12 윗글에 대한 설명으로 적절하지 않은 것은?

① '역마살'이라는 무속적인 소재를 다룬 소설이다.
② 시골 장터라는 토속적 공간을 배경으로 하고 있다.
③ 계절적 배경이 소설 속에 구체적으로 암시되어 있다.
④ 제시된 부분은 소설의 구성 단계 중 '절정' 부분이다.

13 윗글에 나타난 갈등의 유형으로 가장 적절한 것은?

① 계연의 내적 갈등
② 계연과 성기의 외적 갈등
③ 성기와 운명과의 갈등
④ 옥화와 자연과의 갈등

14 성기의 심리적 변화를 상징적으로 드러내는 것은?

① 화개 장터 ② 검정 사마귀
③ 산나물 ④ 엿판

[15~16] 다음 글을 읽고 물음에 답하시오.

[가] 冬至(동지)ㅅ돌 기나긴 밤을 한 허리를 버혀 내여,
春風(춘풍) 니불 아릐 서리서리 너헛다가,
어론 님 오신 날 밤이여든 구뷔구뷔 펴리라.

– 황진이, 「동지ㅅ돌 기나긴 밤을」 –

[나] 묏버들 갈히 것거 보내노라 님의손듸,
자시는 窓(창) 밧긔 심거 두고 보쇼셔.
밤비예 새닙곳 나거든 날인가도 너기쇼셔.

– 홍랑, 「묏버들 갈히 것거」 –

15 [가]와 [나]의 공통점으로 볼 수 없는 것은?

① 여성적 어조가 드러난다.
② 그리움의 정서가 나타난다.
③ 대조적 이미지를 활용하고 있다.
④ 시적 화자의 속마음을 진솔하게 표현하고 있다.

16 [가]의 시적 상황과 가장 유사한 사자성어는?

① 고장난명(孤掌難鳴)
② 전전반측(輾轉反側)
③ 맥수지탄(麥秀之嘆)
④ 사면초가(四面楚歌)

[17~19] 다음 글을 읽고 물음에 답하시오.

[앞부분 줄거리] 조선 인조 때 장안에 사는 이 상공은 뒤늦게 아들을 얻었다. 그의 아들 시백은 어려서부터 총명하고 비범하였다. 시백은 이 상공이 금강산에 사는 박 처사의 청혼을 받아들여 박 처사의 딸과 혼인하지만, 신부가 천하의 박색임을 알고 박씨를 멀리한다. 이에 박씨는 후원에 피화당을 짓고 홀로 지내며 여러 가지 신이한 일들을 드러내 보인다. 시기가 되어 박씨가 허물을 벗고 절세가인으로 변하자 시백이 크게 기뻐하며 이후로는 박씨와 화목하게 지낸다.

〈중략〉

(가) "전하, 망극하옵니다. 옥체를 보존하시옵소서."
나라가 이렇게 된 것은 하늘의 운수 때문이겠지만, 만고역적 김자점이 적을 도와 나라를 망하게 한 것이었다. 이러하니 모든 신하와 성안 백성들이 김자점의 살을 씹어 먹으려 하였다.
용골대는 항서를 받아 한양 성내로 들어갔다. 그때 장안을 지키던 군사가 급히 보고를 했다.
"용 장군이 여자의 손에 죽었습니다."
이 말을 들은 골대는 대성통곡을 했다.

(나) 이때 나무 사이로 한 여자가 나타났다.
"어리석은 용골대야! 네 동생 울대가 내 칼에 놀란 혼이 되었는데, 너까지 내 칼에 죽고 싶어 이렇게 찾아왔느냐?"
골대는 이 말을 듣고 분을 참을 수 없었다.
"대체 어떤 계집이 감히 장부를 희롱하느냐? 불행하게도 내 동생이 네 손에 죽었지만, 나는 이미 조선 임금의 항서를 받은 몸이다. 이제 너희들도 우리나라 백성인데, 어찌 우리를 해치려 하느냐? 나라가 무엇인지도 모르는 여자로구나. 살려 두어도 쓸데가 없으니 나와서 내 칼을 받아라."

(다) 이때, 박씨 부인이 옥으로 된 발을 걷고 나와 손에 옥화선을 쥐고 불을 향해 부쳤다. 그러자 갑자기 큰바람이 불면서 불기운이 오히려 오랑캐 진영을 덮쳤다. 오랑캐 장졸들이 불꽃 한가운데에서 천지를 분별하지 못한 채 넋을 잃고 허둥거리다가 무수히 짓밟혀 죽었다. 순식간에 피화당 근처는 아수라장이 되었다.
골대는 크게 놀라 급히 물러났다.
"한 번의 싸움에 이겨서 항복을 받았으니 이미 큰 공을 세웠거늘, 부질없이 조그마한 계집을 시험하다가 장졸들만 다 죽이게 되었구나. 이런 절통하고 분한 일이 어디 있단 말인가?"

(라) "당초 우리 왕비께서 분부하시기를 장안에 신인이 있을 것이니 이시백의 후원을 범치 말라 하셨는데, 과연 그것이 틀린 말이 아니었구나. 지금이라도 부인에게 빌어 무사히 돌아가는 편이 낫겠다."
골대가 갑옷을 벗고 창칼을 버린 뒤 무릎을 꿇고 애걸하였다.

[뒷부분 줄거리] 본국으로 돌아가던 용골대는 의주에서 임경업을 만나 다시 한번 패퇴한다. 조정으로 돌아온 임금은 박씨의 말을 듣지 않은 것을 크게 후회하며, 박씨에게 정렬부인(貞烈夫人)의 칭호를 내린다. 박씨와 시백은 부귀영화를 누리며 여생을 행복하게 보내다가 나이 팔십이 넘어 잇달아 세상을 하직한다.

– 작자 미상, 「박씨전」 –

17 윗글의 특징으로 옳지 <u>않은</u> 것은?

① 변신 모티프가 사용되었다.
② 비현실적이며 기이한 사건이 발생한다.
③ 실존 인물을 등장시켜 현실감을 부여한다.
④ 주인공의 성격이 입체적이며, 문제 해결 방법이 현실적이다.

18 윗글을 통해 알 수 있는 작가의 창작 의도로 가장 적절한 것은?

① 전쟁의 패배로 인한 수치심을 회복하기 위해
② 시대적으로 바람직한 여성상을 제시하기 위해
③ 권선징악의 교훈을 독자들에게 전달하기 위해
④ 호국을 경계하고 외세의 침략을 방지하기 위해

19 윗글의 등장인물이 〈보기〉와 같은 글을 쓴다고 가정할 때, 시적 화자의 정서로 적절한 것은?

> **보기**
> 가노라 삼각산(三角山)아, 다시 보자 한강수(漢江水)야.
> 고국산천(古國山川)을 떠나고자 하랴마는
> 시절(時節)이 하 수상(殊常)하니 올동말동 하여라.

① 아우의 죽음을 알게 된 '용골대'의 분노
② 피화당을 침범한 '용골대'를 향한 '박씨 부인'의 꾸짖음
③ 조선을 침략하기 전 무사히 돌아오겠다는 '용골대'의 다짐
④ 전쟁의 패배로 인해 인질로서 청나라로 끌려가게 된 신하의 탄식

[20~22] 다음 글을 읽고 물음에 답하시오.

> 텔레비전을 켜면 우리는 언제든지 사건·사고 소식을 접할 수 있습니다. 한 예로 2004년 1월 12일 ○○ 방송 9시 뉴스를 한번 살펴봅시다. 이날에는 케이블 방송사에서 증권 분석가로 일하던 40대 남성이 1년 동안 강도·절도 행각을 벌이다가 붙잡혔다는, 상당히 충격적인 보도가 나왔습니다. 기자가 먼저 사건의 내용을 설명한 후, 바로 피의자인 한 모 씨의 모습이 화면 가득히 나타났지요. 수건 한 장으로 가리고 있어서 얼굴은 볼 수 없었지만, 형사로 보이는 사람이 그의 옆모습이 카메라에 잡히도록 목덜미를 붙잡은 채 고개를 들고 있었습니다. 하지만 한 모 씨의 목소리만은 뚜렷하게 들을 수 있었습니다. 한 모 씨는 "빚이 많았어요. 주식 투자에 실패했죠. 욕심이 많아 그랬습니다. (작전) 세력을 따라가다가 잘못된 거죠."라고 이야기했습니다.
>
> 〈중략〉
>
> 워낙 이런 장면을 많이 보다 보니, 이제 어지간한 장면에는 무감각해져 버렸고 무엇이 문제인지도 모르게 되었습니다. 그러나 이런 장면들은 모두 "형사 피고인은 유죄의 판결이 확정될 때까지는 무죄로 추정된다."라는 헌법 제27조 제4항의 무죄 추정 원칙에 위반되는 것입니다. 헌법이 이미 명확하게 이야기하고 있다시피 유죄 판결은 1심, 2심 판결을 의미하는 것이 아니라 확정된 판결만을 의미합니다. 비록 1심 재판에서 실형을 선고받았다 해도, 피고인이 항소하여 2심 재판이 시작되었다면 무죄의 추정은 계속됩니다. 또 2심 재판에서 실형을 선고받았다 해도, 대법원에 상고하였다면 마찬가지로 무죄 추정을 받습니다. 이런 경우에는 대법원 판결이 확정되었을 때에 ㉠ <u>비로소</u> 무죄 추정이 깨지게 되는 것입니다. 다만 피고인이 1심, 2심 판결에서 유죄를 받고 상소(항소와 상고를 모두 포함한 개념)하지 않은 경우에는 선고를 받은 날로부

터 일정 기일(보통 7일)이 경과되면 판결이 확정되어 무죄 추정이 깨지게 됩니다. 아직 기소조차 되지 않아 피의자에 불과한 위의 증권 분석가나 조직 폭력배들은 당연히 무죄 추정을 받습니다.

– 김두식, 「헌법의 풍경」 –

20 윗글의 표현 방법으로 적절한 것은?

① 비유적 표현을 사용하여 이해를 돕는다.
② 사례를 보여 주며 독자의 관심을 환기한다.
③ 전문가의 견해를 통해 신뢰도를 높인다.
④ 대조되는 의견을 제시하여 한계점을 설명한다.

21 윗글을 쓴 동기를 추측해 볼 때 옳은 것은?

① 형사 피고인의 재판 과정을 알리기 위해서
② 유죄 확정 이전 피의자의 권리가 침해받는 현실을 비판하기 위해서
③ 1심 재판의 의미를 밝히기 위해서
④ 흉악한 범죄자의 노출을 비판하기 위해서

22 ㉠과 바꾸어 쓸 수 있는 말로 적절한 것은?

① 마침내　② 결코
③ 아마도　④ 하물며

[23~25] 다음 글을 읽고 물음에 답하시오.

인공지능 시대는 필연적으로 인간의 본질과 삶의 의미에 대해 근원적 질문을 던진다. 인공지능과 자동화는 우리에게 기계가 인간을 능가할 수 없는, 기계가 도저히 흉내 낼 수 없는 인간의 능력이 무엇이냐고 묻는다. 이것은 단지 기계와의 경주에서 살아남기 위해 경쟁력 있는 직업을 유지할 수 있는 인간만의 고유한 기능이 무엇인지를 묻는 게 아니다. 인공지능이 점점 더 똑똑해지고 인간이 해 오던 많은 일을 기계가 대신하게 되는 상황에서 인간이 인간다워지는 것의 의미를 묻는 것이다.

인공지능 시대에 ㉠ <u>인간을 인간답게 만드는 것은 무엇보다 결핍과 그에 따른 고통이다</u>. 인류의 역사와 문명은 이러한 결핍과 고통에서 느낀 감정을 동력으로 발달해 온 고유의 생존 시스템이다. 처음 마주하는 위험과 결핍은 두렵고 고통스러웠지만, 인류는 놀라운 유연성과 창의성으로 대응해 왔다. 결핍과 고통을 벗어나는 과정에서 인류가 체득한 생존의 방법이 유연성과 창의성이다. 이것은 기계를 구별하는 최후의 요소라고 할 수 있다. 우리는 기계를 설계할 때 부정확한 인식과 판단, 감정에서 비롯한 변덕스럽고 비합리적인 행동, 망각과 고통 같은 인간의 약점을 기계에 부여하지 않는다. 인간은 우리가 기계에 부여하지 않을, 이러한 부족함과 결핍을 지닌 존재이다.

결국, 우리가 나아갈 궁극적인 방향은 기계와의 경쟁이 아닌 공존과 공생이다. 인간 고유의 속성인 유연성과 창의성은 인공지능 시대라는 새로운 변화에서도 인간이 생존할 방법을 찾아낼 것이다.

– 김용석, 『로봇에도 인권이 있을까』 –

23 **인공지능 시대에 기계와 달리 인간만의 고유한 특징으로 적절한 것은?**

① 감정과 의지를 지닌다.
② 언어 구사 능력이 뛰어나다.
③ 문제 해결의 답을 제시할 수 있다.
④ 문제 해결을 위해 상황을 정리할 수 있다.

24 **㉠에서 글쓴이가 인간을 인간답게 만드는 것이 '결핍'과 '고통'이라고 말한 이유로 적절한 것은?**

① 동물은 결핍과 고통을 느낄 수 없기 때문이다.
② 인간은 '결핍'과 '고통'을 통해 유연성과 창의력을 발휘하기 때문이다.
③ 인간이 느끼는 감정 중에 결핍과 고통이 가장 상위의 감정이기 때문이다.
④ 인간만이 결핍을 통해 고통을 느낄 수 있기 때문이다.

25 **인간과 인공지능 로봇의 관계에 대한 글쓴이의 관점으로 적절한 것은?**

① 인간과 인공지능이 서로 견제하고 통제해야 한다.
② 인간과 인공지능이 서로 공존 공생하며 나아가야 한다.
③ 인간은 생존을 위해 끊임없이 인공지능에 의존해야 한다.
④ 인간은 인공지능을 대체할 수 있는 무엇인가를 만들어야 한다.

제 2 교시

제 2 회 수학

01 두 다항식 $A=x^2-3x+1$, $B=x^2-x+3$에 대하여 $2A-B$는?

① $2x^2-4x+4$ ② $2x^2+2x+4$
③ x^2-5x-1 ④ $-2x-2$

02 다음 중 x에 대한 항등식이 <u>아닌</u> 것은?

① $(x+1)^2=x^2+2x+1$
② $x(x-1)=x^2-x$
③ $x^2+2x=x(x+3)$
④ $x^2+3x-1=3x+x^2-1$

03 다음은 조립제법을 이용하여 다항식 $2x^3-3x^2+x-3$을 $x-2$로 나누는 과정이다. 몫과 나머지는?

2	2	−3	1	−3
		4	2	6
	2	1	3	☐

① 몫 : x^2+x+3, 나머지 : 9
② 몫 : x^2+x+3, 나머지 : 3
③ 몫 : $2x^2+x+3$, 나머지 : 9
④ 몫 : $2x^2+x+3$, 나머지 : 3

04 다항식 $x^3-6x^2+12x-8$을 인수분해한 식이 $(x-a)^3$일 때, 상수 a의 값은?

① 2 ② 3
③ 4 ④ 5

05 복소수 $\overline{3-i}=a+bi$를 만족하는 두 실수 a, b에 대하여 $a-b$의 값은?
(단, $\overline{a+bi}=a-bi$, $i=\sqrt{-1}$)

① 1 ② 2
③ 3 ④ 4

06 이차방정식 $x^2+3x-4=0$의 두 근을 α, β라 할 때, $\alpha+\beta+\alpha\beta$의 값은?

① -7 ② -5
③ -1 ④ 7

07 $-1 \leq x \leq 0$에서 이차함수
$y = -(x-2)^2 + 1$의 최댓값은?

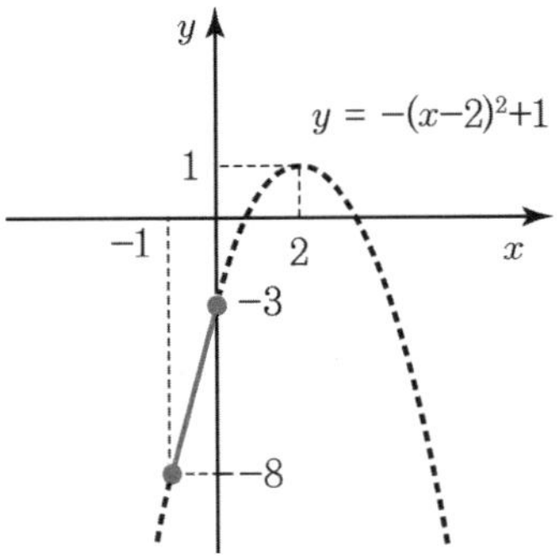

① -8　　② -1
③ -3　　④ 1

08 삼차방정식 $x^3 - 2x^2 + x - a = 0$의 한 근이 2일 때, 상수 a는?

① 0　　② 1
③ 2　　④ 3

09 부등식 $|x-2| \leq 3$의 해를 수직선 위에 나타낼 때, a에 알맞은 수는?

① 2　　② 3
③ 4　　④ 5

10 이차부등식 $(x-3)(x+2) \leq 0$을 만족하는 정수 x의 개수는?

① 3　　② 4
③ 5　　④ 6

11 좌표평면 위의 두 점 A$(-3, -4)$, B$(3, 4)$ 사이의 거리는?

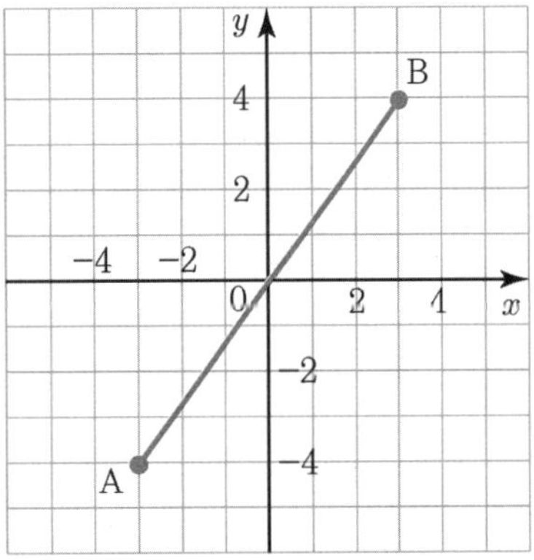

① 4　　② 6
③ 8　　④ 10

12 좌표평면 위의 두 점 A(0, 3), B(2, −3)을 지나는 직선의 방정식은?

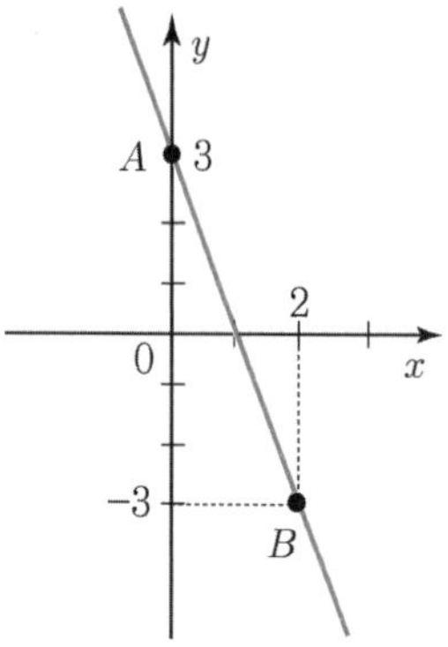

① $y=-3x+3$　　② $y=3x+3$

③ $y=-3x+1$　　④ $y=3x-3$

13 그림과 같이 지름의 양 끝점이 A(−1, −1), B(5, 7)인 원의 방정식은?

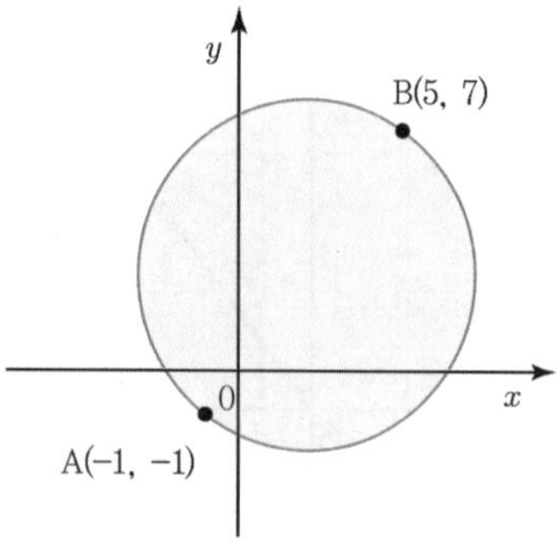

① $(x-2)^2+(y-3)^2=100$

② $(x-2)^2+(y-3)^2=25$

③ $(x+2)^2+(y+3)^2=100$

④ $(x+2)^2+(y+3)^2=25$

14 좌표평면 위의 점 (2, 3)을 직선 $y=x$에 대하여 대칭이동한 점의 좌표는?

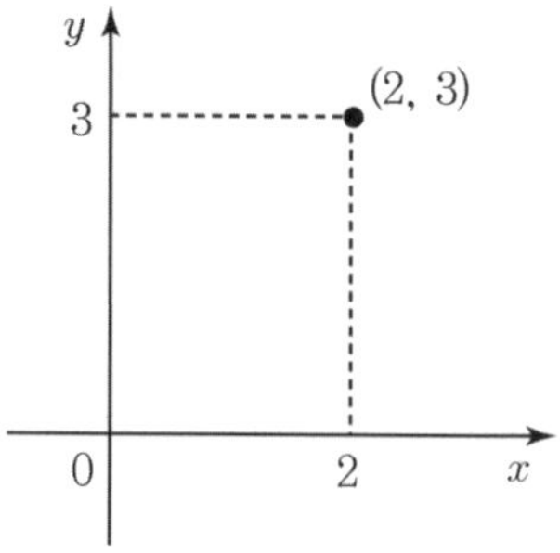

① (−3, 2)　　② (3, 2)

③ (−3, −2)　　④ (3, −2)

15 전체집합
$U=\{x \mid 1 \le x \le 10,\ x\text{는 자연수}\}$의
두 부분집합 $A=\{x \mid x\text{는 } 3\text{의 배수}\}$,
$B=\{1, 3, 6, 7, 8\}$에 대하여 $n(A\cap B)$의 값은?

① 0　　② 2

③ 4　　④ 6

16 다음 중 명제가 <u>아닌</u> 것은?

① $x^2+x=x^2+x$

② 마름모는 평행사변형이다.

③ $x^2=1$이다.

④ 3의 배수는 6의 배수이다.

17 다음의 집합 X에서 집합 Y로의 함수에 대한 설명으로 옳지 <u>않은</u> 것은?

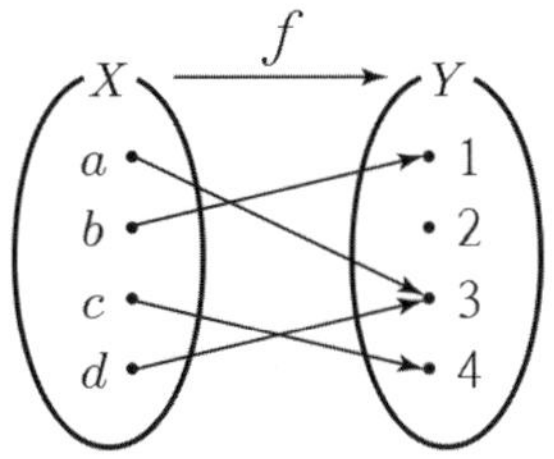

① 치역은 $\{1, 2, 3, 4\}$이다.

② $f^{-1}(4)=c$이다.

③ 정의역은 $\{a, b, c, d\}$이다.

④ $f(a)=3$이다.

18 무리함수 $y=\sqrt{x+1}+5$의 그래프는 함수 $y=\sqrt{x}$의 그래프를 x축의 방향으로 a만큼, y축의 방향으로 b만큼 평행이동한 것이다. $a+b$의 값은?

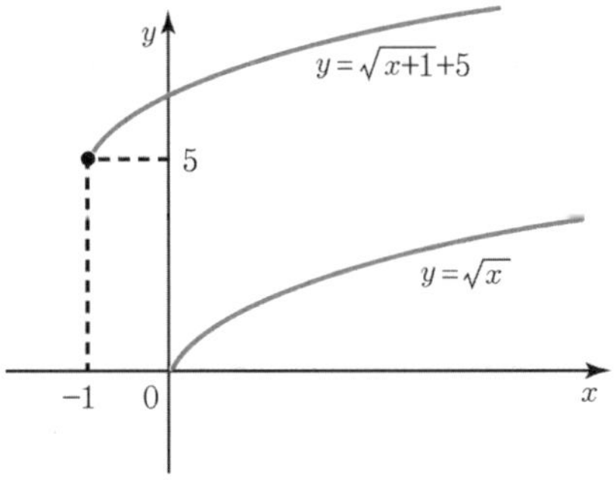

① 2 ② 4
③ 6 ④ 8

19 A, B 두 개의 주사위를 동시에 던질 때, 주사위 A는 2의 배수의 눈이 나오고, B는 12의 약수의 눈이 나오는 경우의 수는?

① 4 ② 6
③ 10 ④ 15

20 6명의 회원 중에서 3명의 회원을 대표로 뽑으려고 한다. 가능한 경우의 수를 모두 구하면?

① 6 ② 9
③ 12 ④ 20

제 2 회 영어

[01~03] 다음 밑줄 친 부분의 뜻으로 가장 적절한 것을 고르시오.

01

Reading <u>increases</u> your vocabulary.

① 나누다
② 늘리다
③ 줄이다
④ 헌신하다

02

She tried to <u>take advantage of</u> the opportunity.

① 고려하다 ② 돌보다
③ 설정하다 ④ 이용하다

03

A : Hey, take it easy and breath.
Why are you working so hard?
B : I just don't want my children to <u>go through</u> poverty I've experienced.

① 숨쉬다 ② 생각하다
③ 겪다 ④ 포장하다

04 두 단어의 의미 관계가 나머지 셋과 <u>다른</u> 것은?

① airplane – flight attendant
② post office – mailman
③ pencil – writer
④ school – teacher

05 다음 게시판에서 알 수 <u>없는</u> 것은?

Bulletin Board

The 2023 English Speaking Contest by Korea Times
- When : May 10th, 2023
- Where : Conference room in the Times Building
- How to Apply :
Sign up at www.koreatimes.co.kr

① 신청 조건 ② 대회 날짜
③ 대회 장소 ④ 신청 방법

[06~08] 다음 빈칸에 공통으로 들어갈 말로 가장 적절한 것을 고르시오.

06

- Tom, _____ color do you like better, red or blue?
- This is the watch _____ I want to buy.

① that ② what
③ which ④ who

07

- Dumplings are sold more during ______ and winter than summer.
- I'll ______ asleep at my desk.

① fail ② frail
③ fine ④ fall

08

- You do not want to relate ______ other human beings.
- John doesn't seem to get along ______ the people he works with.

① to ② with
③ on ④ by

09 다음 대화에서 밑줄 친 표현의 의미로 가장 적절한 것은?

A : Sorry I called you up in the middle of the night to take me to the hospital.
B : There is nothing to be sorry about! I was glad you called me.
A : Thanks again for your help.
B : <u>A friend in need is a friend indeed.</u>

① 사공이 많으면 배가 산으로 간다.
② 어려울 때 친구가 진정한 친구다.
③ 적으로부터 배워라.
④ 소 잃고 외양간 고친다.

10 다음 대화에서 알 수 있는 B의 심정으로 가장 적절한 것은?

A : You look depressed. What's wrong?
B : I lost my cell phone. I put it down somewhere and can't find it.
A : Oh, that's too bad.
B : Yeah, I am really frustrated.

① 좌절한 ② 행복한
③ 만족스러운 ④ 화가 난

11 다음 대화가 이루어지는 장소로 가장 적절한 것은?

> A : Hi, Alice, Have a seat. What's the matter?
> B : One of my teeth hurts. I've been suffering for days.
> A : Let me take a look. I am sorry, but it needs to be pulled out.
> B : Oh, do you really do that?
> A : If you don't pull it out, it will keep on hurting.

① 치과 ② 미용실
③ 독서실 ④ 수리점

[12~13] 다음 대화의 빈칸에 들어갈 말로 가장 적절한 것을 고르시오.

12

> A : ______________________________
> B : The late fee is 3$ per day.

① How long does it take to read this book?
② How much is the late fee?
③ What color do you like?
④ When did you borrow the comic book?

13

> A : Please help yourself to the pizza.
> B : ____________. I've had enough.

① No, thank you
② Sure, go ahead
③ The line is busy
④ Yes, please

14 다음 글에서 밑줄 친 It(it)이 가리키는 것으로 가장 적절한 것은?

> It is the place which includes books, periodicals, newspapers, manuscripts, films, maps, prints, documents, CDs, cassettes, videotapes, DVDs and other formats. You can use it to lend books.

① library ② electronic store
③ school ④ grocery

15 주어진 말에 이어질 두 사람의 대화를 〈보기〉에서 찾아 순서대로 가장 적절하게 배열한 것은?

What do you think about social networking site?

보기

(A) I think it's bad for teens.
(B) However, there are more disadvantage.
(C) Why? SNS help teens increase relationship with peer.

① (A) – (B) – (C)
② (A) – (C) – (B)
③ (B) – (A) – (C)
④ (C) – (A) – (B)

16 다음 카메라에 관한 설명서에서 언급되지 <u>않은</u> 것은?

- Don't drop in the water.
- Please Use 220V in charging the battery.
- Before connecting with computer, must read the manual in advance.

① 물 관련 주의 사항
② 충전 시 사용해야 하는 전압
③ 컴퓨터 연결 시 사전에 매뉴얼 읽기
④ 메모리칩 연결하는 방법

17 다음 글을 쓴 목적으로 가장 적절한 것은?

Dear Mr. Kim,

I appreciate the offer of the position at your company. The salary is among the best I've seen anywhere. However, the job would mean driving two hours a day. After careful thought, I have decided not to take the position. I regret to inform you this.

① 회사의 재건축을 축하하기 위하여
② 회사의 일자리 제안을 거절하기 위하여
③ 회사 통근 버스를 요청하기 위해서
④ 회사에 불만을 제기하기 위해서

18 농구에 관한 다음 글에서 언급되지 <u>않은</u> 것은?

Basketball was first invented by James Naismith in 1891. A soccer ball was used as the first basketball. Real baskets were used for basketball game. In those days, the game was played with nine men on each team. The first group of professional basketball teams was formed in 1898 in the U.S.A.

① 농구는 1891년 James Naismith에 의해 처음 만들어졌다.
② 처음에는 축구공이 농구공으로 쓰였다.
③ 종이 박스가 농구 경기에 쓰였다.
④ 1898년 처음 프로 농구팀이 만들어졌다.

19 다음 글의 주제로 가장 적절한 것은?

> It is important to know how to communicate with your children. First, while talking to your child, try to stop condemning without any question. Second, you should explain fully when you tell him to do something. Finally, listen to him tell whatever he want to tell you.

① 아이를 훈계하는 방법
② 아이와 즐겁게 놀아 주는 방법
③ 아이와 올바르게 의사소통하는 방법
④ 아이의 학교생활을 돕는 방법

[20~21] 다음 글의 빈칸에 들어갈 말로 가장 적절한 것을 고르시오.

20

> The elephant's trunk is not just a large nose or upper lip. For instance, it is used to make many kinds of sounds. With its trunk, the elephant can communicate anger, fear, or happiness. In other words, The trunk is also used to express ________ .

① emotion ② dance
③ hunger ④ smell

21

> For leaf collectors, autumn is the best time of the year. The leaves on trees that were green throughout the summer begin to _______ color. These changes are due to falling autumn temperatures. During summer, sap flows through trees, carrying a substance called 'chlorophyll' to the leaves.
>
> *sap 수액
> **chlorophyll 엽록소

① change ② keep
③ cover ④ leave

22 글의 흐름으로 보아 다음 주어진 문장이 들어가기에 가장 적절한 곳은?

> I brought them to my apartment with me.

> (①) Yesterday I went shopping and met old friends. (②) When we arrived, we sat down and talked for a few minutes. (③) And I offered some fruit and cookies to them. (④)

23 글의 전체 흐름과 가장 관계없는 문장은?

> When Columbus landed in the New World in 1492, the natives thought he was a god. ① So they gave him gifts including tobacco leaves. ② And they taught him and his crew how to smoke the tobacco. ③ Doctors regard tobacco as harmful thing. ④ He brought the leaves back to Spain with him, introducing tobacco to the Europe continent.

24 다음 글의 내용과 일치하지 않는 것은?

> Reading is a good way to improve your English. You can learn from reading, however, only if what you read is not too difficult. Most of your reading difficulties will be caused by many unknown words, long sentences, a topic you know nothing about. Therefore, it is a good idea for you to choose something interesting and easy.

① 읽기는 영어를 잘하게 만드는 방법이다.
② 쉽고 재미있는 글을 골라 읽는 것이 좋다.
③ 너무 어려운 글은 영어 향상에 좋지 않다.
④ 재미있고 어려운 단어나 긴 문장이 많은 글이 좋다.

25 다음 글의 주제로 가장 알맞은 것은?

> Traveling gives you new pleasures such as the wonderful shock of experiencing new world. However, traveling might not always be pleasurable unless you prepare for it. Therefore, you should make plans for traveling and check all the problems you may meet.

① 여행 준비의 시간
② 여행 준비의 절차
③ 여행 준비의 즐거움
④ 여행 준비의 필요성

제 4 교시

제 2 회 사회

01 다음과 같은 문제 해결 방법은 어떤 관점에 해당하는가?

> 교통 문제를 해결하기 위해서는 운전자들의 교통 질서 의식 수준을 높이는 것이 필요할 것 같습니다.

① 통합적 관점 ② 윤리적 관점
③ 공간적 관점 ④ 사회적 관점

02 행복의 기준에 대한 설명으로 옳지 않은 것은?

① 시대 상황이나 지역 여건의 영향을 받는다.
② 비슷한 환경에 놓인 사람들은 행복의 기준을 공유하기도 한다.
③ 각 시대의 지배적인 가치나 사상이 영향을 주기도 한다.
④ 최근에는 개인주의가 확산되어 행복의 기준이 획일화되고 있다.

03 다음과 같은 경관을 볼 수 있는 지역의 특징은 무엇인가?

> 마을 사람들은 챙이 넓은 모자를 쓰고, 얇고 소매가 짧은 옷을 입는다. 시장에서는 직접 재배한 바나나, 망고 등의 과일을 배에 싣고 강의 수로를 따라 모여든 사람들을 볼 수 있다.

① 눈이 많이 내린다.
② 일 년 내내 기온이 높다.
③ 강수량보다 증발량이 많다.
④ 사계절의 변화가 뚜렷하다.

04 생태 중심주의에 대한 설명으로 옳지 않은 것은?

① 이분법적 관점을 가진다.
② 전일론적 관점을 가진다.
③ 자연의 내재적 가치를 강조한다.
④ 환경 파시즘이라는 비판을 받는다.

05 갑, 을의 입장으로 적절한 것만을 〈보기〉에서 고른 것은?

> 갑 : 인간은 자연의 사용자이자 해석자이다. 과학의 목적은 자연을 정복해 인간의 물질적 생활 수준을 향상시키는 데 있다.
> 을 : 인간은 생명 공동체의 평범한 구성원이자 시민이다. 우리는 인간에 대한 존중뿐만 아니라 생명 공동체 자체에 대한 존중을 통해 대지와 사람의 조화를 추구해야 한다.

보기

ㄱ. 갑 : 자연의 가치는 유용성을 기준으로 판단해야 한다.
ㄴ. 갑 : 생명을 지닌 모든 존재는 그 자체로 가치가 있다.
ㄷ. 을 : 인간은 자연의 지배자로서 책임 의식을 가져야 한다.
ㄹ. 을 : 생태계 전체를 하나의 살아 있는 유기체로 보아야 한다.

① ㄱ, ㄴ　② ㄱ, ㄹ
③ ㄴ, ㄷ　④ ㄴ, ㄹ

06 다음 글이 강조하는 내용으로 가장 적절한 것은?

> 소득이 일정한 수준에 도달하면 더 이상 소득이 증가되더라도 행복이 증진되지는 않는다. 하지만 기근의 상황에서 행복한 삶은 거의 불가능하다. 정부가 국민의 복지에 관심을 두고 합당한 식량 정책을 갖추면 식량이 감소해도 기근이 발생되지 않는다.

① 정부가 경제 영역에 개입하지 않을 때 국민 행복은 증대된다.
② 경제적 소득이 높아질수록 개인의 삶의 질은 언제나 높아진다.
③ 식량 생산의 증감은 국민 행복의 증감과 절대적으로 비례한다.
④ 정부의 정책 및 사회 제도는 개인의 행복한 삶에 영향을 미친다.

07 산업화에 따른 사회 변동의 양상으로 옳지 않은 것은?

① 임금을 매개로 한 노동관계가 형성되었다.
② 가내 수공업을 중심으로 생산이 이루어졌다.
③ 산업화 이전보다 직업이 분화되고 전문성이 높아졌다.
④ 일반 대중이 사회의 중심이 되는 대중 사회가 형성되었다.

08 다음과 같은 현상이 나타나는 현대 사회의 특징은 무엇인가?

> 우리는 누리 소통망(SNS)을 통해 다양한 정보를 실시간으로 주고받을 수 있음은 물론 회사에 나가지 않고도 자택에서 근무를 할 수 있게 되었다.

① 비대면적 인간관계가 증대되고 있다.
② 사생활 침해 가능성이 감소하고 있다.
③ 직장인의 근무 형태가 획일화되고 있다.
④ 정보 교류의 공간적 범위가 좁아지고 있다.

09 다음에 나타난 생활의 변화에 대한 설명으로 옳지 않은 것은?

> 고속 열차의 등장 이후 서울에서 부산까지 2시간 40분 정도면 이동할 수 있을 정도로 이동 시간이 단축되었다. 뿐만 아니라 항공 교통이 발달하면서 해외 여행객 수가 크게 증가하였다.

① 지역 간의 접근성이 향상되었다.
② 통근·통학 가능 범위가 확대되었다.
③ 여가 활동의 공간 범위가 축소되었다.
④ 경제 활동의 시·공간적 제약이 작아졌다.

10 다음과 같은 활동이 나타나는 지역 조사 과정은 무엇인가?

> ○○시 주변의 경관 변화에 대한 문헌 자료를 도서관에서 수집한다.

① 지역 선정 ② 실내 조사
③ 야외 조사 ④ 보고서 작성

11 다음 청문회 주제와 관련된 기본권은?

> **청문회**
> - 일시 : 2024년 ○월 ○일
> - 장소 : ○○시청 주민 센터
> - 주제 : 재개발 지역의 학생에 대한 학습권 보장 방안

① 자유권 ② 참정권
③ 평등권 ④ 사회권

12 다음 사례에 나타난 운동이 정당화되기 위한 조건이 아닌 것은?

> 1955년 시내버스 이용의 흑인 차별 대우에 반대하여, 5만 명의 흑인 시민이 참여한 몽고메리 버스 승차 거부 운동이 일어났다.

① 폭력적 행위는 정당화될 수 없다.
② 어떠한 경우에도 법률을 준수해야 한다.
③ 합법적으로 문제를 해결할 수 없을 때 사용되어야 한다.
④ 사익 추구가 아닌 사회 정의 실현을 목적으로 해야 한다.

13 다음 (가), (나)에 해당하는 기본권은?

> (가) 가장 오래된 기본권으로 국가로부터의 자유이며 언론·출판·집회 결사의 자유가 보장된다.
> (나) 국가에 대하여 일정한 행위를 청구할 수 있는 권리로 다른 기본권을 보호받기 위한 수단적 권리이다.

	(가)	(나)
①	평등권	참정권
②	사회권	자유권
③	참정권	평등권
④	자유권	청구권

14 다음에서 나타나는 문제점은 무엇인가?

> 공공재는 대가를 지불하지 않아도 누구든지 사용할 수 있으며, 한 사람이 사용하여도 다른 사람이 얼마든지 사용할 수 있다. 대표적인 사례로 국방 및 치안 서비스가 있다.

① 특화 ② 독과점
③ 무임승차 ④ 외부 효과

15 다음 경제학자가 주장하는 입장으로 옳은 것은?

> 개인의 이익 추구가 사회 전체의 조화와 이익을 가져온다. 왜냐하면 개인이 사익을 추구하는 과정에서 누가 의도하지 않아도 효율적인 자원 배분이 이루어져 국부의 증대로 이어지기 때문이다.

① 큰 정부를 지향한다.
② 뉴딜 정책을 지지한다.
③ 정부의 시장 개입을 주장한다.
④ '보이지 않는 손'의 역할을 강조한다.

16 다음과 같은 소비 유형은 무엇인가?

> 나는 명품을 소비할 때 행복하다. 소득 수준에 비해 비싸긴 하지만 명품을 구매할 때면, 마치 내 자신이 상류층이 된 듯한 기분 좋은 착각에 빠진다.

① 베블런 효과 ② 스노브 효과
③ 합리적 소비 ④ 밴드왜건 효과

17 다음 자료와 관계 깊은 자본주의 단계로 옳은 것은?

> 1929년 대공황으로 기업들의 도산, 대량 실업, 경기 침체 등이 나타났다. 이에 따라 자본주의는 독점 방지 및 실업자 구제 등과 같은 정부의 개입과 역할을 강조하였다.

① 산업 자본주의 ② 수정 자본주의
③ 독점 자본주의 ④ 신자유주의

18 다음과 같은 상황에서 나타날 수 있는 과자 시장의 변화로 옳은 것은?

> 밀가루 가격이 상승하면서 과자의 공급이 감소하고 있다.

	균형 가격	균형 거래량
①	상승	증가
②	상승	감소
③	하락	증가
④	하락	감소

19 다음 정의의 원칙에 대한 입장으로 옳지 <u>않은</u> 것은?

> 정의의 두 원칙은 다음과 같다. 첫째, 개인은 기본적 자유에 있어 평등한 권리를 가져야 한다. 둘째, 사회적・경제적 불평등은 다음과 같은 두 가지 조건이 충족될 때 허용된다. 최소 수혜자에게 우선적으로 최대의 이익을 보장하도록 이루어져야 하고, 공정한 기회균등의 원칙에 따라 모든 사람에게 지위와 직책이 개방되어야 한다.

① 양심의 자유나 언론의 자유를 최대한 보장해야 한다.
② 사회 구성원의 경제적 이익 추구가 허용되어야 한다.
③ 개인의 자유를 침해하더라도 최소 수혜자를 도와야 한다.
④ 지위나 직책에 오를 기회가 모두에게 공평하게 개방되어야 한다.

20 다음에서 설명하는 제도는 무엇인가?

> 사회적 약자에게 실질적인 기회의 평등을 보장하기 위해 다양한 측면에서 직간접적으로 혜택을 제공하는 제도이다.

① 사회 보험
② 사회 서비스
③ 소비자 주권
④ 적극적 우대 조치

21 다음을 주장한 사상가의 입장으로 적절하지 <u>않은</u> 것은?

> 폭력에는 직접적 폭력, 구조적 폭력, 문화적 폭력이 있다. 직접적 폭력은 폭력의 결과를 의도한 행위자가 존재하는 폭력이고, 구조적 폭력은 사회 구조나 제도로부터 비롯되는 폭력이며, 문화적 폭력은 직접적・구조적 폭력을 정당화하는 기능을 수행하는 폭력이다.

① 언어와 예술도 폭력으로 행사될 수 있다.
② 종교와 사상은 전쟁을 정당화하는 수단이 될 수 있다.
③ 진정한 국제 평화는 전쟁과 테러가 사라질 때 실현된다.
④ 전쟁이 없는 상태만으로는 인간다운 삶이 보장되기 어렵다.

22 세계화에 대한 설명으로 옳지 <u>않은</u> 것은?

① 지역 간 상호 의존도를 높인다.
② 국가 간 빈부 격차를 없애 준다.
③ 교통·통신의 발달이 그 배경이다.
④ 무역 장벽 감소로 더욱 확대되었다.

23 세계의 의복 문화에 대한 설명으로 옳은 것은?

① 건조 기후 지역의 주민들은 모두 털옷을 입는다.
② 기온이 높은 기후 지역일수록 옷감의 소재가 두꺼워진다.
③ 한대 기후 지역에서는 통풍을 강조한 전통 의복 문화가 나타난다.
④ 열대 기후 지역의 전통 의복 문화는 한대 기후 지역보다 가볍고 헐렁한 형태로 나타난다.

24 다음과 같은 생활 양식의 차이에 영향을 준 요인으로 가장 적절한 것은?

> • A씨는 가축들을 키우기 위해 물과 풀을 찾아 이동하는 생활을 한다.
> • B씨는 경기도에서 서울로 출근을 하기 위해 아침마다 만원 지하철을 탄다.

① 산업 ② 언어
③ 예술 ④ 종교

25 다음과 같은 문화 변동의 양상으로 옳은 것은?

> 우리나라에서는 한의학과 별도로 서양 의학이 자리 잡고 있다.

① 문화 융합 ② 문화 동화
③ 문화 병존 ④ 강제적 문화 접변

제 5 교시

제 2 회 과학

01 탄소의 순환 과정 중 탄소가 이산화 탄소(CO_2)나 메테인(CH_4)의 상태로 존재하는 영역은?

① 기권 ② 지권
③ 수권 ④ 생물권

02 그림과 같은 현상이 일어나는 신소재를 이용한 경우로 올바른 것은?

① LED 전구
② 벨크로 테이프
③ 휘어지는 디스플레이
④ 자기 부상 열차

03 그림과 같이 파도가 칠 때 해수면이 상승하거나 하강하여 생기는 공기의 흐름을 이용하여 전기 에너지를 생산하는 발전 방식은?

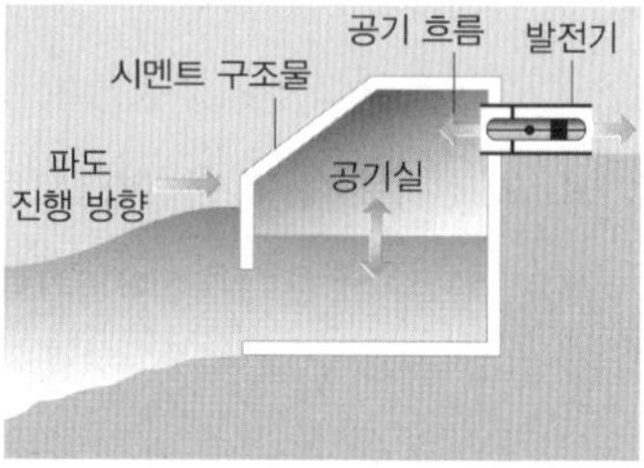

① 조력 발전 ② 태양열 발전
③ 파력 발전 ④ 지열 발전

04 그림과 같이 열기관의 고열원에 열에너지를 공급해 주었더니 외부에 300J의 일을 하고 200J의 열에너지가 저열원 쪽으로 빠져나갔다. 고열원으로 공급된 열에너지(Q_1)는 얼마인가?

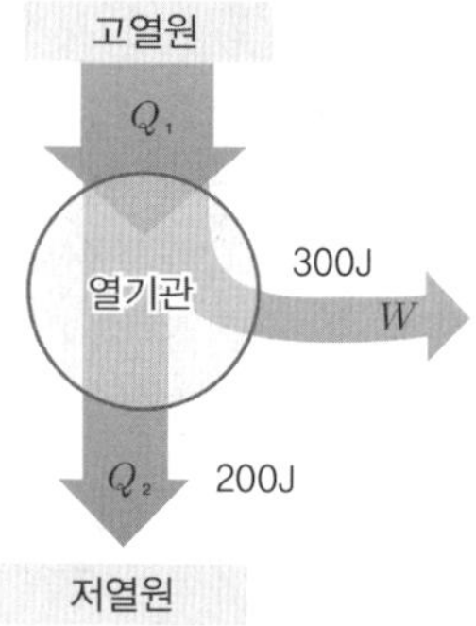

① 500J ② 300J
③ 200J ④ 600J

05 그림과 같이 자석 N극을 가까이 접근시키자 전류가 b → Ⓖ → a 방향으로 흘렀다. 전류의 방향이 반대가 되는 경우는? (단, Ⓖ는 검류계를 뜻한다.)

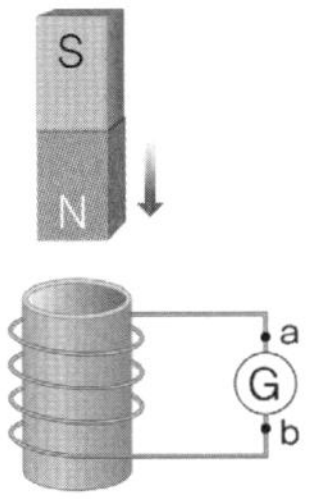

① 자석을 약한 자석으로 바꾼다.
② 자석을 더 빠르게 가까이한다.
③ 코일을 더 촘촘하게 감는다.
④ 자석의 N극을 코일에서 멀어지게 한다.

06 그림은 주기율표의 일부를 나타낸 것이다.

주기 \ 족	1	2	13	14	15	16	17	18
1	A							B
2	C						D	
3					E		F	

화학적 성질이 비슷한 원소가 바르게 짝지어진 것은?

① A, B　　② A, C
③ D, F　　④ E, F

07 그림은 규산염 사면체(SiO_4)의 모형이다. 규소는 산소 몇 개와 공유 결합을 하고 있는가?

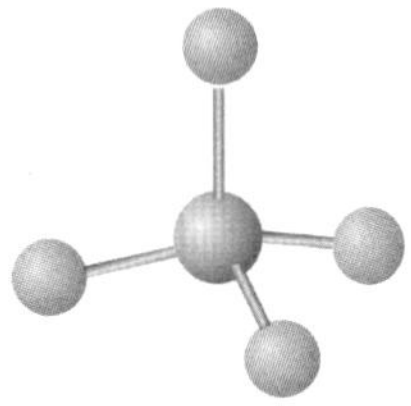

① 1개　　② 2개
③ 3개　　④ 4개

08 다음은 여러 가지 원소들의 전자 배치 모형이다. 제시된 원소 중 비활성 기체가 <u>아닌</u> 것은?

①
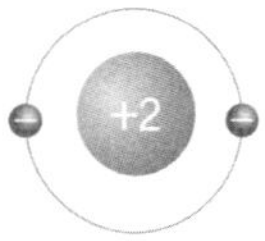

헬륨(He)

②
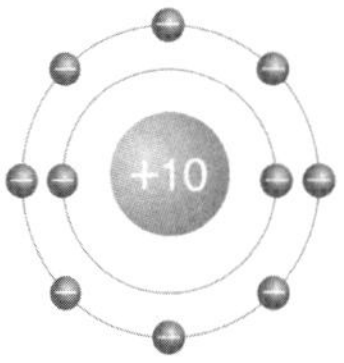

네온(Ne)

③
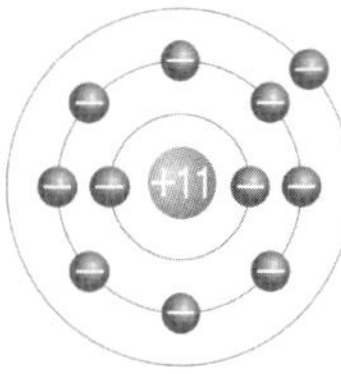

나트륨(Na)

④
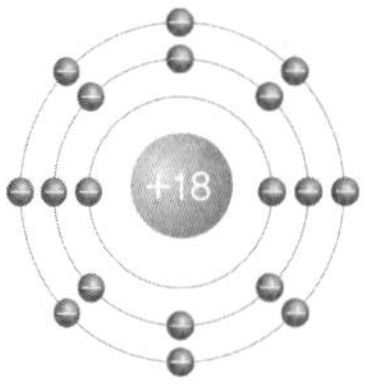

아르곤(Ar)

09 다음과 같은 성질을 갖는 비금속 원소는?

> • 주기율표 17족 원소이다.
> • 소금을 구성하는 비금속 원소이다.
> • 물의 소독제로 쓰인다.

① 리튬　　② 염소
③ 칼슘　　④ 철

10 다음 화학 반응식에서 환원되는 반응 물질은?

$$Zn + Cu^{2+} \rightarrow Zn^{2+} + Cu$$

① Zn　　② Cu^{2+}
③ Zn^{2+}　　④ Cu

11 다음 설명에 해당하는 물질이 갖는 공유 전자쌍의 총개수는?

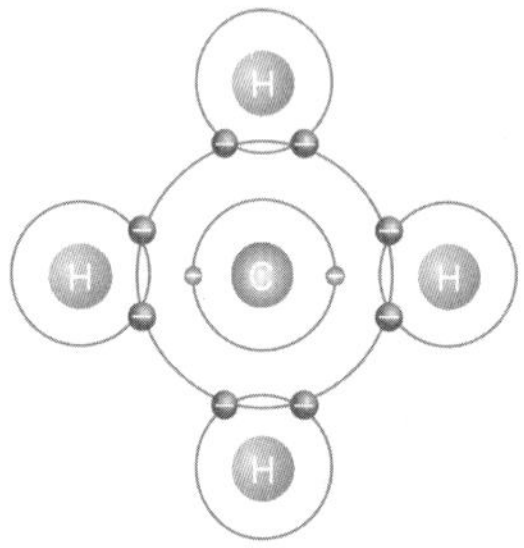

메테인 분자

> • 탄소 화합물이다.
> • 탄소 원자 1개에 수소 원자 4개가 공유 결합하여 생성된다.
> • 연료로 이용된다.

① 1　　② 2
③ 3　　④ 4

12 다음과 같은 반응이 일어날 때 공통적으로 생성되는 물질은?

> • 생선의 비린내를 제거하기 위해 레몬즙을 뿌린다.
> • 위산이 과다하게 분비되어 속이 쓰릴 때 제산제를 복용한다.

① CO_2　　② H_2O
③ NaCl　　④ O_2

13 그림은 식물 세포의 구조를 나타낸 것이다. A~D 중 세포 호흡이 일어나 에너지를 생성하는 세포 소기관은?

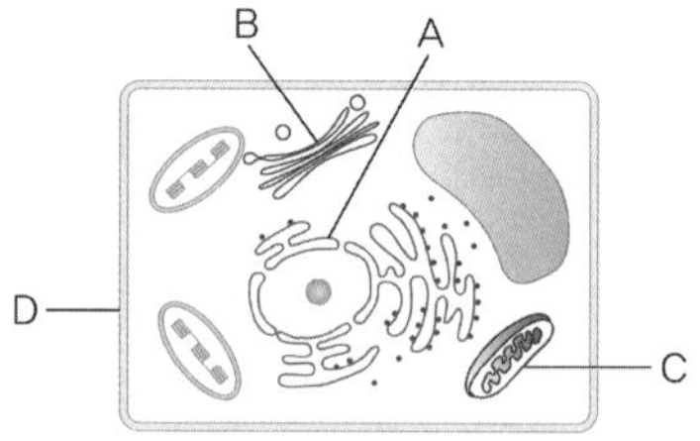

① A　　② B
③ C　　④ D

14 생태계 구성 요소 중 광합성을 하여 스스로 양분을 합성할 수 있는 독립 영양 생물을 무엇이라고 하는가?

① 생태 피라미드　　② 변이
③ 생산자　　④ 생태계 평형

15 생명체를 구성하는 물질 중 유전 정보를 저장하고 단백질 합성 과정에 관여하는 핵산의 단위체는?

① 핵　　② 뉴클레오타이드
③ 포도당　　④ 세포막

16 그림은 식물 세포보다 농도가 낮은 용액에 식물 세포를 넣었을 때 일어나는 현상을 나타낸 것이다.

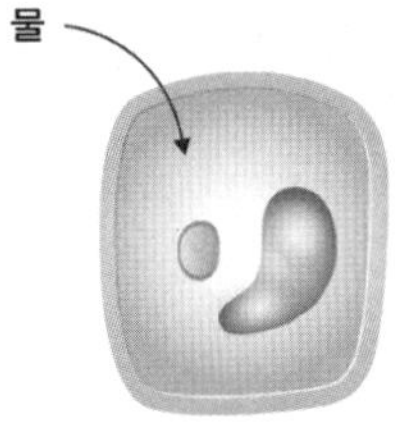

다음 중 삼투에 대한 설명으로 옳은 것만을 〈보기〉에서 모두 고른 것은?

> **보기**
> ㄱ. 삼투에 의해 물이 이동하였다.
> ㄴ. 물은 농도가 낮은 쪽에서 높은 쪽으로 물이 이동한다.
> ㄷ. 식물 세포의 부피는 감소한다.

① ㄱ　　② ㄴ
③ ㄱ, ㄴ　　④ ㄴ, ㄷ

17 그림은 DNA 가닥과 이로부터 전사된 RNA 가닥의 염기 서열을 나타낸 것이다. ㉠에 들어갈 염기로 옳은 것은?

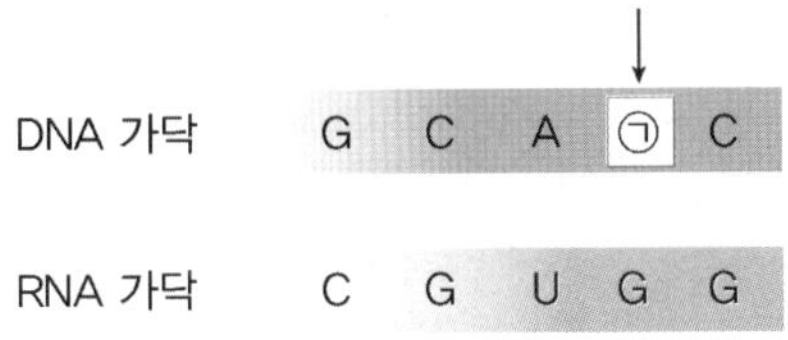

① A　　② C
③ T　　④ U

18 그림과 같이 바다의 깊이에 따라 해조류의 분포가 달라지는 것과 관련된 환경 요인은?

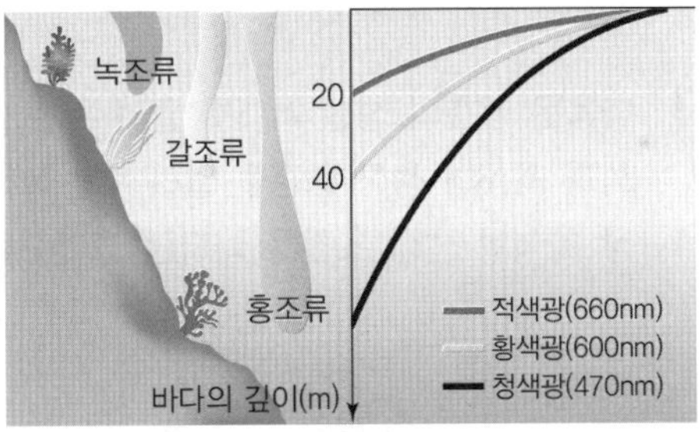

① 빛의 세기　　② 온도
③ 공기　　④ 빛의 파장

19 다음 중 생태계를 구성하는 생물적 요인의 종류가 다른 하나는?

① 메뚜기　　② 토끼
③ 풀　　④ 개구리

20 그림은 같은 높이에서 질량이 같은 네 개의 공을 각각 서로 다른 속력으로 수평 방향으로 던진 후 공 A~D의 위치를 일정한 시간 간격으로 나타낸 것이다.

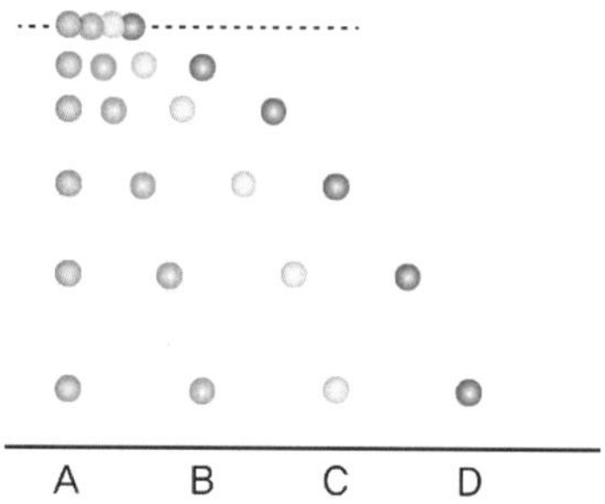

A~D 중 수평 방향으로 속도가 가장 빠른 것은?

① A ② B
③ C ④ D

21 다음은 지층의 생성 시대를 알려 주는 표준 화석과 지층의 생성 환경을 알려 주는 화석인 시상 화석의 생성 조건을 나타낸 그래프이다.

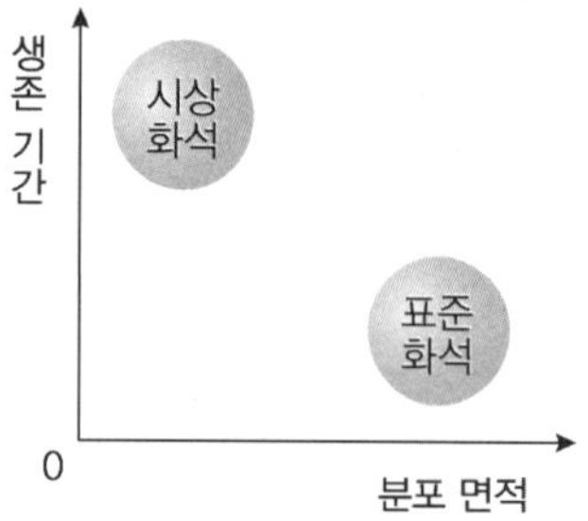

삼엽충, 공룡과 같이 특정 시대를 알려 주는 표준 화석의 생성 조건으로 올바른 것은?

① 생존 기간이 짧다.
② 바다에 살아야 한다.
③ 분포 면적이 좁아야 한다.
④ 몸에 단단한 부분이 없어야 한다.

22 빅뱅(대폭발) 우주론에 대한 설명으로 옳지 <u>않은</u> 것은?

① 빅뱅 이후 우주의 온도는 점점 낮아졌다.
② 우주 배경 복사는 빅뱅 우주론의 증거가 된다.
③ 빅뱅 후 우주가 팽창하면서 가장 먼저 원자가 생성되었다.
④ 우주는 계속 팽창하고 있다.

23 사막화가 심해지면 우리나라에 황사가 자주 발생한다. 황사와 관련된 지구 시스템의 권역은?

① 기권과 생물권 ② 외권과 생물권
③ 지권과 기권 ④ 수권과 생물권

24 그림은 태양 전지를 나타낸 것이다.

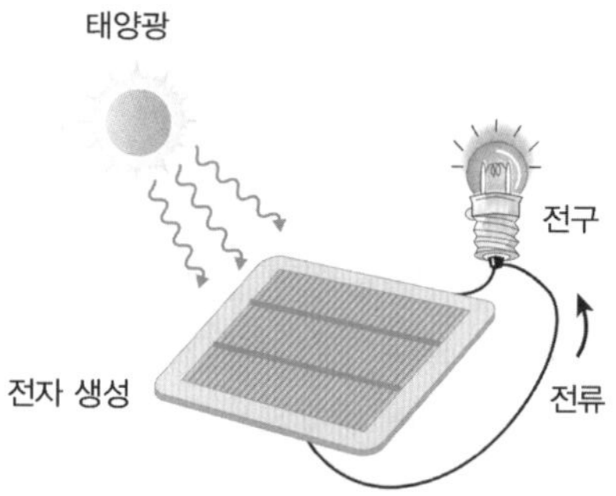

태양 전지에서의 에너지 전환은?

① 소리 에너지 → 빛에너지
② 열에너지 → 전기 에너지
③ 전기 에너지 → 빛에너지
④ 빛에너지 → 전기 에너지

25 송전 과정에서 손실되는 전력을 줄이기 위한 방법으로 옳은 것만을 〈보기〉에서 모두 고른 것은?

보기

ㄱ. 고압 송전선을 지하에 묻는다.
ㄴ. 송전선의 굵기를 굵게 한다.
ㄷ. 저항이 작은 재질의 송전선을 이용한다.

① ㄱ ② ㄷ
③ ㄱ, ㄴ ④ ㄴ, ㄷ

제 6 교시

제 2 회 한국사

01 다음 〈보기〉에서 신석기 시대의 대표 유물을 모두 고르면?

보기

ㄱ.

빗살무늬 토기

ㄴ.

반달 돌칼

ㄷ.

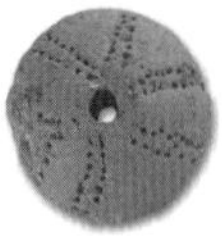

가락바퀴

ㄹ.

뗀석기

① ㄱ, ㄴ　② ㄱ, ㄷ
③ ㄴ, ㄷ　④ ㄴ, ㄹ

02 ㉠에 들어갈 내용으로 옳은 것은?

① 태학　② 화랑도
③ 원산 학사　④ 독서삼품과

03 자료와 같은 상황에서 신분 해방에 대한 기대감이 상승하여 일어난 사건은?

> 이의민은 경주 사람으로 아버지는 소금 장수였고, 어머니는 절의 여종이었다. 그는 남보다 키가 크고 무예가 뛰어나 경군에 뽑혔다. 무신 정변 당시에 이의민이 많이 활약하여 곧 장군으로 임명되었다. …… 경대승이 죽은 후 최고 권력자가 되었다.
>
> -『고려사』-

① 만적의 난　② 홍경래의 난
③ 동학 농민 운동　④ 암태도 소작 쟁의

04 다음 지도에 ⌒ 표시된 지역과 가장 관계 깊은 역사적 사실은?

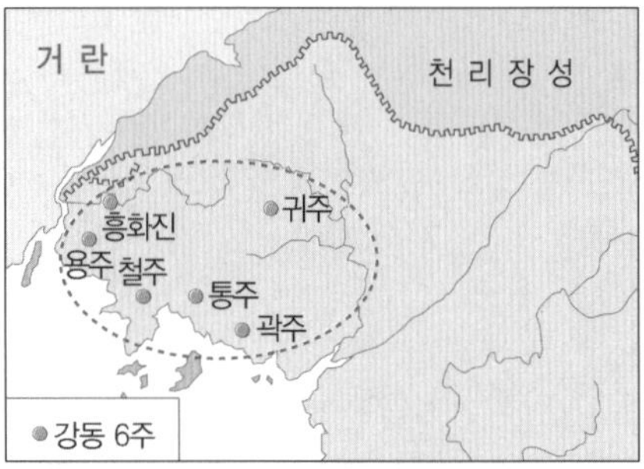

① 서희가 외교 담판으로 거란의 침입을 물리쳤다.
② 김종서가 여진족을 토벌하고 6진을 설치하였다.
③ 삼별초가 몽골에 맞서 끝까지 항전을 전개하였다.
④ 공민왕 때 쌍성총관부 지역을 무력으로 회복하였다.

05 다음에서 설명하는 토지 제도는?

> 조선 시대에 경기 지방의 토지로 한정하여 지급하였으며 토지를 받은 사람이 죽거나 반역을 하면 반환하였다. 또한 받은 토지의 일부를 수신전, 휼양전 명분으로 세습하였다.

① 직전법 ② 과전법
③ 전시과 ④ 관수 관급제

06 다음 중 광해군이 실시한 정책으로 바르게 짝지어진 것은?

① 균역법 시행, 반원 정책 실시
② 규장각 설치, 중립 외교 추진
③ 동의보감 편찬, 반원 정책 실시
④ 대동법 시행, 중립 외교 추진

07 다음 중 흥선 대원군이 실시한 정책으로 옳은 것을 고른 것은?

보기

ㄱ. 비변사 폐지
ㄴ. 지계 발급
ㄷ. 국자감 정비
ㄹ. 경복궁 중건

① ㄱ, ㄴ ② ㄱ, ㄷ
③ ㄴ, ㄹ ④ ㄱ, ㄹ

08 다음 사건들이 발생한 지역을 지도에서 옳게 고른 것은?

- 병인양요
- 신미양요
- 운요호 사건

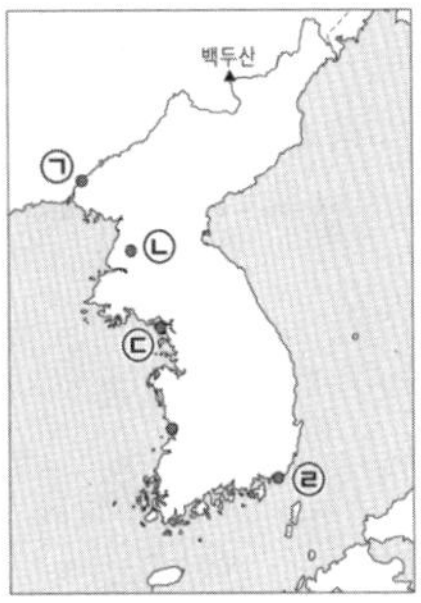

① ㉠ ② ㉡
③ ㉢ ④ ㉣

09 다음의 (가)에 들어갈 사건은?

〈 (가) 의 발발 〉

- 원인 : 구식 군대에 대한 차별 대우
- 전개 : 구식 군인의 봉기 → 명성 황후 피신, 흥선 대원군 일시 집권 → 민씨 정권 재집권
- 결과 : 제물포 조약 체결

① 을미사변 ② 갑신정변
③ 갑오개혁 ④ 임오군란

10 다음에서 설명하는 민족주의 사학자가 바르게 연결된 것은?

(가) 민족의 혼(魂)을 강조하였으며, 『한국통사』, 『한국독립운동지혈사』 등을 저술하였다.
(나) '낭가 사상'을 강조하였으며, 『독사신론』, 『조선상고사』, 『조선사연구초』 등을 저술하였다.

	(가)	(나)
①	박은식	정인보
②	정인보	신채호
③	신채호	백남운
④	박은식	신채호

11 다음에서 설명하고 있는 정치·사회 단체는?

- 민족의 자주 독립을 확립할 수 있는 국민의 실력 양성을 목표로 한 비밀 조직이다.
- 대성 학교와 오산 학교를 설립하여 민족 교육을 추진하였다.
- 자기 회사를 세워 민족 산업의 육성에 기여하였다.
- 태극 서관을 운영하여 민족 문화의 계발에 힘썼다.
- 만주에 삼원보라는 독립운동 기지를 건설하여 민족의 독립 역량을 길렀다.
- 국권 피탈 후 105인 사건으로 해체되었다.

① 보안회 ② 헌정 연구회
③ 대한 자강회 ④ 신민회

12 (가) 시기에 조선 정부가 추진한 개화 정책의 내용으로 옳은 것은?

		(가)		

흥선 대원군 집권 / 강화도 조약 체결 / 임오군란 / 갑신정변

① 지계 발급
② 호포제 실시
③ 대한민국 임시 정부 수립
④ 신식 군대인 별기군 창설

13 다음 사건들을 일어난 순서대로 바르게 배열한 것은?

ㄱ. 을사늑약　　ㄴ. 한·일 병합
ㄷ. 갑오개혁　　ㄹ. 갑신정변

① ㄱ - ㄴ - ㄷ - ㄹ
② ㄱ - ㄹ - ㄴ - ㄷ
③ ㄹ - ㄷ - ㄱ - ㄴ
④ ㄴ - ㄱ - ㄹ - ㄷ

14 1910년대 일제의 통치에 대한 설명으로 옳지 <u>않은</u> 것은?

① 회사령을 제정하여 회사 설립 시 조선 총독의 허가를 받도록 하였다.
② 조선 태형령을 제정하여 헌병 경찰이 한국인을 마음대로 매질할 수 있게 하였다.
③ 우리말 사용을 금지하고 일본어 사용을 강요하였다.
④ 헌병 경찰 통치를 앞세운 무단 통치를 실시하였다.

15 다음 내용과 같은 활동을 하였던 독립군 부대는?

- 일본에 대해 선전 포고를 하였다.
- 미군과 협력하여 국내 진공 작전을 준비하였다.
- 영국군과 연합하여 인도에서 항일 무장 투쟁을 벌였다.
- 중국군과 연합하여 중국 각지에서 항일 무장 투쟁을 전개하였다.

① 권업회
② 대한 독립군
③ 한국 광복군
④ 대한인 국민회

16 다음에서 설명하는 일제의 정책은?

- 1920년대 더 많은 쌀을 일본으로 가져가기 위해 추진
- 늘어난 생산량보다 더 많은 양의 쌀이 일본으로 실려 나감.

① 회사령
② 산미 증식 계획
③ 토지 조사 사업
④ 병참 기지화 정책

17 다음의 역사 보고서와 관련된 단체는?

〈 보고서 〉
1. 학습 주제 : 1910년대 국내의 독립운동 단체
2. 주요 인물 : 임병찬
3. 결성 배경 : 고종의 비밀지령을 받고 단체 결성
4. 주요 활동 : 조선 총독부와 일본 정부에 국권 반환 요구서를 발송하기로 계획

① 의열단 ② 독립 의군부
③ 조선 의용대 ④ 한국 광복군

18 다음 중 한인 애국단의 활동으로 옳은 것은?

① 안중근이 이토 히로부미를 처단하였다.
② 장인환이 미국에서 스티븐스를 저격하였다.
③ 이봉창이 도쿄에서 일왕 암살을 시도하였다.
④ 미얀마에서 영국군과 함께 합동 작전을 전개하였다.

19 광주 학생 항일 운동에 대한 설명 중 <u>잘못된</u> 것은?

1929년 전남 광주에서 ㉠ 한・일 학생 사이의 충돌을 계기로 반일 학생 시위가 일어났다. 이 소식은 전국으로 확산되어 많은 학생과 시민들이 시위에 가담하였고, ㉡ 신간회가 지원하기도 하였다. 광주 학생 항일 운동은 ㉢ 3・1 운동 이후 최초로 전개된 반일 학생 투쟁으로서 ㉣ 일제의 식민지 통치를 정면으로 부정하였다.

① ㉠　② ㉡
③ ㉢　④ ㉣

20 다음 자료에 해당하는 인물은?

역사 인물 카드
- 생몰 연도 : 1876년~1949년
- 활동
  - 대한민국 임시 정부 주석 역임
  - 광복 후 남한만의 단독 정부 수립 반대
  - 남북 협상 추진

① 김구　② 장면
③ 이승만　④ 여운형

21 5・10 총선거에 대한 설명으로 옳은 것을 〈보기〉에서 고른 것은?

보기
ㄱ. 4・19 혁명의 원인이 되었다.
ㄴ. 우리나라 최초의 보통 선거였다.
ㄷ. 선거를 통해 제헌 국회가 구성되었다.
ㄹ. 6・29 민주화 선언 이후 개정된 헌법에 따라 대통령을 선출하였다.

① ㄱ, ㄴ　② ㄴ, ㄷ
③ ㄴ, ㄹ　④ ㄷ, ㄹ

22 다음 내용에 해당하는 사건은?

- 이승만 정부의 장기 집권 시도로 인하여 발생하였다.
- 4・19 혁명의 계기가 되었다.

① 2・8 독립 선언
② 3・1 운동
③ 3・15 부정 선거
④ 6・10 만세 운동

23 〈보기〉의 내용을 시대순으로 배열한 것은?

보기
ㄱ. 장면 내각
ㄴ. 박정희 정부
ㄷ. 이승만 정부

① ㄱ－ㄴ－ㄷ　② ㄱ－ㄷ－ㄴ
③ ㄴ－ㄱ－ㄷ　④ ㄷ－ㄱ－ㄴ

24 밑줄 친 ㉠의 내용으로 옳은 것은?

> 박정희 정부는 7·4 남북 공동 성명을 발표한 후 경제 난국 극복과 평화 통일 대비를 명분으로 ㉠ <u>헌법을 개정</u>하였다.

① 주석제
② 의원 내각제
③ 대통령 직선제
④ 대통령의 긴급 조치권

25 (가), (나)에 해당하는 정부를 옳게 나타낸 것은?

> (가) 금융 실명제를 도입하고 경제 협력 개발 기구(OECD)에 가입하였다.
> (나) 대북 화해 협력 정책을 적극 추진하여 광복 이후 처음으로 남북 정상 회담을 개최하였다.

	(가)	(나)
①	김영삼 정부	김대중 정부
②	김영삼 정부	노무현 정부
③	김대중 정부	김영삼 정부
④	김대중 정부	노태우 정부

제 2 회 도덕

01 덕(德) 윤리에 대한 설명으로 옳지 않은 것은?

① 도덕적 실천 가능성을 강조한다.
② 공동체의 전통과 역사를 중시한다.
③ 행위자의 성품과 덕성을 중시한다.
④ 도덕 원리에 따른 행위의 평가를 강조한다.

02 도덕적 탐구의 과정으로 바르게 나열한 것은?

> (가) 태아는 무고한 인간이다.
> (나) 무고한 인간을 죽이는 것은 도덕적으로 그르다.
> (다) 태아를 죽이는 인공 임신 중절은 도덕적으로 그르다.

	도덕 원리	사실 판단	도덕 판단
①	(가)	(나)	(다)
②	(나)	(가)	(다)
③	(다)	(나)	(가)
④	(다)	(가)	(나)

03 다음에서 설명하는 사랑과 성의 관계의 관점으로 옳은 것은?

> • 사랑 중심의 성 윤리를 제시함.
> • 사랑이 동반된 성적 관계를 허용함.

① 결혼과 출산 중심의 성 윤리를 제시하였다.
② 보수주의와 자유주의의 관점을 절충하였다.
③ 성적 자유를 제한하는 것은 옳지 않다고 보았다.
④ 혼전 또는 혼외 성관계를 부도덕하다고 보았다.

04 다음과 같은 직업관을 주장한 사상가는?

> "일정한 생업[恒産]이 없는 사람한테는 일정한 도덕심[恒心]이 없다. 진실로 변함없는 마음이 없다면 방탕하고, 편벽되고, 사악하고, 사치하는 등 못할 짓이 없게 된다."

① 공자　　② 맹자
③ 순자　　④ 정약용

05 바람직한 통일 방법으로 옳지 않은 것은?

① 민주적으로 통일을 이루어 나가야 한다.
② 국민적 이해와 합의를 기초로 해야 한다.
③ 평화적 방법을 통해 급진적으로 이루어 나가야 한다.
④ 주변국들과 협력을 강화하여 통일의 지지를 유도해야 한다.

06 다음에서 설명하고 있는 윤리적 용어는?

- 억지로 무엇을 하지 않고 자연의 순리에 따르는 삶
- 인간의 욕망으로 인한 자연에 대한 조작과 통제 거부

① 연기설(緣起說)
② 홍익인간(弘益人間)
③ 무위자연(無爲自然)
④ 정명(正名)

07 다음의 해외 원조에 대한 입장을 가진 사상가로 옳은 것은?

> 원조의 의무는 고통받는 사회를 '적정 수준의 사회'로 만드는 데 있다. 사회들 간의 부와 복지 수준은 다양할 수 있으며, 원조의 목적은 그러한 수준을 조정하는 것이 아니라 단지 고통받는 사회를 질서 정연한 사회로 통합시키는 것이다.

① 롤스 ② 벤담
③ 노직 ④ 싱어

08 지적 재산권을 둘러싼 논쟁 중 다음 주장의 근거로 옳은 것은?

- 정보의 공공재적 성격을 중시한다.
- 많은 사람들이 쉽게 사용할 수 있도록 정보를 공유해야 한다는 입장이다.

① 창작자의 재산권을 보호해야 한다.
② 창작자의 노력에 경제적 보상을 제공해야 한다.
③ 창작 의욕을 높이고, 질적 수준이 높은 지적 산물을 만들 수 있다.
④ 저작물에 대한 과도한 권리 행사는 새로운 창작을 방해할 수 있다.

09 사이버 윤리의 기본 원칙에 대한 설명으로 옳은 것은?

① 해악 금지의 원칙에 따르면 언어폭력이나 사이버 성폭력, 개인 정보 유출 등으로 타인과 사회에 해악을 끼치지 말아야 한다.
② 정의의 원칙은 사이버 공간의 타인도 나와 똑같은 인간 존엄성과 권리를 지니고 있으므로 그에 상응하는 대우를 해야 한다는 것이다.
③ 인간 존중의 원칙에 따르면 사이버 공간에서 누구나 가지는 평등한 권리를 보장하기 위해 정보의 진실성, 공정한 표현 등이 요구된다.
④ 책임의 원칙을 위해 사이버 공간에서 별칭을 사용한다.

10 다음 내용에 해당하는 설명으로 옳은 것은?

> "네 의지의 준칙이 언제나 동시에 보편적 입법의 원리가 되도록 행위하라."

① 서양의 공리주의적 접근이다.
② 가언 명령의 형식으로 제시된다.
③ 니부어에 의해 제시된 도덕 법칙이다.
④ 도덕 법칙을 '무조건 ~하라.'라는 형식으로 제시하였다.

11 환경 문제에 대한 설명으로 적절하지 않은 것은?

① 자연의 자정 능력에 대한 지나친 낙관적 사고로 인해 환경 문제가 더욱 심각해졌다.
② 생태계 보전을 위해 스스로 욕심을 절제한다.
③ 환경 문제를 해결하기 위해서는 자연을 현 세대뿐만 아니라 미래 세대, 모든 생명체가 함께 누려야 할 삶의 터전으로 여기는 자세가 필요하다.
④ 자연에 대한 인간의 소유가 확장될수록 환경 문제는 해결하기 쉽다.

12 다음 설명에 해당하는 것은?

> • 프랑스어로 귀족의 의무를 의미하고, 보통 부와 권력, 명성은 사회에 대한 책임과 함께해야 한다는 의미로 쓰임.
> • 사회 지도층에게 사회에 대한 책임이나 국민의 의무를 모범적으로 실천하는 높은 도덕성을 요구하는 말임.

① 톨레랑스
② 판옵티콘
③ 뉘른베르크 강령
④ 노블레스 오블리주

13 판서 내용 중 ㉠에 공통으로 들어갈 말은?

> 주제 : 도덕 문제의 해결 자세
> • (㉠)의 의미 : 다른 사람의 처지에서 생각하고 그 입장을 이해·공감하는 사고의 과정
> • (㉠)의 기능 : 올바른 도덕적 판단 기능, 타인과 사회와의 조화

① 감정적 사고 ② 경제적 사고
③ 배려적 사고 ④ 타율적 사고

14 다음 주제와 관련된 응용 윤리학의 분야는?

> 〈핵심 주제〉
> 공정한 분배 기준, 우대 정책과 역차별 문제

① 정보 윤리 ② 환경 윤리
③ 사회 윤리 ④ 생명 윤리

15 다음과 같이 주장한 윤리 사상가는?

> • "윤리 역시 생명 외경 이외에 아무것도 아니다. 생명을 유지하고 고양하는 것은 선이며, 생명을 파괴하고 훼손하는 것은 악이다."
> • 모든 생명은 살고자 하는 의지를 지니고 있으며 그 자체로 신성하다는 '생명의 동등성'을 주장함.

① 로크 ② 슈바이처
③ 벤담 ④ 푸코

16 (가)의 관점에서 (나)에 나타난 문제점을 해결하기 위한 방안으로 가장 적절한 것은?

(가)	사회 윤리적 관점은 윤리 문제의 원인을 사회 구조나 제도의 부조리에서 찾는다.
(나)	음식의 색과 맛을 보존하기 위해 식품 첨가물을 넣는데, 이에 대한 인체 위해성 논란이 지속되고 있다.

① 생산자의 양심과 도덕성 회복에 호소한다.
② 생산과 유통 과정에서의 개인적 노력이 필요하다.
③ 각 개인이 스스로 인체에 해로운 식품을 사 먹지 않는다.
④ 안전한 먹거리 인증제나 성분 표시제를 더욱 강화한다.

17 사형 제도를 찬성하는 주장의 논거로 적절한 것은?

① 사형은 인간의 생명권을 근본적으로 부정하는 것이다.
② 교육과 교화를 근원적으로 포기하는 사형은 형벌의 본질에 반하는 제도이다.
③ 사형은 정치적 이유로 정적(政敵)이나 반대자를 제거할 수 있는 수단으로 악용될 수도 있다.
④ 형벌의 목적은 근본적으로 인과응보적 응징에 있다.

18 다음 내용을 주장한 사상가는?

- 의사소통의 합리성을 강조함.
- 이상적 담화 상황 조건으로 진리성, 정당성, 진실성, 이해 가능성을 제시함.

① 벤담 ② 레건
③ 길리건 ④ 하버마스

19 예술에 대한 다음과 같은 관점은?

- 예술의 사회적 영향력을 강조하여 참여 예술론을 지지함.
- 예술 작품에 대한 도덕적 검열이 필요하다고 봄.
- 한계 : 예술의 자율성을 침해할 수 있음.

① 도덕주의 ② 쾌락주의
③ 회의주의 ④ 상대주의

20 다음에서 설명하는 불교의 이상적 인간상을 일컫는 말은?

- 부처의 바른 깨달음을 추구하며 지혜를 얻은 사람
- 중생을 구제하기 위해 노력하며 자비를 실천하는 사람

① 보살(菩薩) ② 성인(聖人)
③ 신선(神仙) ④ 군자(君子)

21 다음과 같은 현상의 원인으로 알맞은 것은?

3개월 전 출산을 하게 된 영희 씨는 아이를 위해 회사에 육아 휴직 신청서를 냈다. 그러자 회사에서는 명목상 육아 휴직 조항이 있지만 오랜 휴직은 회사에 많은 불이익을 준다며, 사직할 것을 종용하였다.

① 여성이 전적으로 육아를 담당하는 것이 사회적으로 볼 때 더 이익이 되기 때문이다.
② 남성과 여성의 성 역할을 고정된 것으로 보지 않는 관점 때문이다.
③ 육아 휴직 조항을 지키지 않았을 때의 벌금이 크지 않기 때문이다.
④ 남성과 여성의 차이를 인정하고 배려하려는 자세가 부족하기 때문이다.

22 다음에서 설명하는 국가 권위의 정당화 근거로 옳은 것은?

> • 복종하기로 동의했기 때문에 복종의 의무 발생
> • 명시적인 동의뿐만 아니라 묵시적 동의 역시 복종의 의무가 성립됨.

① 정의의 관점　② 계약론적 근거
③ 동의론적 근거　④ 혜택론적 근거

23 다음 ㉠~㉢에 들어갈 용어로 옳게 연결된 것은?

> • (㉠) : 남북의 이질적 요소 통합을 위해 드는 비용
> • (㉡) : 통일로 얻게 되는 경제적 · 비경제적 보상과 혜택
> • (㉢) : 분단으로 인한 대립과 갈등으로 발생하는 모든 비용

	㉠	㉡	㉢
①	분단 비용	통일 비용	통일 편익
②	통일 편익	분단 비용	통일 비용
③	통일 비용	통일 편익	분단 비용
④	분단 비용	통일 편익	통일 비용

24 다음의 직업 윤리를 주장한 사상가는?

> • "임금은 임금다워야 하고 신하는 신하다워야 하며, 부모는 부모다워야 하고 자식은 자식다워야 한다."
> • 자신의 직분에 알맞게 역할에 충실하자는 정명(正名) 사상을 주장했다.

① 공자　② 순자
③ 칼뱅　④ 플라톤

25 다음 중 윤리적 소비자의 특징으로 옳지 않은 것은?

① 자신의 소비 생활이 사회와 더 넓은 범위에 미치는 영향을 고려한다.
② 상거래에서 소비 윤리를 지킨다.
③ 가장 효용이 높은 제품을 구매한다.
④ 불필요한 소비를 줄이고 간소한 삶을 지향한다.

고졸
검정고시

실전 모의고사

고졸 검정고시

실전 모의고사

제 3 회

제1교시 국어

제2교시 수학

제3교시 영어

제4교시 사회

제5교시 과학

제6교시 한국사

제7교시 도덕

고졸 검정고시

실전 모의고사

제 3 회 국어

01 〈보기〉는 공손성의 원리를 실현하기 위해 필요한 규칙이다. 〈보기〉의 ㉠~㉣에 대한 예시 문장이 적절하지 않은 것은?

보기

〈공손성의 원리에는 다음과 같은 규칙이 있다.〉

㉠ 상대방에게 부담이 되는 표현은 최소화하고, 이익이 되는 표현은 최대화하라.

㉡ 화자는 자신에게 혜택을 주는 표현을 최소화하고 부담을 주는 표현을 최대화하라.

㉢ 다른 사람에 대한 비난의 표현은 최소화하고 칭찬이나 맞장구치는 표현은 최대화하라.

㉣ 자신에 대한 칭찬을 최소화하고 비난은 최대화하라.

① ㉠ : 미안한데, 창문 좀 닫아 주시겠습니까?

② ㉡ : 제가 검토를 했어야 하는데, 다 제 탓입니다.

③ ㉢ : 김 과장님은 행복하시겠네요. 승진도 하시고 자녀들이 취직까지 했으니 얼마나 기쁘세요!

④ ㉣ : 제가 무심코 한 일인데 큰 사고를 막을 수 있어서 스스로도 대견하게 생각합니다.

02 다음 담화에 대한 설명으로 적절하지 않은 것은?

영국에서 온 줄리엣은 한국어를 잘하는 편이지만 가끔 한국어가 참 이해하기 어렵다는 생각이 들 때가 있다. 얼마 전 낮에 혼자 집에 있는데 시어머니의 친구가 잠깐 물건을 전하러 오신 적이 있었다.

줄리엣 : 차 한 잔 드릴까요?
손 님 : 괜찮습니다.
줄리엣 : 아, 네.
손 님 : …….

저녁에 시어머니가 돌아와서

시어머니 : 손님한테 마실 것은 대접했겠지?
줄리엣 : 손님이 괜찮다고 했어요.
시어머니 : 아유, 괜찮다고 했다고 그러면 되니? 우리 집에 와서 물 한잔 못 마시고 갔다고 섭섭해하더라.

① 손님은 간접적인 표현을 사용하는 문화에 익숙하다.

② 시어머니와 손님은 다른 문화적 맥락 속에서 살아왔다.

③ 줄리엣은 손님이 '괜찮다'라고 한 말을 표면적 의미 그대로 받아들였다.

④ 원활한 의사소통을 위해서는 사회 문화적 맥락을 고려해야 한다.

03 다음 단어 중 표준 발음에 해당하는 것은?

① 칼날[칼날] ② 신라[실라]
③ 감기[강기] ④ 의사[이사]

04 다음 규정에 따르지 않는 표기는?

> **외래어 표기법 제1장**
> **제4항** 파열음 표기에는 된소리를 쓰지 않는 것을 원칙으로 한다.

① 카페(cafe) ② 버스(bus)
③ 빠리(paris) ④ 모차르트(Mozart)

05 다음 중 미래의 일이나 추측의 의미를 나타내는 선어말 어미 '-겠-'이 쓰인 것은?

① 나는 시인이 되겠다.
② 그 일은 꼭 제가 하겠습니다.
③ 지금 떠나면 새벽에 도착하겠구나.
④ 이 문제를 네가 푸는 걸 보면, 나도 풀겠다.

06 다음 중 문장의 주체를 높이고 있는 것은?

① 나는 할머니를 모시고 병원에 갔다.
② 궁금한 점은 선생님께 여쭈어 보도록 해.
③ 아버지는 오늘도 바쁘시다.
④ 그러지 말고 오늘은 쉬는 게 어때?

[07~08] 다음을 읽고 물음에 답하시오.

> • 제목 : 청소년들의 팬덤 문화, 청소년의 활력소
> • 주제문 : 청소년들의 팬덤 문화는 건전한 성장에 도움을 준다.
>
> Ⅰ. 서론
> ○ ㉠ 상황 제시 : 청소년들의 팬덤 참여 실태를 제시함.
> ○ ㉡ 문제 제기 : 팬덤에 대한 기존의 부정적인 시각에 관해 문제를 제기함.
>
> Ⅱ. 본론
> ○ ㉢ 용어 정의 : 팬덤은 특정한 인물이나 분야를 열성적으로 좋아하는 사람들 또는 그러한 문화 현상을 가리킴.
> ○ ㉣ 주장 : 팬덤 활동은 청소년들에게 정서적 안정감과 삶의 활력을 준다.
> – 근거 : (Ⓐ   )
>
> Ⅲ. 결론
> ○ 마무리 : 본론의 내용을 요약하고 재강조함. 앞으로 나아갈 방향을 제시함.

07 개요의 제목과 주제문을 바탕으로 내용을 점검할 때, 적절하지 않은 것은?

① ㉠ ② ㉡
③ ㉢ ④ ㉣

08 Ⓐ에 들어갈 내용으로 적절하지 않은 것은?

① 팬덤은 친구관계를 위한 매개체가 되어 친구관계에 좋은 영향을 준다.
② 건전한 응원 문화와 기부 문화가 형성되고 있음.
③ 적극적인 팬덤 활동을 해도 경제적 부담이 없음.
④ 아이돌을 통해 대리 만족하며 스트레스를 해소할 수 있음.

[09~10] 다음 글을 읽고 물음에 답하시오.

이때 춘향이 비몽사몽 간에 ㉠ 서방님이 오셨는데 머리에는 금관이요, 몸에는 홍삼(紅衫)이라. 상사일념(相思一念)에 목을 안고 만단정회(萬端情懷)하는 차라.

"춘향아!"

부른들 대답이 있을쏘냐. 어사또 하는 말이,

"크게 한 번 불러 보소!"

"모르는 말씀이오. ㉡ 예서 동헌(東軒)이 마주치는데 소리가 크게 나면 사또 염문(廉問)할 것이니 잠깐 지체하옵소서."

"뭐 어때, 염문이 무엇인고? 내가 부를게, 가만 있소!"

"춘향아!"

부르는 소리에 깜짝 놀라서 일어나며,

"허허, 이 목소리 잠결인가 꿈결인가? 그 목소리 괴이하다!"

어사또 기가 막혀,

"내가 왔다고 말을 하소!"

"왔단 말을 하게 되면 기절담락(氣絶膽落)할 것이니 가만히 계시옵소서."

춘향이 저의 모친 음성 듣고 깜짝 놀라서,

"어머니 어찌 오셨소? 몹쓸 딸자식을 생각하여 천방지축 다니다가 낙상하기 쉽소. 이후에는 오시지 마옵소서."

"날랑은 염려 말고 정신을 차리어라! 왔다!"

"오다니 누가 와요?"

"그저 왔다!"

"갑갑하여 나 죽겠소! 일러 주오! 꿈 가운데 임을 만나 만단정회하였더니, 혹시 서방님께서 기별 왔소? 언제 오신단 소식 왔소? ㉢ 벼슬 띠고 내려온단 노문(路文)왔소? 애고 답답하여라!"

"너의 서방인지 남방인지 걸인 하나 내려왔다!"

"허허! 이게 웬 말인가? 서방님이 오시다니 몽중에 보던 임을 생시에 본다는 말인가!"

문틈으로 손을 잡고 말 못하고 기가 막혀,

"애고, 이게 누구시오? 아마도 꿈이로다! 상사불견(相思不見) 그리운 임을 이리 쉽게 만날쏜가. 이제 죽어 한이 없네! 어찌 그리 무정한가? 박명하다, 나의 모녀. ⓐ 서방님 이별 후에 자나 누우나 임 그리워 일구월심(日久月深) 한(恨)이더니 이내 신세 이리되어 매에 감겨 죽게 되니 날 살리려 와 계시오?"

한참 이리 반기다가 임의 형상 자세히 보니 어찌 아니 한심하랴.

"㉣ 여보 서방님! 내 몸 하나 죽는 것은 설운 마음 없소마는 서방님 이 지경이 웬일이오?"

"오냐, 춘향아. 설워 마라! 인명이 재천인데 설마한들 죽을쏘냐!"

– 작자 미상, 「열녀춘향수절가」 –

09 윗글의 ㉠~㉣에 대한 설명으로 적절하지 않은 것은?

① ㉠ : 몽룡의 신분이 상승했음을 암시한다.
② ㉡ : 몽룡의 어사 신분이 드러날 것을 염려하는 춘향 모친의 마음이 나타나 있다.
③ ㉢ : 춘향은 몽룡이 벼슬길에 올라 다시 돌아오기를 바라고 있다.
④ ㉣ : 춘향은 자신의 안위보다 몽룡의 처지를 더 걱정한다.

10 ⓐ와 관련 있는 한자성어로 가장 적절한 것은?

① 감탄고토(甘呑苦吐)
② 구밀복검(口蜜腹劍)
③ 언어도단(言語道斷)
④ 오매불망(寤寐不忘)

[11~13] 다음 글을 읽고 물음에 답하시오.

내 유년의 7월에는 냇가 잘 자란 미루나무 한 그루 솟아오르고 또 그 위 파란 하늘에 뭉게구름 내려와 어린 눈동자 속 터져 나갈 듯 가득 차고 찬물들은 반짝이는 햇살 수면에 담아 쉼 없이 흘러갔다. 냇물아 흘러 흘러 어디로 가니, 착한 노래들도 물고기들과 함께 큰 강으로 헤엄쳐 가 버리면 과수원을 지나온 달콤한 바람은 미루나무 손들을 흔들어 차르르 차르르 내 겨드랑에도 간지러운 새잎이 돋고 물 아래까지 헤엄쳐 가 누워 바라보는 하늘 위로 삐뚤삐뚤 헤엄쳐 달아나던 미루나무 한 그루. 달아나지 마 달아나지 마 미루나무야, 귀에 들어간 물을 뽑으려 햇살에 데워진 둥근 돌을 골라 귀를 가져다 대면 허기보다 먼저 온몸으로 퍼져 오던 따뜻한 오수, 점점 무거워져 오는 눈꺼풀 위로 멀리 누나가 다니는 분교의 풍금 소리 쌓이고 미루나무 그늘 아래에서 7월은 더위를 잊은 채 깜박 잠이 들었다.

– 정일근, 「흑백사진 – 7월」 –

11 윗글의 표현상 특징으로 적절하지 않은 것은?

① 통사 구조를 반복하여 안정감과 리듬감을 주고 있다.
② 감각적 이미지로 유년 시절의 추억들을 그리고 있다.
③ 음성 상징어를 통해 시에 생동감을 불러일으키고 있다.
④ 눈에 보이지 않는 것을 마치 보이는 것처럼 표현하고 있다.

12 윗글에 대한 감상으로 가장 적절한 것은?

① 점층법은 유년 시절에 대한 그리움을 강조하고 있군.

② 예스러운 말투는 시의 분위기와 잘 어울리고 있군.

③ 토속적인 시어는 향토적 정감을 불러일으키고 있군.

④ 회상적 어조가 유년의 경험을 보다 더 아름다운 것으로 느끼게 하는군.

13 윗글의 내용을 바탕으로 사진을 찍을 때, 적절한 장면이 아닌 것은?

① 아담한 분교의 모습이 가까이에 담기도록 촬영한다.

② 미루나무 그늘에서 잠이 든 아이의 모습을 촬영한다.

③ 미루나무 위로 뭉게구름이 피어 있는 모습을 촬영한다.

④ 시냇물에서 수영을 하고 있는 아이의 모습을 촬영한다.

[14~16] 다음 글을 읽고 물음에 답하시오.

넓은 벌 동쪽 끝으로
옛이야기 지줄대는 실개천이 휘돌아 나가고,
얼룩백이 황소가
해설피 ⓐ 금빛 게으른 울음을 우는 곳,
— 그곳이 차마 꿈엔들 잊힐 리야.

질화로에 재가 식어지면
비인 밭에 밤바람 소리 말을 달리고,
엷은 졸음에 겨운 늙으신 아버지가
짚베개를 돋아 고이시는 곳,
— 그곳이 차마 꿈엔들 잊힐 리야.

흙에서 자란 내 마음
파아란 하늘빛이 그리워
함부로 쏜 화살을 찾으러
풀섶 이슬에 함추름 휘적시던 곳,
— 그곳이 차마 꿈엔들 잊힐 리야.

전설(傳說) 바다에 춤추는 밤물결 같은
검은 귀밑머리 날리는 어린 누이와
아무렇지도 않고 예쁠 것도 없는
사철 발 벗은 아내가
따가운 햇살을 등에 지고 이삭 줍던 곳,
— 그곳이 차마 꿈엔들 잊힐 리야.

하늘에는 성근 별
알 수도 없는 모래성으로 발을 옮기고,
서리 까마귀 우지짖고 지나가는 초라한 지붕,
흐릿한 불빛에 돌아앉아 도란도란거리는 곳,
— 그곳이 차마 꿈엔들 잊힐 리야.

– 정지용, 「향수(鄕愁)」 –

14 **윗글에 대한 설명으로 적절하지 않은 것은?**

① 풍요롭고 평화로운 고향의 모습을 표현하고 있다.
② 다양한 감각을 통해 고향의 모습을 묘사하고 있다.
③ 후렴구를 통해 구조적 통일감과 안정감을 부여하고 있다.
④ 토속적 시어를 사용하여 향토적 정감을 드러내고 있다.

15 **〈보기〉는 ⓐ에 대한 설명이다. 이 설명과 일치하는 표현은?**

> **보기**
> 공감각적 심상이란 하나의 감각을 다른 감각으로 바꿔 표현하는 것이다. ⓐ의 '금빛 게으른 울음'은 소의 울음이라는 청각적 심상을 금빛이라는 시각적 심상으로 바꿔 표현하는 것으로 공감각적 심상의 한 예라 할 수 있다.

① 파아란 바람이 부는 가을
② 분수처럼 흩어지는 푸른 종소리
③ 피부의 바깥에 스미는 짙은 어둠
④ 풀벌레 소리 발길로 차며

16 **윗글에 대한 설명으로 적절하지 않은 것은?**

① 1연 : 평화롭고 한가로운 고향 마을에 대한 그리움을 드러내고 있다.
② 2연 : 겨울 밤 풍경과 늙으신 아버지에 대한 회상을 드러내고 있다.
③ 3연 : 가족들과 현실적 고단함을 나누지 못했던 후회를 드러내고 있다.
④ 4연 : 소박하고 평범했던 누이와 가난하지만 열심히 일했던 아내에 대한 그리움을 드러내고 있다.

[17~18] 다음 글을 읽고 물음에 답하시오.

> ㉠ ᄃᆞᆯ하 노피곰 도ᄃᆞ샤
> 어긔야 머리곰 비취오시라
> 어긔야 어강됴리
> 아으 다롱디리
> ㉡ 져재 녀러신고요
> 어긔야 ㉢ 즌 ᄃᆡᄅᆞᆯ 드ᄃᆡ욜셰라
> 어긔야 어강됴리
> 어느이다 노코시라
> 어긔야 ㉣ 내 가논 ᄃᆡ 졈그ᄅᆞᆯ셰라
> 어긔야 어강됴리
> 아으 다롱디리
>
> – 작자 미상, 「정읍사」 –

17 **㉠~㉣ 중 이미지의 대립 구조를 이루는 시어끼리 묶인 것은?**

① ㉠, ㉡　② ㉠, ㉢
③ ㉡, ㉢　④ ㉡, ㉣

18 윗글의 ㉠ 돌과 함축적 의미가 같은 것은?

① 삽자루에 맡긴 한 생애가
이렇게 저물고, 저물어서
샛강 바닥 썩은 물에 / 달이 뜨는구나
우리가 저와 같아서
흐르는 물에 삽을 씻고
먹을 것 없는 사람들의 마을로
다시 어두워 돌아가야 한다
– 정희성, 「저문 강에 삽을 씻고」

② 달님이시여, 이제 / 서방(西方)까지 가셔서 / 무량수전(無量壽殿) 앞에 / 보고(報告)의 말씀 빠짐없이 사뢰소서 / 서원(誓願) 깊으신 부처님을 우러러 바라보며, / 원왕생(願往生) / 두 손 곧추 모아 / 그리는 이 있다 사뢰소서. / 아아, 이 몸을 버려 두고 / 사십팔대원(四十八大願) 이루실까
– 광덕, 「원왕생가」

③ 바람 없는 밤을 꽃 그늘에 달이 오면
술 익는 초당(草堂)마다 정이 더욱 익으리니,
나그네 저무는 날에도 마음 아니 바빠라.
– 이호우, 「살구꽃 핀 마을」

④ 낮 익은 풍경이되 달 아래 고쳐 보니,
돌아올 기약 없는 먼 길이나 떠나온 듯,
뒤지는 들과 산들이 돌아돌아 뵙니다.
– 이호우, 「달밤」

[19~21] 다음 글을 읽고 물음에 답하시오.

> 해마다 740여 개의 별을 탄생시키는, 천문 관측 사상 최대 규모의 은하단이 발견됐다. 이 은하단은 별의 생성에 대한 가설을 진전시키는 데 큰 도움이 될 것으로 보인다. 미국 매사추세츠 공대(MIT)가 주축을 이룬 국제 연구진은 지상과 우주에서 10개 망원경을 사용해 지구에서 약 57억 광년 떨어진 '피닉스 은하단'을 관찰했다. 그 결과 중심부에서 ㉠ <u>유례없이</u> 빠른 속도로 별이 만들어지고 있음이 확인되었다. 은하단은 우주에서 가장 규모가 큰 천체 구조이지만 대부분은 중심부에 있는 은하들이 죽은 것과 같아 별을 더 이상 만들어 내지 못한다. 그러나 연구진이 관측한 피닉스는 중심부 은하가 살아 움직이듯 새로운 별들을 쏟아 냈다. 지구가 속한 은하보다 수백 배 빠른 속도로 별의 수를 불리고 있는 것이다. 연구진은 "죽음으로부터 부활한다는 '피닉스(불사조)'의 신화가 딱 어울리는 천체다."라고 말했다.
>
> – 동아사이언스, 2012년 8월 17일 기사 –

19 윗글을 읽을 때 독서 방법으로 옳지 <u>않은</u> 것은?

① 기자의 의견이 반영되어 있는지 확인하며 비판적으로 읽는다.
② 문장에 사용된 다양한 표현 방법을 찾으며 읽는다.
③ 근거로 사용된 내용이 믿을 만한지 확인한다.
④ 주장에 따른 근거가 타당한지 확인하며 읽는다.

20 윗글에 사용된 ㉠의 의미로 옳은 것은?

① 사물이나 일이 생겨남.
② 범위, 규모, 세력 따위를 늘려서 넓힘.
③ 같거나 비슷한 예가 없이
④ 널리 전하여 오는 예

21 윗글을 이해한 내용으로 적절하지 않은 것은?

① '피닉스 은하단'은 기존의 은하단과는 다른 성격을 띤다.
② 대부분의 은하단은 별을 더 이상 만들어 내지 못한다.
③ 미국 매사추세츠 대학의 단독 연구로 발견되었다.
④ 피닉스 은하단은 앞으로의 연구에 많은 도움이 될 것이다.

[22~25] 다음 글을 읽고 물음에 답하시오.

우리말은 필요한 말만 나타내고 ⓐ 웬만한 말은 생략해 버리는 특성이 있다. 주어니 목적어니 하는 요소를 다 갖추지 않고 상황에 따라 꼭 있어야 하는 말만 써도 자연스러운 문장이 되는 것이 우리말의 한 특색이다. 우리말의 이런 ㉠ 생략 현상은 '점의 논리'라는 사고 유형과 관련이 깊다고 할 수 있다. ㉡ 점의 논리란 구정보는 과감히 생략하고, 신정보만을 언급하는 표현 원리를 뜻한다. 다시 말하면, 말이나 글에서 청자나 독자가 이미 알고 있거나, 알고 있을 것이라고 생각되는 내용은 과감히 생략해 버리고, 청자나 독자가 모르고 있거나 알려 주어야 할 내용만을 언급함으로써 마치 징검다리를 건너는 것과 같이 필요한 내용만을 언급하는 것을 ⓑ 가르킨다. ⓒ 물론 징검다리는 우리말처럼 빈 곳이 있으면 안 되지만 말이다.

이러한 논리는 영어에서 볼 수 있는 '선의 논리'와는 대조를 이룬다. 선의 논리란, 정보 전달에 필요한 문장 성분을 모두 실현시킴으로써 문장 성분 간에 선적 연결이 이루어지도록 언급하는 표현 원리를 뜻한다. 'I love you.'라는 문장을 예로 들어 보자. 우리말에서는 '사랑해.'라고 간단하게 표현할 수 있지만, 영어의 경우 'love'의 주체인 'I'와 'love'의 대상인 'you'가 반드시 있어야 한다. 그리하여 '주어-목적어-서술어'가 다 갖추어지는 선적 연결을 보인다. 이와 같이 영어에서는 일부의 문장 성분을 생략하는 것이 특별한 경우를 제외하고는 ⓓ 허용되지 않으므로, 점과 점이 이어져서 선을 이루는 것과 같이 문장 성분들이 논리적으로 연결되면서 하나의 문장 구조를 이루게 된다.

– 서정수, 「우리말과 우리 생각의 유형」에서 –

22 ㉠의 예가 될 수 없는 것은?

① (학교에 다녀온 아들이) 어머니, 다녀왔습니다.
② (식당에서) 너희는 뭐 먹을래? 일단 난 짬뽕.
③ (친구에게 동생을 소개하며) 동생이야.
④ (자리에서 먼저 일어나며) 나는 가볼게.

23 윗글의 서술상 특징으로 가장 적절하지 않은 것은?

① 두 개념의 차이점을 예를 들어 설명하고 있다.
② 신뢰도를 높이기 위해 연구 과정을 제시했다.
③ 새로운 개념에 대해 설명을 하며 내용을 전개한다.
④ 이해를 돕기 위해 비유적인 표현을 사용한다.

24 '㉡ 점의 논리'에 대한 설명으로 적절하지 않은 것은?

① 화자와 청자가 동시에 알고 있는 내용은 생략 가능하다.
② 문장의 주요 성분은 생략할 수 없다.
③ 생략되는 문장 성분은 항상 동일하다.
④ 대화 가운데 문장은 구정보와 신정보로 구분된다.

25 ⓐ~ⓓ를 고친 것으로 적절하지 않은 것은?

① ⓐ 왠만한 → 웬만한
② ⓑ 가르킨다 → 가리킨다
③ ⓒ 글의 통일성을 떨어뜨리므로 삭제한다.
④ ⓓ 허용되지 → 허용하지

제 2 교시

제 3 회 수학

01 두 다항식 $A=2x^2+x$, $B=2x+1$에 대하여 $A+2B$는?

① $2x^2+3x+1$
② $2x^2+x+1$
③ $2x^2+3x+2$
④ $2x^2+5x+2$

02 $x^2+x-1=(x+1)^2+a(x+1)+b$는 x에 대한 항등식이다. 두 상수 a, b에 대하여 $a+b$의 값은?

① -2　② 0
③ 2　④ 4

03 다항식 x^3-x^2+3x+a를 $x-2$로 나눈 나머지가 5일 때, 상수 a의 값은?

① -5　② -4
③ -3　④ -2

04 다항식 $x+\frac{1}{x}=3$일 때, $x^2+\frac{1}{x^2}$의 값은?

① 7　② 9
③ 11　④ 13

05 $4+2i-(3-i)=1+ai$일 때, 실수 a의 값은? (단, $i=\sqrt{-1}$)

① -3　② -2
③ 2　④ 3

06 이차방정식 $x^2+4x-5=0$의 두 근을 α, β라 할 때, $\alpha+\beta$의 값은?

① -4　② -2
③ 2　④ 4

07 $0 \leq x \leq 3$에서 이차함수 $y=(x-1)^2-4$의 최댓값과 최솟값의 합은?

① 0　　② -1
③ -3　　④ -4

08 연립방정식 $\begin{cases} x^2+y^2=a \\ xy=2 \end{cases}$의 해가 $x=1,\ y=b$일 때, 두 상수 $a,\ b$에 대하여 $a+b$의 값은?

① 5　　② 7
③ 9　　④ 11

09 일차부등식 $|x-2| \leq 1$을 만족하는 정수 x의 개수는?

① 2　　② 3
③ 4　　④ 5

10 이차부등식 $(x-2)(x-5) \leq 0$의 해를 수직선 위에 나타낸 것은?

①

②
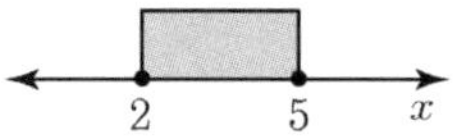

③
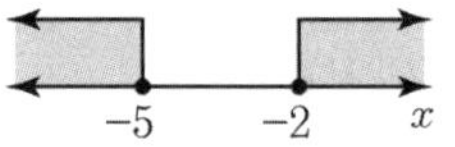

④
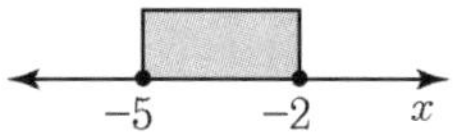

11 좌표평면 위의 두 점 $\mathrm{A}(-1,\ 4)$, $\mathrm{B}(2,\ -1)$ 사이의 거리는?

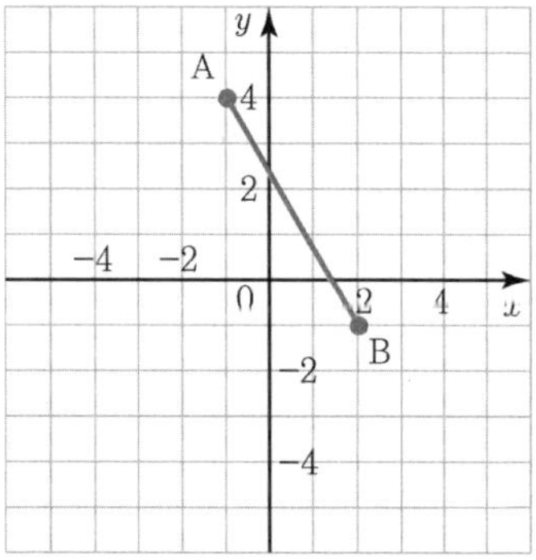

① $\sqrt{29}$　　② $\sqrt{31}$
③ $\sqrt{34}$　　④ $\sqrt{35}$

12 그림과 같이 두 점 A(1, 0), B(0, −2)를 지나는 직선에 수직이고, 점 (0, 3)을 지나는 직선의 방정식은?

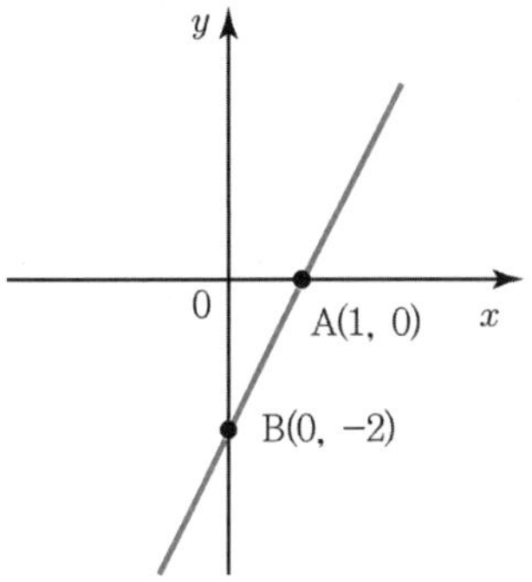

① $y=-\frac{1}{2}x+3$ ② $y=-\frac{1}{2}x-2$
③ $y=2x+3$ ④ $y=2x-2$

13 그림과 같이 중심이 C(−3, 2)이고 점 (1, 2)를 지나는 원의 방정식은?

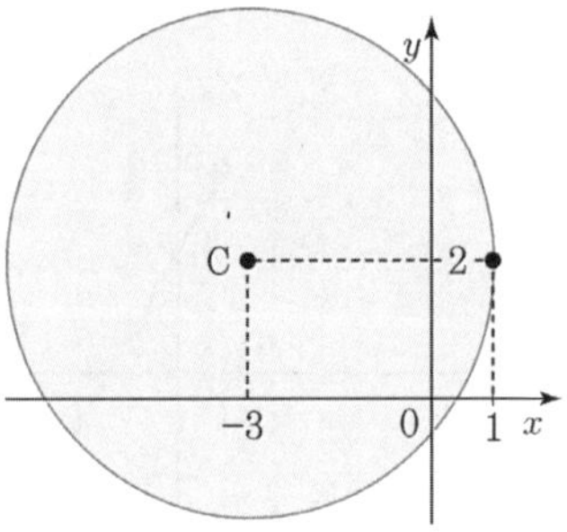

① $(x-3)^2+(y+2)^2=16$
② $(x-3)^2+(y+2)^2=4$
③ $(x+3)^2+(y-2)^2=16$
④ $(x+3)^2+(y-2)^2=4$

14 좌표평면 위의 점 A(5, −3)을 x축에 대하여 대칭이동한 점을 B라 할 때, 점 B의 좌표는?

① (−5, 3) ② (−5, −3)
③ (5, 3) ④ (−3, 5)

15 두 집합
$A=\{1,\ 2,\ a+2\},\quad B=\{a-1,\ 2,\ 4\}$
에 대하여 $A=B$일 때, 상수 a의 값은?

① 1 ② 2
③ 3 ④ 4

16 명제 '$x>2$이면 $x^2>4$이다.'의 대우는?

① $x>2$이면 $x^2\le 4$이다.
② $x\le 2$이면 $x^2\le 4$이다.
③ $x^2\le 4$이면 $x\le 2$이다.
④ $x^2>4$이면 $x>2$이다.

17 함수 $f : X \to Y$, $g : Y \to Z$가 그림과 같을 때, $(g \circ f)(3)$의 값은?

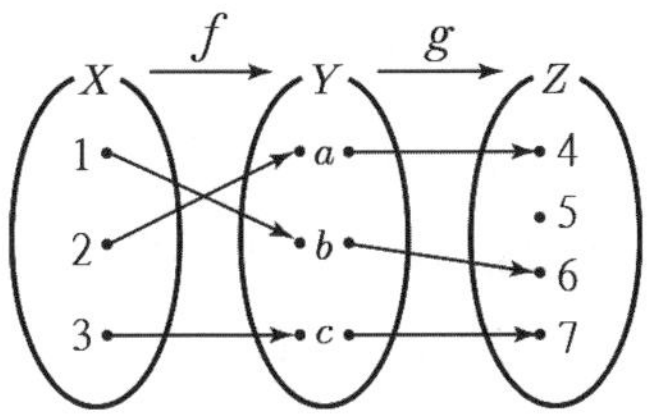

① 4　　② 5
③ 6　　④ 7

18 유리함수 $y = \dfrac{1}{x-a} - 4$의 그래프가 그림과 같을 때, 상수 a의 값은?

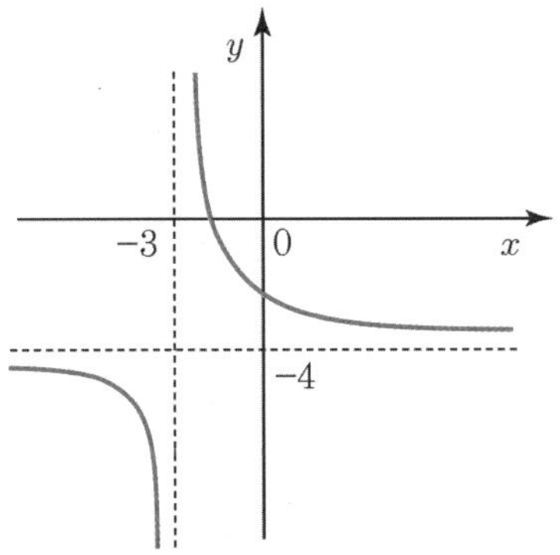

① -3　　② -2
③ -1　　④ 1

19 보민, 시연, 예서, 지원, 호연, 서준 6명의 학생 중에서 회장 1명, 부회장 1명, 총무 1명을 뽑는 경우의 수는?

① 30　　② 50
③ 60　　④ 120

20 월, 화, 수, 목, 금 5일 중 2일을 선택하여 봉사활동을 하려고 한다. 요일을 결정하는 경우의 수는?

① 5가지　　② 10가지
③ 15가지　　④ 20가지

제 3 교시

제 3 회 영어

[01~03] 다음 밑줄 친 부분의 뜻으로 가장 적절한 것을 고르시오.

01

> This information is consulted from <u>famous</u> book.

① 비싼　② 조화로운
③ 유명한　④ 긴급의

02

> Scholars <u>contributed</u> their life <u>to</u> passing on the doctrine.

① 돌보다　② 기여하다
③ 충고하다　④ 분배하다

03

> I am <u>in favor of</u> your proposal.

① 근무 중인　② 반대하는
③ 찬성하는　④ 책임 있는

04 두 단어의 의미 관계가 나머지 셋과 <u>다른</u> 것은?

① teacher – student
② director – actor
③ coach – player
④ host – hostess

05 다음 광고문에서 언급되지 <u>않은</u> 것은?

> Military Appreciation Day
>
> - Date : Sunday, 4th April
> - Time : 11 a.m. ~ 6 p.m.
> - Location : Military community center
> - Details : Open to all active soldiers, retirees and their family.

① 일정　② 위치
③ 회비　④ 참여 가능 대상

[06~08] 다음 빈칸에 공통으로 들어갈 말로 가장 적절한 것을 고르시오.

06

- Most people ________ smoke can have some heart disease.
- Do you know ________ he is?

① who ② when
③ whether ④ why

07

- Jack, _____ is your birthday?
- This is the day _____ I was born.

① what ② when
③ which ④ who

08

- It would cost much to get rid ________ waste.
- The room is full ________ flower scent.

① of ② in
③ with ④ against

09 다음 대화에서 밑줄 친 표현의 의미로 가장 적절한 것은?

A : I'll ride my bike to school for my health and saving money.
B : It is <u>to kill two birds with one stone</u>.

① 기회는 올 때 잡아야 한다.
② 부지런하면 언젠가 보상이 온다.
③ 욕심이 지나치면 화가 된다.
④ 한 번에 두 가지 이득을 얻는다.

10 다음 글에서 알 수 있는 'I'의 심정으로 가장 적절한 것은?

I went to the river near our city. Many flowers were in full bloom all over the bank. The flowers were very beautiful. We decided to take pictures of them. It's really fantastic day.

① 평화로운 ② 겁이 나는
③ 화가 난 ④ 우울한

11 다음 대화가 이루어지는 장소로 가장 적절한 것은?

> A : Excuse me. Can you help me?
> B : Sure, what can I do for you?
> A : I am looking for some books written by Hemingway.
> B : OK, you can find that in F section.
> A : Thank you.

① 치과　② 서점
③ 레스토랑　④ 공항

[12~13] 다음 대화의 빈칸에 들어갈 말로 가장 적절한 것을 고르시오.

12

> A : Can you lend me 2$?
> B : ____________

① You were to go hair shop.
② Of course, I can. Here you are.
③ No, I haven't. But, I want to go someday.
④ I would have cut my hair.

13

> A : ________________
> B : To the Brick Animal Center. I have volunteered for six months.

① Why do you prefer animal?
② When do you join us?
③ Where are you going?
④ How are you?

14 다음 글에서 밑줄 친 It이 가리키는 것으로 가장 적절한 것은?

> It is designed to shelter a person from rain. It is supported by wooden or metal ribs. It is primarily hand-held portable devices sized for personal use.

① box　② paper
③ plastic　④ umbrella

15 주어진 말에 이어질 두 사람의 대화를 〈보기〉에서 찾아 순서대로 가장 적절하게 배열한 것은?

> Congratulations! I heard you were engaged.

보기
> (A) Sure, when will be the wedding?
> (B) It will be Sunday 2 p.m., May 4th.
> (C) Thanks, Ron. I am really happy. Please come to my wedding.

① (A) − (B) − (C)
② (B) − (A) − (C)
③ (B) − (C) − (A)
④ (C) − (A) − (B)

16 다음 소화기에 관한 설명서에서 언급되지 않은 것은?

> • Pull out a pin before using.
> • Spray directly toward the fire.
> • Do not leave it near the fire.

① 사용 전 주의 사항
② 소화기 사용 방법
③ 소화기 보관 방법
④ 소화기 충전 방법

17 다음 글을 쓴 목적으로 가장 적절한 것은?

> Dear Sora,
> I was so sorry to hear about death of your father. It's difficult to put into words how much you were sad. I remember when he was our math teacher. He always strived to help me develop my abilities, and he was always willing to listen to me. Please express my sympathy to your family.

① 친구 아버지의 죽음을 애도하기 위해서
② 친구와 여행 장소를 정하기 위해서
③ 선생님의 생신을 축하하기 위해서
④ 친구에게 충고하기 위해서

18 Good Neighbors 클럽의 주요 활동이 아닌 것은?

> I am in a school club called 'Good Neighbors'. It mainly helps others and does good things for communities. These are the activities we did last year. We cleaned neighborhoods and helped old people.

① 다른 사람 돕기
② 동네 청소하기
③ 지역사회 기여하기
④ 헌 옷 기부하기

19 다음 글의 주제로 가장 적절한 것은?

> It is important to deal with your anger. So how can we handle the anger? First, think about why you are angry. Second, don't hang out with someone who offend you. Finally, if someone humiliate you, just treat it as a joke.

① 타인을 공격할 때 유의할 점
② 협상을 잘하는 방법
③ 유머 감각을 키우는 방법
④ 화를 다스리는 방법

[20~21] 다음 글의 빈칸에 들어갈 말로 가장 적절한 것을 고르시오.

20

Scientific experiments should be designed to show that your hypothesis is wrong, and should be conducted completely _______ with no possible subjective influence on the outcome.

① beautifully ② highly
③ objectively ④ nearly

21

If you are planning to travel _______, you should know where hospital is, prepared for emergency situation in the country.

① interior ② prefer
③ endurance ④ abroad

22 다음 글의 바로 뒤에 이어질 내용으로 가장 적절한 것은?

Suppose a fire breaks out at your school. Do you know what to do? Here are some useful tips when you are in danger caused by the fire.

① 누수로 인한 화재 사건들
② 소방관들의 업무
③ 불이 났을 때 대피 요령
④ 알람을 끄는 이유

23 글의 흐름으로 보아 다음 문장이 들어가기에 가장 적절한 곳은?

Unfortunately, however, they made one big mistake.

Seventy-five prisoners in northern Mexico made a plan to escape from prison. (①) They spent over six months digging a tunnel to take them to freedom. (②) They ended the tunnel under the nearby police station! (③) What happened when they climbed out of the tunnel? (④) All seventy-five prisoners were sent immediately back to prison by the surprised police.

[24~25] 다음 글을 읽고 물음에 답하시오.

> Nearly 50% of all workers have jobs they aren't happy with. Don't let this happen to you! If you want to find the right job, don't rush to look through the ads in the newspaper. __________, sit down and think about yourself. What kind of person are you? What makes you happy?

24 윗글의 주제로 가장 알맞은 것은?

① 올바른 직업 찾기
② 실직 문제의 심각성
③ 신문 광고의 효과
④ 근로자의 여가 활용

25 윗글의 흐름으로 보아 빈칸에 들어갈 말로 가장 적절한 것은?

① Instead ② Besides
③ Therefore ④ For instance

제 3 회 사회

01 다음 글이 강조하고 있는 점으로 가장 적절한 것은?

> 화장장 건설을 둘러싼 갈등의 원인은 한 가지로 정리할 수 없다. 연도별로 화장률이 계속 높아지고 있다는 점, 화장장 건설 예정지가 입지 조건상 적절하지 않았다는 점, 공익을 위해 지역 주민의 희생을 요구했다는 점, 공익과 지역 주민의 사익이 조화를 이루기 위해 사회적 합의를 이루는 과정이 쉽지 않다는 점 등 다양한 측면의 요인이 복잡하게 얽혀 있기 때문이다.

① 사회 현상을 통합적으로 살펴보아야 한다.
② 역사적 사실을 찾아내 현재에 의미를 부여해야 한다.
③ 사회 문제에 따라 각각 특정한 관점으로만 분석해야 한다.
④ 타인의 인권이나 공동체의 선을 고려해서 행동을 해야 한다.

02 도교의 행복론에서 강조하는 것은?

① 인(仁) ② 무위(無爲)
③ 불성(佛性) ④ 해탈(解脫)

03 삶의 목적과 행복에 대한 설명으로 옳은 것은?

① 삶의 목적은 누구나 동일하다.
② 성공, 부, 명예 등은 그 자체로 궁극적인 삶의 목적이다.
③ 삶의 목적으로서의 행복은 일시적이고 감각적인 즐거움이어야 한다.
④ 우리가 추구하는 다양한 목표나 가치는 그 자체가 삶의 목적이 아니라, 행복을 위한 수단이다.

04 인간 중심주의에 대한 설명으로 알맞은 것은?

① 인간과 자연을 동등하게 대우한다.
② 인간을 자연의 구성원이라고 여긴다.
③ 오직 인간만이 본래적 가치를 지닌다고 본다.
④ 인간을 포함한 자연 전체의 균형을 중시한다.

05 산업화와 도시화에 따른 생활 양식의 변화로 옳지 않은 것은?

① 도시 문화가 확산되었다.
② 2·3차 산업이 주도하는 사회이다.
③ 물질적 풍요로움을 누릴 수 있게 되었다.
④ 공동체 의식이 강해지며 이웃과의 교류가 확대된다.

06 도시 문제에 대한 설명으로 옳지 않은 것은?

① 범죄 증가 문제
② 소음, 쓰레기 문제
③ 노년층 비중 증가에 따른 노동력 부족 문제
④ 교통 혼잡, 주차난, 교통사고 증가 등 교통 문제

07 다음에서 설명하는 인권의 종류로 가장 적절한 것은?

> 지구촌 구성원 모두의 인권 보장을 위해 함께 노력해야 한다. 누구나 평등하게 대우받을 권리, 평화의 권리, 재난으로부터 구제받을 권리 등이 있다.

① 자유권 ② 청구권
③ 사회권 ④ 연대권

08 (가)와 (나)에 들어갈 내용을 옳게 연결한 것은?

> **시민 불복종의 정당화 조건**
> - (가) : 다른 모든 합법적인 수단을 동원해도 해결되지 않을 때 행사하는 수단이어야 함.
> - (나) : 사회 정의의 실현을 목표로 하는 양심적 행동이어야 함.

① (가) 공익성 ② (가) 최후의 수단
③ (나) 성공 가능성 ④ (나) 처벌 가능성

09 다음과 같은 법률이 시행되는 이유로 가장 적절한 것은?

> - 외국인 근로자의 고용 등에 관한 법률
> - 장애인 차별 금지 및 권리 구제 등에 관한 법률

① 형식적 평등 실현
② 국민의 기초 생활 보장
③ 복지 제도의 역차별 극복
④ 사회적 소수자에 대한 차별 개선

10 편익과 비용에 대한 설명으로 옳지 않은 것은?

① 편익이 일정하다면 비용을 최소화하는 선택을 한다.
② 비용이 일정하다면 편익을 최대로 얻을 수 있어야 한다.
③ 기회 비용보다 편익이 큰 쪽을 선택해야 합리적 선택이다.
④ 편익은 주관적 만족감을 포함하며, 비용은 매몰 비용을 포함한다.

11 다음 대화에서 나타나는 을의 소비 형태는 무엇인가?

> 갑 : 영희가 구입한 머리띠가 너무 예쁘다. 나도 사고 싶어.
> 을 : 음 … 난 영희랑 다른 머리띠를 구매할 거야.
> 갑 : 왜? 예쁘지 않니?
> 을 : 너무 예쁘지만 영희가 먼저 머리띠를 하고 다녀서 난 다른 머리띠를 살 거야.

① 과시 소비　② 충동 소비
③ 모방 소비　④ 스노브 효과

12 다음 사례에 대한 분석으로 옳은 것은?

> 대학생 서진이는 한 시간당 10,000원을 받고 하루에 3시간씩 학원에서 학생을 가르치는 아르바이트를 하고 있다. 그런데 어머니 생일을 맞아 가족과 영화를 보고자 하는 시간이 아르바이트 시간과 겹친다. 서진이가 학원에 양해를 구하고 가족들과 함께 영화를 보았다. 영화 티켓은 9,000원이다.

① 기회 비용은 19,000원이다.
② 영화 티켓 구입 비용은 암묵적 비용이다.
③ 암묵적 비용은 30,000원이며 명시적 비용은 9,000원이다.
④ 티켓 비용 9,000원보다 편익이 커야만 서진이는 합리적 선택을 한 것으로 볼 수 있다.

13 다음 상황에 대한 설명으로 옳은 것은? (단, 국가는 갑국과 을국뿐이다.)

> 갑국은 핸드폰과 신발 생산의 기술력 및 생산력이 세계에서 가장 뛰어나지만, 신발은 인건비가 저렴한 을국에서 수입한다.

① 을국은 핸드폰 생산에 비교 우위가 있다.
② 갑국은 핸드폰과 신발 생산에 비교 우위가 있다.
③ 을국은 갑국보다 신발 생산에 절대 우위가 있다.
④ 한 국가가 모든 상품에 절대 우위를 가질 때에도 무역은 필요하다.

14 다음에서 설명하는 시장 실패의 유형은 무엇인가?

> 공장 주변 공기의 질이 나빠지고 호흡기 질환을 호소하는 사람들이 늘어났지만, 그 기업은 아무런 책임도 지지 않고 있다.

① 담합　② 독과점
③ 외부 효과　④ 공공재 부족

15 **자산 관리의 기본 원칙 (가)~(다)를 바르게 찾은 것은?**

> (가)는 보유하고 있는 자산을 쉽게 현금으로 전환할 수 있는 정도를 의미한다. (나)는 투자한 금융 자산의 가치가 안전하게 보호될 수 있는 정도를 의미하며, (다)는 금융 상품의 가격 상승이나 이자 수익을 기대할 수 있는 정도를 의미한다.

	(가)	(나)	(다)
①	유동성	수익성	안전성
②	유동성	안전성	수익성
③	안전성	유동성	수익성
④	안전성	수익성	유동성

16 **정의의 역할에 대한 설명으로 옳지 않은 것은?**

① 사회 구성원이 인간다운 삶을 살 수 있도록 한다.
② 사회적 자원이 일부 집단에게 편중되게 한다.
③ 구성원 간의 이해 갈등을 공정하게 처리해 준다.
④ 개인선과 공동선을 더불어 실현할 수 있게 한다.

17 **공동체주의적 정의관에서 강조할 내용으로 가장 적절한 것은?**

① 개인의 선택권과 재산권 보장을 최우선시 해야 한다.
② 어떠한 경우에도 개인의 사적 소유권을 인정해서는 안 된다고 본다.
③ 개인의 독립성과 자율성을 우선시하는 사회사상에 기초한 정의관이다.
④ 공동체는 개인의 정체성을 형성하고 삶의 방향을 설정하는 기반이라고 본다.

18 **다음의 사회 복지 제도에 대한 설명으로 옳은 것은?**

> • 산모·신생아 건강 관리 지원 사업
> • 노인 돌봄 서비스

① 강제 가입을 원칙으로 한다.
② 사회 서비스의 성격을 가지고 있다.
③ 개인과 정부가 보험료를 분담하여 납부한다.
④ 국가가 전액 지원하여 저소득 계층의 최저 생활을 보장한다.

19 문화 이해의 태도 A~C에 대한 설명으로 옳지 않은 것은? (단, A~C는 각각 문화 사대주의, 문화 상대주의, 자문화 중심주의 중 하나이다.)

구분	A	B	C
서로 다른 문화 간 우열이 있음을 인정하는가?	아니요	예	예
자문화의 주체성을 상실할 우려가 있는가?	아니요	예	아니요

① A는 문화 상대주의이다.
② B는 문화 사대주의이다.
③ C는 자문화 중심주의이다.
④ C와 달리 B는 문화 제국주의로 변질될 가능성이 높다.

20 다음 갑과 을의 문화 이해 태도에 대한 설명으로 옳은 것은?

> 갑 : A국 사람들은 목욕을 하면 죄를 씻을 수 있다고 믿어. 이렇게 비합리적인 사고를 하니까 미개 상태를 못 벗어나는 거야. A국은 우리나라의 합리적인 사고방식을 받아들여야 해.
> 을 : 아니야. 문화는 그 사회의 역사와 전통 속에서 나타난 것이기에 나름대로 가치가 있는 거야.

① 갑의 태도는 자기 문화의 정체성을 약화시킨다.
② 을의 태도는 문화를 평가하는 절대적 기준을 부정한다.
③ 을의 태도는 문화 제국주의를 정당화한다는 비판을 받는다.
④ 갑과 을의 태도는 모두 타문화의 수용에 적극적이다.

21 다음에서 설명하는 개념은 무엇인가?

> 전쟁, 테러, 범죄, 폭행 등의 물리적 폭력이 발생하지 않아 직접적 폭력이 제거된 상태를 말한다.

① 소극적 평화 ② 적극적 평화
③ 문화적 평화 ④ 구조적 평화

22 센카쿠 열도에 대한 설명으로 옳지 않은 것은?

① 일본과 중국의 분쟁 지역이다.
② 천연자원을 둘러싼 분쟁 지역이다.
③ 석유와 천연가스가 풍부한 지역이다.
④ 현재 중국이 실효적 지배를 하고 있다.

23 다음 설명에 해당하는 기구는 무엇인가?

> 세계의 각 국가를 구성원으로 하는 국제 사회 행위 주체이다.

① 그린피스(Greenpeace)
② 국제 통화 기금(IMF)
③ 국경 없는 의사회(MSF)
④ 국제 사면 위원회(AI)

24 **국제 사회의 평화에 기여할 수 있는 방안으로 적절하지 <u>않은</u> 것은?**

① 국제 연합 회원국으로서 평화 유지군을 파견 한다.

② 친환경적 산업 발전으로 환경 보호에 적극 동참한다.

③ 군사적 힘의 확대를 통해 남한과 북한의 통일을 이룬다.

④ 경제적으로 어려운 나라들을 돕거나 해외 원조를 실시한다.

25 **고령화 현상이 지속될 경우 우리나라에 나타날 변화로 적절한 추론을 〈보기〉에서 고른 것은?**

보기

ㄱ. 유소년층의 비율이 높아질 것이다.
ㄴ. 노동력 부족 문제가 발생할 것이다.
ㄷ. 청장년층의 인구 비율이 높아질 것이다.
ㄹ. 노년 부양비의 증가로 국가 재정 부담이 커질 것이다.

① ㄱ, ㄴ　② ㄱ, ㄷ
③ ㄴ, ㄷ　④ ㄴ, ㄹ

제 5 교시

제 3 회 과학

01 자유 낙하 운동하는 물체는 일정한 가속도로 속력이 증가하면서 낙하한다. 자유 낙하 운동하는 물체에 일정하게 작용하는 힘은?

① 탄성력 ② 자기력
③ 전기력 ④ 중력

02 다음은 신재생 에너지 중 무엇에 관한 설명인가?

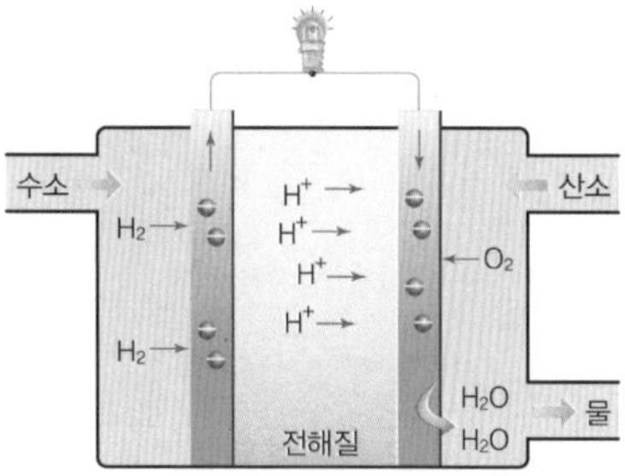

- 수소와 산소의 화학 반응에 의해 전기 에너지를 생산한다.
- 생성 물질로 인한 환경 오염 문제가 없다.
- 화력 발전보다 효율이 높다.

① 풍력 발전 ② 연료 전지
③ 스마트 그리드 ④ 열기관

03 다음 물체 A~D의 운동량이 모두 같을 때 (가)와 (나)의 합은?

물체	질량(kg)	속도(m/s)
A	10	(가)
B	20	3
C	(나)	2
D	6	10

① 6 ② 30
③ 36 ④ 60

04 그림은 코일의 왼쪽에 자석의 S극을 멀어지게 하고 있는 모습을 나타낸 것이다. 코일에 흐르는 전류의 세기를 세게 하는 방법으로 옳은 것은? (단, G는 검류계이다.)

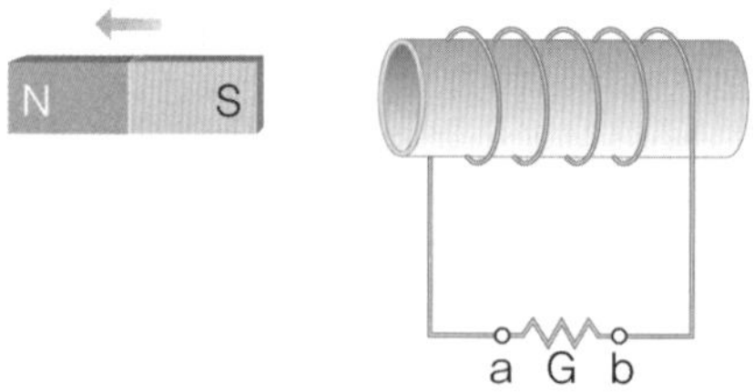

① S극을 가까이 가져간다.
② N극을 멀어지게 한다.
③ 자석을 천천히 움직인다.
④ 코일을 촘촘하게 감는다.

05 그림은 자유 낙하하는 물체 A를 가만히 놓은 후 물체의 운동을 1초 간격으로 촬영한 것이다. 4초일 때 물체의 속력은? (단, 공기 저항은 무시하고, 중력 가속도는 10m/s^2로 한다.)

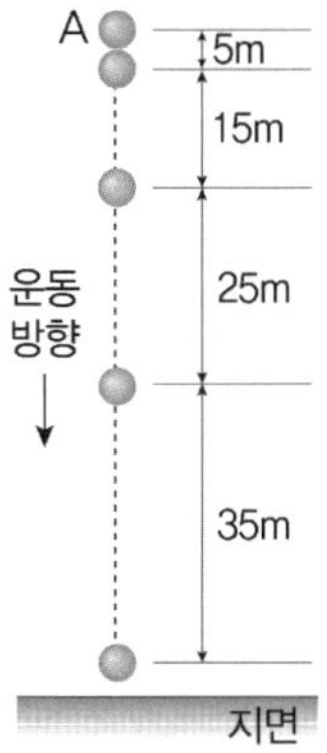

① 10m/s ② 20m/s
③ 30m/s ④ 40m/s

06 다음 중 푸른색 리트머스 종이를 붉은색으로 바꾸는 물질은?

① 염산(HCl)
② 수산화 나트륨(NaOH)
③ 물(H_2O)
④ 염화 나트륨(NaCl)

07 그림은 주기율표의 일부를 나타낸 것이다.

주기 \ 족	1	2	13	14	15	16	17	18
1								
2				A			B	
3		C						
4	D							

원소의 가장 바깥쪽 전자 껍질에 배치되어 있는 전자 수가 가장 많은 것은?

① A ② B
③ C ④ D

08 그림은 규소의 원자 모형을 나타낸 것이다. 이에 대한 설명으로 옳지 <u>않은</u> 것은?

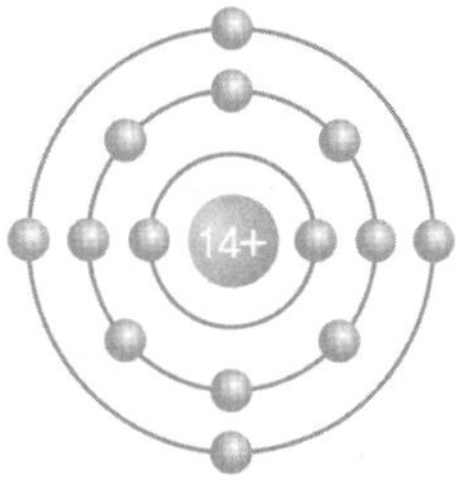

① 원자 번호는 14번이다.
② 가장 바깥쪽 전자 껍질에 들어 있는 전자 개수는 4개이다.
③ 다른 원자와 공유 결합을 최대 6개 할 수 있다.
④ 전기적으로 중성이다.

09 다음 설명에 해당하는 물질은?

- 생체 촉매를 구성하는 물질이다.
- 리보솜에서 합성된다.
- 단위체는 아미노산이다.

① DNA ② 핵
③ 물 ④ 단백질

10 그림은 물질 A와 B가 세포막을 통과하는 방식을 나타낸 것이다.

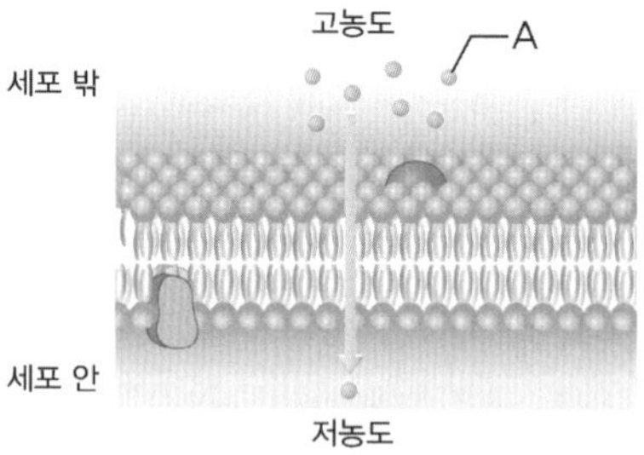

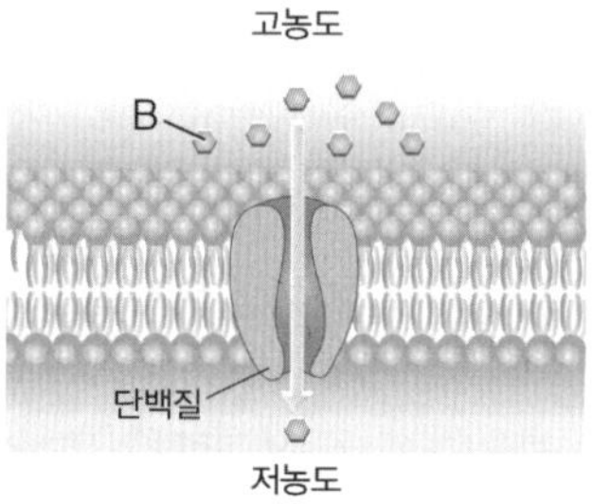

이에 대한 설명으로 옳은 것만을 〈보기〉에서 모두 고른 것은?

보기

ㄱ. A는 단백질을 거치지 않고 통과할 수 있다.
ㄴ. B는 농도가 높은 쪽에서 낮은 쪽으로 이동한다.
ㄷ. 세포막은 인지질 2중층과 단백질로 이루어져 있다.

① ㄱ ② ㄴ
③ ㄴ, ㄷ ④ ㄱ, ㄴ, ㄷ

11 다음 설명에 해당하는 원소는?

- 탄소 화합물의 구성 원소이다.
- 그래핀, 탄소 나노 튜브, 풀러렌의 구성 원소이다.
- 여러 가지 형태로 지구 시스템을 순환한다.

① C ② N
③ O ④ H

12 그림은 지구 시스템에서 일어나는 물의 순환을 나타낸 것이다. 다음과 같은 현상을 일으키는 주된 에너지원은?

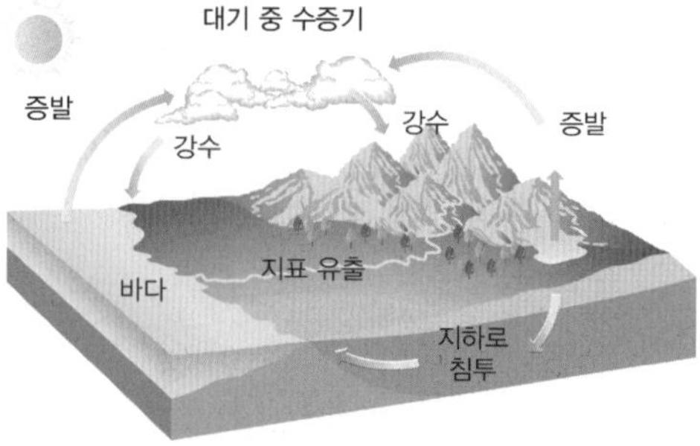

① 수력 에너지 ② 조력 에너지
③ 풍력 에너지 ④ 태양 에너지

13 그림은 지권의 층상 구조를 나타낸 것이다. 물질의 상태가 다른 층은?

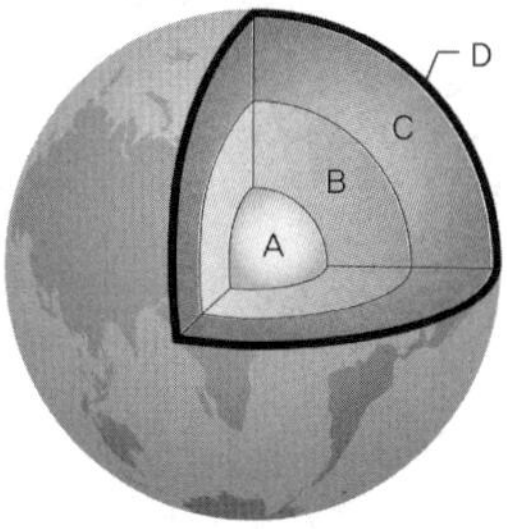

① A　　② B
③ C　　④ D

14 그림은 핵산의 단위체 뉴클레오타이드의 모습이다.

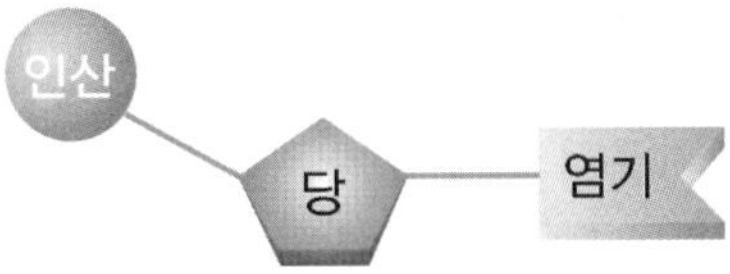

이에 대한 설명으로 옳은 것만을 〈보기〉에서 모두 고른 것은?

> **보기**
> ㄱ. 인산 : 당 : 염기 = 1 : 1 : 1의 비율로 결합한다.
> ㄴ. 염기는 1가지이다.
> ㄷ. DNA와 RNA의 단위체이다.

① ㄱ　　② ㄱ, ㄷ
③ ㄱ, ㄴ　　④ ㄴ, ㄷ

15 그림은 전 세계의 판의 경계와 판의 이동 방향을 화살표로 나타낸 것이다.

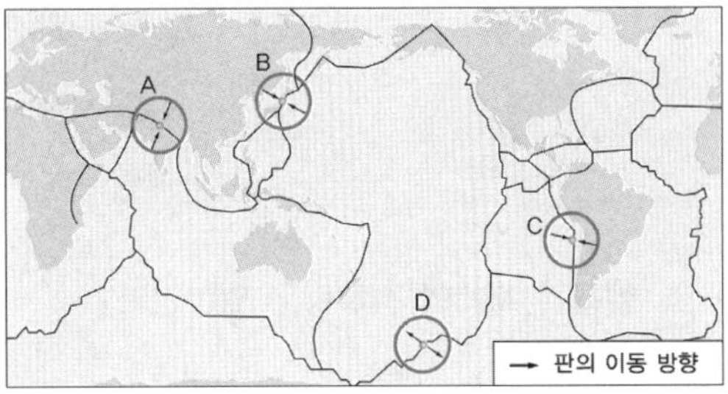

A~D 중 판과 판이 멀어지는 경계에 해당하는 것은?

① A　　② B
③ C　　④ D

16 그림은 수소(H_2), 산소(O_2), 질소(N_2) 분자의 공유 결합 모형을 나타낸 것이다.

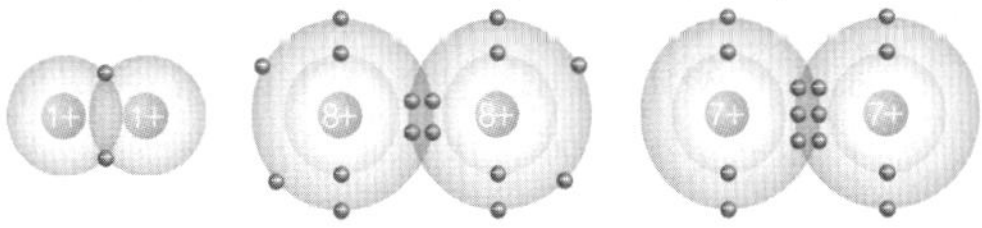

(가) 수소　　(나) 산소　　(다) 질소

(가)~(다)의 공유 전자쌍 수를 모두 합한 값은?

① 3　　② 6
③ 7　　④ 9

17 그림은 별의 중심부에서 일어나는 수소 핵융합 반응을 나타낸 것이다.

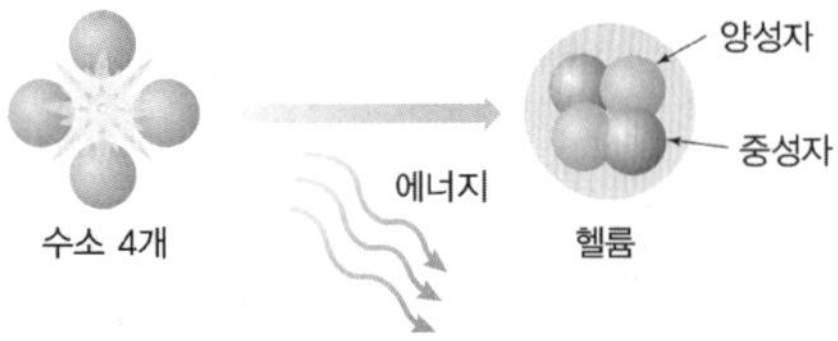

헬륨 원자핵의 전하량은 얼마인가?

① +1　　② +2
③ +3　　④ +4

18 다음 중 생태계를 구성하는 생물적 요인 중 분해자에 해당하는 것은?

① 호랑이　　② 온도
③ 곰팡이　　④ 식물 플랑크톤

19 그림은 저온의 기체를 통과한 빛을 분광기에 통과시켰을 때 나타나는 색의 띠이다. 이를 무엇이라고 하는가?

① 흡수 스펙트럼　　② 쿼크
③ 태양 에너지　　④ 대폭발 우주론

20 화석은 지층이 생성된 기후나 환경을 알려 주는 시상 화석과 지층의 생성 시기를 알려 주는 표준 화석이 있다. 다음 중 화석의 종류가 다른 하나는?

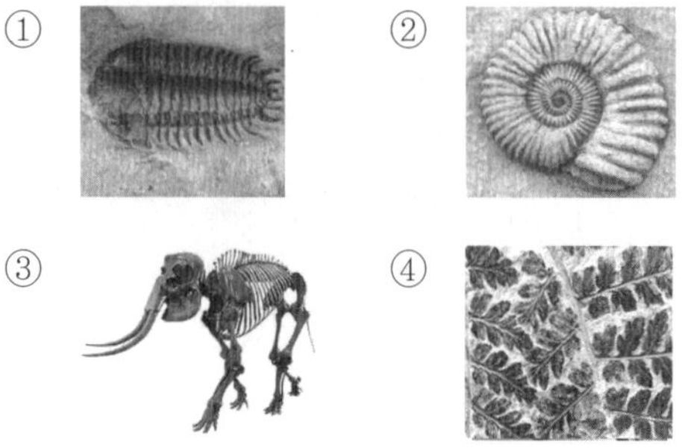

21 그림은 안정된 생태계에서 특정 원인에 의해 1차 소비자의 수가 일시적으로 증가했을 때의 모습이다.

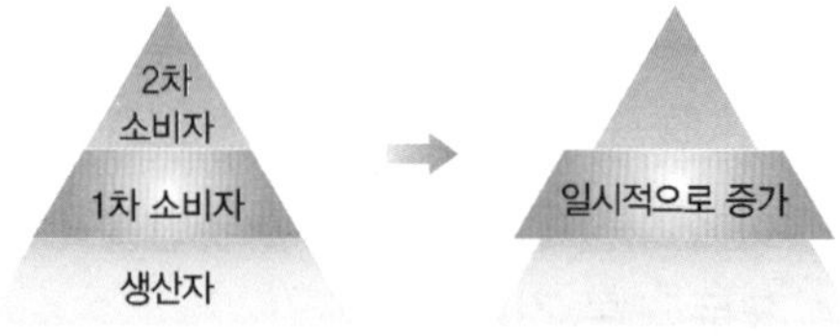

이 같은 변화가 일어났을 때 일어나는 변화를 옳게 설명한 것은?

① 1차 소비자의 수는 점점 증가한다.
② 2차 소비자의 수는 감소한다.
③ 생산자의 수는 감소한다.
④ 개체 수의 비교는 2차 소비자 > 1차 소비자 > 생산자와 같이 된다.

22 다음 중 지구 온난화의 원인이 <u>아닌</u> 것은?

① 온실 기체의 방출
② 지나친 삼림 벌채
③ 불법 포획과 남획
④ 화석 연료 사용

23 그림은 해수의 순환에 영향을 주는 바람을 나타낸 것이다. 위도 30°~60° 사이에 위치한 우리나라에 영향을 주는 바람은?

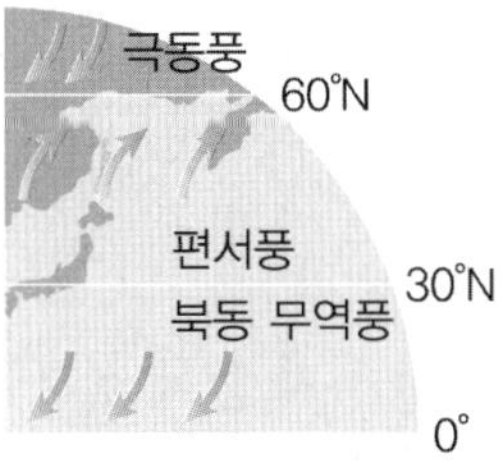

① 편서풍 ② 계절풍
③ 해풍 ④ 극동풍

24 다음 에너지 전환 과정에 공통으로 들어갈 용어는?

- 반딧불이 : (   ) 에너지 → 빛에너지
- 광합성 : 빛에너지 → (   ) 에너지
- 배터리 충전 : 전기 에너지 → (   ) 에너지

① 소리 ② 운동
③ 퍼텐셜 ④ 화학

25 그림은 몇 가지 발전 방식을 나타낸 것이다. 그림과 같이 계속해서 다시 사용할 수 있는 에너지를 무엇이라고 하는가?

태양광 발전

조력 발전

풍력 발전

① 신에너지
② 지구 내부 에너지
③ 재생 에너지
④ 화학 에너지

제 6 교시

제 3 회 한국사

01 가야 연맹이 중앙 집권 국가로 발전하지 못한 이유를 〈보기〉에서 고른 것은?

보기

ㄱ. 중국과 직접적으로 교역하지 못하였다.
ㄴ. 각 소국이 독자적인 세력을 유지하였다.
ㄷ. 박·석·김씨가 돌아가며 왕위를 차지하였다.
ㄹ. 백제와 신라의 잦은 침입으로 불안한 정치 상황이 이어졌다.

① ㄱ, ㄴ　② ㄱ, ㄷ
③ ㄴ, ㄹ　④ ㄷ, ㄹ

02 화랑도에 대한 설명으로 옳지 않은 것은?

① 유능한 청소년을 양성하는 단체였다.
② 원광의 가르침인 세속 5계를 지켰다.
③ 국가의 중요한 일을 만장일치로 결정하였다.
④ 진흥왕이 국가적 조직으로 개편하였다.

03 다음 〈보기〉의 사건들을 시대순으로 배열한 것은?

보기

ㄱ. 이자겸의 난
ㄴ. 묘청의 서경 천도 운동
ㄷ. 무신 정변
ㄹ. 최씨 정권의 수립

① ㄱ－ㄴ－ㄷ－ㄹ
② ㄴ－ㄱ－ㄷ－ㄹ
③ ㄷ－ㄴ－ㄱ－ㄹ
④ ㄹ－ㄱ－ㄴ－ㄷ

04 고려 시대 지방 행정에 대한 다음 설명 중 밑줄 친 항목에 대한 내용이 잘못 짝지어진 것은?

고려 시대에는 지방 행정을 처음에는 호족 세력의 자치에 맡겼으나 뒤에 ㉠ 행정 조직이 정비되기 시작하여 전국을 ㉡ 5도와 ㉢ 양계로 나누었고, 그 밑에 ㉣ 주, 군, 현을 두었다.

① ㉠－성종 때 12목 설치
② ㉡－안찰사 파견
③ ㉢－병마사 파견
④ ㉣－모든 군현에 지방관 파견

05 조선 시대 최초로 붕당이 성립되는 원인으로 가장 올바른 것은?

① 사림파와 훈구파의 대립
② 권력을 둘러싼 왕의 외척 세력들 간의 대립
③ 연산군의 사림파 탄압
④ 이조 전랑 자리 임명을 둘러싼 대립

06 다음에 열거한 인물들의 공통점은?

• 유형원 • 이익 • 정약용

① 토지 제도의 개혁을 주장하였다.
② 청의 문물을 적극 받아들일 것을 주장하였다.
③ 국학 연구에만 몰두하였다.
④ 상공업을 발달시켜 부강한 나라를 만들 것을 주장하였다.

07 조선 시대 왕들의 업적으로 적절하지 않은 것은?

① 태조 - 위화도 회군
② 태종 - 호패법 실시
③ 세종 - 균역법 실시
④ 성종 - 경국대전 반포

08 다음과 같은 범민족적인 반대 투쟁을 불러일으키게 된 조약은?

상인들은 일제히 철시하였고, 학생들은 동맹 휴학을 하였으며, 황성신문에 실린 장지연의 시일야방성대곡에서는 맹렬히 일제를 비난하였다. 각지에서는 의병이 봉기하였고, 민영환은 자결로써 항거하였다. 고종은 비밀리에 외교 활동을 펴기도 하였다.

① 을사늑약
② 한·일 의정서
③ 제1차 한·일 협약
④ 한·일 신협약

09 다음 사건들을 일어난 순서대로 바르게 나열한 것은?

ㄱ. 대한 제국의 군대가 해산되었다.
ㄴ. 고종이 일본의 강요에 의해 폐위되었다.
ㄷ. 헤이그 만국 평화 회의에 특사가 파견되었다.

① ㄱ - ㄴ - ㄷ ② ㄴ - ㄱ - ㄷ
③ ㄷ - ㄱ - ㄴ ④ ㄷ - ㄴ - ㄱ

10 다음에서 설명하고 있는 인물은?

> 그는 우리나라와 중국 대륙에 대한 침략을 막아 우리나라의 독립과 아울러 동아시아에 평화를 이룩한다는 원대한 뜻을 품었다. 그는 초대 통감으로 우리나라의 침략에 앞장섰던 이토 히로부미를 만주 하얼빈에서 처단하고 의연한 죽음을 맞아 많은 사람들을 감동시켰던 인물이다.

① 홍범도 ② 이봉창
③ 안중근 ④ 김좌진

11 (가)와 (나)에 들어갈 말을 바르게 짝지은 것은?

> 명성 황후가 러시아와 연결하여 일본을 견제하려 하자 일본은 명성 황후를 시해한 [(가)]을 일으켰다. 이후 개화파 정부는 [(나)]을 포함한 을미개혁을 추진하였는데 이에 항거하여 전국의 유생들이 대대적으로 의병을 일으켰다.

	(가)	(나)
①	갑신정변	단발령
②	을미사변	아관 파천
③	갑신정변	아관 파천
④	을미사변	단발령

12 (가)에 들어갈 사건은?

> 대한 제국은 1900년에 칙령 제41호를 반포하여 울도(울릉도) 군수를 통해 독도를 관할하게 하였다. 그러나 일제는 [(가)] 중에 독도를 불법으로 자국 영토에 편입시켰다.

① 러・일 전쟁
② 만주 사변
③ 청・일 전쟁
④ 태평양 전쟁

13 다음 (가)에 대한 설명으로 옳은 것은?

> 조선 총독부에 의해 [(가)]이 제정되어 한국의 기업 활동이 억제되고 우리나라는 일제의 상품 시장 및 식량, 원료 공급지 역할을 하게 되었다.

① 회사 설립은 반드시 총독의 허가를 받아야 한다.
② 토지 소유자는 자신의 토지를 등록해야 한다.
③ 외국인 고문을 두어 재정과 외교를 관장하게 한다.
④ 우리 것, 우리 힘, 우리 재주로 우리가 만들자.

14 다음과 같은 활동을 벌인 단체는?

- 김원봉이 이끌었다.
- 김상옥은 종로 경찰서에 폭탄을 던지는 의거를 하였다.
- 나석주는 동양 척식 주식회사에 폭탄을 던졌다.

① 대조선 국민군단 ② 의열단
③ 한인 애국단 ④ 대한인 국민회

15 독도가 우리의 영토임을 증명해 주는 것은?

① 백두산 정계비
② 북한산 순수비
③ 광개토 대왕릉비
④ 대한 제국 칙령 제41호

16 다음 인물에 대한 설명으로 옳은 것은?

- 국민 대표 회의에서 창조파로 활동하여, 임시 정부를 대신할 새로운 정부를 세우자고 주장하였다.
- 조선 혁명 선언을 작성하였다.
- 『조선사연구초』, 『조선상고사』 등을 집필하였고 독사신론을 연재하였다.

① 동의보감을 집필하였다.
② 조선 건국 준비 위원회를 조직하였다.
③ 어린이날을 제정하였다.
④ 민족주의 사학의 토대를 마련하였다.

17 다음의 법이 적용된 시기의 모습으로 옳은 것은?

이 법은 1925년 일본에서 당시 활발해지던 공산주의 운동을 억압하기 위하여 제정되었고, 조선 및 타이완 등지에서도 시행되었다. 이는 곧 사회주의나 노동운동 등에도 적용되었고, 특히 조선의 독립운동을 탄압하기 위하여 일제 강점기 말까지 이용되었다.

① 훈련을 받는 별기군 군인들
② 만민 공동회에서 연설을 듣는 사람들
③ 일제의 신사 참배 강요
④ 교사가 칼을 차고 수업 실시

18 (가) 시기 일제의 식민 통치 방식으로 옳은 것은?

	(가)	
	1910 국권 강탈	3·1 운동

ㄱ. 공출과 식량 배급
ㄴ. 황국 신민 서사 암송을 강요
ㄷ. 헌병 경찰을 앞세운 무단 통치 실시
ㄹ. 언론·출판·집회·결사의 일체 금지

① ㄱ, ㄴ ② ㄱ, ㄷ
③ ㄴ, ㄹ ④ ㄷ, ㄹ

19 다음과 같은 주장을 펼친 인물에 대한 설명으로 옳은 것은?

> 이제 우리는 무기한 휴회된 미·소 공동 위원회가 다시 열릴 기색도 보이지 않으며, 통일 정부를 고대하였으나 여의치 않게 되었다. 우리 남한만이라도 임시 정부 같은 것을 조직하여, 38도선 이북에서 소련이 물러나도록 세계 여론에 호소해야 될 것입니다.

① 독립신문 창간
② 유신 헌법 제정
③ 한인 애국단 조직
④ 대한민국의 초대 대통령

20 (가) 시기에 들어갈 사실은?

> 38도선 이남으로 무력 침공한 북한군은 우세한 전력으로 낙동강 부근까지 밀고 내려갔다.

↓

> (가)

↓

> 국군과 유엔군은 38도선을 넘어 압록강 유역까지 북진하였다.

① 남북 기본 합의서 채택
② 미국의 애치슨 선언 발표
③ 중국군의 개입과 1·4 후퇴
④ 국군과 유엔군의 인천 상륙 작전

21 제주 4·3 사건의 원인으로 옳은 것은?

① 신탁 통치 반대
② 베트남 파병 반대
③ '조선책략' 유포 반대
④ 남한만의 단독 선거 반대

22 다음 내용과 관련 있는 사건은?

> • 자유당 정권의 부정 선거
> • 경찰이 학생과 시민의 시위를 폭력으로 진압

① 10·26 사태
② 4·19 혁명
③ 5·18 민주화 운동
④ 6월 민주 항쟁

23 다음의 주장을 제기한 인물은 누구인가?

> 저희들의 요구는 "1일 14시간의 작업 시간을 단축하여 주십시오. …… 1일 10시간~12시간으로 단축해 달라는 것입니다. …… 시다공의 수당을 50% 이상 인상해 주십시오." 절대로 무리한 요구가 아님을 맹세합니다. 인간으로서의 최소한의 요구입니다.

① 여운형　　② 이승만
③ 전태일　　④ 전두환

24 (가)에 들어갈 민주화 운동에 대한 설명으로 옳은 것은?

> **〈답사 계획〉**
>
> (가) 의 발자취를 따라서
>
> - 답사 일자 : 20○○년 ○○월 ○○일
> - 답사 코스 : 민주 인권 기념관(구 남영동 대공분실) → 명동 성당 → 이한열 기념관
> - 사전 조사 자료 : 박종철 고문 치사 사건, 4·13 호헌 조치, 6·29 민주화 선언

① 사사오입 개헌과 관련 있다.
② 신군부의 등장과 관련 있다.
③ 대통령 직선제 개헌을 이끌어 냈다.
④ 반민족 행위 특별 조사 위원회가 설립되었다.

25 각 정부에 대한 설명이 옳은 것은?

① 이승만 정부 : 6월 민주 항쟁
② 박정희 정부 : 새마을 운동 전개
③ 전두환 정부 : 서울 올림픽 대회 개최
④ 김영삼 정부 : 1차 경제 개발 5개년 계획 실시

제 3 회 도덕

01 다음 응용 윤리학에 해당하는 것은?

- 생식 보조술을 허용해야 하는가?
- 낙태, 안락사 등을 허용해야 하는가?
- 생명 복제를 어디까지 허용해야 하는가?

① 환경 윤리 ② 생명 윤리
③ 사회 윤리 ④ 평화 윤리

02 해외 원조에 대한 싱어의 입장으로 옳은 것을 〈보기〉에서 모두 고른 것은?

보기
ㄱ. 원조에 대한 공리주의적 관점이다.
ㄴ. 원조는 자선 활동의 하나일 뿐이다.
ㄷ. 원조를 의무의 관점에서 접근해야 한다.
ㄹ. 빈곤국일지라도 질서 정연하다면 원조를 할 필요가 없다.

① ㄱ, ㄷ ② ㄴ, ㄹ
③ ㄱ, ㄴ, ㄷ ④ ㄴ, ㄷ, ㄹ

03 윤리 문제의 탐구에 대한 설명으로 옳은 것을 〈보기〉에서 고른 것은?

보기
ㄱ. 사실 근거와 원리 근거가 필요하다.
ㄴ. 항상 삼단 논법 형식의 도덕 추론을 갖추어 제시된다.
ㄷ. 사실이 참이라면 그것만 가지고도 판단을 내릴 수 있다.
ㄹ. '좋다.', '나쁘다.' 등 도덕적인 판단을 내려야 하는 문제이다.

① ㄱ, ㄴ ② ㄱ, ㄹ
③ ㄴ, ㄷ ④ ㄷ, ㄹ

04 정보 윤리의 기본 원칙으로 옳지 <u>않은</u> 것은?

① 회피의 원칙
② 정의의 원칙
③ 인간 존중의 원칙
④ 해악 금지의 원칙

05 **다음은 니부어(Niebuhr, R.)의 주장이다. ㉠에 가장 적절한 것은?**

> • 사회 집단의 도덕성은 개인의 도덕성보다 현저하게 떨어진다.
> ↓
> • 개인의 양심만으로는 복잡한 사회 문제를 해결할 수 없다.
> ↓
> • 따라서 (㉠)을 통해 문제를 해결해야 한다.

① 개인의 자아실현
② 개인의 도덕성 회복
③ 종교적 신념 확립
④ 사회 정책과 제도의 개선

06 **다음에서 설명하는 용어로 가장 적절한 것은?**

> 미래 세대에게 남겨 주어야 할 환경을 파괴하지 않으면서도 현세대의 필요를 충족시킬 수 있도록 경제 성장, 사회 안정과 통합, 환경 보전 등이 균형을 이루는 발전

① 도구적 발전
② 지속 가능한 발전
③ 소비 지향적 발전
④ 경제 지상주의 발전

07 **우리나라의 갈등 양상에 대한 설명으로 옳지 <u>않은</u> 것은?**

① 지역 갈등을 정치적으로 이용하려는 왜곡된 정치 구조가 갈등을 심화시킨다.
② 단기간의 빠른 경제 성장은 세대 갈등을 더욱 심화시켰다.
③ 정부 주도의 개발 정책은 지역 간의 격차를 줄여 갈등을 완화시켰다.
④ 기성 세대와 젊은 세대가 서로 차이를 인정하지 않아 골이 깊어지고 있다.

08 **하버마스(Habermas, J.)가 제시한 다음의 조건에 해당되지 <u>않는</u> 것은?**

> 모든 사람들이 평등한 입장에서 논의에 참여할 수 있어야 하고, 관련된 문제의 모든 주장을 문제 삼을 수 있으며, 모든 주장을 논의에 끌어들일 수 있다. 그리고 모든 사람들이 자신의 자세, 희망, 욕구를 표현할 수 있도록 환경이 조성되어야 한다. 또한 어떤 사람도 내부나 외부에서 행사하는 어떤 강압에 의해 위에서 언급한 권리를 이용하는 데 방해받아서는 안 된다.

① 배타성　　② 정당성
③ 진실성　　④ 이해 가능성

09 현대 사회에 새롭게 등장한 사회 갈등으로 보기 어려운 것은?

① 권력 쟁취를 위한 갈등
② 국민연금법 개정 등에서 나타나는 세대 갈등
③ 기업가와 노동자 간의 갈등
④ 다문화 사회의 다양한 구성원 간의 갈등

10 다음 ㉠에 들어갈 내용으로 가장 적절한 것은?

> (㉠)은/는 길리건과 나딩스에 의해 제시된 윤리로 자기와 타인에 대한 책임감, 관계들, 동정심, 조화, 자기 희생을 도덕성의 핵심 요소로 본다.

① 의무론 ② 공리주의
③ 금욕주의 ④ 배려 윤리

11 뇌사를 법적인 사망으로 인정할 경우의 문제점으로 알맞은 것은?

① 장기 기증을 위해 뇌사 판정이 함부로 이루어질 수 있다.
② 뇌사 판정의 객관성을 높일 수 있다.
③ 뇌사자의 생명권을 보호할 수 있다.
④ 의사들의 책임 의식과 전문성이 높아진다.

12 다음 대화에서 옳은 설명을 하고 있는 사람을 모두 고른 것은?

> 갑 : 공직자에게는 국민을 섬기는 봉사 정신이 필요해.
> 을 : 민주적인 직무 수행 자세도 필요하지.
> 병 : 하지만 공직자의 품위를 지킬 수 있도록 일반 국민보다 호화로운 생활을 누려야 할 필요는 있어.
> 정 : 그렇지. 그리고 고위직 공무원일수록 법에 얽매이지 않고 효율적인 직무를 수행할 수 있도록 큰 권한을 줘야 해.

① 갑, 을 ② 갑, 병
③ 갑, 정 ④ 을, 병

13 다음 주장의 ㉠에 공통으로 들어갈 개념은?

> • 자연법 윤리 : (㉠)은/는 자연적 성향인 자기 보존의 의무를 다하지 않는 것
> • 칸트 : (㉠)은/는 인간을 고통 완화의 수단으로 대우한다는 점에서 옳지 않음.

① 낙태 ② 자살
③ 뇌사 ④ 안락사

14 다음과 관련된 다문화 사회의 정책 모델로 옳은 것은?

> 주류 문화의 정체성을 유지하면서 비주류 문화의 공존을 인정하지만 비주류 문화를 주류 문화와 동등하게 취급하지 않는다.

① 용광로 이론
② 국수 대접 이론
③ 샐러드 볼 이론
④ 차별적 배제 모델

15 다음의 내용과 관련된 윤리 사상가는?

> • 행위의 결과보다는 동기를 중시하면서 오로지 의무 의식에서 나온 행위만이 도덕적 가치를 지닌다고 봄.
> • 이성적이고 자율적인 인간은 보편적인 도덕 법칙을 인식할 수 있음을 강조함.
> • 도덕 법칙은 정언 명령의 형식으로 제시됨.

① 밀　② 칸트
③ 벤담　④ 베이컨

16 다음 입장이 구체적으로 반영된 사례로 옳지 않은 것은?

> 최대 수혜자 갑은 최소 수혜자 을과 도덕적 비대칭성의 관계에 있다. 즉, 갑을 위한 을의 희생과 을을 위한 갑의 희생은 동등한 것이 아니다. 재능, 지위와 같은 도덕적으로 임의적인 요소들의 작용으로 최대 수혜자가 된 갑은 최소 수혜자인 을의 삶을 개선하기 위한 일정한 희생을 감내해야 한다.

① 공공 기관에서 장애인 채용 의무제를 시행한다.
② 기초 생활 수급자에게 최저 생계비를 지급한다.
③ 양심적 병역 거부자에게 국방의 의무를 면제한다.
④ 저소득층을 위한 공공 임대 주택 공급을 확대한다.

17 다음 내용을 주장한 사상가는?

> 직업은 신이 우리에게 내린 '소명'이며, 인간의 직업 노동은 지상에서 신의 영광을 실현하는 수단이다.

① 칼뱅　② 길리건
③ 로크　④ 싱어

18 다음에서 설명하는 예술에 대한 관점은?

- 예술을 도덕적 관점에서 평가해서는 안 된다.
- "서적에는 도덕적인 것도 부도덕적인 것도 없다. 잘 썼느냐 그렇지 않느냐가 문제이다."

① 도덕주의 ② 예술주의
③ 심미주의 ④ 사실주의

19 ㉠에 들어갈 내용으로 옳은 것은?

〈롤스(Rawls, J.)의 정의론〉
(1) 제1의 원칙 : 평등한 자유의 원칙
(2) 제2의 원칙
ㄱ. 차등의 원칙 : (㉠)
ㄴ. 기회 균등의 원칙 : 개방된 지위 보장

① 개인 간의 경쟁 추구
② 분배의 과정보다 결과 중시
③ 평등한 자유의 원칙보다 우선하는 분배
④ 최소 수혜자에게 최대의 이익이 되도록 조정

20 다음의 고사성어에서 강조하고 있는 덕목은?

- 금란지교(金蘭之交)
- 죽마고우(竹馬故友)
- 관포지교(管鮑之交)

① 효도 ② 우정
③ 절제 ④ 중용

21 다음의 내용과 관련된 말은?

사람이 살아가는 모든 영역에서 남자와 여자를 법률적 · 사회적으로 차별하지 않는 것

① 인권 ② 자애
③ 우정 ④ 양성평등

22 다음에 나타난 인권의 특징은?

인권은 어떤 조건에 관계없이 모든 인간이 누려야 한다.

① 항구성 ② 보편성
③ 천부성 ④ 불가침성

23 시민 불복종 운동이 정당화되기 위한 조건만을 〈보기〉에서 고른 것은?

보기
ㄱ. 위법 행위에 대한 처벌을 감수함.
ㄴ. 기존 사회 질서와 법질서를 존중하지 않음.
ㄷ. 정치 체제 변혁을 시민 불복종의 목적으로 삼음.
ㄹ. 폭력 행위에 가담하지 않고 비폭력적으로 전개함.

① ㄱ, ㄴ ② ㄱ, ㄷ
③ ㄱ, ㄹ ④ ㄷ, ㄹ

24 다음과 같은 내용의 실현 방안으로 옳지 않은 것은?

> 환경을 보호하고 빈곤을 구제하며, 장기적으로는 성장을 이유로 단기적인 자연 자원을 파괴하지 않는 경제적인 성장을 창출하기 위한 방법들의 집합

① 윤리적 소비의 실천과 환경을 위한 생활 습관의 변화
② 환경 보전 자체를 성장 동력으로 삼는 '녹색 성장'을 추구
③ 환경 문제에 대한 국제 협력 체제를 구축
④ 자연의 자정 능력을 넘어서는 무한 개발

25 갑의 입장으로 적절하지 않은 것은?

> 갑 : 국가 간 분쟁은 힘의 논리로 해결할 수밖에 없어.
> 을 : 아니야, 국가 간 대화를 통해 해결할 수 있어.

① 국가는 자국의 이익만을 추구한다.
② 국제 관계를 현실적으로 바라보고 있다.
③ 국가의 힘을 키워 세력 균형을 이루어야 한다.
④ 국제기구의 조정을 통해 분쟁을 해결해야 한다.

고졸
검정고시

실전 모의고사

고졸 검정고시

실전 모의고사

제 4 회

제1교시 국어
제2교시 수학
제3교시 영어
제4교시 사회
제5교시 과학
제6교시 한국사
제7교시 도덕

고졸 검정고시

실전 모의고사

제 4 회 국어

01 다음 대화에서 '연호'가 ㉠과 같은 반응을 보인 이유로 적절하지 않은 것은?

> 명찬 : 연호야, 오늘 나 대신 교실 청소 좀 해 줘.
> 연호 : 음, 나 오늘 옆 반 애들이랑 축구 시합을 하기로 했는데……. 왜? 너 무슨 일 있어?
> 명찬 : 그냥 좀 바빠서 그래. 쩨쩨하게 굴지 말고 좀 해 줘.
> 연호 : ㉠ 야, 너는 부탁하는 애가 뭐 그러냐?

① '연호'를 비난하고 있기 때문이다.
② '연호'가 부담을 느끼고 있기 때문이다.
③ '연호'의 처지를 고려하지 않고 있기 때문이다.
④ 부탁의 이유를 구체적으로 제시했기 때문이다.

02 ㉠~㉢에 해당하는 예가 적절하게 연결된 것은?

> 모음 조화란 ㉠ 양성 모음은 양성 모음끼리 ㉡ 음성 모음은 음성 모음끼리 어울리는 음운 현상이다. 그러나 현대로 오면 ㉢ 모음 조화 파괴 현상이 일어나는 경우가 많아져 표시법에도 영향을 주었다.

	㉠	㉡	㉢
①	눌러	올망졸망	도와
②	찰랑찰랑	굶어	고마워
③	아장아장	접어	잡아
④	오순도순	퐁당퐁당	아름다워

03 다음은 모음의 제자 원리를 필기한 내용이다. ㉠에 해당하지 않는 것은?

> • 기본자 : 하늘(天), 땅(地), 사람(人)의 모습을 본떠 만듦.
> • ㉠ 초출자 : 'ㆍ, ㅡ, ㅣ' 세 글자만 합성하여 만듦.
> • 재출자 : 초출자에 'ㆍ'를 하나씩 더 붙여 만듦.

① ㅏ　　② ㅓ
③ ㅡ　　④ ㅗ

04 문장의 짜임을 탐구한 내용으로 적절하지 <u>않은</u> 것은?

① '나는 그가 착한 사람이라는 데 동의한다.'는 이어진문장이다.
② '그녀의 입술은 빨갛다.'는 홑문장이다.
③ '집에 가기가 쉽지 않다.'는 안은문장이다.
④ '토끼는 앞발이 짧다.'는 안은문장이다.

[05~06] 다음 글을 읽고 물음에 답하시오.

(가) **글을 쓰기 전 구상한 내용**
- 내가 글을 쓰는 목적은 무엇이지? : 손수건을 사용하자고 사람들을 설득하고 싶어.
- 어떤 주제로 글을 쓸까? : "손수건 사용을 생활화하자."라는 주제로 글을 쓰겠어.
- 누구를 대상으로 하여 글을 쓰지? : 우리 학교 학생들 가운데 손수건을 쓰는 사람이 거의 없는 것 같아. 우리 학교 학생들을 대상으로 하여 글을 써서 ㉠ <u>학교 누리집 게시판</u>에 올려야지.
- 어떤 내용을 담을까? 설득력을 높이려면 친구들이 이해하기 쉽고 공감할 수 있을 만한 내용을 담아야겠지? : 내가 손수건 사용에 관심을 둔 계기, 휴지와 손 건조기 사용의 문제점 등을 다루어야겠다.

(나) **개요 짜기**

Ⅰ. 서론
휴지나 손 건조기를 많이 사용하는 현실과 손수건 사용에 대한 제안

Ⅱ. 본론
1. 손수건을 사용하면 자원을 절약할 수 있다.
2. 손수건을 사용하면 건강에 도움이 된다.

Ⅲ. 결론
손수건을 사용하면 자원을 절약하여 지구 환경을 되살리는 데 이바지할 수 있고, 우리의 건강에도 도움이 된다.

05 (가)와 (나)를 바탕으로 작문 상황을 분석한 것으로 적절하지 <u>않은</u> 것은?

- 목적 : 손수건을 사용하자고 설득하기 위함. .... ①
- 주제 : 손수건 사용의 생활화 .... ②
- 매체 : 학교 누리집 게시판 .... ③
- 예상 독자 : 지역 주민들 .... ④

06 ㉠과 같은 매체의 특징으로 적절한 것은?

① 다양한 계층의 의견과 가치를 실현하기 위해 만들어진 사이버 공간이다.
② 학교생활 속에서 일어나는 일들을 담당 교사를 통하여 내용을 게시할 수 있다.
③ 독자와 관련 있는 문제점을 해결하기 위해 의견을 공론화시킬 수 있는 공간이다.
④ 표현 행위로서의 완전한 자유가 보장되는 공간으로서 의미 있는 내용이 아니라도 게시할 수 있다.

07 다음 단어 중 로마자 표기가 바르지 <u>않은</u> 것은?

① 구미 – Kumi ② 호법 – Hobeop
③ 옥천 – Okcheon ④ 합덕 – Hapdeok

[08~11] 다음 글을 읽고 물음에 답하시오.

이바 니웃드라, 산수(山水) 구경 가쟈스라.
답청(踏靑)으란 오ᄂᆞᆯ ᄒᆞ고, 욕기(浴沂)란 내일(來日) ᄒᆞ새.
아ᄎᆞᆷ에 ⓐ <u>채산(採山)ᄒᆞ고</u>, 나조ᄒᆡ 조수(釣水)ᄒᆞ새.
ᄀᆞᆺ 괴여 닉은 술을 갈건(葛巾)으로 밧타 노코,
곳나모 가지 것거, 수 노코 먹으리라.
화풍(和風)이 건ᄃᆞᆺ 부러 녹수(綠水)ᄅᆞᆯ 건너오니,
청향(淸香)은 잔에 지고, 낙홍(落紅)은 옷새 진다.
준중(樽中)이 뷔엿거ᄃᆞᆫ 날ᄃᆞ려 알외여라.
소동(小童) 아ᄒᆡᄃᆞ려 주가(酒家)에 술을 믈어,
얼운은 막대 집고, 아ᄒᆡᄂᆞᆫ 술을 메고,
미음 완보(微吟緩步)ᄒᆞ야 시냇ᄀᆞ의 호자 안자,
명사(明沙) ⓑ <u>조ᄒᆞᆫ</u> 믈에 잔 시어 부어 들고,
청류(淸流)ᄅᆞᆯ 굽어보니, ⓒ <u>ᄯᅥ오ᄂᆞ니</u> 도화(桃花)ㅣ로다.
무릉(武陵)이 갓갑도다, 져 ᄆᆡ이 긘 거인고.
송간(松間) 세로(細路)에 두견화(杜鵑花)ᄅᆞᆯ 부치 들고,
봉두(峰頭)에 급피 올나 구름 소긔 안자 보니,
천촌 만락(千村萬落)이 곳곳이 버러 잇ᄂᆡ.
연하 일휘(煙霞日輝)ᄂᆞᆫ 금수(錦繡)ᄅᆞᆯ 재폇ᄂᆞᆫ ᄃᆞᆺ,
엇그제 ⓓ <u>검은 들</u>이 봄빗도 유여(有餘)ᄒᆞᆯ샤.
공명(功名)도 날 ᄭᅴ우고, 부귀(富貴)도 날 ᄭᅴ우니,
청풍 명월(淸風明月) 외(外)예 엇던 벗이 잇ᄉᆞ올고.
단표 누항(簞瓢陋巷)에 흣튼 혜음 아니 ᄒᆞᄂᆡ.
아모타, 백년 행락(百年行樂)이 이만ᄒᆞᆫᄃᆞᆯ 엇지ᄒᆞ리.

– 정극인, 「상춘곡」 –

08 윗글에 대한 설명으로 적절하지 <u>않은</u> 것은?

① 충신연군지사(忠臣戀君之詞)이다.
② 내용상 은일 가사에 해당한다.
③ 강호가도(江湖歌道)를 구현하고 있다.
④ 다양한 비유를 활용하고 있다.

09 윗글의 표현상 특징으로 적절하지 <u>않은</u> 것은?

① 시간의 흐름에 따라 시상을 전개한다.
② 구체적 소재를 동원하여 계절감을 드러낸다.
③ 청자에게 말을 건네는 방식의 어법을 구사한다.
④ 봄날의 경치를 비유와 과장을 통해 생동감 있게 묘사한다.

10 ⓐ~ⓓ의 문맥적 의미로 적절하지 <u>않은</u> 것은?

① ⓐ : 농사짓고 ② ⓑ : 깨끗한
③ ⓒ : 떠오는 것이 ④ ⓓ : 겨울 들판

11 윗글에 나타난 시적 화자의 생활상을 가리키는 한자성어로 가장 적절한 것은?

① 입신양명(立身揚名)
② 환골탈태(換骨奪胎)
③ 백면서생(白面書生)
④ 안빈낙도(安貧樂道)

[12~14] 다음 글을 읽고 물음에 답하시오.

"대장부가 세상에 나서 공맹을 본받지 못하면 차라리 병법을 외워, 대장군의 인장을 허리춤에 비스듬히 차고 동과 서로 정벌하여, 나라에 큰 공을 세우고 이름을 만대에 빛내는 것이 장부로서 흔쾌히 할 일이다. 나는 어찌하여 한 몸이 외롭고, 아버지와 형이 있건만 아버지와 형이라고 부르지도 못하니 심장이 터질 것 같구나. 어찌 원통하지 아니 하리오!"

말을 마치고 뜰에 내려가서 검술을 공부하였다. 마침 공이 또한 달빛을 구경하다가 길동이 배회하는 것을 보고 즉시 불러 물었다.

"너는 무슨 흥이 있어서 밤이 깊도록 자지 아니하느냐?"

길동이 공경하며 대답했다.

"소인이 마침 달빛을 사랑하기 때문입니다. 하늘이 만물을 만드실 때 그중 오직 사람이 귀합니다만, 소인에게 귀함이 없으니, 어찌 사람이라 하겠습니까?"

공이 그 말뜻을 짐작했지만, 짐짓 책망하여 말했다.

"네 무슨 말을 하는 것이냐?"

길동이 거듭 절하고 말씀드렸다.

"소인이 평생 서러워하는 바는, 소인도 대감의 정기를 받아 당당한 남자가 되었으니, 아버님이 낳으시고 어머님이 기르신 은혜가 깊은데, 그 아버지를 아버지라 못하고 그 형을 형이라 못하니, 어찌 사람이라 하겠습니까?"

길동이 눈물을 흘려 적삼을 적셨다. 공이 다 듣고 나서 비록 길동이 불쌍하지만, 그 뜻을 위로하면 마음이 방자해질 것을 염려하여 크게 꾸짖었다.

"재상 집안에 천한 종의 몸에서 태어난 자식이 너뿐이 아니거늘, 네 어찌 방자함이 이와 같으냐? 앞으로 이런 말을 또다시 하면 내 정녕 너를 눈앞에 두고 보지 않겠느니라."

길동이 감히 한마디도 더 고하지 못하고 다만 엎드려 눈물을 흘릴 뿐이었다. 공이 물러가라 명령하니, 길동이 방으로 들어와 한없이 슬퍼하였다. 길동이 본래 재주가 뛰어나고 마음 씀씀이가 넓은데도, 마음을 진정시키지 못하여 밤이면 잠을 이루지 못하였다.

– 허균, 「홍길동전」 –

12 윗글에 대한 독자의 반응으로 적절하지 <u>않은</u> 것은?

① 아버지는 현실 체제에 순응적인 태도를 지닌 인물이군.

② 길동의 내적 갈등은 그의 태생적 요인과도 관련이 있군.

③ 길동의 이상과 현실 사이의 괴리가 갈등의 원인이 되는군.

④ 아버지는 길동의 처지에 대해 전혀 공감하지 못하고 있군.

13 윗글에 대한 설명으로 적절하지 <u>않은</u> 것은?

① 당시 사회적 현실을 잘 드러내고 있다.

② 우리나라 최초의 한글 소설이다.

③ 신분 제도와 유교 사상에 대한 비판이 드러난다.

④ 불합리한 제도에 의한 개인과 사회의 갈등이 나타난다.

14 **윗글을 영화로 만들기 위해 장면을 구성한 내용으로 적절하지 <u>않은</u> 것은?**

① 길동이 아버지에게 끝까지 맞서 싸우는 모습

② 길동이 자신의 처지를 한탄하며 배회하는 모습

③ 길동이 공부를 하던 중 자신의 처지를 한탄하는 모습

④ 아버지가 속마음과는 다르게 길동을 엄하게 꾸짖는 모습

[15~16] 다음 글을 읽고 물음에 답하시오.

"잘하는 일이다. 할아버지를 끌어내지 않으면 늬네들 춤판은 성사가 안 되니?"

나는 또 뭐라고, 하는 식의 가벼운 대응이 성규의 안면에 퍼지면서, 입으로는 씩 웃음을 흘렸다.

"너도 날 놀리는 거니?"

첫마디와 달리 착 가라앉은 아버지의 음성에는, 분에 떠는 사람에게 일쑤 있음직한, 삭지 않은 가래가 조금 끓었다. 정색을 하고 쳐드는 성규의 눈빛에도 서리가 내린 인상이었다.

"무슨 말씀이세요?"

"지금 웃었잖아."

"웃은 게 잘못이라면 사과할게요. 할아버지를 그런 자리에 모신 건, 그러나 사과할 것이 못 됩니다."

"할아버지까지 동원한 게 잘한 짓이니?"

"동원이란 말이 싫습니다. ⓐ<u>누가</u> 누구를 동원한단 말입니까. 또 그 일이 어째서 잘하고 잘못하고로 구별돼야 하는지, 저는 통 이해를 할 수가 없습니다. 그건 잘하고 잘못하고의 인식에서는 벗어나는 일입니다. ⓑ<u>누군가</u>가 어떤 일에 합당한 재능을 갖고 있을 때, ⓒ<u>한쪽</u>은 그걸 표현할 기회를 주어야 마땅하며, ⓓ<u>한쪽</u>은 기꺼이 그 기회에 편승해서, 일이 잘 되면 그보다 좋은 일이 어디 있습니까?"

"너는 이제 보니 참 똑똑하구나. 그래서, 일이 잘 됐니?"

"대성공이었습니다."

"할아버지는 기꺼이 응하지 않았을 게다. 네가 유혹했어."

"결과는 마찬가지예요. 저는 그날 할아버지에게서 그걸 확인했습니다."

"너는 할아버지와 나와의 관계에 대해, 특히 내가 취하고 있는 입장에 대단히 불만이지?"

"그럴 것도 없습니다. 아버지의 할아버지에 대한 처지를 이해하면서도, 그 논리를 그대로 저와 연결시키고 싶지도 않고, 그럴 필요도 없다고 생각하는 편이에요."

"기특하구나. 그러니까 너만이라도 할아버지에게 화해의 제스처를 보이겠다는 거냐 뭐냐. 지금까지의 네 행동을 보면 그런 추측을 가능케 하더라만."

"그것도 맞지 않는 말이에요. 도대체 할아버지와 저와의 갈등이 있었어야 말이죠. 처음부터 갈등이 없었는데 화해의 제스처를 보이고 말고가 어디 있습니까? 할아버지와의 갈등이 있었다면, 그건 아버지의 몫이지 저와는 상관이 없는 겁니다. 오히려 전 세대끼리의 갈등이 다음 세대에서 쾌적한 만남으로 이어진다면, 그건 환영할 만한 일이고, 그게 또 역사의 의미 아니겠습니까?"

– 최일남, 「흐르는 북」 –

15 ⓐ~ⓓ의 지시 대상을 <u>잘못</u> 파악한 것은?

① ⓐ : 성규
② ⓑ : 할아버지
③ ⓒ : 성규
④ ⓓ : 성규의 아버지

16 다음 내용으로 미루어 볼 때, 작가가 가족사 소설의 형식을 택한 이유로 가장 적절한 것은?

> 가족사 소설은 가족의 흥망성쇠를 그린 소설이다. 사회의 변화를 예측하기 어려운 상황에서 작가들은 시대 상황을 몇 대에 걸친 가족의 삶의 변화와 관련하여 파악하면서 현실 문제에 대한 대응책을 모색할 수 있다.

① 작가는 자신의 가족사를 소설로 써서 현실 문제를 해결하려 했다.
② 작가는 가족사 소설을 통해 한 집안의 몰락 과정을 그려 내려 했다.
③ 작가는 전통문화가 사라지는 것에 대한 아쉬움을 가족사 소설에 담아 내려 했다.
④ 작가는 가정 내 세대 간의 갈등을 통해 현실의 문제가 이들의 삶에 어떤 영향을 미쳤는지 보여 주려 했다.

[17~19] 다음 글을 읽고 물음에 답하시오.

> 어머니는 그륵이라 쓰고 읽으신다
> 그륵이 아니라 그릇이 바른 말이지만
> 어머니에게 그릇은 그륵이다
> 물을 담아 오신 ㉠ <u>어머니의 그륵</u>을 앞에 두고
> 그륵, 그륵 중얼거려 보면
> 그륵에 담긴 물이 편안한 수평을 찾고
> 어머니의 그륵에 담겨졌던 모든 것들이
> 사람의 체온처럼 따뜻했다는 것을 깨닫는다
> 나는 학교에서 그릇이라 배웠지만
> 어머니는 인생을 통해 그륵이라 배웠다
> 그래서 내가 담는 한 그릇의 물과
> 어머니가 담는 한 그륵의 물은 다르다
> 말 하나가 살아남아 빛나기 위해서는
> 말과 하나가 되는 사랑이 있어야 하는데
> 어머니는 어머니의 삶을 통해 말을 만드셨고
> 나는 사전을 통해 쉽게 말을 찾았다
> 무릇 시인이라면 하찮은 것들의 이름이라도
> 뜨겁게 살아 있도록 불러 주어야 하는데
> 두툼한 개정판 국어사전을 자랑처럼 옆에 두고
> 서정시를 쓰는 내가 부끄러워진다
>
> – 정일근, 「어머니의 그륵」 –

17 윗글의 특징으로 가장 적절한 것은?

① 시간의 경과에 따라 시상을 전개하고 있다.
② 동일한 구절의 반복을 통해 리듬감을 주고 있다.
③ 역설적 표현을 통해 시적 의미를 강조하고 있다.
④ 시적 대상의 의미를 대비하여 주제를 드러내고 있다.

18 ㉠을 통해 화자가 나타내고자 하는 것은?

① 시의 아름다움을 느끼지 못하는 어머니에 대한 연민
② 교육을 받지 못한 어머니에 대한 안타까움
③ 따뜻한 사랑이 담긴 언어로 시를 써야 한다는 화자의 자기반성
④ 세대 차이로 인해 비롯되는 가족 간의 갈등과 화해

19 시적 화자의 태도로 가장 적절한 것은?

① 자신이 처한 상황으로부터 도피하고자 한다.
② 대상에 인격을 부여하여 그것과 교감하고자 한다.
③ 일상에서의 경험을 바탕으로 자신의 삶을 성찰하고 있다.
④ 과거를 회상하며 그때로 돌아가고자 하는 의지를 드러내고 있다.

[20~22] 다음 글을 읽고 물음에 답하시오.

(가) 유학을 떠나면서 내심 기대했던 「동물의 왕국」과 같은 장면과는 달리 나는 3년 동안 기생충 연구에 매달렸고, 공부하는 과목도 수학 생태학과 같은 다분히 학술적인 분야가 많았다. 아프리카 평원에서 기린을 만나는 것과는 너무나 동떨어진 연구였다. 그래서 혹시 그 비슷한 수업이 없나 하고 이리저리 찾아보았다. 그러다가 우리로 치면 '축산학과' 같은 과에서 어떤 교수님이 사회 생물학을 가르친다는 것을 알고 즉시 수강 신청을 했다.

그 수업에서는, 『사회 생물학』이라는 엄청나게 두꺼운 책을 주 교재로 활용했는데, ㉠ 이 책이 하버드 대학의 에드워드 윌슨 교수의 저서로 사회 생물학에 대해 일대 논쟁을 불러일으킨 유명한 책이라는 것은 나중에 알았다. 그것을 몰랐을 때도, 책을 읽는 내내 '세상에 이런 학문이 있구나' 하는 강렬한 느낌을 받았다. 1975년에 나온 이 책은 그야말로 엄청난 반향을 몰고 왔으며, 윌슨 교수는 이 책 때문에 물세례까지 받았다고 한다.

그런데 『사회 생물학』을 읽으며 발견한 또 다른 책이 바로 『이기적 유전자』이다. 이미 『사회 생물학』을 읽으며 그 매력에 빠져들고 있었으므로 관련된 책들을 다 읽어 보고 싶었다. 그래서 우선 영국 옥스퍼드 대학의 리처드 도킨스 교수가 쓴 『이기적 유전자』를 사서 읽었던 것이다.

세상을 살면서 한 권의 책 때문에 인생관, 가치관, 세계관이 하루아침에 바뀌는 경험을 하는 이들이 과연 몇이나 될까? 대부분은 아마 단 한 번도 그런 짜릿한 경험을 하지 못하고 생을 마칠 것이다. 그런데 나는 『이기적 유전자』를 읽으면서 그런 엄청난 경험을 했다. 〈중략〉

(나) 그런데 단 ㉡ 한 권의 책을 읽고 난 다음에 그 문제들이 하나의 줄로 연결되는 듯한 느낌이 들었다. 마치 내 몸속의 모든 핏줄이 하나로 쫙 몰려서 말끔히 씻겨 내려가듯 야릇한 기분이었다.

'아, 이제야 찾았구나. 내가 그동안 쇼펜하우어로 갔다가 동양 사상에 빠졌다가, 혼자서 애를 쓰면서도 못 찾았던 답을 드디어 찾았구나.'

어려서부터 유난히 그런 의문에 사로잡혔던 나는 나름대로 여러 가지 방법을 찾고는 했다. 재수 시절, 니체니 쇼펜하우어니 하는 철학자들의 책을 파고든 것도 그 때문이었다. 어느 해 여름에는 일부러 몇 군데 절을 찾아다니며 스님들과 이야기를 나눠 보기도 했다. 삶 자체와 삶에서 만나는 근원적인 의문을 풀어 보겠다고 까불댔으며, 글을 쓴답시고 원고지를 붙들고 끙끙댄 것도 다 그 맥락이었다. 하지만 도통 그에 대한 명쾌한 해답을 찾지 못했다. 그런데 어느 날 갑자기 한 권의 ㉢ 책으로 모든 것이 설명되는 기분이었으니 얼마나 황홀했겠는가?

그런데 그 황홀감은 시간이 지나면서 좌절감으로 변하기 시작했다. 처음에 읽었을 때는 답을 얻은 기분에 세상이 달라 보였는데, 그 단계가 지나니 시간이 지날수록 만사가 시시하게 여겨졌다.

'그래. 무엇 때문에 난 그렇게 애를 썼나? 저 사람은 무엇 때문에 저렇게 기를 쓰나? 모든 것이 유전자 때문인데, 어차피 우리야 유전자가 계획한 대로 움직이는 존재일 뿐인데…….'

이런 생각이 드니까 모든 것에서 맥이 풀렸다. 열심히 사는 것, 노력하는 것이 모두 헛일이고 인생사 일장춘몽이라는 말이 떠올랐다.

'그럼, 지금 내가 사라져도 별것 아니겠네? 세상은 유전자 덕에 탈 없이 유지될 테니…….'

그렇게 아무것도 할 수 없는 상태로 잠시 살았다. 하지만 다행히 방황이 길지는 않았고, 재해석을 통해 세상의 의미를 정리했다.

'이러면 안 돼, 미국까지 공부하러 와서 드디어 내가 기다리던 기회를 찾았고, 이제 막 시동을 걸었잖아. ㉣ 그 책이 말하려는 건 이게 아닐 거야.'

나는 긍정적이고 낙천적인 성격 덕분에 금방 추스를 수 있었으며, 새로운 가치관으로 세상을 보려고 노력했다. 그러면서 내가 해야 할 일, 할 수 있는 일을 찾아가기로 마음먹었다. 그리고 나는 인간의 존재 이유나 인간 행동의 이유를 더 깊이 이해하기 위해, 그 책과 같은 주제를 다루는 책들을 닥치는 대로 읽었다. 그 아류의 책들이 나오는 대로 나는 무조건 다 찾아 읽었고, 그 책에 대한 주제로 토론회가 열리면 빠지지 않고 참석했다. 돌이켜 보면, 그 몇 년 동안 내가 토론한 주제는 오로지 『이기적 유전자』에서 다룬 주제들이었다. 끊임없이 그 주제들에 관한 책을 읽고 토론을 거듭한 어느 순간, 나는 굉장히 편안해지기 시작했다.

20 **윗글을 통해 파악할 수 있는 내용으로 적절하지 않은 것은?**

① 글쓴이는 재해석의 과정을 통해 좌절감을 극복했다.

② 『사회 생물학』 책은 출간 후 많은 논쟁을 불러일으켰다.

③ 글쓴이는 유학 생활 중 학업 성취를 위해 『사회 생물학』을 읽었다.

④ 글쓴이는 에드워드 윌슨 교수의 책을 읽고 세계관이 바뀌는 경험을 했다.

21 ㉠~㉣ 중 가리키는 대상이 다른 것은?

① ㉠ ② ㉡
③ ㉢ ④ ㉣

22 윗글의 서술 방식으로 적절하지 않은 것은?

① 독서 이력과 그에 따른 느낌을 드러내고 있다.
② 내면 심리 변화를 중심으로 글을 서술하고 있다.
③ 자신의 심리를 비유적 표현을 통해 드러내고 있다.
④ 자발적으로 읽은 책의 내용을 객관적으로 전달하고 있다.

[23~25] 다음 글을 읽고 물음에 답하시오.

싱그러운 섬 제주의 봄은 유채꽃 ㉠ 만발한 풍광으로 여행객들의 발길을 사로잡는다. 그 아름다운 자연에 깊은 상처와 아픈 역사가 서려 있음이 널리 알려진 것은 그리 오래된 일이 아니다. 인기 예능 프로들에서도 잇달아 언급되며 제주의 산천에 아로새겨진 4·3 사건에 많은 이들이 관심을 갖기 시작했다.

너븐숭이, 다랑쉬굴, 섯알오름 등 70년 전 벌어진 끔찍한 ㉡ 학살의 현장을 그대로 품고 있는 땅. 섬사람들에게 그때의 사건은 발설은커녕 기억에서조차 지워야 했던 천형과도 같은 일이었다. 제주 4·3을 평생의 문학적 ㉢ 화두로 삼아온 재일 조선인 작가 김석범은 이를 '기억의 자살'이라 불렀다. "공포에 질린 섬사람들이 스스로 기억을 망각으로 들이쳐서 죽이는" 것. 냉전과 분단 체제, 독재 정권하에서 그렇게 기억은 ㉣ 말살당했지만, 무고한 수만 명의 억울한 죽음이 진상 규명조차 제대로 되지 못한 채 역사에서 사라질 수는 없었다.

– 이희경, 「4월의 진혼곡」 –

23 윗글에 사용된 표현상의 특징으로 적절하지 않은 것은?

① 주제와 연관된 작가의 말을 인용해 이해를 돕는다.
② 대조되는 이미지를 통해 하고자 하는 이야기를 강조한다.
③ 명사로 문장을 종결하며 독자의 고찰을 유도한다.
④ 사건의 인과 관계를 자세히 알려 해결 방법을 찾고자 한다.

24 윗글을 쓴 동기로 적절한 것은?

① 제주의 관광지 홍보를 위해
② 인기 예능 프로그램에 등장한 제주를 안내하기 위해
③ 역사적 사건에 대한 고찰을 위해
④ 역사적 사건에 대한 도서 안내를 위해

25 ㉠~㉣의 사전적 의미로 적절하지 <u>않은</u> 것은?

① ㉠ 만발 : 꽃이 활짝 다 핌.
② ㉡ 학살 : 몹시 괴롭히거나 가혹하게 대우함.
③ ㉢ 화두 : 관심을 두어 중요하게 생각하거나 이야기할 만한 것
④ ㉣ 말살 : 있는 사물을 뭉개어 아주 없애버림.

제 4 회 수학

01 두 다항식 $A=2x^2+2x$, $B=x^2+x+1$에 대하여 $A-B$는?

① x^2+3x+1　② x^2-x+1
③ $2x^2+3x+1$　④ x^2+x-1

02 등식 $ax^2+(b+1)x+2=x^2+4x+2$가 x에 대한 항등식일 때, 상수 $a+b$의 값은?

① 1　② 2
③ 3　④ 4

03 다음은 조립제법을 이용하여 다항식 x^3+3x^2+4x+3을 $x+1$로 나누는 과정이다. 몫과 나머지를 구하면?

−1	1	3	4	3
		−1	□	□
	1	2	□	□

① 몫 : x^2+2x+2, 나머지 : 1
② 몫 : x^2+2x+2, 나머지 : 5
③ 몫 : x^2+2x+6, 나머지 : 1
④ 몫 : x^2+2x+6, 나머지 : 5

04 다항식 x^3+8을 인수분해한 식이 $(x+a)(x^2-2x+4)$일 때, 상수 a의 값은?

① 1　② 2
③ 3　④ 4

05 $i(4+3i)=a+bi$일 때, 실수 a, b에 대하여 $a+b$의 값은? (단, $i=\sqrt{-1}$)

① -3　② -1
③ 1　④ 3

06 이차방정식 $x^2-4x+k=0$이 중근을 갖도록 하는 k의 값은?

① 0　② 1
③ 2　④ 4

07 $-1 \le x \le 1$에서 이차함수 $y=x^2+4x$의 최댓값은?

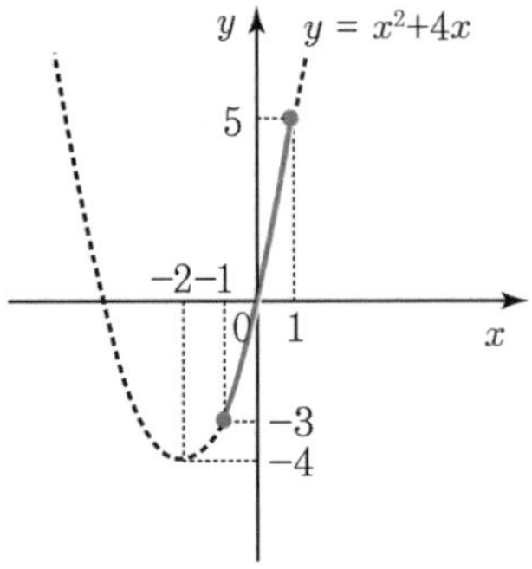

① 5　　② 1
③ -3　　④ -4

08 연립방정식 $\begin{cases} x-y=4 \\ xy=a \end{cases}$의 해가 $x=5$, $y=b$일 때, 두 상수 a, b에 대하여 $a+b$의 값은?

① 5　　② 6
③ 7　　④ 8

09 연립부등식 $\begin{cases} x-2 \le 2x \\ 2x \le x+1 \end{cases}$의 해가 $-2 \le x \le a$일 때, 상수 a의 값은?

① 1　　② 2
③ 3　　④ 4

10 다음 그림과 같은 해를 갖는 이차부등식은?

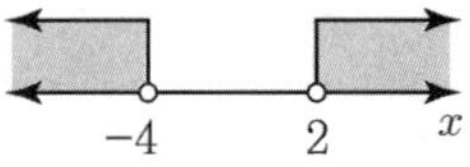

① $(x+4)(x-2)<0$
② $(x-4)(x+2)<0$
③ $(x+4)(x-2)>0$
④ $(x-4)(x+2)>0$

11 좌표평면 위의 두 점 $\mathrm{A}(0,\ -2)$, $\mathrm{B}(3,\ 4)$를 $2:1$로 내분하는 내분점의 좌표는?

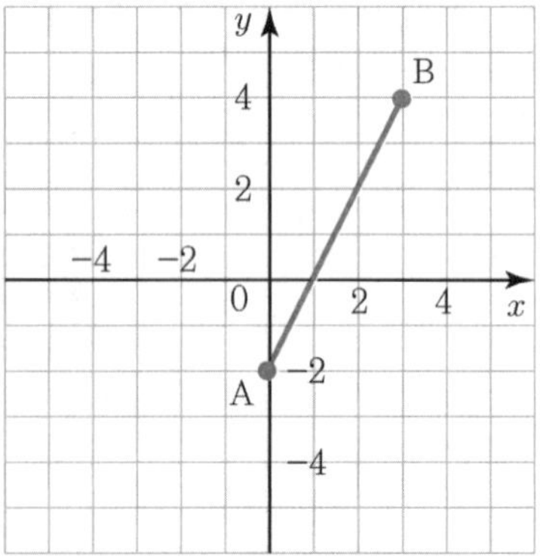

① $(1,\ 1)$　　② $(2,\ 2)$
③ $(2,\ 1)$　　④ $(1,\ 2)$

12 직선 $y=3x+2$에 평행하고, 점 $(0,\ 1)$을 지나는 직선의 방정식은?

① $y=3x+1$　② $y=3x+4$

③ $y=-\frac{1}{3}x+1$　④ $y=\frac{1}{3}x+1$

13 원 $(x-3)^2+(y+1)^2=4$의 반지름의 길이는?

① 1　② 2

③ 3　④ 4

14 좌표평면 위의 점 $\mathrm{A}(-2,\ 3)$을 원점에 대하여 대칭이동한 점을 B라 할 때, 원점 O와 점 B 사이의 거리는?

① $\sqrt{6}$　② $2\sqrt{2}$

③ $\sqrt{10}$　④ $\sqrt{13}$

15 전체집합

$U=\{x\,|\,1\le x\le 10,\ x$는 자연수$\}$의

두 부분집합 $A=\{x\,|\,x$는 5의 배수$\}$,

$B=\{1,\ 3,\ 5,\ 7,\ 9\}$에 대하여 $n(A\cup B)$의 값은?

① 1　② 2

③ 4　④ 6

16 명제 'a가 3의 배수이면 a는 6의 배수이다.'의 역은?

① a가 6의 배수이면 a는 3의 배수이다.

② a가 6의 배수가 아니면 a는 3의 배수가 아니다.

③ a가 3의 배수이면 a는 6의 배수가 아니다.

④ a가 3의 배수가 아니면 a는 6의 배수가 아니다.

17 함수 $f:X\to Y$가 그림과 같을 때, $f(3)+f^{-1}(7)$의 값은?

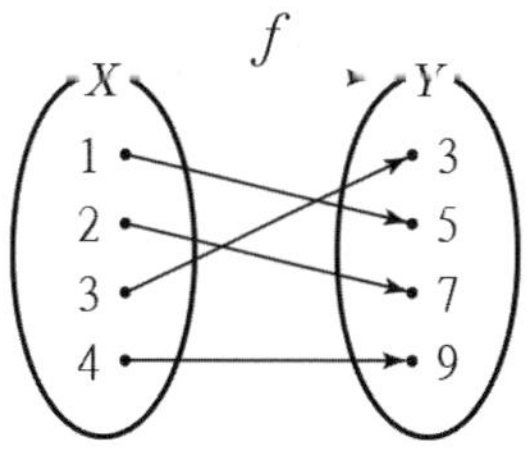

① 4　② 5

③ 6　④ 7

18 무리함수 $y=\sqrt{x-1}-a$의 그래프가 점 (10, 0)을 지날 때, 상수 a의 값은?

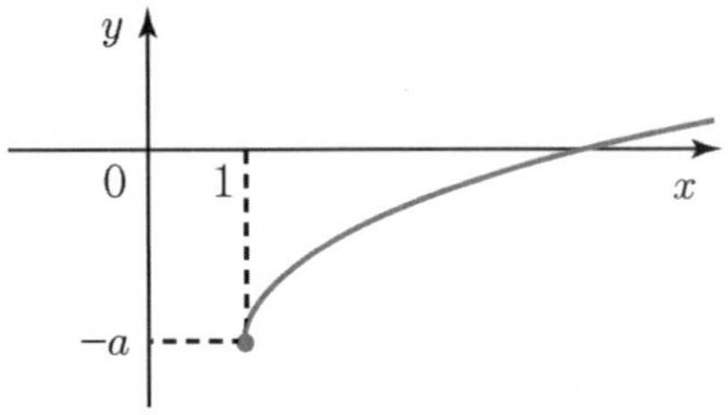

① -1　　② 1
③ 3　　④ 4

19 4명의 학생이 있다. 이 중 3명의 학생을 골라 각각 교무실, 복도, 화장실 청소를 하게 하려고 한다. 이때, 각각의 장소에 청소할 학생을 정하는 경우의 수는?

① 12가지　　② 20가지
③ 24가지　　④ 25가지

20 서로 다른 4개의 농구팀이 있을 때, 한 번에 2개의 팀을 골라 경기를 치른다고 한다. 이때, 진행되는 모든 경기의 수는?

① 4가지　　② 5가지
③ 6가지　　④ 12가지

제 4 회 영어

[01~03] 다음 밑줄 친 부분의 뜻으로 가장 적절한 것을 고르시오.

01

The media has a powerful influence on public opinion.

① 영향 ② 발전
③ 노력 ④ 환경

02

How can you deal with homesickness?

① 다루다 ② 기대하다
③ 익숙하다 ④ 교육하다

03

Children depend on their parents.

① 돌보다 ② 의존하다
③ 존경하다 ④ 좋아하다

04 두 단어의 의미 관계가 나머지 셋과 다른 것은?

① positive – negative
② active – passive
③ material – physical
④ optimistic – pessimistic

05 다음 광고문에서 언급되지 않은 것은?

Welcome to Cathy Book Club

You can learn and discuss a variety of books.

- Date : July 10 ~ September 9
- Time : 7 p.m. ~ 10 p.m.
- Location : Cathy Book Lounge
- This meeting will be hold every four weeks.

① 기간 ② 시간
③ 장소 ④ 회비

[06~08] 다음 빈칸에 공통으로 들어갈 말로 가장 적절한 것을 고르시오.

06

- He is very young, _____ he is a wise man.
- She cannot _____ laugh.

① and ② but
③ or ④ so

07

- You should not _____ the rules.
- Let's have a coffee _____.

① break ② do
③ make ④ take

08

- What time should we _______ tonight?
- The production is completely to _______ the demand.

① hear ② meet
③ feel ④ notice

09 다음 대화에서 밑줄 친 표현의 의미로 가장 적절한 것은?

A : I am starving. Do you have some foods?
B : I have some sandwich, but it is flavorless.
A : Wow, I think it is totally delicious!
B : <u>Hunger is the best sauce.</u>

① 가난은 나라님도 구제 못한다.
② 구르는 돌에 이끼가 끼지 않는다.
③ 낮말은 새가 듣고 밤말은 쥐가 듣는다.
④ 시장이 반찬이다.

10 다음 대화에서 알 수 있는 B의 심정으로 가장 적절한 것은?

A : Hey, This is Peter. Are you cooking something?
B : Yes, I am baking some cup cakes.
A : Please check it. I think something is burning.
B : Wait a second. Look at this smoke! you're right!

① 기쁜 ② 당황스러운
③ 안락한 ④ 화가 난

11 다음 대화가 이루어지는 장소로 가장 적절한 것은?

A : Mom! Look at them, they are adorable.
B : Yes, they are. Matt, can you see the baby tiger?
A : Where? I can't see it!
B : Over there! They are between rocks and trees.
A : Wow I can see now. They are cute! Mom, I want to see other animals!
B : OK, Let's move to see other animals.

① 놀이공원 ② 시청
③ 민속촌 ④ 동물원

[12~13] 다음 대화의 빈칸에 들어갈 말로 가장 적절한 것을 고르시오.

12

A : How long does it take to get to your house?
B : ________________.

① By bus
② No problem
③ Twenty minutes
④ You are welcome

13

A : Sam, what's wrong?
B : My right hand hurts.
A : Since when?
B : ____________.

① Have a good time
② Last week
③ Maybe next time
④ Sorry to hear that

14 다음 글에서 밑줄 친 It(it)이 가리키는 것으로 가장 적절한 것은?

It is a popular household appliance. It is an essential food storage technique in developed countries. The lower temperature lowers the reproduction rate of bacteria, so it reduces the rate of spoilage.

① refrigerator ② microwave
③ computer ④ coffee machine

15 주어진 말에 이어질 두 사람의 대화를 〈보기〉에서 찾아 순서대로 가장 적절하게 배열한 것은?

How is your coffee?

보기

(A) It doesn't taste good. I think the milk goes bad.
(B) You had better tell the server to change your coffee.
(C) It's okay. Is something wrong?

① (A) – (B) – (C)
② (B) – (A) – (C)
③ (B) – (C) – (A)
④ (C) – (A) – (B)

16 다음 공용 샤워실에 관한 안내문에서 언급되지 <u>않은</u> 것은?

- Do not waste water.
- Hot water can be used from 5 a.m. to 10 p.m.
- Do not keep your bath products in shower room.

① 물 아끼기
② 음식을 반입 금지
③ 뜨거운 물 사용 시간
④ 목욕 용품 두지 않기

17 다음 글을 쓴 목적으로 가장 적절한 것은?

Dear Alex,
My family is going to visit the Folk Village this weekend. I want you to come and join us. Do you have time on this Saturday? Let's have a great time together. Please let me know if you can come or not.

① 감사 ② 격려
③ 위로 ④ 초대

18 다음 글의 주제로 가장 적절한 것은?

Have you wondered why we try to use less fossil fuel? Here are some reasons. First, fossil fuel are the main cause of global warming. Second, most fossil fuel are gone. Finally, fossil fuels are non-renewable sources.

*fossil fuel 화석 연료

① 화석 연료를 대체할 에너지 자원들
② 화석을 연구하는 다양한 방법들
③ 화석 연료를 적게 써야 하는 이유
④ 화석 연료와 건강의 관계

19 시리아에 관한 다음 글에서 언급되지 않은 것은?

> Syria is an ancient land. Its capital, Damascus, is one of the world's oldest cities. Because of its important position on major trade routes, Syria has been invaded many times by the Romans, Arabs, Greeks, and Turks. Most Syrians are Muslim and speak Arabic. More than half of Syria is a desert, but farmers produce good crops on the land by the rivers.

① 시리아의 수도 다마스쿠스는 세계에서 가장 오래된 도시 중에 하나이다.
② 중요한 위치 때문에 역사적으로 침략을 당했다.
③ 대부분의 시리아인이 아랍어를 말한다.
④ 시리아는 사막이어서 농부들이 없다.

[20~21] 다음 글의 빈칸에 들어갈 말로 가장 적절한 것을 고르시오.

20

> We announced that it would be building a new assembly plant in Athens. We are planning to _______ over $2 billion in this new plant. Once it is fully built, the plant will employ about 5,000 full-time workers.
>
> *plant 공장

① read ② delay
③ postpone ④ invest

21

> When the sun pour down on the earth, the land gets warmer than the sea. The air over the land gets warmer than the air over the sea because the land _____ up faster than the sea.

① cools ② freezes
③ heats ④ decreases

22 다음 글의 바로 뒤에 이어질 내용으로 가장 적절한 것은?

> Soccer is one of the most popular sports in the world. It is played by people of all ages in more than 200 countries. Do you know the origin of this popular game?

① 축구의 규칙
② 축구의 기원
③ 축구의 심판
④ 축구의 인기

23 글의 흐름으로 보아 다음 문장이 들어가기에 가장 적절한 곳은?

> But natural foods like fresh fruits and vegetables are different.

> Foods with a lot of fat or sugar are bad for you. They make you easily upset. (①) They have lots of vitamins and minerals. (②) These natural foods are good for your brain. (③) This means they can make you smarter, so you should eat lots of natural foods. (④) Remember the old saying: "You are what you eat."

[24~25] 다음 글을 읽고 물음에 답하시오.

> For most people, saying "no" is really hard. We don't like to say "no" — and people don't like to hear it. ______, It is important to say "no" When it comes to rejection, a quick response always have effect on itself. The sooner you can finish it, the better both parties feel.

24 윗글의 빈칸에 들어갈 말로 가장 적절한 것은?

① For example ② Likewise
③ However ④ Therefore

25 윗글의 주제로 가장 적절한 것은?

① 거절의 중요성
② 공손함의 미덕
③ 기분이 좋아지는 방법
④ 거절의 종류

제 4 회 사회

01 자료와 같은 학문 연구는 다음 중 어떠한 관점과 관련이 가장 깊은가?

> 청소년 범죄 현상에 대해서 교육학, 범죄 사회학, 심리학, 법학 등 여러 학문 분야의 연구자들이 연구를 같이 수행하며 해결 방안을 함께 논의하는 것을 간학문적 연구라고 한다.

① 시간적 관점　② 공간적 관점
③ 사회적 관점　④ 통합적 관점

02 다음 내용을 통해 알 수 있는 행복을 위해 필요한 조건으로 가장 적절한 것은?

> 조선 후기 실학자인 이중환은 『택리지』를 통해 사람들이 살기 좋은 '가거지'에 대해 설명하였다. 지리(地理), 생리(生利), 인심(人心), 산수(山水)를 들었다.

① 경제적 성장
② 도덕적 실천
③ 민주주의의 실현
④ 질 높은 정주 환경의 조성

03 (가)에 들어갈 내용으로 가장 적절한 것은?

> 끊임없는 전쟁과 사회적 혼란이 지속되던 헬레니즘 시대는 불안에서 벗어나는 것을 중시하였다. 당시의 에피쿠로스 학파는 (가) 을/를 행복이라고 보았다.

① 정념에 방해받지 않고 초연한 태도를 지니는 삶
② 육체에 고통이 없고 마음이 불안하지 않은 평온한 삶
③ 인간의 세 가지 기능 중 이성의 기능을 잘 발휘하는 삶
④ 일시적이고 즉흥적인 쾌락을 추구하며 현실을 인정하는 삶

04 삶의 목적으로서의 행복을 고려할 때 옳지 않은 것은?

① 의미 있는 목표를 세우고 이를 달성하고자 노력한다.
② 어느 한 가지만 추구하는 것은 행복에 이르기 어렵다.
③ 물질적 욕망을 철저히 배제하고 정신적 가치만 추구한다.
④ 한 사회의 구성원으로서 다양한 사회적 여건도 중시해야 한다.

05 제시된 사상가들이 자연을 바라보는 관점은 무엇인가?

• 아리스토텔레스	• 베이컨
• 데카르트	• 칸트

① 인간 중심주의
② 동물 중심주의
③ 생명 중심주의
④ 생태 중심주의

06 국제 환경 협약의 설명으로 옳지 않은 것은?

① 람사르 협약 – 물새 서식지로서 국제적으로 중요한 습지 보호
② 몬트리올 의정서 – 기후 변화 협약에 따른 온실가스 감축 목표치 규정
③ 파리 협약 – 기후 변화에 대응하기 위한 전 지구적 차원의 신 기후 체제
④ 제네바 협약 – 대기 오염 물질의 장거리 국경이동을 통제하기 위한 국제적 협력

07 자연에 대한 갑, 을의 관점으로 옳은 것은?

> 갑 : 신의 섭리에 의해 동물은 자연의 과정에서 인간이 사용하도록 운명 지어져 있다.
> 을 : 생태계 전체를 하나의 유기체로 보고 공동체의 범위를 동물, 식물, 토양, 물을 비롯한 대지까지 확대해야 한다.

① 갑 : 도덕적 고려 범위를 생태계 전체로 확대한다.
② 갑 : 생태계의 모든 것이 존재의 이유가 있으며 그 자체로 가치를 지닌다.
③ 을 : 인간을 제외한 자연 전체를 하나로 보는 전일론적 관점을 지닌다.
④ 을 : 인간은 생태계의 안정을 위해 노력할 의무가 있다.

08 다음 중 도시성에 대한 설명으로 옳지 않은 것은?

① 도시적 생활 양식이라고도 한다.
② 구성원 간의 사회적 관계가 이해 타산적이다.
③ 도시성이 점차 보편적 생활 양식으로 자리하고 있다.
④ 개인적인 목표보다는 집단의 목표를 중요시 여긴다.

09 다음 설명에 해당하는 국가 기관은?

> 국가의 권력 행사나 법률 규정 등이 헌법에 위배되는지를 최종적으로 판단하는 기관이다. 헌법 해석과 관련된 사안을 사법적 절차에 따라 해결하는 헌법 기관으로 대통령이 임명한 3인, 대법원장이 지명한 3인, 국회가 선출한 3인 등 총 9명으로 구성된다.

① 국회 ② 감사원
③ 헌법 재판소 ④ 고등 법원

10 헌법으로 보장하는 기본권 중 다음 설명에 해당하는 것은?

> 기본권이 침해되었을 때, 침해를 막고 보상을 받을 권리

① 청구권 ② 평등권
③ 참정권 ④ 사회권

11 시민 혁명에 대한 설명으로 옳지 <u>않은</u> 것은?

① 영국의 명예 혁명의 관련 문서는 인권 선언문이다.
② 시민 혁명으로 자유권, 평등권, 참정권이 신장되었다.
③ 계몽사상, 사회 계약설, 천부인권 사상의 영향을 받았다.
④ 시민 혁명 이후 모든 사람이 참정권을 보장받은 것은 아니다.

12 현대 사회에서 확장된 인권 중 다음과 같은 정책과 가장 관련 있는 인권은?

> **노후 주택 개량**
> 사회적 취약 계층에게 임대 주택 공급

① 환경권 ② 안전권
③ 주거권 ④ 문화권

13 다음의 헌법 조항에 대한 설명으로 옳은 것은?

> **제37조** ① 국민의 자유와 권리는 헌법에 열거되지 아니한 이유로 경시되지 아니한다.

① 천부적 권리를 가진 기본권이다.
② 국가를 전제로 할 때만 기본권 보장이 가능하다.
③ 사회권은 헌법에 열거되지 아니한 이유로 경시되지 않는다.
④ 기본권은 헌법에 구체적인 보장 규정이 있어야 비로소 보장된다.

14 다음 내용의 기본권 제한의 한계는 무엇인가?

> 국가 안전 보장, 질서 유지, 공공복리를 위한 기본권의 제한이 가능하다.

① 방법상의 한계 ② 목적상의 한계
③ 형식상의 한계 ④ 내용상의 한계

15 다음에서 설명하는 정부의 역할은 무엇인가?

> 좋은 영향을 주는 재화는 보조금 지급, 세제 혜택을 통해 생산량이나 소비량이 늘어나도록 하고, 부정적 영향을 주는 재화는 벌금, 세금 부과 등을 통해 생산량이나 소비량이 줄어들도록 조절한다.

① 독과점 규제
② 공공재 공급
③ 외부 효과 개선
④ 경제적 불평등 완화

16 다음 합리적 선택 과정 중 ㉠에 해당하는 설명으로 옳은 것은?

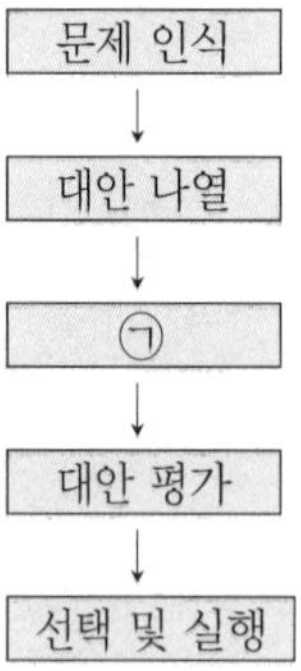

① 문제의 명확화, 구체화 단계이다.
② 관련 자료 및 정보 수집 단계이다.
③ 대안을 평가하는 기준 마련 단계이다.
④ 최선의 대안을 선택하여 실행하는 단계이다.

17 다음에서 설명하는 것은 무엇인가?

> 석유 가격 상승에 의한 공급 부족으로 물가 상승 현상과 경기 침체가 동시에 나타나는 현상

① 뉴딜 정책 ② 인플레이션
③ 애그플레이션 ④ 스태그플레이션

18 다음에 해당하는 개념은 무엇인가?

> 시장의 가격 결정이나 기업의 생산에 영향을 끼침으로써 시장에서 자원 분배의 방향을 결정함.

① 합리적 소비 ② 윤리적 소비
③ 기업가 정신 ④ 소비자 주권

19 금융 자산의 설명으로 옳지 않은 것은?

① 부동산 : 유동성이 높다.
② 주식 : 수익성이 높으며 안전성이 낮다.
③ 예금 : 안전성이 높으며 수익성이 낮다.
④ 채권 : 주식보다 안전성이 높으나 수익성은 낮다.

20 **다음 설명에 해당하는 자원의 특징은?**

> 이슬람 문화에서는 돼지고기를 식량자원으로 이용하지 않는다.

① 유한성 ② 가변성
③ 편재성 ④ 가채 연수

21 **다음에서 설명하는 것은?**

> 다양한 문화가 서로 대등하게 조화를 이루어야 한다는 문화 정책이다.

① 용광로 이론
② 국수 대접 이론
③ 샐러드 볼 이론
④ 차별적 배제 모형

22 **다음은 어떠한 사회 문제를 해결하기 위한 방안인가?**

> • 보육 시설을 확충하고 육아 휴직을 보장한다.
> • 다자녀 가정의 경제적 부담을 줄여 주는 정책을 강화한다.
> • 일과 가족생활 간에 균형을 이룰 수 있도록 양성평등 문화를 확립한다.

① 환경오염 ② 범죄 증가
③ 저출산·고령화 ④ 인간 소외 현상

23 **사회적 약자에 대한 설명으로 옳지 <u>않은</u> 것은?**

① 사회적 약자의 대상은 언제나 고정되어 있다.
② 인구수가 적은 집단이 언제나 사회적 약자는 아니다.
③ 사회적 약자는 사회의 주류 집단과 다르다는 이유로 차별과 불평등을 경험한다.
④ 사회적 약자가 겪는 불평등을 시정하기 위해 필요한 경우 적극적 우대 조치를 도입하기도 한다.

24 **정치적·경제적 측면에서 미래 지구촌의 모습에 대해 예측한 것 중 성격이 <u>다른</u> 것은?**

① 정치적 협력을 통해 국제 분쟁을 줄일 수 있다.
② 자원 개발, 우주 개발 등을 둘러싼 국가 간의 경쟁과 갈등이 심화될 수 있다.
③ 분쟁으로 인해 발생하는 난민, 빈곤 등 지구촌 문제의 해결 방법을 모색할 수 있다.
④ 인간의 존엄성과 자유, 평등 같은 기본권과 민주주의의 이념이 확산될 수 있다.

25 **청소년 근로에 대한 설명으로 옳은 것은?**

① 만 18세 이상이어야 근로가 가능하다.
② 청소년 근로자의 동의서만 있으면 근로가 가능하다.
③ 휴일 및 초과 근무 시 50%의 가산 임금을 받을 수 있다.
④ 부모님의 동의가 있다면 유해한 업종의 일을 할 수 있다.

제 4 회 과학

01 다음 중 물의 순환을 일으키는 근원 에너지는 무엇인가?

① 태양 에너지　② 퍼텐셜 에너지
③ 운동 에너지　④ 화학 에너지

02 다음 중 신재생 에너지에 해당하지 않는 것은?

① 수력 발전　② 연료 전지
③ 화력 발전　④ 파력 발전

03 다음은 정지한 물체 A~D에 작용하는 힘의 크기와 힘이 작용한 시간을 나타낸 것이다. A~D 중 운동량의 변화량이 가장 큰 것은?

물체	작용한 힘의 크기	힘이 작용한 시간
A	10N	5초
B	20N	4초
C	30N	2초
D	30N	1초

① A　② B
③ C　④ D

04 그림과 같이 자유 낙하 운동하는 물체의 에너지 전환으로 옳은 것은? (단, 공기 저항은 없다.)

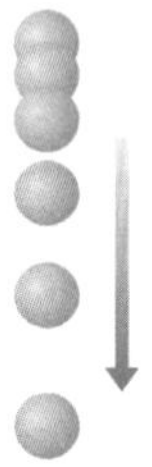

① 태양 에너지 → 소리 에너지
② 빛에너지 → 화학 에너지
③ 퍼텐셜 에너지 → 운동 에너지
④ 퍼텐셜 에너지 → 전기 에너지

05 다음은 수평 방향으로 던진 물체의 운동 모습과 수평 방향으로 던진 물체 A~D의 처음 속력을 나타낸 것이다.

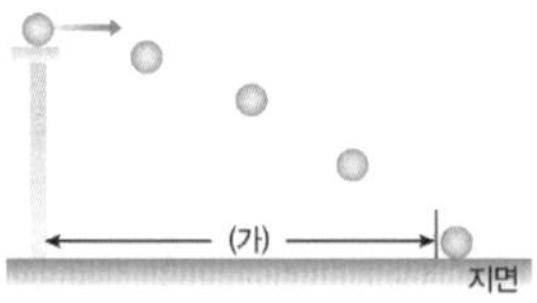

물체	던진 속력
A	4m/s
B	5m/s
C	10m/s
D	2m/s

10초 후 물체가 지면에 도달했을 때 공이 지면에 도달할 때까지 이동한 수평 거리 (가)가 가장 짧은 것은? (단, 중력 가속도는 $10m/s^2$이고, 공기 저항은 무시한다.)

① A　② B
③ C　④ D

06 다음은 변압기 1차 코일과 2차 코일이 감긴 수와 1차 코일에 걸린 전압을 나타낸 것이다. 2차 코일에 걸리는 전압 (가)는?

	1차 코일	2차 코일
감은 수	20회	40회
전압	100V	(가)

① 20V ② 50V
③ 100V ④ 200V

07 다음 설명에 해당하는 원소는?

- 알칼리 금속이다.
- 소금을 구성하는 성분이다.
- 1족에 해당한다.

① Li ② Na
③ Cl ④ O

08 그림은 생물의 호흡에 이용되는 기체의 결합을 모형으로 나타낸 것이다.

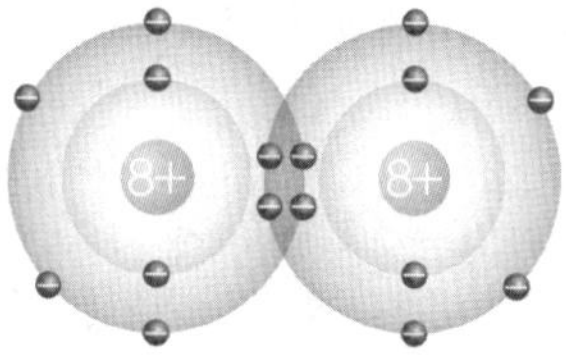

이에 대한 설명으로 옳은 것만을 〈보기〉에서 모두 고른 것은?

보기
ㄱ. 산소 기체이다.
ㄴ. 2원자 분자이다.
ㄷ. 공유 전자쌍은 4개이다.

① ㄱ ② ㄷ
③ ㄱ, ㄴ ④ ㄴ, ㄷ

09 그림은 주기율표의 일부를 나타낸 것이다.

주기＼족	1	2	13	14	15	16	17	18
1	A							
2	B						C	D

임의의 원소 A~D 중 비활성 기체는?

① A ② B
③ C ④ D

10 그림은 네 가지 원자 A~D의 전자 배치를 모형으로 나타낸 것이다. 가장 바깥 전자 껍질에 들어 있는 전자의 개수가 가장 많은 것은?

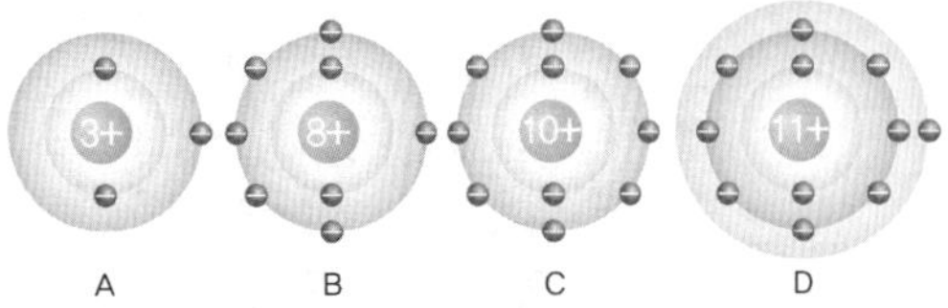

① A　　② B
③ C　　④ D

11 그림은 같은 농도의 묽은 염산(HCl)과 수산화나트륨(NaOH) 수용액의 부피를 달리하여 혼합한 후 각 용액의 최고 온도를 측정한 결과를 나타낸 것이다.

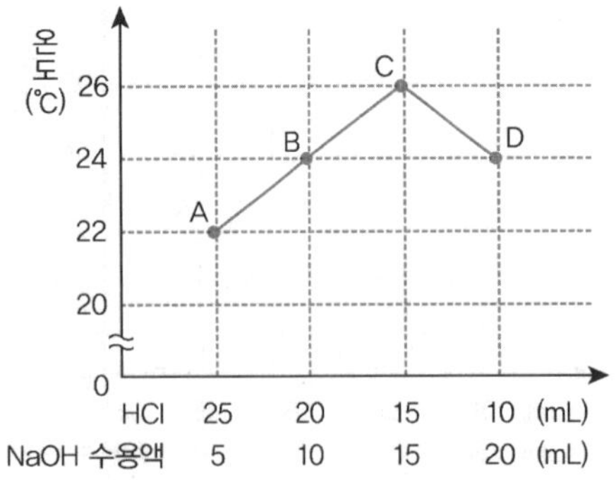

페놀프탈레인 수용액을 떨어뜨리면 붉은색으로 변하는 것은?

① A　　② B
③ C　　④ D

12 그림은 지질 시대를 상대적 길이에 따라 나타낸 것이다.

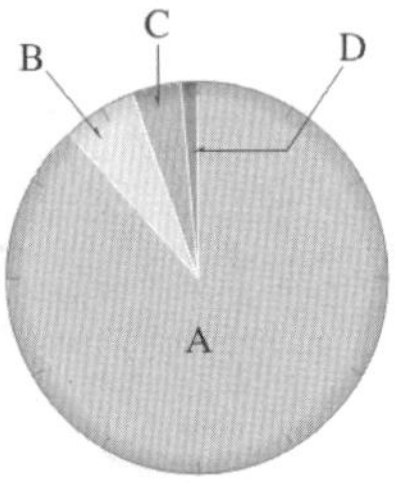

지질 시대의 대부분을 차지하지만 화석이 거의 발견되지 않는 시대의 기호와 명칭이 바르게 연결된 것은?

① D – 고생대
② C – 중생대
③ B – 신생대
④ A – 선캄브리아 시대

13 다음에서 설명하는 이론은?

> 다양한 변이가 있는 개체들 중에서 환경에 가장 잘 적응한 개체가 선택되어 자손을 남기게 되고 이 같은 자연 선택이 오랜 세월 누적되면 새로운 종으로 분화되어 생물이 진화한다.

① 유전적 다양성
② 생태 피라미드
③ 자연 선택설
④ 전사

14 다음 중 생물 다양성의 의미에 포함되지 <u>않는</u> 것은?

① 유전적 다양성
② 종 다양성
③ 생태계 다양성
④ 문화 다양성

15 다음은 서로 다른 네 지역의 지층에서 발견된 화석을 정리한 것이다.

지층	발견된 화석
A	삼엽충
B	암모나이트
C	갑주어
D	매머드

같은 지질 시대에 형성된 지층으로 바르게 묶인 것은?

① A, D　　② B, C
③ A, C　　④ B, D

16 그림은 묽은 염산에 아연판을 넣었을 때 일어나는 반응을 모형으로 나타낸 것이다.

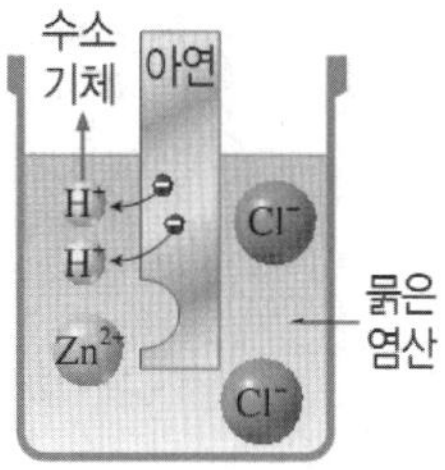

이에 대한 설명으로 옳은 것만을 〈보기〉에서 모두 고른 것은?

보기
ㄱ. 2개의 수소 이온은 전자를 얻어 수소 기체가 된다.
ㄴ. 아연은 전자를 잃는다.
ㄷ. 산화 환원 반응이 일어난다.

① ㄱ　　② ㄷ
③ ㄱ, ㄴ　　④ ㄱ, ㄴ, ㄷ

17 생태계 구성 요소 중 그림과 같이 잎의 두께 차이에 영향을 주는 환경 요소는?

① 온도　　② 강수량
③ 빛의 세기　　④ 빛의 파장

18 그림과 같이 전기 에너지를 공급하면 빛을 내는 전구가 있다.

이 전구의 에너지 효율은? (단, 전기 에너지는 빛에너지와 열에너지 외에 다른 형태의 에너지로 전환된 것은 없다.)

① 40% ② 55%
③ 80% ④ 90%

19 화석 연료는 생물의 유해가 땅속에 묻힌 후 높은 열과 압력을 받아 만들어진다. 이러한 화석 연료가 생성되는 데 관련된 지구 시스템의 구성 요소가 바르게 묶인 것은?

① 생물권 - 기권 ② 기권 - 수권
③ 생물권 - 지권 ④ 수권 - 지권

20 다음 설명에 해당하는 판의 경계는?

- 해령이 나타난다.
- 두 판이 서로 멀어진다.
- 판이 생성되는 경계이다.

① 발산형 경계 ② 보존형 경계
③ 충돌형 경계 ④ 섭입형 경계

21 그림은 세포막의 구조를 나타낸 것이다.

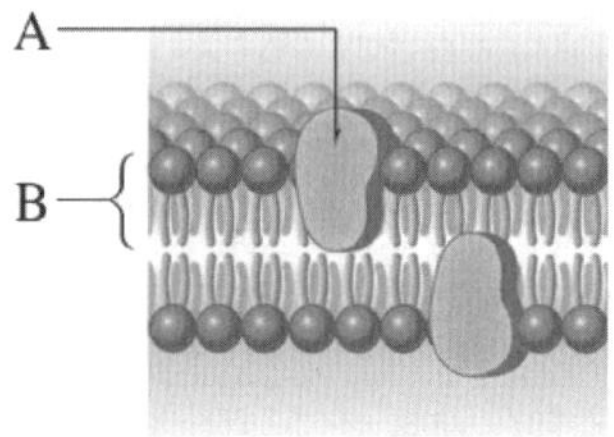

세포막에 대한 설명으로 옳은 것만을 〈보기〉에서 모두 고른 것은?

보기
ㄱ. A는 단백질이다.
ㄴ. B의 단위체는 아미노산이다.
ㄷ. A는 2중층 구조로 되어 있다.

① ㄱ ② ㄴ
③ ㄷ ④ ㄱ, ㄷ

22 그림은 유전 정보의 흐름을 나타낸 것이다.

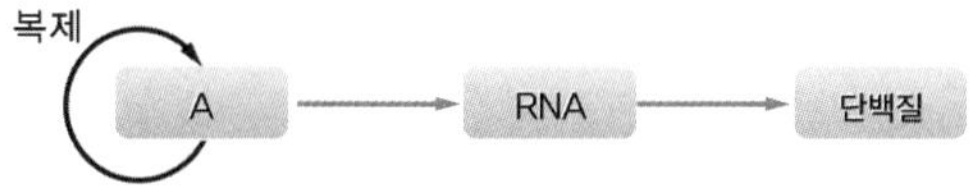

A에 대한 설명으로 옳지 <u>않은</u> 것은?

① 구성 염기는 A, G, C, U이다.
② 2중 나선 구조이다.
③ 유전 정보를 저장한다.
④ 핵 속에 들어 있다.

23 그림은 생물체 내에서 일어나는 물질대사 과정을 나타낸 것이다. (가)와 (나)에 해당하는 것은?

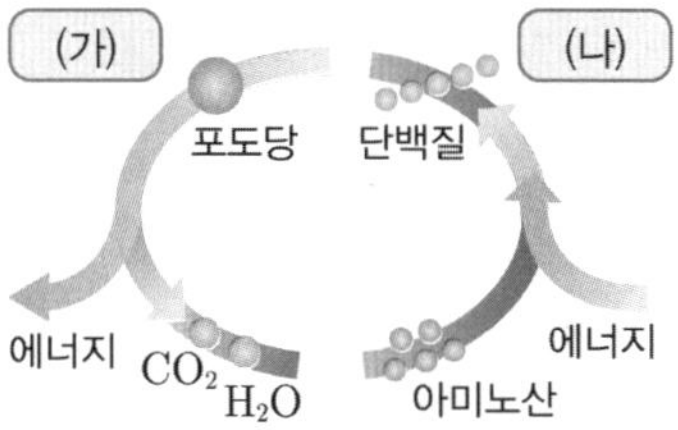

	(가)	(나)
①	이화	이화
②	동화	이화
③	이화	동화
④	동화	동화

24 그림은 질량이 태양 정도인 별이 행성상 성운으로 되기 직전의 내부 구조를 나타낸 것이다. 다음 중 중심부 A에 생성된 금속 원소는?

① 탄소　　② 철
③ 우라늄　　④ 금

25 다음 중 지구형 행성에 해당하지 <u>않는</u> 행성은?

① 수성　　② 금성
③ 화성　　④ 목성

제 6 교시

제 4 회 한국사

01 다음 유물과 관련된 나라의 설명으로 옳은 것은?

덩이쇠

갑옷

① 낙랑과 왜에 철을 수출하였다.
② 고구려 계승 의식을 표방하였다.
③ 관료들에게 관료전을 지급하였다.
④ 왜의 침략을 받자 광개토 대왕에게 도움을 요청하였다.

02 다음 설명에서 (가), (나)에 들어갈 알맞은 말은?

> 당나라에서 귀국한 뒤 (가) 은/는 완도에 (나) 을 설치하여 해적을 소탕하고 남해와 황해의 해상 무역권을 장악하였다.

	(가)	(나)
①	견훤	청해진
②	최승로	비사성
③	장보고	청해진
④	장보고	부여성

03 다음의 각 시대별 제도가 공통적으로 추구한 목적은?

> • 통일 신라 : 상수리 제도, 관료전 지급
> • 고려 : 과거제, 노비안검법, 지방관 파견

① 관료 등용 ② 민족 통합
③ 민생 안정 ④ 왕권 강화

04 고려 시대에 밑줄 친 '이들'과 관계 깊은 계층은?

> • 지방관이 파견되지 않은 곳에서는 이들이 행정을 맡았다.
> • 이들은 점차 과거를 통해 중앙의 관리로 진출하게 되었다.

① 남반 ② 양반
③ 향리 ④ 화척

05 다음은 조선 건국 이후 통치 구조가 새로이 확립되는 과정을 설명하고 있다. 이에 해당하는 내용은?

> 16세 이상의 남자들은 모두 자신의 신분을 증명할 수 있는 표를 차고 다니게 함으로써 모든 지역의 호구를 정확히 파악하고, 조세와 역을 부담하는 숫자를 정확히 파악하여 국가 운영의 기초를 마련하였다.

① 마패　　② 교지
③ 호패법　　④ 공명첩

06 다음 〈보기〉에서 정조의 업적으로만 바르게 짝지어진 것은?

보기
ㄱ. 수원 화성 축조
ㄴ. 신문고 제도 부활
ㄷ. 규장각 설치
ㄹ. 금난전권의 폐지
ㅁ. 균역법 실시

① ㄱ, ㄴ, ㄷ　　② ㄱ, ㄴ, ㄹ
③ ㄱ, ㄷ, ㄹ　　④ ㄴ, ㄷ, ㅁ

07 아래 힌트에서 설명하는 조선 시대 정치 기구는?

역사 연상퀴즈	
힌트 1	언론 기관이다.
힌트 2	권력의 독점을 막기 위해 설치하였다.
힌트 3	관리들의 부정을 막기 위해 설치하였다.

① 3사　　② 의정부
③ 의금부　　④ 춘추관

08 다음 내용과 관련된 설명으로 옳은 것을 〈보기〉에서 고른 것은?

> "서양 오랑캐가 침범할 때 싸우지 않는 것은 곧 화의하는 것이요, 화의를 주장하는 것은 나라를 파는 것이다."

보기
ㄱ. 병자호란 직후에 세워진 삼전도비의 내용이다.
ㄴ. 신미양요 이후 세워진 척화비의 내용이다.
ㄷ. 조선의 근대화를 촉진시키는 결과를 낳았다.
ㄹ. 흥선 대원군의 통상 수교 거부 의지가 잘 나타나 있다.

① ㄱ, ㄴ　　② ㄱ, ㄷ
③ ㄴ, ㄹ　　④ ㄷ, ㄹ

09 다음은 동학 농민 운동의 과정이다. (가) 시기에 일어난 사건은?

> 고부 봉기 → 황토현 전투 → (가) → 우금치 전투

① 임오군란
② 집강소 설치
③ 을사늑약 체결
④ 강화도 조약 체결

10 다음과 같은 사건을 구실로 일제가 취한 직접적인 조치는?

> 마침 헤이그에서 제2회 만국 평화 회의가 열리자, 고종 황제는 이 기회를 이용하여 을사늑약의 불법성과 일본의 침략 사실을 세계에 널리 알리기 위해 이준, 이상설, 이위종 세 사람을 헤이그에 특사로 파견하였다.

① 고종 황제의 강제 퇴위
② 외교권 박탈
③ 국권 피탈
④ 명성 황후 시해

11 을미개혁의 내용으로 옳은 것을 〈보기〉에서 고른 것은?

> **보기**
> ㄱ. 음력 폐지와 양력 사용
> ㄴ. 군제 개편
> ㄷ. 단발령 실시
> ㄹ. 신분제 폐지

① ㄱ, ㄴ　　② ㄱ, ㄷ
③ ㄴ, ㄹ　　④ ㄷ, ㄹ

12 다음 내용과 관련이 깊은 단체는?

> • 독립신문 발행
> • 만민 공동회 개최
> • 헌의 6조 결의

① 신간회　　② 신민회
③ 대한 자강회　　④ 독립 협회

13 다음과 같은 무장 독립 투쟁이 전개된 시기를 연표에서 옳게 고른 것은?

> • 봉오동 전투　　• 청산리 대첩

1910		1919		1931		1937		1945
국권 피탈	㉠	3·1 운동	㉡	만주 사변	㉢	중·일 전쟁	㉣	광복

① ㉠　　② ㉡
③ ㉢　　④ ㉣

14 다음에서 설명하는 (가) 인물은?

> 한인 애국단 소속의 (가) 은 1932년 상하이 훙커우 공원에서 폭탄을 던져 일본인 고관을 살상하였다. 이 의거를 계기로 우리 민족의 독립운동에 냉담하던 중국인들에게 큰 감명을 주어 중국 국민당 정부가 대한민국 임시 정부의 활동을 적극 지원하는 계기가 되었다.

① 이봉창　　② 김익상
③ 김상옥　　④ 윤봉길

15 다음에서 설명하는 '이 지역'은?

> • 조선 숙종 때 안용복은 이 지역에 일본 어민들이 자주 출몰하자 일본에 건너가 우리 나라의 영토임을 확인시켰다.
> • 일제는 러·일 전쟁 중에 이 지역을 불법으로 자국 영토에 편입시켰다.

① 거문도　　② 독도
③ 진도　　④ 제주도

16 다음에서 설명하는 단체는?

> ○○○ 강령
> 1. 우리는 정치적 · 경제적 각성을 촉구한다.
> 2. 우리는 단결을 공고히 한다.
> 3. 우리는 기회주의를 일체 부인한다.

① 신간회
② 독립 협회
③ 조선어 학회
④ 조선 물산 장려회

17 자료와 같은 맥락에서 실시된 정책이 아닌 것은?

> 아동들도 "우리는 마음을 합하여 천황 폐하에게 충의를 다합니다."라는 맹세의 말을 암송하였다.

① 징병제 실시
② 내선일체 강요
③ 보통 경찰제 실시
④ 국가 총동원법 실시

18 다음 중 일제 강점기의 경제 정책으로 옳지 않은 것은?

① 산미 증식 계획 실시
② 경제 개발 5개년 계획 시행
③ 총독부가 주도하는 농촌 진흥 운동 전개
④ 토지 조사 사업 시행

19 다음 인물의 활동으로 옳은 것은?

> • 요인 암살 및 식민 통치 기관 파괴를 통하여 독립운동 추진
> • 민족 혁명당에 참여, 조선 의용대 편성
> • 대한민국 임시 정부 합류 후 한국 광복군 부사령관과 군무부장 역임

① 의열단 활동을 하였다.
② 경세유표를 저술하였다.
③ 태극 서관을 운영하였다.
④ 한국독립운동지혈사를 집필하였다.

20 다음 기관에 대한 설명으로 옳은 것은?

> • 3 · 1 운동을 계기로 상하이에 수립되었다.
> • 활발한 외교 활동을 전개하였으며, 독립 공채를 발행하여 독립운동 자금을 모으려 하였다.
> • 외교 담당 기관으로 구미 위원부가 있었다.

① 홍범 14조를 반포하였다.
② 교통국 및 연통제를 조직하였다.
③ 6조 직계제를 실시하였다.
④ 도평의사사를 설치하였다.

21 다음 설명에 제시된 지역에서 있었던 사실로 옳은 것은?

- 삼별초의 항쟁이 있었던 곳이다.
- 원 간섭기에 탐라총관부가 설치되었다.
- 조선 시대에 네덜란드의 하멜 일행이 표류해 왔다.

① 이성계가 요동으로 가던 중 회군하였다.
② 영국이 러시아 견제를 목적으로 불법 점거하였다.
③ 제주 4·3 사건이 발생하였다.
④ 병인양요와 신미양요가 벌어진 곳이다.

22 다음에서 '나'에 대한 설명으로 옳은 것은?

나는 통일된 조국을 건설하다가 38도선을 베고 쓰러질지언정 일신의 구차한 안일을 위하여 단독 정부를 세우는 데 협력하지 않겠다.

① 한인 애국단을 조직하였다.
② 조선 건국 준비 위원회를 만들었다.
③ 가능한 지역만이라도 먼저 선거를 실시하자고 주장하였다.
④ 을사늑약의 부당성을 알리기 위해 만국 평화 회의에 참석하였다.

23 다음 중 유신 헌법이 시행된 시기에 있었던 사실로 옳은 것은?

① IMF 구제 금융을 받게 되었다.
② 긴급 조치가 발동되었다.
③ 대통령 직선제가 실시되었다.
④ 판문점에서 남북 정상 회담이 개최되고 판문점 선언이 채택되었다.

24 다음의 성명은 남북한이 국토 분단 이후 최초로 통일과 관련하여 합의하여 발표한 것이다. 이 성명이 발표된 시기의 내용으로 옳은 것은?

쌍방은 다음과 같은 조국 통일 원칙들에 합의를 보았다.
첫째, 통일은 외세에 의존하거나 외세의 간섭을 받음이 없이 자주적으로 해결하여야 한다.
둘째, 통일은 서로 상대방을 반대하는 무력 행사에 의거하지 않고 평화적 방법으로 실현하여야 한다.
셋째, 사상과 이념, 제도의 차이를 초월하여 우선 하나의 민족으로서 민족적 대단결을 도모하여야 한다.

① 6·29 선언 발표
② 개성 공단 가동
③ 금 모으기 운동
④ 베트남 전쟁 파병

25 다음 선언의 계기가 된 사건에 대한 설명으로 옳은 것은?

첫째, 여야 합의하에 조속히 대통령 직선제 개헌을 하고 새 헌법에 의해 대통령 선거로 88년 2월 평화적 정부 이양을 실현토록 하겠습니다.

① 신탁 통치안이 논의되었다.
② 신군부가 정권을 장악했다.
③ 아관 파천 직후에 발표되었다.
④ 박종철의 사망으로 분노한 학생과 시민의 시위가 전국적으로 확산되었다.

제 4 회 도덕

01 다음 A 사상가의 입장에서 〈사례〉 속 B에게 제시할 조언으로 가장 적절한 것은?

> A : 행위의 옳고 그름은 행위의 결과에 의해 결정되지 않는다. 선하고 옳은 것을 추구하려는 선의지와 도덕 법칙을 준수하려는 의무 의식에 따른 행위만이 도덕적 가치를 지닌다.
>
> 〈사례〉
>
> 버스에서 회사원 B씨는 몸이 불편한 사람을 보고 자신의 자리를 양보해야 할지 고민을 하고 있다.

① 사회 전체 행복 증진을 고려하여 행동하세요.
② 사람들에게 칭찬을 받을 수 있도록 행동하세요.
③ 선한 의지를 바탕으로 도덕적 의무에 따라 행동하세요.
④ 많은 사람이 인정하는 사회적 관습에 따라 행동하세요.

02 다음 내용을 주장한 사상가는?

> • "방황하고 있는 자연을 사냥해서 노예로 만들어 인간의 이익에 봉사하도록 해야 한다."
> • "자연을 이용할 수 있는 지식이 곧 힘이다."

① 벤담　② 칸트
③ 니부어　④ 베이컨

03 사형 제도 폐지의 근거로 적절하지 않은 것은?

① 살인자에게 합당한 처벌이다.
② 정치 세력 싸움에 이용될 수 있다.
③ 잘못된 판단의 경우 되돌릴 수 없다.
④ 범죄자도 인간이기 때문에 존엄성이 있다.

04 **정보 기술 발달에 따른 부정적 측면을 지적한 것으로 옳지 않은 것은?**

① 전자 판옵티콘이 재현될까 우려돼.
② 사이버 불링과 같이 각종 사이버 범죄가 발생할 가능성이 커졌어.
③ 정보를 독점한 권력가가 구성원들을 감시하고 통제할 가능성이 높아졌어.
④ 수평적이고 쌍방향적인 의사소통이 불가능하기 때문에 권위적인 사회 분위기가 형성될 거야.

05 **배려적 사고에 대한 설명으로 옳지 않은 것은?**

① 배려적 사고를 하려면 도덕적 감수성과 공감 능력을 갖추어야 한다.
② 도덕적 문제 상황에 민감하게 반응하는 능력이 필요하다.
③ 다른 사람이 고통을 느낄 때 그 사람의 입장에서 생각해 보는 역지사지 능력과 관련된다.
④ 전문가의 의견을 따라 사고하는 것이 바람직하다.

06 **다음 중 사회 정의에 대한 설명으로 옳지 않은 것은?**

① 플라톤은 정의를 지혜, 용기, 절제가 조화를 이룰 때 나타난다고 보았다.
② 공정한 분배의 원칙으로 합의된 것은 바뀌지 않는다.
③ 맹자는 옳고 그름을 분별하는 판단 기준으로 의로움을 제시하였다.
④ 소크라테스는 정의를 질서가 잘 잡힌 영혼이 추구하는 본성으로 보았다.

07 **대중문화에 대한 윤리적 규제의 찬성 입장을 〈보기〉에서 고른 것은?**

보기
ㄱ. 성의 상품화 예방
ㄴ. 대중의 문화적 권리 강조
ㄷ. 자율성 및 표현의 자유 강조
ㄹ. 대중의 정서에 미칠 부정적 영향 방지

① ㄱ, ㄴ ② ㄱ, ㄹ
③ ㄴ, ㄷ ④ ㄷ, ㄹ

08 (가), (나)에 들어갈 내용으로 옳은 것은?

〈인공 임신 중절의 윤리적 쟁점〉

찬성 논거	반대 논거
(가)	(나)

① (가) 모든 인간의 생명은 존엄하다.
② (가) 태아는 여성 몸의 일부로 여성의 소유이다.
③ (나) 여성은 자신의 삶을 자율적으로 선택할 수 있다.
④ (나) 모든 인간은 자기 방어와 정당방위의 권리를 가진다.

09 다음과 같은 주장을 펼친 사상가는?

정의로운 일들을 행함으로써 우리는 정의로운 사람이 되며, 절제 있는 일들을 행함으로써 절제 있는 사람이 되는 것이다. 〈중략〉 우리는 모자람과 지나침으로 말미암아 파괴되는 경향이 있다. 절제와 용기, 그리고 다른 덕도 마찬가지이다. 무슨 일이든 회피하고 두려워하며 어떤 자리도 지켜 내지 못하는 사람은 비겁한 사람이 되는 것이며, 이와는 반대로 무슨 일이든 절대 두려워하지 않으면서 모든 일에 뛰어드는 사람은 무모한 사람이 되는 것이다. 그러므로 절제나 용기와 같은 도덕적 덕은 지나침과 모자람에 의해 파괴되며, 중용에 의해 보존된다.

① 플라톤 ② 아리스토텔레스
③ 소크라테스 ④ 벤담

10 다음의 이상 사회에 대한 설명으로 옳지 <u>않은</u> 것은?

국가를 다스리는 사람은 백성이 적거나 토지가 작은 것을 걱정하지 말고 분배가 균등하지 못한 것을 걱정하며, 가난한 것을 걱정하지 말고 평안하지 못한 것을 걱정하라. 분배가 균등하면 대개 가난이 없고, 서로가 화합하면 백성이 적은 것이 문제될 리 없으며, 평안하면 나라가 기울어질 일이 없다.

① 국가라는 정치 제도의 중요성을 강조하지 않는다.
② 큰 도가 행해지고, 현명하고 유능한 인재가 등용된다.
③ 분배를 통한 복지의 실현, 인륜이 구현된 사회를 추구한다.
④ 가족 이기주의에 얽매이지 않고, 약자가 보살핌을 받는 평화로운 사회이다.

11 도덕적 자율의 실천을 위한 노력에 해당하는 것은?

① 이성보다 욕망을 따른다.
② 상대방의 의견만 따른다.
③ 합리적 사고 능력을 함양한다.
④ 행동의 결과에 대해 책임지지 않는다.

12 다음의 내용과 거리가 먼 것은?

> 일상생활에서 제기되는 윤리 문제에 직면하여, 우리는 다양한 판단을 한다. 무엇이 옳은지 그른지, 무엇이 좋은지 나쁜지, 혹은 무엇이 정의로운지 부당한지에 대해 우리는 끊임없이 도덕 판단을 한다.

① 도덕 판단은 언제나 객관적인 판단이다.
② 어떤 제도가 정의로운지 아닌지 도덕 판단을 할 수 있다.
③ 윤리 문제에 대한 도덕적 탐구 능력이 필요하다.
④ 도덕적 탐구에서 도덕적 추론 기술이 필요하다.

13 다음 중 정치 참여의 특징으로 옳지 않은 것은?

① 민주 사회에서는 다양한 제도를 통해 시민의 정치 참여를 보장하고 있다.
② 주인-대리인 문제는 대의 민주주의의 긍정적 결과이다.
③ 시민이라면 누구나 공공의 문제에 영향력을 행사할 수 있다.
④ 정치적 견해나 소견 발표 외에도 정책을 건의하는 활동을 포함한다.

14 책임 윤리의 내용에 해당하는 것을 〈보기〉에서 고른 것은?

> **보기**
> ㄱ. 현세대에 대한 책임이 우선이다.
> ㄴ. 윤리적 책임의 범위를 축소해야 한다.
> ㄷ. 먼 미래에 끼치게 될 결과를 예측해야 한다.
> ㄹ. 자연에 해악을 끼치는 과학 기술 연구는 중단해야 한다.

① ㄱ, ㄴ　② ㄴ, ㄷ
③ ㄴ, ㄹ　④ ㄷ, ㄹ

15 다음 글에 나타난 시민의 권리에 대한 설명으로 옳지 않은 것은?

> 우리는 먼저 인간이어야 하고, 그다음에 국민이어야 한다. 법에 대한 존경심보다는 먼저 정의에 대한 존경심을 기르는 것이 바람직하지 않은가? 불의가 당신으로 하여금 다른 사람에게 불의를 행하는 하수인이 되라고 요구한다면, 분명히 말하는데, 그 법을 어겨라.

① 법과 정부 정책에 변화를 가져오기 위해 공개적·비폭력적·양심적으로 법을 위반하는 행위이다.
② 사회 정의의 실현에 기여하고 사회 안정을 가져올 수 있다.
③ 정의로운 체제 안에서 만들어진 부당한 법이나 정책에 대해 거부할 수 있는 권리이다.
④ 민주적 절차인 다수결에 의해 결정된 실정법을 위반하는 것이므로 정의롭지 못한 행위이다.

16 **다음에서 강조하는 덕목은?**

> 자신의 종교가 소중하면 다른 사람의 종교도 그들에게는 똑같이 중요하지 않을까요? 우리 엄마가 나한테 소중하듯 친구 엄마도 내 친구에게는 세상에서 가장 중요한 분이겠지요. 한 번만 더 생각하고 한 번만 더 이해하고 배려한다면 더 나은 세상이 될 것이라고 나는 믿습니다. 자신의 종교만이 옳다고 하는 것은 위험한 생각입니다.

① 관용 ② 자유
③ 평등 ④ 준법

17 **다음과 관련된 입장에 대한 설명으로 옳은 것을 〈보기〉에서 모두 고른 것은?**

> 예술은 인간의 올바른 품성 함양을 목적으로 하거나 도덕적 교훈을 제공해야 한다.

보기

ㄱ. 예술의 사회성을 강조한다.
ㄴ. 예술의 유일한 목적은 예술 자체에 있다.
ㄷ. 예술적 미(美)와 도덕적 선(善)은 별개의 것이다.
ㄹ. 예술은 인간의 올바른 품성을 기르는 데 도움을 주어야 한다.

① ㄱ, ㄹ ② ㄴ, ㄷ
③ ㄱ, ㄴ, ㄷ ④ ㄴ, ㄷ, ㄹ

18 **다음 ㉠에 들어갈 사상가는?**

> (㉠)는 질서 있고 안정된 사회를 이룩하는 데 가장 중요한 것은 이른바 정명의 확립이라고 생각하였다. 그는 "임금은 임금, 신하는 신하, 아버지는 아버지, 자식은 자식 노릇을 해야 한다."라는 말로 정명의 뜻을 설명하였다.

① 공자 ② 맹자
③ 한비자 ④ 노자

19 **통일과 관련한 비용에 대한 설명으로 옳지 <u>않은</u> 것은?**

① 평화 비용은 통일 한국의 미래를 위한 투자 비용이라고 할 수 있다.
② 분단 비용에는 외교 행정비나 국방비 등이 있다.
③ 분단 비용은 분단이 종료되더라도 계속해서 부담해야 한다.
④ 통일 비용은 위기 관리 비용, 경제 재건 비용을 포함한다.

20 ㉠에 들어갈 용어로 적절한 것은?

> **프롬(Fromm, E.) 사랑의 4요소**
>
> | ㉠ | 책임 | 이해 | 존경 |
> |---|---|---|---|
>
> (㉠)은/는 사랑하는 사람의 성장과 생명에 관심을 가지는 것이다.

① 집착　② 금욕
③ 보호　④ 소유

21 밑줄 친 '이것'에 해당하는 것은?

> <u>이것</u>은 한마디로 말하기 어렵지만, 각자에게 정당한 몫을 나누어 주는 의미를 담고 있다.

① 배분　② 분배
③ 정의　④ 의리

22 다음 글의 ㉠에 공통으로 들어갈 말로 옳은 것은?

> 직업 윤리는 일반 직업 윤리와, 각 직종의 특성에 따라 요구되는 (㉠)로 나눌 수 있다. (㉠)는 일반 직업 윤리에 충실하면서 각 직종에서 지켜야 할 행위 규범이나 덕목이다.

① 소명 직업 윤리　② 사회적 직업 윤리
③ 전문 직업 윤리　④ 특수 직업 윤리

23 다음의 설명과 관련이 있는 도덕 원리 검사 방법은?

> 문제가 되는 도덕 원리를 모든 사람들이 채택할 때 일어날 수 있는 결과를 고려하여 그 원리가 타당한지를 평가하는 방법

① 포섭 검사
② 고증 사례 검사
③ 역할 교환 검사
④ 보편화 결과 검사

24 롤스(Rawls, J.)가 제시한 정의의 원칙 중 다음과 관련 깊은 것은?

> • 지하철의 노약자석
> • 장애인 전용 주차 구역

① 차등의 원칙　② 교정의 원칙
③ 경쟁의 원칙　④ 취득의 원칙

25 동양의 전통적 자연관에 대한 설명으로 옳지 <u>않은</u> 것은?

① 도교에서는 인간은 자연과 독립된 존재이므로 자연을 인간에게 이롭게 변형시켜야 한다고 본다.
② 유교에서는 만물이 본래의 가치를 지닌다고 보며 천인합일의 경지를 지향한다.
③ 도교에서는 자연이 목적이 없는 무위의 체계로서 무목적의 질서를 담았다고 본다.
④ 불교에서는 모든 존재가 원인과 조건으로 연결되어 있다고 본다.

고졸 검정고시

실전 모의고사

제 5 회

제1교시 국어
제2교시 수학
제3교시 영어
제4교시 사회
제5교시 과학
제6교시 한국사
제7교시 도덕

고졸 검정고시

실전 모의고사

제 1 교시

제 5 회 국어

01 다음 문장의 형태소를 아래와 같이 분류했을 때, ㉠, ㉡에 들어갈 내용으로 가장 적절한 것은?

> • 나는 돌다리를 밟고 물을 건넜다.
> – 자립 형태소 : (㉠)
> – 실질 형태소 : (㉡)

① ㉠ 나, 돌다리, 물
㉡ 는, 를, 밟고, 을, 건넜다.

② ㉠ 나, 돌, 다리, 물
㉡ 나, 돌, 다리, 밟-, 물, 건넜다.

③ ㉠ 나, 돌, 다리, 물
㉡ 나, 돌, 다리, 밟-, 물, 건너-

④ ㉠ 나, 돌, 다리, 밟-
㉡ 건너-, 나, 돌, 다리, 물

02 〈보기〉를 참고할 때, 다음 중 표현하는 방식이 다른 것은?

> 보기
>
> 화자는 자신의 의도를 직접적으로 표현하기도 하고, 간접적으로 표현하기도 한다. 예를 들어, 누군가와 밥을 먹으러 가고 싶을 때, "밥 먹으러 가자."처럼 청유형 어미 '–자'를 사용하여 의도를 직접적으로 표현할 수도 있고, "벌써 점심시간이네."처럼 평서형 어미 '–네'를 사용하여 간접적으로 표현할 수도 있다.

① (귀가한 후 누나에게)
동생 : 아, 목마르다.
누나 : 자, 물 여기.

② (버스 안에서 교복을 입은 학생에게)
행인 1 : 학생, 어느 고등학교에 다녀요?
학생 : 네, 저는 한국 고등학교에 다닙니다.

③ (숙제를 하다가)
친구 1 : 혹시 지우개 있니?
친구 2 : 응, 빌려줄게.

④ (식당에서 떠드는 아이들을 보며)
손님 : 아이들이 참 활발하네요.
아이 부모 : 죄송합니다. 제가 미처 아이들을 돌보지 못했네요.

03 **다음 문장의 안긴문장과 유사한 역할을 하는 문장을 포함한 것은?**

> 나는 그가 오기를 기다린다.

① 코끼리는 코가 매우 길다.
② 소녀는 첫눈이 오기를 기다렸다.
③ 나는 이마에 흐르는 땀을 닦았다.
④ 소년은 소녀가 지나가도록 길을 비켜 주었다.

04 **다음 중 단어의 쓰임이 적절하지 않은 것은?**

① ┌ 띄다 : 형의 행동이 눈에 띄게 달라졌다.
　└ 띠다 : 그 아이는 얼굴에 미소를 띠고 있었다.
② ┌ 헤치다 : 불규칙적인 생활은 건강을 헤칩니다.
　└ 해치다 : 그는 수풀을 해치고 성큼성큼 걸어갔다.
③ ┌ 다치다 : 계단에서 떨어져 다리를 다쳤다.
　└ 닫히다 : 바람이 세게 불자 문이 쾅 소리를 내며 닫혔다.
④ ┌ 식히다 : 뜨거우니 식혀서 먹어라.
　└ 시키다 : 인부에게 일을 시켰는데 엉망으로 해 놓았다.

[05~06] 다음 글을 읽고 물음에 답하시오.

> 世·솅宗종御·엉製·졩訓·훈民민正·졍音흠
>
> 나·랏:말ᄊᆞ·미中듕國·귁·에달·아文문字·ᄍᆞᆼ·와·로서르 ㉠ ᄉᆞ뭇·디아·니ᄒᆞᆯ·ᄊᆡ·이런 ㉡ 젼·ᄎᆞ·로 ㉢ 어·린百·ᄇᆡᆨ姓·셩·이니르·고·져·ᄒᆞᇙ·배이·셔·도ᄆᆞ·ᄎᆞᆷ:내제·ᄠᅳ·들시·러펴·디:몯ᄒᆞᇙ·노·미하·니·라·내·이·ᄅᆞᆯ爲·윙·ᄒᆞ·야 ㉣ :어엿·비너·겨·새·로·스·믈여·듧字·ᄍᆞᆼ·ᄅᆞᆯᄆᆡᇰ·ᄀᆞ노·니:사ᄅᆞᆷ:마·다:ᄒᆡ·ᅇᅧ:수·ᄫᅵ니·겨·날·로·ᄡᅮ·메便뼌安ᄒᆞᆫ·킈ᄒᆞ·고·져ᄒᆞᇙᄯᆞᄅᆞ·미니·라
>
> **현대어 풀이**
>
> 우리나라의 말이 중국과 달라 한자와는 서로 (㉠) 아니하여서 이런 (㉡) (㉢) 백성이 말하고자 하는 바가 있어도 마침내 제 뜻을 펴지 못하는 사람이 많다. 내가 이것을 (㉣) 생각하여 새로 스물여덟 글자를 만드니, 모든 사람으로 하여금 쉽게 익혀서 날마다 쓰는 데 편하게 하고자 할 따름이다.
>
> – 세종 어제 훈민정음 –

05 **다음 ㉠~㉣을 현대어로 바꾼 것 중 옳지 않은 것은?**

① ㉠ : 통하지
② ㉡ : 까닭으로
③ ㉢ : 젊은
④ ㉣ : 가엾게

06 **다음의 내용을 확인할 수 있는 자료로 가장 적절한 것은?**

> 중세 국어 시기에는 아직 주격 조사 '가'가 생기지 않았다. 따라서 자음으로 끝나는 체언 뒤에는 '이'라는 주격 조사가, 'ㅣ' 모음 이외의 모음으로 끝나는 체언 뒤에는 'ㅣ'라는 주격 조사가 사용되었고, 'ㅣ' 모음으로 끝나는 체언 뒤에서는 주격 조사가 생략되었다.

① 나·랏 : 말싹·미
② 中듕國·귁·에달·아
③ 이런젼·ᄎ·로
④ 니르·고·져·홇·배이·셔·도

07 **〈자료〉는 글을 쓰기 전에 개요를 작성한 것이다. 〈자료〉의 ㉠~㉤을 점검한 것에 대한 〈보기〉의 설명 중 적절한 것만을 있는 대로 고른 것은?**

자료

주제 : 초연결 사회의 특징 ··········· ㉠
처음 : 인터넷으로 연결된 현대 사회의 모습
　1. 초연결 사회를 살아가는 우리의 모습과 편리함
　2. 초연결 사회의 개념 ····················· ㉡
중간 : 초연결 사회의 특징
　중간 1 - 초연결 사회의 장점 ··········· ㉢
　　1. 시간과 공간의 한계 극복
　중간 2 - 초연결 사회의 단점
　　1. 개인 정보 유출에 따른 범죄 노출
　　2. 가족, 친구와의 소통 차단
　　3. 초연결 사회가 세계 경제에 미치는 영향 ·· ㉣
끝 : 초연결 사회를 살아가는 우리의 자세
　초연결 사회의 특징을 잘 알고 활용하면 지혜롭게 미래의 기술을 누릴 수 있음.
　·· ㉤

보기

㉠ : 글쓴이의 주장이나 의견이 드러나도록 주제를 잘 정한 것 같아.
㉡ : 초연결 사회의 개념을 쉽게 이해시키기 위해 초연결 사회와 관련된 흥미로운 사례를 제시해야겠어.
㉢ : 초연결 사회의 장점을 보완하기 위해 인간의 신체적 한계를 극복하는 데 도움을 준다는 내용을 첨가해야겠어.
㉣ : 주제에 벗어난 내용이므로 삭제하고 최근 발생한 자율 주행 자동차의 사고를 근거로 자율 주행 자동차를 상용화하기에는 시기상조임을 제시해야겠어.
㉤ : 세계 강대국들이 초연결 사회에 대비한 국가적 정책을 집중시키는 반면 여전히 이러한 변화의 중심에서 밀려 있는 우리나라 정부 정책 담당자의 안일함에 대해 비판하는 내용으로 대체해야겠어.

① ㉠, ㉡　　② ㉡, ㉢
③ ㉣, ㉤　　④ ㉠, ㉢, ㉣

08 **㉠에 대한 예로 가장 적절한 것은?**

> ㉠ <u>찬동의 격률</u>은 상대에 대한 비방을 최소화하고 칭찬을 최대화하는 것이다. 따라서 상대를 비방하는 것, 칭찬해야 하는 상황에서 칭찬을 하지 않는 것은 예의를 갖추지 못한 표현이다.

① 미운 놈 떡 하나 더 준다.
② 벼는 익을수록 고개를 숙인다.
③ 칭찬은 고래도 춤을 추게 한다.
④ 오는 말이 고와야 가는 말이 곱다.

[09~11] 다음 글을 읽고 물음에 답하시오.

"간절하다뿐이었겄냐. 신작로를 지나고 산길을 들어서도 굽이굽이 돌아온 그 몹쓸 발자국들에 아직도 도란도란 저 아그 목소리나 따뜻한 온기가 남아 있는 듯만 싶었제. 산비둘기만 푸르르 날아올라도 저 아그 넋이 새가 되어 다시 되돌아오는 듯 놀라지고, 나무들이 눈을 쓰고 서 있는 것만 보아도 뒤에서 금세 저 아그 모습이 뛰어나올 것만 싶었지야. 하다 보니 나는 굽이굽이 외지기만 한 그 산길을 저 아그 발자국만 따라 밟고 왔더니라. 내 자석아, 내 자석아, 너하고 둘이 온 길을 이제는 이 몹쓸 늙은 것 혼자서 너를 보내고 돌아가고 있구나!"

"어머님, 그때 우시지 않았어요?"

"울기만 했겄냐. 오목오목 디뎌 논 그 아그 발자국마다 한도 없는 눈물을 뿌리며 돌아왔제. 내 자석아, 내 자석아, 부디 몸이나 성히 지내거라. 부디부디 너라도 좋은 운 타서 복 받고 살거라……. 눈앞이 가리도록 눈물을 떨구면서 눈물로 저 아그 앞길만 빌고 왔제……."

〈중략〉

한동안 조용히 입을 다물고 있던 아내가 더 이상 참을 수가 없어진 듯 갑자기 노인을 채근하고 나섰다. 그 목소리가 울먹임 때문에 떨리고 있었다.

나 역시 더 이상 노인을 참을 수가 없었다. 이제 나마 노인을 가로막고 싶었다. 아내의 추궁에 대한 그 노인의 대꾸가 너무도 두려웠다. 노인의 대답을 들을 수가 없었다. 하지만 그 역시도 불가능한 일이었다.

나는 아직도 눈을 뜰 수가 없었다. 불빛 아래 눈을 뜨고 일어날 수가 없었다. 사지가 마비된 듯 가라앉아 있는 때문만이 아니었다. 졸음기가 아직 아쉬워서도 아니었다. 눈꺼풀 밑으로 뜨겁게 차오르는 것을 아내와 노인 앞에 보일 수가 없었다. 그것이 너무도 부끄러웠기 때문이다. 아내는 이번에도 그러는 나를 알고 있었던 것 같았다.

㉠ <u>"여보, 이젠 좀 일어나 보세요. 일어나서 당신도 말을 좀 해 보세요."</u>

그녀가 느닷없이 나를 세차게 흔들어 깨웠다. 그녀의 음성은 이제 거의 울부짖음에 가까웠다. 그래도 나는 일어날 수가 없었다. 뜨거운 것을 숨기기 위해 눈꺼풀을 꾹꾹 눌러 참으며 내처 잠이 든 척 버틸 수밖에 없었다.

음성이 아직 흐트러지지 않고 있는 건 오히려 노인뿐이었다.

"가만두거라. 아침 길 나서기도 피곤할 것인디 곤하게 자고 있는 사람 뭣하러 그러냐."

노인은 일단 아내의 행동을 말려 두고 나서 아직도 그 옛얘기를 하는 듯한 아득하고 차분한 음성으로 당신의 남은 이야기를 끝맺어 가고 있었다.

"그런디 이것만은 네가 잘못 안 것 같구나. 그때 내가 뒷산 잿등에서 동네를 바로 들어가지 못하고 있었던 일 말이다. 그건 내가 갈 데가 없어 그랬던 건 아니란다. 산 사람 목숨인데 설마 그때라고 누구네 문간방 한 칸이라도 산 몸뚱이 깃들일 데 마련이 안 됐겄냐. 갈 데가 없어서가 아니라 아침 햇살이 활짝 퍼져 들어 있는디, 눈에 덮인 그 우리 집 지붕까지도 햇살 때문에 볼 수가 없더구나. 더구나 동네에선 아침 짓는 연기가 한참인디 그렇게 시린 눈을 해 갖고는 그 햇살이 부끄러워 차마 어떻게 동네 골목을 들어설 수가 있더냐. 그놈의 말간 햇살이 부끄러워져서 그럴 엄두가 안 생겨나더구나. 시린 눈이라도 좀 가라앉히자고 그래 그러고 앉아 있었더니라……."

– 이청준, 「눈길」 –

09 윗글의 '나'와 노인은 둘 다 빛 때문에 눈을 뜨지 못하는데, 그 이유로 적절한 것은?

① 노인은 돌아갈 집이 없어서이고, '나'는 어머니의 고통에 공감했기 때문이다.

② 노인은 자식을 뒷바라지 못한 자책감 때문이고, '나'는 어머니의 사랑에 대한 자신의 부끄러움 때문이다.

③ 노인은 돌아오는 눈길이 너무 힘들어서이고, '나'는 술기운이 너무 강하게 퍼져 있기 때문이다.

④ 노인은 혼자 돌아가는 것에 대한 외로움 때문이고, '나'는 노인의 외로움을 외면하기 위해서이다.

10 ㉠에서 '나'가 일어나 할 말로 적절한 것은?

① "어머니, 어차피 돌아가는 길은 다 혼자 아닌가요?"

② "어머니, 이미 다 지난 일 왜 자꾸 끄집어 내세요."

③ "어머니, 죄송해요. 어머니 사랑을 그동안 너무 몰랐어요."

④ "어머니, 그만하세요, 그 사랑이 너무 부담스러워요."

11 윗글과 〈보기〉에 공통적으로 나타난 윤리적 가치로 적절한 것은?

> **보기**
>
> 가마귀 열 두 소리 사람마다 꾸짖어도
> 그 샷기 밥을 물어 그 어미를 먹이나니
> 아마도 조중증자(烏中曾子)는 가마귄가 하노라
>
> – 김수장 –

① 친구와의 의리

② 부모에 대한 효

③ 형제간의 우애

④ 자식에 대한 사랑

[12~14] 다음 글을 읽고 물음에 답하시오.

> 새침하게 흐린 품이 눈이 올 듯하더니, 눈은 아니 오고 얼다가 만 비가 추적추적 내리었다.
>
> 이날이야말로 동소문 안에서 인력거꾼 노릇을 하는 김 첨지에게는 오래간만에도 닥친 운수 좋은 날이었다. 문안에(거기도 문밖은 아니지만) 들어간답시는 앞집 마나님을 전찻길까지 모셔다 드린 것을 비롯하여 행여나 손님이 있을까 하고 정류장에서 어정어정하며, 내리는 사람 하나하나에게 거의 비는 듯한 눈길을 보내고 있다가, 마침내 교원인 듯한 양복쟁이를 동광학교(東光學校)까지 태워다 주기로 되었다.
>
> 첫 번에 삼십 전, 둘째 번에 오십 전 – 아침 댓바람에 그리 흉하지 않은 일이었다. 그야말로 재수가 옴 붙어서 근 열흘 동안 돈 구경도 못한 김 첨지는 십 전짜리 백통화 서 푼, 또는 다섯 푼이 찰깍하고 손바닥에 떨어질 제 거의 눈물을 흘릴 만큼 기뻤었

다. 더구나 이날 이때에 이 팔십 전이라는 돈이 그에게 얼마나 유용한지 몰랐다. 컬컬한 목에 모주 한잔도 적실 수 있거니와, 그보다도 앓는 아내에게 설렁탕 한 그릇도 사다 줄 수 있음이다.

〈중략〉

"일 원 오십 전은 너무 과한데."

이런 말을 하며 학생은 고개를 기웃하였다.

"아니올시다. 이수(里數)로 치면 여기서 거기가 시오리가 넘는답니다. 또, 이런 진날은 좀 더 주셔야지요."

하고 빙글빙글 웃는 차부(車夫)의 얼굴에는 숨길 수 없는 기쁨이 넘쳐흘렀다.

"그러면 달라는 대로 줄 터이니 빨리 가요."

관대한 어린 손님은 그런 말을 남기고 총총히 옷도 입고 짐도 챙기러 갈 데로 갔다.

그 학생을 태우고 나선 김 첨지의 다리는 이상하게 거뿐하였다. 달음질을 한다느니보다 거의 나는 듯하였다. 바퀴도 어떻게 속히 도는지, 구른다느니보다 마치 얼음을 지쳐 나가는 스케이트 모양으로 미끄러져 가는 듯하였다. 언 땅에 비가 내려 미끄럽기도 하였지만…….

이윽고 끄는 이의 다리는 무거워졌다. 자기 집 가까이 다다른 까닭이다. 새삼스러운 염려가 그의 가슴을 눌렀다.

"오늘은 나가지 마요. 내가 이렇게 아픈데!"

이런 말이 잉잉 그의 귀에 울렸다. 그리고 병자의 움쑥 들어간 눈이 원망하는 듯이 자기를 노리는 듯하였다. 그러자 엉엉하고 우는 개똥이의 곡성을 들은 듯싶다. 딸꾹딸꾹 하고 숨 모으는 소리도 나는 듯싶다.

〈중략〉

김 첨지는 취중에도 설렁탕을 사 가지고 집에 다다랐다. 집이라 해도 물론 셋집이요, 또 집 전체를 세든 게 아니라 안과 뚝 떨어진 행랑방 한 칸을 빌려 든 것인데, 물을 길어 대고 한 달에 일 원씩 내는 터이다. 만일 김 첨지가 주기를 띠지 않았던들 한 발을 대문에 들여놓았을 제 그곳을 지배하는 무시무시한 정적(靜寂) – 폭풍우가 지나간 뒤의 바다 같은 정적에 다리가 떨렸으리라. 쿨룩거리는 기침 소리도 들을 수 없다. 그르렁거리는 숨소리조차 들을 수 없다. 다만, 이 무덤 같은 침묵을 깨뜨리는 – 깨뜨린다느니보담 한층 더 침묵을 깊게 하고 불길하게 하는 빽빽 하는 그윽한 소리, 어린애의 젖 빠는 소리가 날 뿐이다.

〈중략〉

"이 눈깔! 이 눈깔! 왜 나를 바루 보지 못하고 천장만 바라보느냐, 응?"

하는 말끝엔 목이 메었다.

그러자 산 사람의 눈에서 떨어진 닭똥 같은 눈물이 죽은 이의 뻣뻣한 얼굴을 어룽어룽 적시었다. 문득 김 첨지는 미친 듯이 제 얼굴을 죽은 이의 얼굴에 한데 비비대며 중얼거렸다.

"ⓐ <u>설렁탕</u>을 사다 놓았는데 왜 먹지를 못하니, 왜 먹지를 못하니……? 괴상하게도 오늘은 운수가 좋더니만……."

– 현진건, 「운수 좋은 날」 –

12 윗글에 대한 설명으로 적절한 것만을 〈보기〉에서 있는 대로 고른 것은?

보기

ㄱ. 주인공인 김 첨지를 서술자로 한 1인칭 시점이다.
ㄴ. 김 첨지에게 행운과 불행이 반복되어 나타나고 있다.
ㄷ. 당시의 시대적 배경을 알 수 있는 소재들이 등장한다.
ㄹ. 비속어와 사투리를 통해 하층민의 생활상을 시대적으로 드러냈다.
ㅁ. 김 첨지의 불안한 심리를 표현하기 위한 행동 묘사가 두드러지게 나타난다.

① ㄱ, ㄴ ② ㄷ, ㄹ
③ ㄱ, ㄴ, ㅁ ④ ㄷ, ㄹ, ㅁ

13 윗글에서 '비'의 역할로 적절한 것은?

① 현장감과 사실적인 느낌을 표현한다.
② 고단하고 암울한 분위기를 형성한다.
③ 사회에 저항하고 싶은 울분을 드러낸다.
④ 사랑스럽고 낭만적인 분위기를 형성한다.

14 **이 글 전체의 내용을 고려했을 때 ⓐ에 대한 설명으로 적절하지 않은 것은?**

① 아내에 대한 김 첨지의 사랑을 상징한다.
② 아내의 죽음이라는 결말의 비극성을 강조한다.
③ 뒤에 일어날 일을 암시하는 복선의 역할을 한다.
④ 소박한 음식조차 마음껏 먹을 수 없는 하층민의 가난한 생활상을 보여 준다.

[15~16] 다음 글을 읽고 물음에 답하시오.

[가] 두터비 ᄑᆞ리를 물고 두험 우희 치ᄃᆞ라 안자 것넌 山(산) ᄇᆞ라보니 백송골(白松骨)이 써잇거ᄂᆞᆯ 가슴이 금즉ᄒᆞ여 풀덕 쒸여 내ᄃᆞᆮ다가 두험 아래 쟛바지거고
모쳐라 ᄂᆞᆯ낸 낼싀만졍 에헐질 번ᄒᆞ괘라.

[나] 어이 못 오던다, 무ᄉᆞᆷ 일로 못 오던다.
㉠ 너 오ᄂᆞᆫ 길 우희 무쇠로 城(성)을 ᄊᆞ고 城(성) 안헤 담 ᄊᆞ고 담 안헤란 집을 짓고 집 안헤란 두지 노코 두지 안헤 櫃(궤)를 노코 櫃(궤) 안헤 너를 結縛(결박)ᄒᆞ여 노코 雙(쌍)ᄇᆡ목 외걸새에 龍(용)거북 ᄌᆞ물쇠로 수기수기 ᄌᆞᆷ갓더냐 네 어이 그리 아니 오던다.
ᄒᆞᆫ ᄃᆞᆯ이 셜흔 ᄂᆞᆯ이여니 날 보라 올 ᄒᆞ리 업스랴.

15 [가]와 [나]의 공통점으로 가장 적절한 것은?

① 풍자하는 대상에 대한 원망감이 드러나 있다.
② 시적 상황을 해학적으로 재치 있게 표현하고 있다.
③ 대상에 대한 원망을 반어적인 형식으로 묻고 있다.
④ 인간의 일을 다른 대상에 빗대어 표현하는 우의적 수법을 쓰고 있다.

16 ㉠에 사용된 표현 기법이 쓰인 것은?

① 영원히 곁에 있겠다 말씀하시던 임도 나를 두고 떠나십니다, 결국은.
② 당신은 자신의 세계에 갇혀서 프로메테우스를 기다리는 어둠의 천사로다.
③ 풍광은 변해도 아름다움은 변함없네. 그대는 멀리 있어도 내 사랑은 한결같네.
④ 나는 책을 사랑하고, 책에 있는 이야기를 사랑하고, 그 이야기의 주인공을 사랑한다.

[17~19] 다음 글을 읽고 물음에 답하시오.

㉠ 꽃이 지기로소니
바람을 탓하랴

주렴 밖에 성긴 별이
하나 둘 스러지고

귀촉도 울음 뒤에
머언 산이 다가서다.

촛불을 꺼야 하리
꽃이 지는데

꽃 지는 그림자
뜰에 어리어

ⓐ 하이얀 미닫이가
우련 붉어라.

묻혀서 사는 이의
고운 마음을

아는 이 있을까
저어하노니

꽃이 지는 아침은
울고 싶어라.

– 조지훈, 「낙화」 –

17 윗글에 나타난 화자의 상황을 추측한 것으로 적절한 것은?

① 떨어지는 꽃을 보고 있다.
② 빨리 저녁이 되기를 기다리고 있다.
③ 귀촉도 울음 소리에 궁금증을 느끼고 있다.
④ 별이 뜨기를 기대하고 있다.

18 ㉠에 대한 감상으로 적절한 것은?

① 꽃이 떨어지는 것은 서글프지만 바람을 탓할 수 없다는 것으로, 자연의 섭리에 순응하고자 하는 화자의 태도가 드러난다.
② 꽃이 지는 것에 대해 별 감정을 느끼지 않는 화자의 태도가 드러난다.
③ 바람이 불면 꽃이 지기 때문에 곧 불어올 바람에 대해 서글픔을 느끼고 있다.
④ 꽃과 바람을 연관 짓는 것은 옳지 않다고 생각하며 통념을 비판하고 있다.

19 ⓐ에 대한 설명으로 적절하지 않은 것은?

① 강렬한 느낌보다는 은은한 느낌을 드러내고 있다.
② 이 시에서 시각적 표현이 가장 두드러지는 부분이다.
③ 흰색과 붉은색을 이용하여 색채 대비 효과를 거두고 있다.
④ 미닫이창을 통해 확연히 드러나는 꽃잎의 모습을 표현하고 있다.

[20~22] 다음 글을 읽고 물음에 답하시오.

'남자는 모름지기 다섯 수레의 책을 읽어야 한다'는 말은 두보의 시에 나온다. 원래는 장자가 친구 혜시의 장서를 두고 한 말이다. 다섯 수레에 책을 가득 실으면 대체 몇 권이나 될까? 천 권이나 이천 권쯤 될까? 당시의 책이 죽간에 쓰였다는 것을 감안한다면, 다섯 수레를 가득 채운다 해도 고작 몇백 권 넘기기가 쉽지 않았을 것이다. 그러나 당시의 형편에서 그것은 그때까지 문자로 남은 지식의 총량에 가깝다 해도 지나치지 않다.

'㉠ 위편삼절(韋編三絕)'이라는 말이 있다. 공자가 "주역"을 읽고 또 읽어 죽간을 묶은 가죽끈이 세 번이나 끊어졌다는 데서 나온 말이다. 요즘 식으로 말하면 책을 하도 읽어 책장이 너덜너덜해졌다는 뜻이다. 책 한 권의 부피가 만만치가 않았고, 이것을 옮게 간수하기도 쉽지 않았다. 두루마리를 거쳐 오늘날의 책 형태로 된 것은 그리 오래된 일이 아니다.

10년 독서면 천하의 일을 모두 알 수 있었다던 옛사람들의 말이 잘 이해되지 않을 때가 있었다. 허생은 아내의 바가지를 견디다 못해 10년 책 읽기의 기한을 다 못 채운 것을 탄식하며 집을 나선다. 그러고는 변 부자에게 돈을 꾸어 몇 년 만에 엄청난 돈을 벌었다. 무능력해서 돈을 못 번 것이 아니라는 것을 확인시킨 뒤, 그는 다시 원래의 가난한 독서인으로 돌아왔다.

– 정민, 「다섯 수레의 책과 정보의 양」 –

20 윗글에서 말하는 올바른 독서 방법은?

① 속독 ② 다독
③ 정독 ④ 낭독

21 윗글에서 하고자 하는 말로 가장 적절한 것은?

① 공자의 독서 습관
② 허생전의 줄거리
③ 독서의 중요성
④ 사자성어 유래

22 ㉠과 같은 의미를 가진 사자성어는?

① 독오거서(讀五車書)
② 타산지석(他山之石)
③ 절차탁마(切磋琢磨)
④ 풍전등화(風前燈火)

[23~25] 다음을 읽고 물음에 답하시오.

(가) '낯선 그림'의 대명사인 르네 마그리트가 우리에게 아주 친숙한 미술가로 자리 잡았다. 십여 년 전 서울의 한 백화점 새단장 당시 그의 작품 「골콘다」가 커다란 가림막 그림으로 사용된 것과 〈르네 마그리트〉 전이 서울의 미술관에서 대규모로 열려 많은 관람객을 불러 모은 것이 중요한 계기가 되었다.

(나) 초현실주의 화가 마그리트가 관심을 끌게 되면서 그의 주된 창작 기법인 데페이즈망(dépaysement)도 덩달아 관심의 대상이 되었다. 특히 창의력과 상상력이 시장과 교육계의 화두가 되어 버린 요즘, 데페이즈망은 창의력과 상상력을 높여 주고 잠재력을 개발해 주는 의미 있는 수단으로 받아들여지고 있다. 어린이 미술 교육에 활용되고 있고, 기업인을 위한 창의력 교육에도 심심찮게 도움을 주고 있다.

(다) 데페이즈망은 우리말로 흔히 '전치(轉置)'로 번역된다. 이는 특정한 대상을 상식의 맥락에서 떼어 내 전혀 다른 상황에 배치함으로써 기이하고 낯선 장면을 연출하는 것을 말한다. 초현실주의 문학의 선구자 로트레아몽의 시에 ㉠ "재봉틀과 양산이 해부대에서 만나듯이 아름다운"이라는 표현이 있는데, 바로 이것이 전형적인 데페이즈망의 표현법이다. 해부대 위에 재봉틀과 양산이 놓여 있다는 게 통념에 맞지 않지만, 바로 그 기이함이 시적·예술적 상상을 낳아 논리와 합리 너머의 세계에 대한 심층의 인식을 일깨운다.

(라) 위에 언급한 「골콘다」를 통해 데페이즈망의 맛을 깊이 음미해 보자. 「골콘다」는 푸른 하늘과 집들을 배경으로 검은 옷을 입고 검은 모자를 쓴 남자들이 공중에 떠다니는 모습을 그린 작품이다. 보기에 따라서는 남자들이 비처럼 하늘에서 쏟아지는 느낌을 주기도 한다. 어느 쪽이든 간에 이는 현실에서는 불가능한 상황이다.

(마) 일단 화가는 이 그림에서 중력을 제거해 버렸다. 거리를 걷고 있어야 할 사람들이 공중에 떠 있다. 그리고 그들은 자로 잰 듯 일정한 간격으로 포진해 있다. 기계적인 배치이다. 빗방울이 떨어져도 이렇듯 기하학적으로 떨어질 수는 없다. 이처럼 현실의 법칙을 벗어나 있지만, 그 비상식의 조합이 볼수록 매력이 있다. 기이하고 낯선 느낌이 보는 이에게 추리의 욕구와 신비로운 환상을 불러일으킨다. 이는 우리의 마음이 동했다는 뜻이고, 우리의 마음을 움직인 이상 이 허구의 이미지는 세상을 움직이는 하나의 힘이 되어 버린다.

– 이주헌, 「논리 너머의 낯선 세계가 깨어난다」 –

23 윗글을 통해 해답을 찾을 수 없는 질문은?

① 데페이즈망은 사람들에게 어떤 영향을 미치는 걸까?
② 데페이즈망이 사람들의 관심의 대상이 된 이유는 무엇일까?
③ 「골콘다」에는 어떤 데페이즈망 기법이 나타나 있는 것일까?
④ 르네 마그리트는 데페이즈망 기법을 어떻게 생각해 낸 걸까?

24 (다)에 사용된 주된 설명 방법으로 가장 적절한 것은?

① 유사한 대상에 빗대어 의미를 명확히 하고 있다.
② 개념을 정의하여 대상의 의미를 명확히 하고 있다.
③ 두 대상을 대조하여 각각의 특징을 강조하고 있다.
④ 대상이 형성되는 과정을 순차적으로 보여 주고 있다.

25 ㉠이 의미하는 바로 가장 적절한 것은?

① 죽음을 담담히 받아들일 줄 아는 아름다움
② 시어의 다양한 해석이 가져다주는 아름다움
③ 관계가 없는 것들의 조화가 만들어 내는 아름다움
④ 절망적 삶에서 희망을 간직하며 살아가는 아름다움

제 2 교시

제 5 회 수학

01 두 다항식 $A=3x^2+2x$, $B=x+1$에 대하여 $A-2B$는?

① $3x^2-2$ ② $3x^2+x-2$
③ $3x^2+3x+1$ ④ $3x^2+x+1$

02 등식 $(x+1)^2+2x=x^2+ax+1$이 x에 대한 항등식일 때, 상수 a의 값은?

① 1 ② 2
③ 3 ④ 4

03 다음 다항식의 나눗셈에서 빈칸에 알맞은 식은?

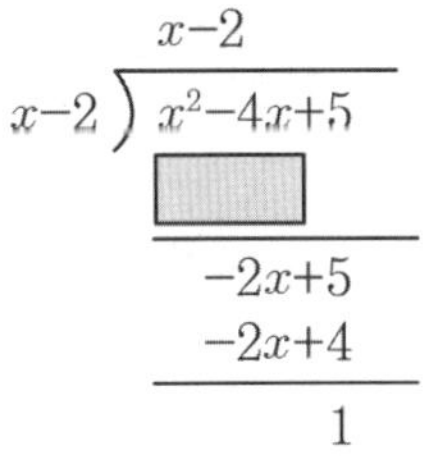

① x^2+2x ② x^2-2x
③ x^2 ④ $x-2$

04 다항식 x^3+1을 인수분해한 식이 $(x+1)(x^2-x+a)$일 때, 상수 a의 값은?

① 1 ② 2
③ 3 ④ 4

05 실수 a, b에 대하여 $(-1+2i)(3+3i)=a+bi$일 때, $a+b$의 값은?

① -2 ② -4
③ -6 ④ -8

06 이차방정식 $x^2-3x-10=0$의 두 근을 α, β라 할 때, $\alpha+\beta+\alpha\beta$의 값은?

① -7 ② -5
③ -3 ④ 1

07 $0 \le x \le 3$에서 이차함수 $y=-(x-1)^2+3$의 최솟값은?

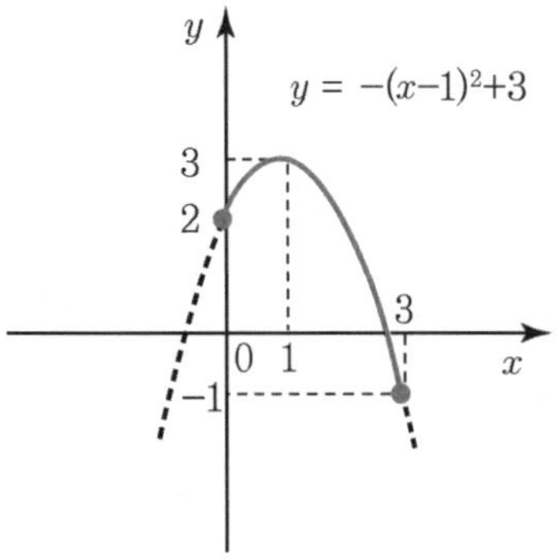

① -1 ② 0
③ 2 ④ 3

08 삼차방정식 $x^3-2x^2+ax+4=0$의 한 근이 -1일 때, 상수 a의 값은?

① 0 ② 1
③ 2 ④ 3

09 부등식 $|x+1| \ge 2$의 해를 수직선 위에 나타낼 때, a에 알맞은 수는?

① 0 ② -1
③ -2 ④ -3

10 연립부등식 $\begin{cases} 2x-4>0 \\ (x-1)(x-5) \le 0 \end{cases}$의 해가 $\alpha < x \le \beta$일 때, $\alpha\beta$의 값은?

① 5 ② 6
③ 8 ④ 10

11 좌표평면 위의 두 점 $\mathrm{A}(-5,\ 3)$, $\mathrm{B}(3,\ -1)$의 중점의 좌표는?

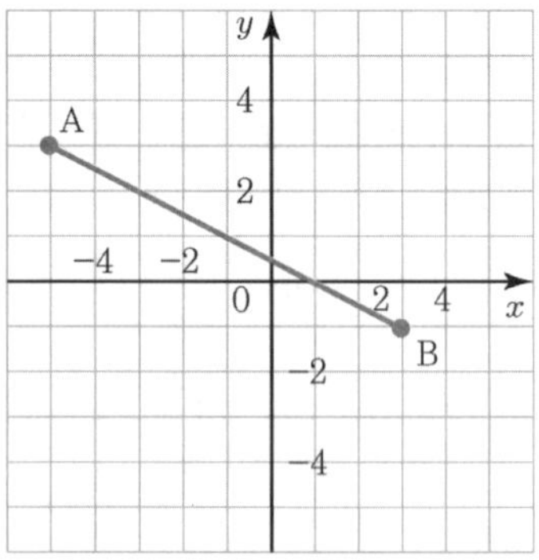

① $(2,\ 0)$ ② $(1,\ 2)$
③ $(-1,\ 1)$ ④ $(-1,\ 0)$

12 좌표평면 위의 두 점 $(-1,\ -3)$, $(3,\ 5)$를 지나는 직선의 방정식은?

① $y=-2x+5$ ② $y=-2x-1$
③ $y=2x-1$ ④ $y=2x+1$

13 중심이 점 $(-2,\ -4)$이고, y축에 접하는 원의 방정식은?

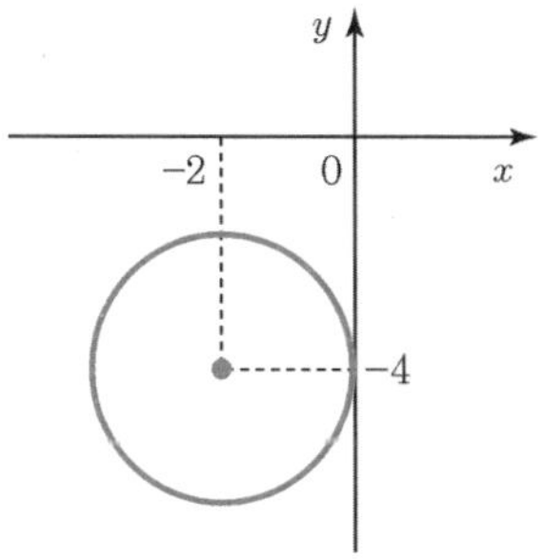

① $(x-2)^2+(y-4)^2=4$
② $(x-2)^2+(y-4)^2=16$
③ $(x+2)^2+(y+4)^2=4$
④ $(x+2)^2+(y+4)^2=16$

14 원 $(x-3)^2+(y+2)^2=4$를 x축에 대하여 대칭이동한 원의 방정식은?

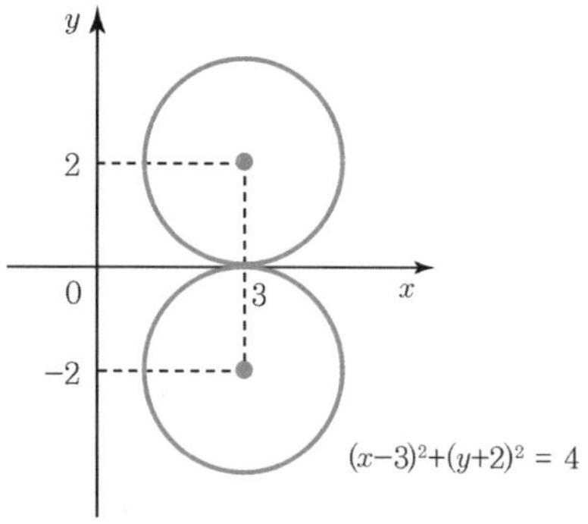

① $(x-3)^2+(y+2)^2=4$
② $(x-3)^2+(y-2)^2=4$
③ $(x+3)^2+(y-2)^2=4$
④ $(x+3)^2+(y+2)^2=4$

15 두 집합 $A=\{x|x$ 는 6 이하의 짝수$\}$, $B=\{1,\ 3\}$에 대하여 $A\cup B$는?

① $\{2,\ 4\}$ ② $\{2,\ 4,\ 6\}$
③ $\{1,\ 2,\ 3,\ 4,\ 5\}$ ④ $\{1,\ 2,\ 3,\ 4,\ 6\}$

16 명제 '$x=4$이면 $x^2=16$이다.'의 대우는?

① $x^2=16$이면 $x=4$이다.
② $x\neq 4$이면 $x^2\neq 16$이다.
③ $x=4$이면 $x^2\neq 16$이다.
④ $x^2\neq 16$이면 $x\neq 4$이다.

17 함수 $f(x)=x-4$의 역함수를 f^{-1}이라고 할 때, $f^{-1}(2)$의 값은?

① 2　　② 3　　③ 5　　④ 6

18 무리함수 $y=\sqrt{x-a}$ 의 그래프가 그림과 같을 때, 상수 a의 값은?

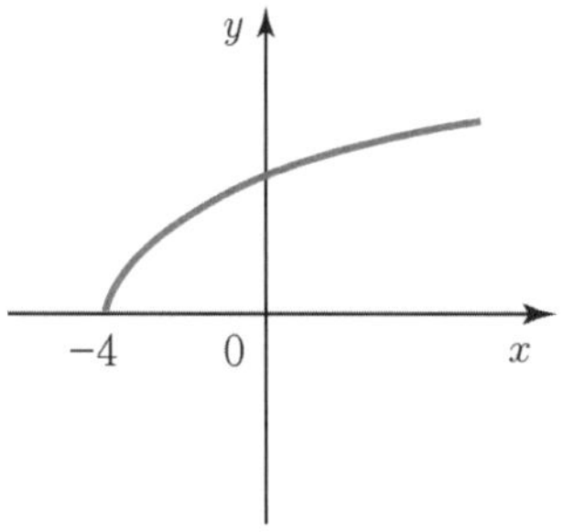

① -1　　② 1　　③ -4　　④ 4

19 놀이공원에서 4개의 놀이기구를 타려고 한다. 이때, 놀이기구를 타는 순서를 정하는 경우의 수는?

① 24가지　　② 20가지　　③ 15가지　　④ 12가지

20 그림은 동계 올림픽 경기 종목 중 5개의 종목을 나타낸 것이다. 이 중 서로 다른 2개의 종목을 선택하는 경우의 수는?

① 5가지　　② 10가지　　③ 15가지　　④ 20가지

제 5 회 영어

[01~03] 다음 밑줄 친 부분의 뜻으로 가장 적절한 것을 고르시오.

01

Products made in South Korea are very popular here.

① 발달된 ② 허망한
③ 고대의 ④ 인기 있는

02

We need a break in order to recharge.

① ~ 대신에
② ~ 때문에
③ ~에 의하면
④ ~하기 위해서

03

He wants to get in touch with his old friends.

① 관계를 깨다 ② 정리 정돈하다
③ 연설하다 ④ 연락하다

04 두 단어의 의미 관계가 나머지 셋과 다른 것은?

① different — difference
② difficult — difficulty
③ happy — happiness
④ move — movement

05 다음 광고문에서 언급되지 않은 것은?

Art and Art

Join us for an opportunity to mix art and flower.

- Class size : Min 10 / Max 15
- Time : 10 a.m. ~ 11 a.m.
- When : Every Sunday
- Fee : Members 40$ / Nonmembers 50$

For registration, please call 912 − 3456.

① 인원 ② 시간
③ 장소 ④ 회비

[06~08] 다음 빈칸에 공통으로 들어갈 말로 가장 적절한 것을 고르시오.

06

- Do you know ____ the man in black is?
- He is the student ______ solved this math problem.

① what ② when
③ where ④ who

07

- Many people will have a chance to _______ for the job.
- This explanation will not _____ to all cases.

① apply ② mind
③ teach ④ leave

08

- You should take _______ your shoes when entering the room.
- I have to get _______ next bus stop.

① in ② off
③ about ④ by

09 다음 대화에서 밑줄 친 표현의 의미로 가장 적절한 것은?

A : Minji, slow down.
B : But, mom. The deadline is next Monday.
A : <u>Haste makes waste</u>. Your painting will be much better if you take your time.
B : That's good advice. Thanks mom.

① 돌다리도 두드려보고 건너라.
② 쥐구멍에도 볕들 날이 있다.
③ 급할수록 돌아가라.
④ 가는 말이 고와야 오는 말이 곱다.

10 다음 대화에서 B의 의도로 가장 적절한 것은?

A : Don't you think we eat too much junk food?
B : I couldn't agree more.

① 동의 ② 비난
③ 제안 ④ 충고

11 다음 대화가 이루어지는 장소로 가장 적절한 것은?

A : May I take your order?
B : Sure. I'd like beef steak.
A : How would you like your steak?
B : Well-done, please.

① 식당 ② 옷가게
③ 우체국 ④ 편의점

[12~13] 다음 대화의 빈칸에 들어갈 말로 가장 적절한 것을 고르시오.

12

A : ______________________

B : It's going to rain until tomorrow.

① How can I help you?
② When did you see the man?
③ How long is it going to rain like this?
④ How often do you attend the class?

13

A : Have you learned aerobics before?

B : ______________________

① I can't learn swimming anymore.
② I want to introduce him.
③ I don't know what you are doing.
④ I have learned it in Korea.

14 다음 글에서 밑줄 친 It이 가리키는 것으로 가장 적절한 것은?

It is the device of removing heat and moisture to improve the comfort of occupants. It is also used to cooly rooms filled with electronic devices.

① computer ② light bulb
③ printer ④ air conditioner

15 주어진 말에 이어질 두 사람의 대화를 〈보기〉에서 찾아 순서대로 가장 적절하게 배열한 것은?

Why don't we have dinner tonight?

보기

(A) I am working on preparing report for meeting.
(B) I'd love to. But, I don't have time for dinner.
(C) Why?

① (A) – (B) – (C)
② (B) – (A) – (C)
③ (B) – (C) – (A)
④ (C) – (A) – (B)

16 다음 진통제에 관한 설명서에서 언급되지 않은 것은?

- Keep it out of reach of children.
- Do not exceed the recommended dose.
- Take it with water.

*dose 복용량

① 아이들에 관한 주의 사항
② 복용량에 관한 주의 사항
③ 과복용 시 부작용에 관한 주의 사항
④ 섭취할 때 함께 마셔야 할 것

17 다음 글을 쓴 목적으로 가장 적절한 것은?

Dear Citizen,

I regret to inform you about closing partly Santiago public library from May to July. As you know, The part of our library was burn last week. So we need to rebuild. During construction period, you can still use Reading room 2, 3 and 4. Thank you for your cooperation.

① 공공 도서관 임시 폐관을 알리기 위해
② 도서관 건설 계획을 바꾸기 위해서
③ 파티에 초대하기 위해서
④ 도서관 책 대출 반납을 설명하기 위해서

18 월드컵에 관한 다음 글에서 언급되지 않은 것은?

World Cup 1998, consisting of 64 games, was to hold in France, with 32 national teams participating. It was attracting soccer fans around the world, with an estimated 2.5 million spectators in the stadiums, and billions of viewers watching the matches on TV.

① 참가국의 수
② 예상 관람자의 수
③ 경기 기간
④ 개최 국가

19 다음 글의 주제로 가장 적절한 것은?

Do you know that your handwriting tells a lot about your character? According to some psychologists, if your writing is very big, it means you are friendly. Small handwriting means you are very modest. If all your letters are very round, it probably means you are active. If you have big spaces between your words, it may mean you like being alone.

① 글씨를 이쁘게 쓰는 방법
② 사라져 가는 다양한 언어들
③ 범죄 수사에 이용되는 필체
④ 필체가 말해 주는 성격

[20~21] 다음 글의 빈칸에 들어갈 말로 가장 적절한 것을 고르시오.

20

My husband and I _______ cows on our small farm. Deciding to sell them, We placed “COWS FOR SALE” sign with our phone number on the fence beside a busy country road.

① decrease ② raise
③ give ④ buy

21

Like all other industries, the rose business must ________ to changing conditions in the marketplace. In the past, a florist shop was most likely a local, independently owned business but now its size is big and global scope.

① adapt ② attitude
③ abandon ④ attribute

22 다음 글의 바로 뒤에 이어질 내용으로 가장 적절한 것은?

Are you going to be a mother? If so, It is important to know how dangerous stress is for pregnant woman. Here are some useful tips that you can avoid these stress.

① 면역력을 길러 주는 스트레스
② 스트레스와 아이 양육과의 관계
③ 직장에서 받는 스트레스의 위험성
④ 임산부가 스트레스를 피하는 방법

23 글의 흐름으로 보아 다음 문장이 들어가기에 가장 적절한 곳은?

However, A blog differs from a traditional web site in several ways.

In 2004, there were already hundreds of blogs and web sites on Internet. (①) And the number is growing more and more. (②) Above all, blog can be updated much more regularly. (③) Also, most blogs use special software. (④)

[24~25] 다음 글을 읽고 물음에 답하시오.

Are you ready for a campground for your family? Then Forest Campgrounds, which is only 90-minute drive from downtown, would be perfect for you. If you are a beginner, we can lend you everything you need for camping, including tents and sleeping bags. _______, don't worry about barbecue gear because we'll provide it for free. We'll do our best to make your camping trip unforgettable.

24 윗글의 흐름으로 보아 빈칸에 들어갈 말로 가장 적절한 것은?

① Besides ② For example
③ However ④ Therefore

25 윗글에서 제공되지 <u>않는</u> 것은?

① 바비큐 장비 ② 자동차 운전
③ 침낭 ④ 텐트

제 5 회 사회

01 다음 중 통합적 관점의 설명으로 옳지 않은 것은?

① 복잡한 원인에 의해서 나타나는 사회 현상을 제대로 파악할 수 있다.
② 사회 현상의 원인을 제대로 파악하여 이에 적합한 해결책을 제시할 수 있다.
③ 사회 현상을 깊이 있게 이해하고 인류의 삶을 더 나은 방향으로 개선할 수 있다.
④ 사회 현상을 사회 제도와 법이 개인에게 어떠한 영향을 주는지 파악할 수 있다.

02 다음과 같이 사회 현상을 바라보는 관점에 관한 설명으로 옳은 것은?

> 나는 커피를 두 잔 주문해서 한 잔은 내가 마시고, 다른 한 잔은 우리 지역의 이웃을 위해 기부할 거야. 커피를 사 마실 여유가 없는 불우한 이웃이 우리 가까이에 있다는 것을 알게 되었어.

① 다양한 현상의 공간적 맥락을 살펴본다.
② 어떤 현상이나 사건의 시대적 배경을 살펴본다.
③ 사회 구조를 살피고 제도를 분석해 잘못된 점을 찾는다.
④ 도덕적 기준을 탐색하고 바람직한 삶에 대하여 생각한다.

03 행복한 삶을 위한 고려 사항이 아닌 것은?

① 집회와 시위 등 직접적 의사 표현을 제한한다.
② 시민의 참여가 활성화되는 민주주의를 실현한다.
③ 쾌적한 환경을 조성하여 질 높은 정주 환경을 만든다.
④ 도덕적 성찰을 통해 진정한 삶의 가치를 찾을 수 있음을 강조한다.

04 다음과 같은 특징이 나타나는 기후는?

> • 강수량보다 증발량이 많다.
> • 온몸을 감싸는 옷을 입는다.
> • 가축의 고기와 우유로 만든 음식을 먹는다.

① 열대 기후　② 온대 기후
③ 건조 기후　④ 한대 기후

05 장마와 태풍에 의한 홍수 피해를 줄이기 위한 방안으로 옳지 않은 것은?

① 제방 건설　② 산림 조성
③ 주거 지역 확충　④ 댐과 저수지 건설

06 다음 사상의 자연에 대한 관점으로 옳지 <u>않은</u> 것은?

> 인드라망은 끝없이 큰 그물로 이음새마다 보석처럼 투명하게 빛나는 구슬이 자리 잡고 있다. 구슬들은 혼자 빛날 수 없으며 반드시 다른 구슬의 빛을 받아야만 세상을 밝힐 수 있다.

① 인간과 자연의 상생을 강조한다.
② 만물이 상호 독립적으로 존재한다고 본다.
③ 인간은 생태계의 안정을 위해 노력할 의무가 있다고 본다.
④ 모든 생명을 소중히 여기며 자비를 베풀어야 한다고 본다.

07 다음 사회 변동 과정에서 나타난 것으로 옳지 <u>않은</u> 것은?

> ○○촌은 이전에는 주민들 대부분이 농업에 종사하는 한적한 마을이었다. 어느 날 대추나무집 아들이 도시로 가서 일자리를 구하여 살게 되자 주민들은 하나 둘 도시로 떠나 이제는 대부분의 ○○촌 출신 사람들이 도시에 정착하여 생활하게 되었다.

① 주민들 간 소득 격차가 커졌다.
② 산업 구조가 점차 고도화되었다.
③ 생활 공간의 중심이 도시가 되었다.
④ 도시로 이주한 사람들의 직업이 단순해졌다.

08 인공 열 증가로 도시의 평균 기온이 주변 지역보다 높아지는 현상은?

① 열대야　　② 황사 현상
③ 미세 먼지　　④ 열섬 현상

09 도시성의 특성으로 옳지 <u>않은</u> 것은?

① 익명성이 나타난다.
② 사회적 유대감이 약화된다.
③ 주로 1차적 인간관계를 맺는다.
④ 개인의 자율성과 다양성이 존중된다.

10 바자크(Karel Vasak)의 인권 3세대론에 대한 설명으로 옳지 <u>않은</u> 것은?

① 1세대 인권은 자유권과 평등권을 강조한다.
② 2세대 인권은 차별받는 집단의 인권 보호에 주목하며 연대권를 강조한다.
③ 3세대 인권은 자결권, 평화의 권리, 재난 구제를 받을 권리, 단결권을 강조한다.
④ 연대권은 인종이나 국적에 관계없이 인권 문제를 해결하기 위한 인류 공동의 노력을 강조한다.

11 다음에서 설명하는 인권은 무엇인가?

> 인터넷상 유통되는 개인 정보를 당사자가 삭제하거나 수정해 달라고 요청할 권리이다.

① 환경권　② 알 권리
③ 문화권　④ 잊혀질 권리

12 다음에서 설명하는 제도가 아닌 것은?

> 국민의 기본적 인권을 규정하고, 이를 실질적으로 보장하기 위해 여러 제도를 헌법에 규정하고 있다.

① 안전 관리 제도
② 권력 분립 제도
③ 복수 정당 제도
④ 헌법 소원 심판 제도

13 다음 내용에 해당하는 기본권 구제 방법은?

> 공권력의 행사 또는 불행사, 헌법에 위배되는 법률 탓에 기본권을 침해받은 자가 직접 헌법 재판소에 그 권리를 구제해 주도록 청구하는 제도이다.

① 권한 쟁의 심판
② 헌법 소원 심판
③ 형사 보상 제도
④ 위헌 법률 심판

14 다음 사례에 대한 설명으로 옳지 않은 것은?

> 마틴 루서 킹은 1955년 시내버스 이용의 흑인 차별 대우에 반대하여, 5만 명의 흑인 시민이 참여한 몽고메리 버스 승차 거부 운동을 비폭력적으로 이끌어 승리하였다.

① 정의를 위한 위법 행위이다.
② 비폭력적인 방법으로 이루어졌다.
③ 정의롭지 못한 법이 대상이므로 처벌은 면죄된다.
④ 합법적인 수단을 사용해도 해결되지 않을 때 최후의 수단으로 시도되어야 한다.

15 자본주의의 특징으로 옳지 않은 것은?

① 사유 재산 제도를 바탕으로 한다.
② 경제 활동의 자유가 보장되어야 한다.
③ 수요와 공급에 의해 시장 문제를 해결한다.
④ 모든 사람이 동일한 양의 자원을 분배받는다.

16 신자유주의의 정책 중 옳은 것을 〈보기〉에서 고른 것은?

> **보기**
> ㄱ. 공기업 민영화
> ㄴ. 복지 정책 강화
> ㄷ. 자유 무역 축소
> ㄹ. 정부 규제 완화 및 철폐

① ㄱ, ㄴ　② ㄱ, ㄹ
③ ㄴ, ㄷ　④ ㄷ, ㄹ

17 다음 설명에 해당하는 개념은 무엇인가?

> 실제로 지불한 것은 아니지만 어떤 대안을 선택함에 따라 얻을 수 있었으나 포기한 경제적 이익

① 편익 ② 매몰 비용
③ 암묵적 비용 ④ 명시적 비용

18 다음 중 환율에 대한 설명으로 옳지 않은 것은? (단, 다른 조건은 일정하다고 가정한다.)

① 환율이 상승하면 수입이 증가한다.
② 환율이 하락하면 수출이 감소한다.
③ 환율이 상승하면 외채 상환 부담이 증가한다.
④ 우리나라 화폐 가치가 상승하면 환율이 하락한다.

19 다음에서 설명하는 개념은 무엇인가?

> 지리적으로 가까운 국가끼리 지역 경제 협력체를 구성

① 국제 연합(UN)
② 지역 경제 협력체
③ 세계 무역 기구(WTO)
④ 자유 무역 협정(FTA)

20 다음에서 설명하는 생애 주기는 무엇인가?

> • 수입 발생 시기
> • 결혼을 위한 준비
> • 경제적 독립을 위한 취업 준비

① 아동기 ② 청년기
③ 중·장년기 ④ 노년기

21 역사적 인식을 둘러싼 갈등으로 옳지 않은 것은?

① 일본군 '위안부' 문제
② 야스쿠니 신사 참배 문제
③ 중국과 베트남의 시사 군도 문제
④ 일본의 역사 교과서 왜곡 문제

22 세계화가 가져온 변화로 가장 거리가 먼 것은?

① 국경의 의미가 약해졌다.
② 지역 간 연계가 뚜렷해졌다.
③ 기업 간 경쟁이 치열해졌다.
④ 빈익빈 부익부 현상이 완화되었다.

23 제시된 국제 사회 행위 주체에 대한 설명으로 옳은 것은?

- 그린피스
- 국경 없는 의사회
- 국제 사면 위원회

① 무역을 통한 이익을 추구한다.
② 민간단체나 개인들이 자발적으로 구성한다.
③ 각 정부가 주체가 되어 인권 보호를 위해 노력한다.
④ 독립적인 주권을 행사하는 국제 사회의 가장 기본적인 행위 주체이다.

24 다음에서 설명하는 미래 예측 방법은 무엇인가?

각 분야의 전문가에게 설문을 반복하여 특정한 주제에 대한 전문가 집단의 합의를 도출하는 방법이다.

① 맞춤형 기법
② 전문가 합의법
③ 시나리오 기법
④ 스토리텔링 기법

25 갑의 선택에 따른 기회 비용은 얼마인가?

갑은 ○○회사에서 이벤트로 10,000원 무료 커피 쿠폰을 증정하는 행사에 참여하고 싶어 한다. 하지만 아르바이트 시간과 겹쳐 1시간의 일을 하지 못하여 결국은 아르바이트를 선택하게 된다. 갑은 현재 시간당 8,000원의 임금을 받고 있다.

① 2,000원　② 8,000원
③ 10,000원　④ 18,000원

제 5 교시

제 5 회 과학

01 에너지가 전환되는 과정을 나타낸 예로 옳지 <u>않은</u> 것은?

① 형광등 : 전기 에너지 → 빛에너지
② 선풍기 : 전기 에너지 → 운동 에너지
③ 건전지 : 전기 에너지 → 열에너지
④ 전기 자동차 : 전기 에너지 → 운동 에너지

02 표는 열효율이 같은 열기관 A, B에 공급된 열량과 한 일의 양을 나타낸 것이다. (가)에 해당하는 값은?

	A	B
공급된 열량(J)	100	200
한 일의 양(J)	20	(가)
열효율(%)	20	20

① 10　② 20
③ 30　④ 40

03 백열등 불빛을 분광기에 통과시켰을 때 그림과 같이 모든 파장 영역에서 연속적인 색의 띠가 나타난다. 이 같은 연속적인 색깔의 띠는?

① 연속 스펙트럼　② 쿼크
③ 방출 스펙트럼　④ 흡수 스펙트럼

04 그림은 시간에 따른 우주의 크기 변화를 나타낸 것이다.

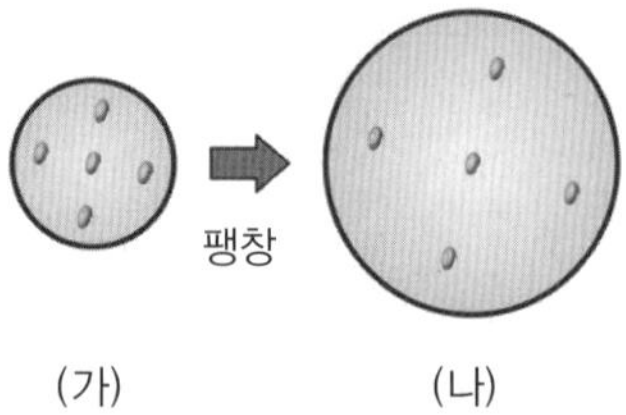

이에 대한 설명으로 옳은 것을 〈보기〉에서 모두 고른 것은?

보기
ㄱ. 우주의 부피는 (가)보다 (나)가 더 크다.
ㄴ. 우주가 팽창하면서 새로운 은하가 생성되었다.
ㄷ. 우주의 질량은 변하지 않는다.

① ㄴ　② ㄱ, ㄴ
③ ㄱ, ㄷ　④ ㄴ, ㄷ

05 물체들이 충돌할 때, 충격량이 같다면 충돌 시간을 길게 하여 충돌 시 물체가 받는 힘을 작게 할 수 있다. 충돌할 때에 충돌 시간을 길게 하여 받는 힘을 줄이는 예로 옳은 것만을 〈보기〉에서 모두 고른 것은?

보기
ㄱ. 자동차에 에어백을 설치한다.
ㄴ. 자동차에 범퍼를 설치한다.
ㄷ. 공기가 충전된 포장재로 물체를 포장한다.

① ㄴ　　② ㄱ, ㄴ
③ ㄱ, ㄷ　　④ ㄱ, ㄴ, ㄷ

06 그림은 탄소 원자 모형과 주기율표를 나타낸 것이다. 주기율표상 탄소 원자에 해당하는 것은?

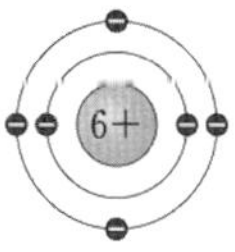

족 / 주기	1	2	13	14	15	16	17	18
1								
2				A			B	
3		C						
4	D							

① A　　② B
③ C　　④ D

07 다음은 세포 호흡과 연소 반응을 나타낸 것이다. ㉠에 공통으로 들어가는 물질은?

- 세포 호흡 : 포도당 + (㉠) → 이산화 탄소 + 물
- 연소 : 에탄올 + (㉠) → 이산화 탄소 + 물

① O_2　　② CO_2
③ N_2　　④ He

08 다음 중 우리 주변에서 볼 수 있는 산화 환원 반응이 아닌 것은?

① 광합성
② 화석 연료의 연소
③ 철의 제련
④ 제산제 복용

09 그림은 식물 세포의 구조를 나타낸 것이다. 생명 활동의 중심으로 유전 정보를 저장하는 DNA가 들어 있는 곳은?

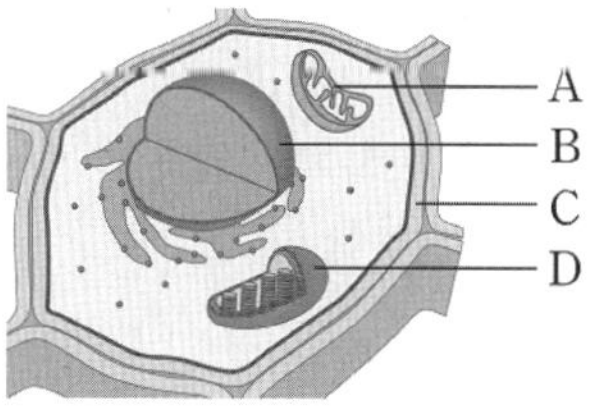

① A　　② B
③ C　　④ D

10 다음은 단백질 합성 과정을 나타낸 것이다. A, B에 알맞은 과정은?

DNA $\xrightarrow{A}$ RNA $\xrightarrow{B}$ 단백질

	A	B
①	변이	전사
②	복제	번역
③	전사	번역
④	번역	전사

11 생태계에 대한 설명으로 옳지 않은 것은?

① 식물 플랑크톤과 동물 플랑크톤은 생산자이다.
② 분해자는 생물의 사체나 배설물을 분해하는 생물로, 세균 등이 해당된다.
③ 물, 공기, 빛 등은 생태계의 구성 요소에 해당한다.
④ 먹이 사슬이 복잡할수록 안정된 생태계이다.

12 다음에서 설명하는 지질 시대는?

- 표준 화석으로 화폐석과 매머드가 있다.
- 4회의 빙하기와 3회의 간빙기가 반복되었다.
- 포유류와 속씨 식물이 번성하였다.

① 선캄브리아 시대 ② 고생대
③ 중생대 ④ 신생대

13 다음 중 DNA 염기의 상보적 관계가 잘못 연결된 것은?

① A – T ② G – C
③ C – G ④ U – T

14 다음은 생물 다양성에 대한 설명이다. A와 B에 들어갈 알맞은 말은?

종 다양성은 생물종의 수가 (A), 각 종의 분포 비율이 (B) 높다.

	A	B
①	적을수록	균등할수록
②	많을수록	불균등할수록
③	많을수록	균등할수록
④	적을수록	불균등할수록

15 다음과 같은 에너지 전환을 통해 전기 에너지를 생산하는 발전 방식은?

퍼텐셜 에너지 → 전기 에너지

① 지열 발전 ② 조류 발전
③ 핵발전 ④ 수력 발전

16 다음 설명에 해당하는 자연 현상은?

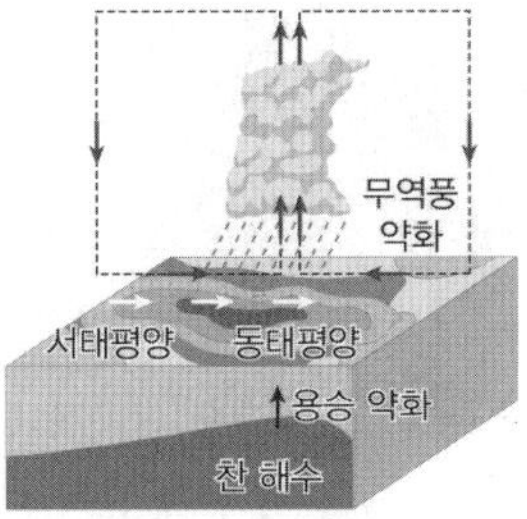

- 무역풍의 약화로 적도 부근 동태평양 해역의 수온이 높은 상태가 지속되는 현상이다.
- 서태평양 지역에 심한 가뭄 피해를 입히기도 한다.

① 수온 약층　② 엘니뇨
③ 먹이 사슬　④ 쿼크

17 다음 중 탄소 순환에 대한 설명으로 옳은 것만을 〈보기〉에서 모두 고른 것은?

보기
ㄱ. 생물권의 탄소는 호흡을 통해 기권으로 이동한다.
ㄴ. 지권의 탄소는 석회암, 화석 연료 형태로 존재한다.
ㄷ. 광합성을 통해 생물권의 탄소가 기권으로 이동한다.

① ㄴ　② ㄱ, ㄴ
③ ㄱ, ㄷ　④ ㄴ, ㄷ

18 다음은 지구계의 상호 작용을 나타낸 것이다.

- 지진에 의해 쓰나미(지진 해일)가 발생하였다.
- 화산 폭발에 의해 기온이 낮아졌다.

공통으로 관여하는 지구 시스템의 구성 요소는?

① 지권　② 기권
③ 수권　④ 생물권

19 그림은 탄소 나노 튜브를 나타낸 것이다.

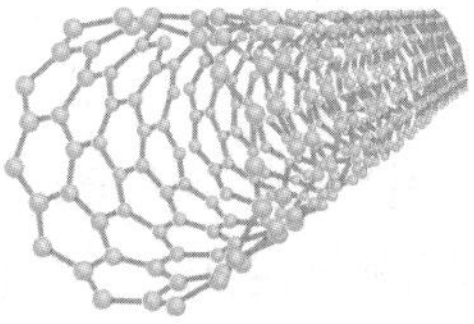

이에 대한 설명으로 옳은 것만을 〈보기〉에서 모두 고른 것은?

보기
ㄱ. 구성 원소는 C(탄소)이다.
ㄴ. 크기가 매우 크기 때문에 강도가 세다.
ㄷ. 그래핀과 구성 원소가 같다.

① ㄴ　② ㄱ, ㄴ
③ ㄱ, ㄷ　④ ㄴ, ㄷ

20 그림은 규산염 광물의 기본 구조인 규산염 사면체(Si–O)를 나타낸 것이다. A~D 중 해당 원소가 다른 것은?

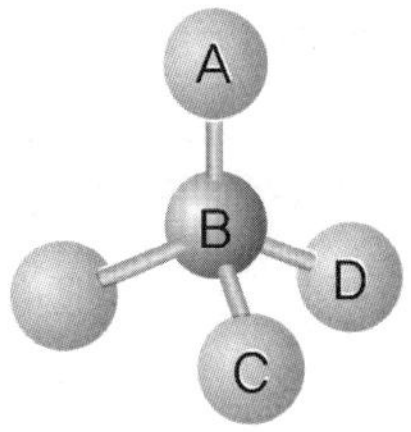

① A ② B
③ C ④ D

21 다음은 송전선 A~D에 흐르는 전류의 세기 및 송전 과정에서 손실되는 전력의 크기를 나타낸 식이다.

	A	B	C	D
전류(A)	2	1	3	0.5

손실 전력 = (전류 세기)^2 × 저항

송전선 A~D의 저항이 모두 같을 때 손실 전력이 가장 큰 것은?

① A ② B
③ C ④ D

22 그림은 핵발전에 이용되는 원자로의 모습이다.

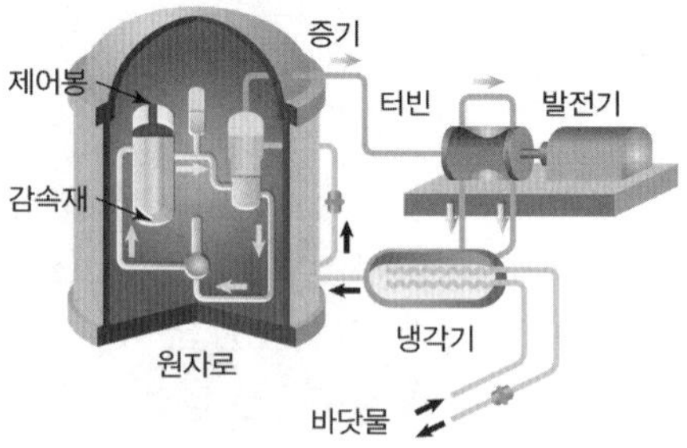

핵분열의 연쇄 반응 속도를 조절하기 위해 중성자를 흡수하여 중성자의 수를 줄이는 장치는?

① 제어봉 ② 터빈
③ 발전기 ④ 냉각기

23 그림과 같이 기술이 사용되는 사회의 필요 및 환경 조건을 고려한 대안으로 해당 지역에서 지속적인 생산과 소비가 가능한 친환경적 기술을 무엇이라고 하는가?

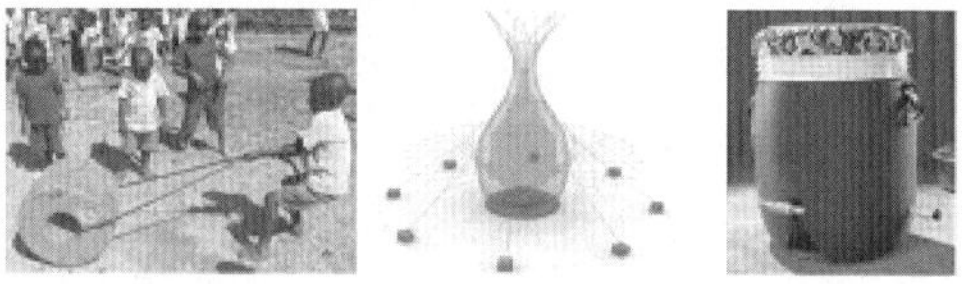

큐-드럼 와카 워터 탑 페달 세탁기

① 친환경 에너지 도시
② 적정 기술
③ 전선 지중화
④ 지구 온난화

24 그림은 양성자와 중성자가 수소 원자핵과 헬륨 원자핵이 되는 과정을 나타낸 것이다.

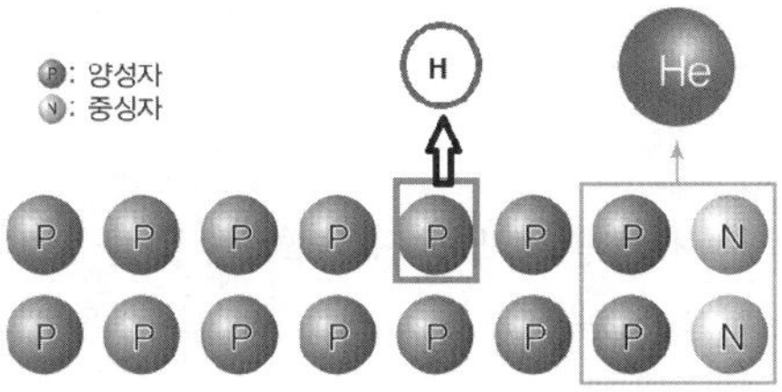

현재 빅뱅 우주론의 증거인 우주의 수소와 헬륨의 질량비는? (단, 양성자와 중성자의 상대적 질량을 1로 둔다.)

① 1 : 2　　② 2 : 1
③ 1 : 3　　④ 3 : 1

25 그림은 기온의 연직 분포를 나타낸 것이다.

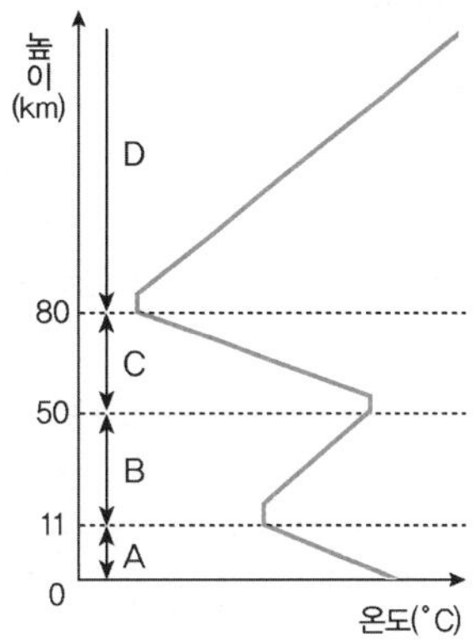

각 층에 대한 설명으로 옳지 <u>않은</u> 것은?

① A는 중간권이다.
② B는 오존층이 있다.
③ C는 기상 현상이 나타나지 않는다.
④ D는 높이 올라갈수록 기온이 높아진다.

제 6 교시

제 5 회 한국사

01 다음은 선사 문화에 대해 정리한 표이다. 알맞지 않은 것은?

	구석기 시대	신석기 시대
경제	① 사냥과 채집	사냥과 채집+농경
주거	동굴	② 움집
도구	③ 주먹도끼	④ 반달 돌칼

02 다음 내용과 관련하여 알 수 있는 발해 문화의 성격은?

- 상경성의 온돌 장치
- 정혜 공주 무덤 양식

① 서민 문화가 발달하였다.
② 벽란도를 통해 주변국과 교류하였다.
③ 당 문화를 적극 수용하였다.
④ 고구려 문화의 전통을 계승하였다.

03 고려 광종의 업적으로 옳은 것을 〈보기〉에서 고른 것은?

보기
ㄱ. 과거제 시행
ㄴ. 4군 6진 설치
ㄷ. 화성 건설
ㄹ. 노비안검법 시행

① ㄱ, ㄴ ② ㄴ, ㄷ
③ ㄴ, ㄹ ④ ㄱ, ㄹ

04 다음은 묘청이 서경 천도의 정당성을 주장하는 내용이다. 이 글에 나타난 묘청의 주장을 뒷받침하는 사상은?

상경(개경)은 왕도로서 기운이 모두 쇠하고 궁궐까지 타 버려 남은 것이 없습니다. 서경에 왕의 기운이 있으니 마땅히 수도로 삼아야 합니다.

① 불교 사상 ② 유교 사상
③ 도교 사상 ④ 풍수지리 사상

05 다음에서 설명하는 사건은?

> • 원인 : 중종 때 조광조가 소격서 폐지, 현량과 실시, 훈구 대신의 공훈 삭제 등을 주장함.
> • 결과 : 훈구 세력이 조광조를 비롯한 사림을 숙청함.

① 반정　　② 사화
③ 예송　　④ 환국

06 다음 기구가 제작된 시기의 과학 기술 발달에 대한 설명으로 옳은 것은?

측우기

앙부일구

① 물시계인 자격루가 제작되었다.
② 일본에 조선술과 축제술을 전파하였다.
③ 거중기를 활용하여 화성을 축조하였다.
④ 곤여만국전도가 전래되어 세계관이 확대되었다.

07 임진왜란의 영향으로 옳은 것을 〈보기〉에서 고른 것은?

> **보기**
> ㄱ. 신분 질서가 동요하였다.
> ㄴ. 황룡사 9층 목탑이 소실되었다.
> ㄷ. 명이 쇠약해지고 만주에서 여진족이 통일되었다.
> ㄹ. 일본에서는 도요토미 히데요시 정권이 세워졌다.

① ㄱ, ㄴ　　② ㄱ, ㄷ
③ ㄴ, ㄹ　　④ ㄷ, ㄹ

08 다음 단체들의 공통점은?

> • 신민회 • 헌정 연구회 • 대한 자강회

① 비밀 테러 단체
② 사회주의 국가 실현
③ 애국 계몽 운동 전개
④ 신문 발행

09 다음 내용과 관련이 있는 단체는?

> • 자주 독립, 자유 민권, 자강 개혁을 주장하였다.
> • 고종의 환궁을 촉구하고 열강의 이권 침탈을 저지하고자 하였다.
> • 한말 애국 계몽 운동에 큰 영향을 주었다.

① 보안회　　② 독립 협회
③ 신민회　　④ 헌정 연구회

10 다음 밑줄 친 '개혁'으로 거리가 먼 것은?

> 대한 제국은 "옛 제도를 근본으로 하고 새로운 제도를 참작한다."라는 구본신참의 개혁 방향을 제시하고 자주 국가로 발전하기 위한 여러 가지 개혁을 추진하였다.

① 지계 발급 ② 원수부 설치
③ 양전 사업 실시 ④ 경복궁 중건

11 일제에게 국권을 빼앗긴 순서로 옳은 것은?

① 외교권 - 군대 해산 - 사법권 - 국권 박탈
② 외교권 - 사법권 - 군대 해산 - 국권 박탈
③ 사법권 - 군대 해산 - 외교권 - 국권 박탈
④ 군대 해산 - 외교권 - 사법권 - 국권 박탈

12 다음 설명에 해당하는 단체는?

> - 안창호, 양기탁 등이 비밀리에 조직하였다.
> - 대성 학교, 오산 학교를 설립하여 인재를 양성하였다.
> - 공화정을 추구하고, 만주에 독립군 기지를 건설하였다.

① 보안회 ② 신민회
③ 일진회 ④ 황국 협회

13 ㉠~㉣에 들어갈 말로 옳지 않은 것은?

> 3·1 운동을 전후하여 국내외 여러 지역에서 임시 정부가 수립되었다. 이후 여러 임시 정부를 하나로 통합하기 위한 논의가 일어났고, 그 결과 한성 정부를 계승한 대한민국 임시 정부가 출범하였다. 임시 정부는 (㉠)을/를 채택하였으며, 대통령에 (㉡), 국무총리에 이동휘를 선출하였다. 이로써 우리나라 최초로 (㉢)에 기초한 (㉣) 정부가 출범하였다.

① ㉠ - 대통령 중심제
② ㉡ - 김구
③ ㉢ - 삼권 분립
④ ㉣ - 민주 공화제

14 1910년대와 1920년대 일제가 시행한 식민 정책이 각각 바르게 연결된 것은?

	1910년대	1920년대
①	헌병 경찰제	조선 태형령
②	민족 말살 정책	회사령
③	토지 조사 사업	산미 증식 계획
④	산미 증식 계획	민족 말살 정책

15 다음 인물이 주도한 사건은?

역사 인물 카드

- 이름 : 김좌진
- 활동 : 북로 군정서를 비롯한 독립군 연합 부대가 일본군과 싸워서 큰 승리를 거두었다.

① 살수 대첩 ② 청산리 대첩
③ 명량 대첩 ④ 봉오동 전투

16 다음 인물들의 공통점은?

- 신채호
- 박은식
- 정인보
- 문일평

① 저항적인 시 창작
② 민족적 종교 지도자
③ 한글 연구와 보급 활동
④ 민족의식을 고취하려는 국사 연구

17 1910년대 일제가 시행한 식민 정책이 아닌 것은?

① 교사가 칼을 차고 수업 실시
② 조선 태형령
③ 국가 총동원법
④ 토지 조사 사업

18 다음 설명에 해당하는 일제의 식민 정책은?

- 내선일체 강조, 황국 신민 서사 암송
- 신사 참배 강요, 일본식 성명 강요

① 회사령 ② 문화 통치
③ 헌병 경찰제 ④ 민족 말살 통치

19 밑줄 친 '이 단체'를 조직하는 데 주도적 역할을 한 인물은?

1945년 8월 15일 일본이 패망하자 국내에서는 조선 건국 동맹을 기반으로 이 단체를 결성하였다. 이 단체는 전국에 지부를 만들고 치안대를 조직하여 사회 질서를 유지하기 위해 노력하였다.

① 김구 ② 이승만
③ 여운형 ④ 양세봉

20 다음의 국제회의를 개최된 순서대로 바르게 나열한 것은?

ㄱ. 카이로 회담
ㄴ. 미・소 공동 위원회
ㄷ. 모스크바 3국 외상 회의

① ㄱ – ㄴ – ㄷ ② ㄱ – ㄷ – ㄴ
③ ㄷ – ㄱ – ㄴ ④ ㄷ – ㄴ – ㄱ

21 ㉠~㉣에 들어갈 내용으로 옳지 <u>않은</u> 것은?

> 1948년 남한에서는 유엔의 감시 아래 총선거가 실시되었다. (㉠)은/는 만 21세 이상 성인 남녀의 투표권을 인정한 우리나라 최초의 (㉡)였다. 선거를 통해 구성된 (㉢)은/는 국호를 정하고, 헌법을 제정하였다. 국회에서 선출된 초대 대통령 (㉣)은/는 1948년 8월 15일 대한민국의 수립을 선포하였다.

① ㉠ - 3·15 선거
② ㉡ - 보통 선거
③ ㉢ - 제헌 국회
④ ㉣ - 이승만

22 대한민국의 농지 개혁에 대한 설명으로 옳은 것은?

① 박정희 정부가 추진하였다.
② 무상 몰수·무상 분배를 원칙으로 하였다.
③ 농지 개혁의 결과 자영농이 증가하였다.
④ 개혁을 위해 '반민족 행위 처벌법'을 제정하였다.

23 ㉠의 구체적인 내용으로 옳은 것은?

> 박정희 정부는 경제 개발에 필요한 자금을 ㉠ <u>국외로부터 마련</u>하여 충당하였다.

① 개성 공단 설치
② 88올림픽 개최
③ 한·일 국교 정상화
④ 국제 통화 기금(IMF)의 구제 금융

24 다음 사건들을 바탕으로 확인해 볼 수 있는 탐구 활동으로 가장 적절한 것은?

> • 대통령 직선제 개헌 운동
> • 4·13 호헌 조치 발표
> • 박종철 고문치사 사건 발생
> • 이한열의 최루탄 피격

① 포츠담 회담의 의의
② 6월 민주 항쟁의 배경
③ 광주 학생 항일 운동의 계기
④ 실력 양성 운동의 전개 과정

25 다음 공동 선언문과 관련된 내용으로 옳은 것은?

> • 남과 북은 나라의 통일 문제를 그 주인인 우리 민족끼리 서로 힘을 합쳐 자주적으로 해결해 나가기로 하였다.
> • 남과 북은 나라의 통일을 위한 남측의 연합제 안과 북측의 낮은 단계의 연방제 안이 서로 공통성이 있다고 인정하고 앞으로 이 방향에서 통일을 지향시켜 나가기로 하였다.

① 6·15 남북 공동 선언의 내용이다.
② 1948년 남북 협상에서 논의되었다.
③ 판문점에서 열린 남북 정상 회담에서 합의되었다.
④ 노태우 정부 때 발표되었다.

제 5 회 도덕

01 다음 중 ㉠, ㉡에 들어갈 말을 짝지은 것으로 옳은 것은?

> • 유교에서는 인격 수양 방법으로 사욕을 제거하고 예를 회복하는 (㉠)을/를 제시하였다.
> • 불교에서는 우주 만물이 (㉡)의 원리에 따라 생겨난다고 보았다.

	㉠	㉡
①	극기복례	연기설
②	대동사회	무위자연
③	연기설	대동사회
④	극기복례	무위자연

02 다음 ㉠에 공통으로 들어갈 용어로 적절한 것은?

> • 에피쿠로스는 살아 있는 동안은 아직 (㉠)을 경험하지 못하고, (㉠)의 상태에서 더는 우리의 의식이 살아 활동할 수 없다고 말하였다.
> • 공자는 생(生)에 대해서 모르는데 (㉠)에 대해 어떻게 알 수 있느냐고 반문하였다.

① 삶 ② 죽음
③ 고통 ④ 행복

03 정보 기술 발달의 긍정적 측면으로 옳지 않은 것은?

① 기술이 주는 편리함을 누리며 맹목적으로 기술을 수용할 수 있게 된다.
② 세계 다양한 사람들과 직접 교류할 수 있게 된다.
③ 대중의 정치 참여 기회가 확대된다.
④ 은행 업무 등 일상적인 업무를 빠르게 처리할 수 있게 된다.

04 윤리 문제 탐구에 있어서 올바른 자세는?

① 윤리적 탐구는 실천과 관계가 없다.
② 상대방의 판단이라면 무조건 따른다.
③ 근거가 되는 도덕 원리의 정당성을 검증한다.
④ 탐구 과정에서 합리적 사고는 발휘할 필요가 없다.

05 다음에서 설명하는 도덕 원리의 타당성을 검토하는 방법으로 옳은 것은?

> 도덕 원리를 자신에게 적용했을 때도 받아들일 수 있는지 확인하는 방법

① 포섭 검사법
② 역할 교환 검사법
③ 반증 사례 검사법
④ 보편화 가능성 검사법

06 교정적 정의에 대한 관점 중 나머지와 <u>다른</u> 하나는?

① 처벌은 사회가 도입한 필요악이다.
② 위법 행위를 하면 그에 상응하는 처벌을 받아야 한다.
③ 처벌로 생긴 손실이 위법 행위로 얻은 이익보다 커야 한다.
④ 처벌은 범죄 예방과 사회 전체의 행복 증진에 기여할 때 정당하다.

07 사회 윤리에 대한 설명으로 옳지 <u>않은</u> 것은?

① 사회 제도 개선으로 사회 문제를 해결할 수 있다고 본다.
② 사회 문제의 원인을 사회 구조에서 찾을 수 있다고 본다.
③ 개인의 양심에 따라 도덕적인 사회를 만들 수 있다고 본다.
④ 사회가 복잡해지면서 개인이 혼자 해결할 수 없는 문제가 많이 등장하며 필요해졌다.

08 다음과 같은 '정의의 원칙'에 해당되지 <u>않는</u> 사례는?

> 사회적·경제적 불평등은 최소 수혜자에게 최대의 이익을 보장하되, 후세를 위한 절약의 원칙에 위배되지 않도록 조정되어야 한다.

① 성인 영화 관람의 제한 연령을 15세로 낮춘다.
② 독거 노인을 위한 사회 보장 제도를 확충한다.
③ 농어촌 출신의 학생들에게 대학 특례 입학 자격을 부여한다.
④ 저소득층 근로자들의 근로 소득세를 감면해 준다.

09 다음 글의 ㉠에 들어갈 윤리 사상으로 알맞은 것은?

> (　㉠　)는 가장 좋은 결과를 가져오는 행위, 즉 '최대 다수의 최대 행복'을 산출하는 행위를 옳다고 보았다. 또한 '쾌락' 또는 '행복'을 그 자체가 목적으로 추구되는 가치, 즉 본래적 가치로 본다.

① 덕 윤리　　② 공리주의
③ 담론 윤리　　④ 의무론적 윤리

10 다음 주장을 한 사상가는?

> 기존 윤리는 과학 기술의 문제를 해결하는 데 한계가 있다. 인간에게는 현재뿐만 아니라 미래까지, 인간뿐만 아니라 모든 생명체를 보존해야 할 책임이 있다.

① 칸트 ② 벤담
③ 요나스 ④ 오펜하이머

11 정치 참여의 필요성을 〈보기〉에서 고른 것은?

> **보기**
> ㄱ. 보편적 진리를 깨달은 철인에 의한 통치를 보장한다.
> ㄴ. 사회의 여러 계급 제도가 안전하게 공고화하도록 한다.
> ㄷ. 국가 권력이 부당하게 개인의 권리를 침해하는 것을 막을 수 있다.
> ㄹ. 시민 각자의 정치적 견해나 선호를 공공 정책에 반영할 수 있게 한다.

① ㄱ, ㄴ ② ㄱ, ㄷ
③ ㄴ, ㄷ ④ ㄷ, ㄹ

12 지속 가능한 발전과 관련 <u>없는</u> 것은?

① 윤리적 소비
② 녹색 성장 지향
③ 자연 개발 강조
④ 국제 협력 구축

13 담론 윤리에 대한 설명으로 옳지 <u>않은</u> 것은?

① 다른 사람의 주장을 거부해서는 안 된다.
② 당사자들은 타당한 규범을 따를 때 나타날 수 있는 부작용을 받아들여야 한다.
③ 서로를 이해하여 합의를 이루어 나가는 과정을 중시한다.
④ 생활에서 의사소통의 합리성을 전제로 한다.

14 북한 이탈 주민의 정착을 돕기 위한 노력으로 가장 거리가 <u>먼</u> 것은?

① 북한 이탈 주민이 자립, 자활할 수 있도록 지원하는 사회 제도를 만드는 사회적 노력을 기울인다.
② 북한 이탈 주민이 소외감을 느끼지 않도록 배려한다.
③ 북한 이탈 주민에 대해 편견을 갖고 차별하는 일이 없도록 한다.
④ 북한 이탈 청소년과 활발하게 교류하면서 필요한 정보를 제공해 주는 정서적 지지를 보낸다.

15 **다문화 사회의 특징으로 옳지 <u>않은</u> 것은?**

① 국가 간의 교류와 협력이 활발해지는 세계화 현상과 관련이 있다.
② 통일성보다 다양성을 강조한다.
③ 개인 간의 차이보다 동일성을 강조한다.
④ 단일성보다 다원성을 강조한다.

16 **테일러(Taylor, P.)의 생명 중심주의 윤리에 대한 설명으로 옳은 것은?**

① 전일론적 관점을 주장하였다.
② 인간에 대한 도덕적 의무만을 강조하였다.
③ 모든 생명체의 고유한 가치를 인정하였다.
④ 도덕적 고려의 범위를 동물에까지 확대하였다.

17 **다음 설명에 해당하는 입장으로 옳은 것은?**

> 결혼을 하지 않아도 사랑을 한다면 성적 행위가 허용된다고 본다.

① 보수주의　　② 중도주의
③ 자유주의　　④ 도덕주의

18 **생태 중심주의에 대한 설명으로 옳지 <u>않은</u> 것은?**

① 도덕적 고려의 범위에서 개별 생명체가 아닌 무생물은 제외된다.
② 전일론적 관점에서 종이나 생태계까지 존중한다.
③ 개별 생명체의 가치보다 생명 공동체의 선을 앞세운다.
④ 환경 파시즘으로 흐를 위험성이 있다.

19 **통일을 위한 노력으로 가장 적절한 것은?**

① 무력을 통해서라도 시급한 지리적 통일 추진
② 정치 지도자 간의 제도적 통일 우선 합의
③ 남북한 차이를 인정하며 동질성 회복
④ 일방적 헌신과 무한한 이해

20 **국제 분쟁을 해결하는 자세로 바람직한 것은?**

① 약소국의 여건 개선을 위한 제도를 마련한다.
② 자국 문화의 우월성을 강조한다.
③ 선진국의 입장에서 문제를 해결한다.
④ 자국의 이익을 최우선으로 추구한다.

21 다음 글의 밑줄 친 '문제점'에 해당하는 사례로 옳은 것은?

> 세계화에 비판적인 사람들은 세계화가 경제 및 문화적 측면에서 여러 가지 <u>문제점</u>을 초래한다고 지적한다.

① 세계 시민으로서의 정체성을 획득하게 된다.
② 일부 강대국이 자본과 시장을 독점한다.
③ 민족의 고유성과 지역성이 강화된다.
④ 인류의 보편적 가치가 지역 문화에도 적용되게 된다.

22 공직자 윤리를 강화하기 위한 방안으로 나머지와 성격이 <u>다른</u> 하나는?

① 고위 공직자의 재산을 공개하는 제도를 시행한다.
② 공직자 개인의 윤리 의식을 높인다.
③ 고위 공직자 임명 시 국회 인사 청문회를 개최한다.
④ 부패 방지법을 시행한다.

23 과학 기술의 긍정적 측면으로 옳지 <u>않은</u> 것은?

① 인간 사회를 더욱 개방된 모습으로 변화시켰다.
② 물질적 풍요를 누리게 해 주었다.
③ 자연을 도구적 가치로 이해하게 하였다.
④ 인류의 식량난 해결에 기여하고 있다.

24 다음과 같은 사회적 상황에서 성 역할에 대해 가져야 할 올바른 태도는?

> • 사회가 급속하게 변하고 있다.
> • 여성의 사회적 역할이 커지고 있다.
> • 주어진 상황에서 가장 효과적인 결정을 해야 하는 일이 많아지고 있다.

① 남성은 모험적인 일에, 여성은 아름다움을 추구하는 일에 종사한다.
② 남성은 가정 경제를, 여성은 가사와 자녀 양육을 책임진다.
③ 남녀의 역할을 엄격히 구분한다.
④ 양성평등을 실현하여 남녀가 상호 보완 관계로 조화를 이룬다.

25 다음 (가)~(다)의 해외 원조에 대한 입장을 대변하는 사상가로 바르게 연결된 것은?

> 원조를 하는 이유는 무엇입니까?
> (가) : 고통받는 사람들을 돕는 것은 당연한 의무죠.
> (나) : 부패한 사회 구조를 개선해 줄 의무가 있죠.
> (다) : 내 돈이 뜻깊은 일에 사용되니까 자발적으로 도와주는 거예요.

	(가)	(나)	(다)
①	싱어	롤스	노직
②	노직	싱어	롤스
③	롤스	노직	싱어
④	싱어	노직	롤스

고졸
검정고시

실전 모의고사

인터넷 강의
검스타트
www.gumstart.co.kr

연습은 실전처럼!

2024 고졸 검정고시

실전모의고사

정답 및 해설

고졸 검정고시

실전 모의고사

제 1 회 정답 및 해설

제1교시 국어

01 ①	02 ③	03 ④	04 ③	05 ②
06 ④	07 ①	08 ③	09 ①	10 ②
11 ③	12 ②	13 ④	14 ①	15 ③
16 ④	17 ③	18 ③	19 ①	20 ③
21 ①	22 ③	23 ④	24 ①	25 ③

01 정답 ①

대화에 참여하는 사람들은 상호 협력하여 성공적으로 대화를 이끌어야 하는데, 이를 위해서는 대화에서 필요한 만큼만 정보를 제공해야 한다. 하지만 진우는 선유의 질문에 대해 불필요하게 많은 정보를 나열하여 오히려 대화의 자연스러운 진행을 방해하고 있다.

02 정답 ③

속상한 친구의 감정에 공감하며 말하기 위해 감정에 동의하는 표현을 사용하는 것이 바람직하다.

03 정답 ④

'ㄱ, ㅂ' 받침 뒤에서 나는 된소리는, 같은 음절이나 비슷한 음절이 겹쳐 나는 경우가 아니면 된소리로 적지 아니하므로 깍두기는 [깍뚜기]로 발음되지만 된소리로 적지 않는다.

오답피하기

① 'ㅓ'와 'ㅐ'처럼 두 모음 사이에서 나는 된소리는 뚜렷한 까닭이 없으므로 된소리로 표기한다.

②, ③ 'ㄴ, ㄹ, ㅁ, ㅇ' 받침 뒤에서 나는 된소리는 뚜렷한 까닭이 없으므로 된소리로 표기한다.

04 정답 ③

㉢ '여·름'은 '열매'의 의미로 사용되었다.

05 정답 ②

어두 자음군은 단어의 첫머리에 오는 둘 또는 그 이상의 자음의 연속체로 '쑴'의 'ㅺ', '짜(地)'의 'ㅼ' 등을 뜻하는데 제시문에서는 사용되지 않고 있다.

오답피하기

① '브ᄅᆞ·매'에서 이어적기가 적용된다.

③ '남·ᄀᆞᆫ', '·ᄆᆞ·ᄅᆞᆫ'에서 모음조화를 볼 수 있다.

④ ':식·미' 등에서 글자 왼쪽에 성조를 나타내는 방점을 확인할 수 있다.

06 정답 ④

'막혔다'는 피동접미사 '-히-'가 결합된 피동사로 적절한 표현이다.

오답피하기

① '보여진다'는 동사 '보다'에 피동접미사 '-이-'와 '-어진다'가 결합되었으므로 이중피동 표현이다.

② '불려지는'은 동사 '부르다'에 피동접미사 '-이-'와 '-어지는'이 결합되었으므로 이중피동 표현이다.

③ '풀려지지'는 동사 '풀다'에 피동접미사 '-리-'와 '-어지지'가 결합되었으므로 이중피동 표현이다.

07 정답 ①

학생 1이 타당한 근거가 아닌 동물의 고통과 감정을 근거로 제시하고 있기 때문에 동정, 연민, 공포, 증오 등의 감정에 호소해서 논지를 받아들이게 하는 '감정에의 오류'를 범하고 있다.

[08~09] 작자 미상, 「가시리」

| 갈래 | 고려 가요
| 성격 | 서정적, 전통적
| 주제 | 이별의 정한
| 특징 |
- 3·3·2조 3음보, 전4연, 분연체
- 연마다 후렴구가 붙는 전형적인 속요의 양식
- 기승전결의 구성
- 애이불비(哀而不悲), 절망하지 않는 긍정적 자세

08 정답 ③

㉢ '아니 올세라'의 뜻은 '안 올까봐 두렵습니다.'이다.

09 정답 ①

(가)에 드러난 정서는 이별의 확인과 안타까움, (나)에 드러난 정서는 슬픔의 고조, (다)에 드러난 정서는 감정의 절제와 체념, (라)에 드러난 정서는 재회에 대한 소망과 기원이다.

[10~12] 강은교, 「우리가 물이 되어」

| 갈래 | 자유시, 서정시
| 성격 | 상징적, 의지적
| 주제 | 조화로운 합일과 생명력이 충만한 세계에 대한 소망
| 특징 |
- 현재와 미래를 대비하여 화자의 지향점 제시
- 가정법의 형태로 간절한 소망을 드러냄.
- 물과 불의 대립적 이미지를 활용하여 주제 의식 강조
- 명령 표현으로 소망의 간절함 제시

10 정답 ②

이 시는 대립적인 시어인 '물'과 '불'의 대립을 사용하여 시상을 전개한다. 또한 '~다면'의 가정법으로 새로운 세계에 대한 소망을 드러내며 마지막 행의 '넓고 깨끗한 하늘로 오라.'의 명령 표현을 통해 화자의 의지를 드러내고 있다.

11 정답 ③

시어 '물'이 함축하고 있는 의미는 포용, 정화, 생명력 등이다.

③ 소멸은 대립되는 시어인 '불'이 함축하고 있는 의미이다.

12 정답 ②

'가문 어느 집'은 '가문'이라는 시어에서 볼 수 있듯이 이 '집'이 처한 피폐하고 궁핍한 상황을 의미하고 있으며, '물'을 통해 힘을 얻는 존재이다.
'죽은 나무뿌리' 또한 '죽은'이라는 시어를 통해 알 수 있듯이 부정적인 상황에 있는 대상이며, 화자가 '물'로 적셔 주기를 기대하는 대상이라는 점에서 그 성격이 유사하다.

ⓧ 오답피하기

④ '숯이 된 뼈'는 죽음을 맞아 이미 생명을 잃어버린 존재로, '물'로 인해 다시 힘을 얻을 수 있는 것이 아니다.

13 정답 ④

'올바른 팬덤 문화는 청소년들의 건전한 문화 향유 방법이다.'라는 주장은 팬덤 문화에 대해 긍정적인 인식을 심어 주기 위한 것이므로, 팬덤 문화가 가진 긍정적인 영향력을 근거로 활용하는 것이 적절하다.
ㄱ, ㄴ, ㄷ은 모두 팬덤 문화의 순기능에 해당하므로 제시된 주장을 뒷받침하는 근거로 적절하다고 볼 수 있다.

[14~16] 김유정, 「봄·봄」

| 갈래 | 현대 소설, 농촌 소설, 순수 소설
| 성격 | 해학적, 비판적, 풍자적, 향토적
| 시점 | 1인칭 주인공 시점
| 주제 | 어리숙하고 순박한 데릴사위와 그를 이용하는 교활한 장인 간의 해학적 갈등
| 특징 |
- 주인공의 회상과 함께 역순행식 구성
- 토속어, 사투리, 비속어 사용
- 결말을 중간에 삽입, 긴장감과 해학적 여운의 효과

14 정답 ①

작품 속 등장인물인 '나'가 상황을 서술하는 1인칭 주인공 시점이다.

오답피하기

② '나'는 점순이를 좋아하며 일을 잘하고, 다소 어리숙하지만 순박하다.
③ 장인은 배 참봉 댁 마름으로 욕을 잘하고 욕심이 많은, 거칠고 돈에 인색한 인물이다.
④ 글 전반에 걸쳐 토속어를 사용하여 향토성을 표현하였다.

15 정답 ③

갈등의 원인은 '점순'과 '나'의 성례이고, 갈등을 해결하지 못하는 표면적 이유는 자라지 않는 점순이의 키 때문이다.

16 정답 ④

'어리숙한 데릴사위와 그를 이용하는 교활한 장인 간의 해학적 갈등'이 이 글의 주제이다.

오답피하기

① 1930년대를 배경으로 하나 일제 강점기 농촌의 어려운 모습은 나타나지 않는다.
② 나와 점순이의 애틋한 사랑은 나타나지 않는다.
③ 마름인 '장인'의 모습이 부정적으로 묘사되었다.

[17~19] 작자 미상, 「장끼전」

| 갈래 | 국문 소설, 우화 소설, 의인 소설, 판소리계 소설
| 성격 | 우화적(寓話的), 풍자적, 해학적
| 시점 | 전지적 작가 시점
| 주제 | 조선조의 남존여비(男尊女卑)와 개가금지(改嫁禁止) 사상에 대한 비판과 풍자
| 특징 |
- 운문과 산문이 혼용된 문체
- 세련된 한문투의 언어와 평민층의 발랄한 속어 및 재담의 사용
- 삶의 고통을 구수한 해학과 신랄한 풍자로 풀어냄.

17 정답 ③

ⓐ '붉은 콩 한 알'로 인해 장끼는 덫에 걸려 죽음을 맞이한다. 까투리가 타당한 근거를 들어 만류했음에도 불구하고 장끼는 다른 의견을 보이며 고집을 부린다. 따라서 ⓐ가 고민을 해결해 준다는 것은 잘못된 해석이다.

18 정답 ③

이 글은 겨울철 한 들판에서의 이야기로 이루어져 있다. 따라서 공간의 이동이 나타나지 않는다.

오답피하기

① '꾸벅꾸벅', '조츰조츰', '와지끈', '뚝딱', '푸드드득 푸드드득' 등의 음성 상징어가 쓰였다.
② 주인공이 장끼와 까투리이다.
④ 양반의 전아한 문체와 평민들의 속어가 함께 존재하는 문체에서 판소리 사설의 느낌을 찾을 수 있다.

19 정답 ①

남편이 죽어 슬픈 까투리의 심리는 슬프고 분하여 마음이 북받친다는 의미의 '비분강개'와 가장 잘 어울린다.

오답피하기

② 간담상조(肝膽相照) : 서로 속마음을 털어놓고 친하게 사귐.
③ 견물생심(見物生心) : 물건을 보면 그것을 가지고 싶은 욕심이 생김.
④ 교언영색(巧言令色) : 말을 교묘하게 하고 얼굴빛을 꾸밈.

20 정답 ③

온난화를 막기 위해서는 오히려 생물의 다양성을 유지해야 한다고 이야기하고 있다.

21 정답 ①

이 글은 급속한 지구 온난화를 막고 더 이상 진행되지 않도록 방지해야 한다는 내용이므로 일이 이미 잘못된 뒤에는 손을 써도 소용이 없다는 뜻의 속담인 '소 잃고 외양간 고친다.'가 가장 적당하다.

오답피하기

② 내가 남에게 말이나 행동을 좋게 해야 남도 나에게 말과 행동을 좋게 한다는 뜻으로 내용에 어울리지 않는다.

③ 아무리 좋은 일이라도 배가 불러야 흥이 난다는 뜻이므로 어울리지 않는다.

④ 보잘것없던 집안에 영화로운 일이 생기게 된 경우를 비유적으로 이르는 말로 내용에 어울리지 않는다.

22 정답 ③

문맥적 의미를 생각해 보면 '전도(顚倒)'는 '차례, 위치, 이치, 가치관 따위가 뒤바뀌어 원래와 달리 거꾸로 됨.'이 더 적합하다.

23 정답 ④

'message'는 외래어 표기법에 따라 '메시지'로 쓰는 것이 옳기 때문에 고쳐쓰기의 대상이 되지 않는다.

24 정답 ①

이 글은 폐기물 관리에 대한 주장을 펼치기 위해, 종이컵, 마분지 홀더, 병 주스, 플라스틱 용기 등을 예로 들어 독자의 이해를 돕고 있다.

25 정답 ③

이 글에서 말하고 있는 내용은 재이용, 재활용 등을 통해 폐기물의 양을 줄이고자 하는 것이기 때문에 다른 실천 방법보다 일회용 봉투를 이용하지 않기 위해 장바구니를 준비한다는 내용이 가장 적절하다.

제2교시 수학

01 ②	02 ②	03 ④	04 ③	05 ②
06 ①	07 ④	08 ②	09 ①	10 ③
11 ④	12 ①	13 ③	14 ④	15 ④
16 ①	17 ③	18 ③	19 ①	20 ②

01 정답 ②

$A=x^2-3x+4$, $B=3x+1$이므로

$A+B=(x^2-3x+4)+(3x+1)$

$=x^2+(-3+3)x+(4+1)=x^2+5$

따라서 정답은 ②이다.

02 정답 ②

x에 대한 항등식이므로 x에 대해 정리한 후 동류항끼리의 계수를 비교하여 좌변과 우변을 같게 하면, 항등식이 성립한다.

좌변과 우변의 이차항의 계수는 각각 a와 2이므로 $a=2$

따라서 정답은 ②이다.

03 정답 ④

다항식 x^3+2x^2+ax+1을 $P(x)$라 하면,

$P(x)=x^3+2x^2+ax+1$

$P(x)$가 $x+1$로 나누어떨어지므로, 인수정리에 의해 $P(-1)=0$이다.

⇨ $P(-1)=-1+2-a+1=0$

$\therefore a=2$

따라서 정답은 ④이다.

04 정답 ③

인수분해 공식 $x^3+y^3=(x+y)(x^2-xy+y^2)$

을 이용하기 위해 y의 자리에 4를 대입하여 표현하면,

$x^3+4^3=(x+4)(x^2-x\times4+4^2)$이 된다.

그러므로 $a=4$임을 알 수 있다.

따라서 정답은 ③이다.

05 정답 ②

복소수가 서로 같으려면, 실수부분과 허수부분이 각각 같아야 한다.
좌변의 실수부분은 $a+1$, 우변의 실수부분은 3이고, 좌변의 허수부분은 -1, 우변의 허수부분은 b이므로 각각 같음을 이용하면, $a=2$, $b=-1$이다.
따라서 정답은 ②이다.

06 정답 ①

이차방정식 $ax^2+bx+c=0$의 근을 판별하는 식을 판별식이라 하며, b^2-4ac와 같다.
이때, b^2-4ac가 양수이면 서로 다른 두 실근을, 0이면 중근을, 음수이면 서로 다른 두 허근을 갖는다.
각각의 보기를 확인하면,

① $b^2-4ac=2^2-4\times1\times(-3)=16$ ⇨ 양수 ⇨ 서로 다른 두 실근
② $b^2-4ac=0^2-4\times1\times1=-4$ ⇨ 음수 ⇨ 서로 다른 두 허근
③ $b^2-4ac=(-4)^2-4\times1\times4=0$ ⇨ 0 ⇨ 중근
④ $b^2-4ac=1^2-4\times1\times2=-7$ ⇨ 음수 ⇨ 서로 다른 두 허근

따라서 정답은 ①이다.

07 정답 ④

구간이 제한된 이차함수의 최댓값과 최솟값은 꼭짓점과 구간의 양 끝값을 이용하여 구한다.

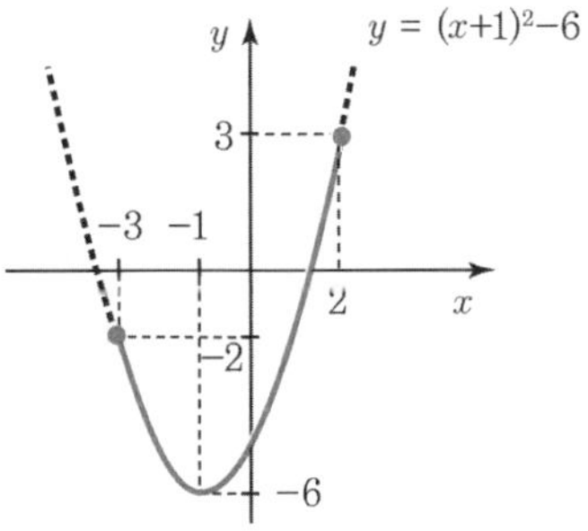

꼭짓점의 좌표는 $(-1, -6)$이므로
$f(x)=(x+1)^2-6$ $(-3\le x\le 2)$이라 놓으면,
$f(-1)=-6$
구간의 양 끝값은 $f(-3)=-2$, $f(2)=3$이다.
그러므로 $f(x)$의 최댓값은 3, 최솟값은 -6이다.
최솟값과 최댓값의 합은 $-6+3=-3$
따라서 정답은 ④이다.

08 정답 ②

연립방정식 $\begin{cases} x+y=-1 & \cdots\cdots ㉠ \\ y+z=3 & \cdots\cdots ㉡ \\ z+x=2 & \cdots\cdots ㉢ \end{cases}$의 해가
$x=-1, y=a, z=b$이므로, $x=-1, y=a, z=b$를 식 ㉠, ㉡, ㉢에 각각 대입하면,
㉠ $-1+a=-1$ ⇨ $a=0$
㉡ $a+b=3$
㉢ $b+(-1)=2$ ⇨ $b=3$
그러므로 연립방정식의 해는 $x=-1, y=0, z=3$이 되고, $a-b$의 값을 구하면,
$a-b=0-3=-3$이다.
따라서 정답은 ②이다.

09 정답 ①

연립부등식의 해는 두 부등식의 해를 각각 구하여, 공통된 범위를 찾아야 한다.
연립부등식 $\begin{cases} x-8\le-3x & \cdots\cdots ㉠ \\ x>-x-2 & \cdots\cdots ㉡ \end{cases}$에서
㉠ $x-8\le-3x$ ⇨ $x+3x\le8$ ⇨ $4x\le8$ ⇨ $x\le2$
㉡ $x>-x-2$ ⇨ $2x>-2$ ⇨ $x>-1$
이고, 두 식의 공통 범위는 $-1<x\le2$이므로,
$a=2$임을 알 수 있다.
따라서 정답은 ①이다.

10 정답 ③

$a<b$인 경우, 이차부등식 $(x-a)(x-b)\ge0$의 해를 구하면, $x\le a$ 또는 $x\ge b$가 된다.
(이때, a, b의 값은 식 $x-a$와 $x-b$가 각각 0이 되는 값이다.)
따라서 이차부등식 $(x+2)(x-1)\ge0$의 해를 구하면, 식 $x+2$와 $x-1$이 각각 0이 되는 x의 값은 -2와 1이

므로 $x \le -2$ 또는 $x \ge 1$이 된다.
따라서 정답은 ③이다.

11 정답 ④

좌표평면 위의 두 점 $\mathrm{A}(x_1, y_1)$, $\mathrm{B}(x_2, y_2)$의 중점의 좌표는 $\left(\frac{x_1+x_2}{2}, \frac{y_1+y_2}{2}\right)$이므로
공식에 대입하면,
중점$=\left(\frac{0+4}{2}, \frac{2+4}{2}\right)=\left(\frac{4}{2}, \frac{6}{2}\right)=(2, 3)$
따라서 정답은 ④이다.

12 정답 ①

서로 수직인 직선의 방정식은 기울기의 곱이 -1이다.
그러므로 직선 $y=-\frac{1}{2}x+6$에 수직인 직선의 기울기는 2이고, 이 직선은 점 $(0, 4)$를 지나므로 y절편이 4인 직선의 방정식이다.
기울기가 a이고 y절편이 b인 직선의 방정식은
$y=ax+b$임을 이용하여 식을 구하면, $y=2x+4$이다.
따라서 정답은 ①이다.

13 정답 ③

중심이 점 $(-4, -1)$이고 반지름의 길이가 2이므로, 중심이 (a, b)이고 반지름의 길이가 r인 원의 방정식이 $(x-a)^2+(y-b)^2=r^2$과 같음을 이용하면,
$(x+4)^2+(y+1)^2=4$가 된다.
따라서 정답은 ③이다.

14 정답 ④

점 $(1, 2)$를 x축의 방향으로 3만큼, y축의 방향으로 -4만큼 평행이동한 점의 좌표는
$(1+3, 2-4)=(4, -2)$
따라서 정답은 ④이다.

15 정답 ④

$A\cap B^C$를 벤다이어그램으로 나타내면 다음과 같다.

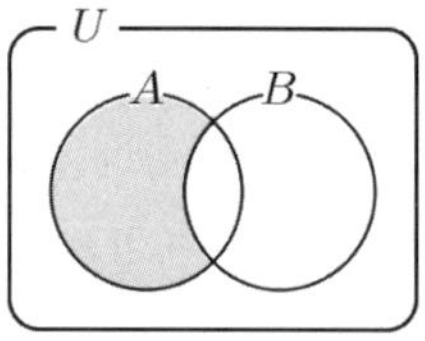

따라서, $A\cap B^C=A-B$가 성립한다. 그러므로 $A-B$를 구하면 된다.
$A-B$는 두 집합 A, B에 대하여 집합 A에는 속하지만 집합 B에는 속하지 않는 모든 원소로 이루어진 집합이다. 즉, $A-B=\{x|x\in A \text{ 그리고 } x\notin B\}$
원소 5는 A, B에 모두 속해 있고, 1, 2, 3은 A에만 속하므로 $A-B=\{1, 2, 3\}$
따라서 정답은 ④이다.

16 정답 ①

① 정삼각형은 이등변삼각형이다. ⇨ 정삼각형의 두 변의 길이가 같으므로 참인 명제이다.
② $x^2=4$이면 $x=2$이다. ⇨ $x^2=4$를 만족하는 x의 값은 $x=2$ 또는 $x=-2$이므로, $x=-2$일 때 거짓이 된다. 따라서 거짓인 명제이다.
③ $x>5$이다. ⇨ x의 값에 따라 참과 거짓이 바뀌므로 명제가 아니다.
④ 사각형의 내각의 합은 180°이다. ⇨ 사각형의 내각의 합은 항상 360°이므로 거짓인 명제이다.
따라서 정답은 ①이다.

17 정답 ③

X에서 Y로의 함수가 되려면 X의 모든 원소에 대응되는 값이 Y에 오직 하나만 있어야 한다. 그러므로 정의역의 각 원소 a에 대하여, y축에 평행한 직선인 $x=a$와 오직 한 점에서 만나면 되고, 어떤 그래프가 $x=a$와 두 점 이상에서 만난다면, 그 그래프는 함수의 그래프가 될 수 없다.
③ 그래프에 x의 값에 대응되는 두 개의 y 값이 있으므로 함수가 아니다.
따라서 정답은 ③이다.

18 정답 ③

분수함수가 평행이동되면 그 점근선도 같이 평행이동되므로, 두 그래프의 점근선을 이용하여 평행이동을 구할 수 있다.

$y=\frac{1}{x}$의 그래프의 점근선은 $x=0$, $y=0$이고,

이것을 x축의 방향으로 a만큼, y축의 방향으로 b만큼 평행이동한 그래프의 점근선은 $x=a$, $y=b$가 된다.

또한, 주어진 분수함수 $y=\frac{1}{x+4}+2$의 그래프의 점근선은 $x=-4$, $y=2$이다.

두 함수가 같으므로 그 점근선 또한 같음을 이용하면,

$(x=a,\ y=b)=(x=-4,\ y=2)$

그러므로 $a=-4$, $b=2$가 되고, $a+b=-2$이다.

따라서 정답은 ③이다.

19 정답 ①

방법 1 서로 다른 3명의 선수가 이어달리기에 참여하는 순서를 정하는 경우의 수는 $3\times2\times1$로 6가지이다.

따라서 정답은 ①이다.

방법 2 3명의 선수 중에서 3명의 선수를 뽑아 이어달리기 순서를 결정하는 경우의 수는 순열의 수이므로 ${}_3P_3=3\times2\times1=6$가지이다.

20 정답 ②

방법 1 서로 다른 5종류의 아이스크림 중에서 3종류를 고르는 방법의 수이므로 $\frac{5\times4\times3}{3\times2\times1}=10$가지이다.

[이때, $3\times2\times1$로 나누는 이유는 3종류의 아이스크림을 선택하였을 때, 순서가 바뀌어도 같은 결과로 보기 때문이다.]

따라서 정답은 ②이다.

방법 2 5개의 서로 다른 아이스크림 중에서 3개를 택하는 경우의 수는 순서를 고려하지 않으므로 조합으로 계산할 수 있다.

그러므로 경우의 수는 ${}_5C_3=\frac{5\times4\times3}{3\times2\times1}=10$가지이다.

제3교시 영어

01 ②	02 ①	03 ③	04 ④	05 ④
06 ③	07 ③	08 ①	09 ③	10 ①
11 ①	12 ③	13 ②	14 ③	15 ③
16 ④	17 ④	18 ③	19 ②	20 ③
21 ④	22 ③	23 ③	24 ③	25 ③

01 정답 ②

해석 그 승강기는 고장이다.

어휘 out of order 고장 난

02 정답 ①

해석 나는 이 문제를 해결하기 위하여 몇 가지 아이디어를 떠올리려고 노력할 거야.

어휘 come up with 떠올리다, 제안하다

solve 해결하다

03 정답 ③

해석 A : 어떻게 많은 것들을 참을 수 있나요?

B : 나는 그냥 그것들을 넘기려고 노력해요.

어휘 put up with 참다

04 정답 ④

해석 ① 빈 – 가득 찬 ② 빠른 – 느린

③ 예의 바른 – 무례한

④ 가는, 날씬한 – 가는, 얇은

해설 ①, ②, ③은 반의어 관계인데 ④는 동의어 관계이다.

05 정답 ④

해석 식물 정원 모임

나무와 꽃들을 좋아하시나요?

우리와 함께 한다면, 당신은 우리 회원들이 소유하고 있는 멋진 정원들을 많이 볼 수 있습니다.

- 시간 : 매주 금요일 오전 11시
- 비용 : 5달러(신규는 2달러)

• 연락처 : botanicman@de.com

어휘 join 참여하다

fabulous 멋진

06 정답 ③

해석 • 커피와 차 중에 어느 것 더 좋으세요?

• 어제 빌려간 책을 주세요.

어휘 borrow 빌리다

해설 선택을 묻는 which와 사물 선행사 뒤에 사용하는 관계대명사로 which가 공통으로 알맞다.

07 정답 ③

해석 • 제게 당신의 이름과 주소를 말해 주시겠어요?

• 당신의 에세이는 현실적인 문제를 다루지 않았습니다.

① 피하다 ② 체포하다

③ 주소, 다루다 ④ 도착하다

어휘 tell 말하다

issue 문제

08 정답 ①

해석 • 나는 그 뉴스에 놀랐다.

• 나는 밤에 공원에서 산책하는 것을 좋아한다.

어휘 be surprised at ~에 놀라다

take a walk 산책하다

park 공원

at night 밤에

09 정답 ③

해석 A : 어이, 새로운 축구 클럽 공지가 있어!

B : 오! 그거 나 관심 있어.

A : 네가 관심 있다면, 가능한 빨리 지원해야 할 거야. 일찍 일어나는 새가 벌레를 잡는 법이야.

B : 그래, 알겠어.

어휘 interest 관심, 흥미

apply for 지원하다

as soon as possible 가능한 빨리

10 정답 ①

해석 A : 올해의 챔피언이 되신 것을 축하합니다.

B : 감사합니다.

A : 지금 기분이 어떠신지 이야기해 주실 수 있나요?

B : 글쎄요, 정말 행복하고 신납니다. 마치 구름 위를 걷는 것 같아요.

① 기쁜 ② 슬픈

③ 화가 난 ④ 실망스러운

어휘 excited 신이 난, 흥분된

as if 마치 ~처럼

해설 'happy and excited'로 보아 B의 심정은 굉장히 기쁘다.

11 정답 ①

해석 A : 이 책들은 할인판매 중인가요?

B : 네, 각각 10달러입니다.

A : 여행에 관한 책이 있나요?

B : 네, 3층에 있습니다.

어휘 on sale 할인판매 중인

each 각각

travel 여행

third floor 3층

해설 책을 판매하는 서점이 알맞다.

12 정답 ③

해석 A : ____________________

B : 물론이죠. 티켓을 보여 주시겠어요?

① 여기서 뭐 하고 있어?

② 언제 거기 갔었어?

③ 좌석 찾는 것을 도와주실 수 있나요?

④ 당신의 사무실은 어디 있나요?

해설 티켓을 보여 주길 원하는 B의 답변으로 보아 A는 좌석이나 티켓과 관련한 정보를 질문하는 것이 적절하다.

13 정답 ②

해석 A : 엄청 피곤해 보여. 무슨 일이야?

B : ________________

① 나 너를 봐서 너무 신이 나.
② 나 어제 밤새 깨어 있었거든.
③ 초대해 줘서 고마워.
④ 햄버거 먹고 싶어.

해설 A는 B에게 피곤해 보이는 이유를 묻고 있으므로 피곤할 이유가 되는 ②가 정답이다.

14 정답 ③

해석 이것은 주로 지구의 개울이나 호수, 바다의 주요 요소로 맛이 없고 거의 무색의 화학 물질이다. 이것은 지구 표면의 71퍼센트를 덮고 있다. 이것은 모든 생명체에 필수적이다. 이것을 안전하게 마시는 것은 인간과 다른 생명체에게 중요하다.

① 불 ② 탄소
③ 물 ④ 산소

어휘 tasteless 맛이 없는, 무미의
nearly 거의
colorless 무색의
chemical 화학의
cover 덮다
vital 필수적인
essential 필수적인, 극히 중요한

해설 지구 표면의 71퍼센트를 차지하고 바다나 개울, 호수의 주요 요소이면서 인간이 필수적으로 마셔야 하는 것은 '물'이다.

15 정답 ③

해석 해리, 네가 취직했다고 들었어.
(A) T은행과 우체국 사이에 있어.
(B) 맞아. 다음 달부터 몰리마켓에서 일할 예정이야.
(C) 나는 그 마켓에 대해 들어본 적이 없어. 어디 있어?

어휘 get a job 취직하다
between 사이에
post office 우체국

해설 주어진 말에 대한 알맞은 답변으로는 직장과 관련된 문장이 알맞으므로 (B)가 적절하다. (A) 문장은 위치를 제시하고 있으므로 위치를 묻는 (C) 뒤에 와야 적절하다.

16 정답 ④

해석 • 외부 음식을 가져오지 마시오.
• 어떤 애완동물도 허락되지 않습니다.
• 극장 안에서는 천천히 그리고 조심히 운전하세요.

어휘 bring 가져오다
be allowed 허락되다

해설 아이들을 주의하라는 문구는 없다.

17 정답 ④

해석 로라에게,
우선, 네 파티에 초대해 줘서 고마워. 파티에서 매 순간이 정말 즐거웠어. 나도 멋진 파티를 열기 위해 계획 중이야. 네가 함께 해줬으면 해. 꼭 와서 파티를 즐겨줘.
날짜 : 8월 23일 오후 7시

어휘 invite 초대하다
enjoy 즐기다
hold 개최하다

18 정답 ③

해석 주머니쥐는 주머니를 가진 쥐이다. 6개의 종으로 구성되어 있다. 주머니쥐의 크기는 고양이와 유사하다. 그들은 과일, 고기, 풀 그리고 먹을 수 있는 것은 어느 것이든지 먹는다. 그들은 꼬리를 사용하여 물건을 집을 수 있다. 만일 그들이 위험에 처하면, 그들은 마치 죽은 것처럼 행동한다.

어휘 mouse 쥐
consist of 구성하다
be similar with ~와 유사하다
hold 잡다
tend to ~하는 경향이 있다.

해설 주어진 글에서 주머니쥐는 초식뿐만 아니라 고기와 과일 어느 것이든 먹는 잡식성이므로 ③이 정답이다.

19 정답 ②

해석 우리의 선조들에게 숲에서 안전하게 머무를 공간을 찾는 것은 중요했다. 숲에서 안전하게 머물 장소를 찾기 위해서 그들은 몇 가지 팁들을 기억해야만 했다.

첫 번째, 그것이 그들을 다른 동물로부터 안전하게 보호해 줘야 한다. 두 번째, 물이 그들의 공간과 가까워야 한다.

어휘 ancestor 선조, 조상
remember 기억하다
protect 보호하다

해설 주어진 글에는 선조들이 안전한 장소를 찾는 방법이 나와 있으므로 ②가 정답이다.

20 정답 ③

해석 관습(풍습)은 나라마다 다르다. 한국에서, 사람들은 거실에서 신발을 벗는다. 하지만 미국인들에게는 거실에서 신발을 신어도 좋다.

① 같다, ② 사다, ③ 다르다, ④ 입다

어휘 custom 관습, 풍습
take off 벗다
wear 신다, 입다

해설 나라마다 관습은 서로 다르다.

21 정답 ④

해석 플라스틱 폐기물은 바다 동물들을 위험에 처하게 한다. 플라스틱 조각들의 혼합물이 작은 유기체로 흘러가고 그들을 아프게 한다. 인간과 모든 생명체는 물에 의존한다. 그래서 우리는 플라스틱으로부터 물을 보호해야 한다.

① 싫어하다 ② 할인하다
③ 떠다니다 ④ 의존하다

어휘 pieces 조각, 부분
flow 흐르다
organism 생물, 유기체
depend on 의존하다

해설 주어진 글은 플라스틱이 물을 오염시키고 동물과 사람을 아프게 한다는 글이므로 문맥상 인간과 동물은 물에 '의존한다'라는 말이 옳다.

22 정답 ③

해석 여러분에게 여름 방학 동안에 멋진 경험을 하라고 말하고 싶습니다. 그것은 여름의 사랑스러운 자원봉사 프로그램입니다. 프로그램에서 여러분은 다양한 일을 할 수 있습니다. 여기 여러분이 참여할 만한 몇몇 모임들이 있습니다.

어휘 volunteer 자원봉사의
various 다양한
participate in ~에 참여하다

해설 마지막 문장으로 이어질 글은 참여할 만한 모임에 대해 설명할 것이라 예측할 수 있다.

23 정답 ③

해석 1998년 9월 4일, 5살 난 소년이 서울의 한 백화점에서 에스컬레이터를 타고 놀고 있었다. 그는 에스컬레이터를 오르락내리락하고 있었다. 처음에는 재미있었다. (그러나 그 순간 그는 심각한 사고를 당했다.) 그는 에스컬레이터에서 넘어졌다. 그의 손가락 두 부분이 날카로운 모서리에 잘렸다.

어휘 serious 심각한
department store 백화점
edge 모서리

해설 주어진 문장은 사고가 일어나는 순간이므로 이미 사고에 대해 언급한 문장 앞인 ③에 들어가는 것이 적절하다.

24 정답 ③

해석 밤에 잘 자는 것이 10대에게 필요하다. 하지만, 그들은 늦은 밤 숙제와 이른 아침 수업 시간 때문에 충분한 잠을 잘 수 없다. 수면 부족은 마음과 몸에 부정적인 영향을 미칠 수 있다. 그것은 10대들의 기억력과 집중력을 떨어뜨린다.

어휘 necessary 필요한 teen 10대
lack 부족 negatively 부정적으로
affect 영향을 미치다 mind 마음
drop 떨어뜨리다 memory 기억력
attention 주의 집중, 집중력

해설 빈칸에는 However가 들어가는 것이 적절하다.

25 정답 ③

해설 10대들에게 충분한 잠이 필요하다는 주장의 글이다.

제4교시 사회

01 ①	02 ②	03 ③	04 ④	05 ④
06 ①	07 ④	08 ①	09 ③	10 ③
11 ②	12 ④	13 ④	14 ③	15 ③
16 ②	17 ①	18 ③	19 ④	20 ④
21 ④	22 ③	23 ④	24 ④	25 ④

01 정답 ①

윤리적 관점은 인간이 욕구와 양심을 바탕으로 행동한다는 점을 인식하고, 도덕적 가치 판단을 통해 사회 현상을 바라본다는 것이다. 따라서 인간 존엄성, 인권, 자유와 평등, 평화와 정의 등의 보편적 가치를 중시한다.

02 정답 ②

제시된 내용은 공간적 관점에 해당한다. 공간적 관점은 지역별로 사회 현상을 살펴보는 관점이다.

03 정답 ③

③은 칸트의 의무론에 대한 내용이다.

ⓧ 오답피하기

① 신과 하나가 되는 삶을 행복으로 보는 관점은 중세의 행복관이다.
② 에피쿠로스는 육체에 고통이 없고 마음에 불안이 없는 아타락시아 상태를 행복으로 본다.
④ 스토아 학파는 정념에 방해받지 않고 초연한 상태인 아파테이아 상태를 행복으로 본다.

04 정답 ④

한대 기후 지역은 최난월 10℃ 미만이기 때문에 농사가 불가능한 기후 지역이다. 순록의 유목과 사냥을 통해 음식을 해결한다.

05 정답 ④

중국에서 발생하여 주로 봄에 편서풍을 타고 우리나라에 영향을 주는 흙먼지를 황사라고 한다. 겨울철에는 땅이 얼어 황사 먼지가 일어나기 어렵다.

06 정답 ①

동물을 잔인하게 다루는 것을 반대하는 이유가 동물을 위해서가 아닌 인간의 심성을 위해서이기 때문에 인간 중심주의의 관점에 해당한다.

07 정답 ④

염화 플루오린화 탄소의 사용량 증가로 오존층이 파괴되면서 많은 자외선이 들어와 피부암·백내장 발병률이 증가하고, 식물 성장 저하 현상이 나타난다.

08 정답 ①

산업화·도시화로 많은 사람이 농촌을 떠나 도시로 이주하는 이촌 향도 현상이 나타났다. 많은 사람들이 도시에 거주하면 토지 이용률은 집약적이고, 공장제 기계 공업으로 상품의 대량 생산이 이루어지고 있다. 전 세계의 산업화는 영국에서 시작된 산업 혁명을 계기로 본격적으로 시작되었다.

09 정답 ③

정보 격차를 줄이기 위한 방안으로 정보 소외 지역과 계층에 컴퓨터를 보급해 주고, 컴퓨터 활용 교육 프로그램 지원 등을 해 주는 방안이 있다.

10 정답 ③

촌락 문제를 해결하기 위해서는 중앙 정부의 주도적 개발보다 촌락 지역의 특성을 살려 지방 자치와 주민들 주도로 이루어지는 균형 방식이 더 적절하다.

11 정답 ②

지역 조사는 조사 주제와 지역 선정 → 실내 조사 → 야외 조사 → 지리 정보의 분석 → 조사 보고서 작성 순이다.

12 정답 ④

제시된 헌법 조항은 국가가 국민의 인권을 보장해야 한다는 의무를 명시하고 있다. 이는 국민 개인이 국가에 대해 인권 보장을 요구할 수 있는 근거가 된다.

13 정답 ④
최초로 사회권을 규정한 독일 바이마르 헌법은 기본권으로 언론·집회·종교·양심의 자유를 인정하고, 의무 교육과 사회 보장제, 노동력 보호 등의 사회권을 규정하였다.

14 정답 ③
시민 불복종의 정당화 조건은 공익성, 공개적, 비폭력, 처벌 감수, 최후의 수단이다.
시민 불복종은 의도적인 위법 행위이다.

15 정답 ③
대공황으로 인해 자유방임주의에 대한 비판이 확산되고, 수정 자본주의로의 변화가 나타나게 되었다. 수정 자본주의는 경제적 자유는 보장하되, 필요에 따라 정부가 경제에 개입하는 것을 허용한다.

16 정답 ②
기회 비용은 특정 재화의 생산을 위해 포기해야 하는 것의 가치이며, 매몰 비용은 합리적 선택에서 고려해서는 안 되는 비용으로 이미 지불하여 회수할 수 없는 비용을 말한다.

17 정답 ①
학교에서 장학금 받을 학생을 선정할 때의 기준으로 갑은 업적에 의한 분배를, 을은 필요에 의한 분배를 제시하고 있다. 업적에 의한 분배는 과열 경쟁을 유도하여 비인간적인 사회를 조성하기도 한다.

18 정답 ③
롤스는 정의를 개인의 기본권을 보장하기 위한 필수적인 덕목으로 보고 있다.

19 정답 ④
공동선 실현은 공동체주의적 정의관에서 강조하는 내용이다. 자유주의는 개인주의에 기반을 두고 개인의 자유와 권리를 최대한 보장하는 것을 국가의 역할로 본다.

20 정답 ④
소를 신성시하는 힌두교의 종교 관습은 다양한 신을 믿으며, 종교 의식의 하나로 갠지스강에서 목욕을 한다.

21 정답 ④
(가) **사회적 지속성** : C. 빈곤 문제 해결을 통한 인간의 기본 수요 충족, 세대 간 형평성 강조 등이 해당된다.
(나) **경제적 지속성** : B. 성장 위주의 정책보다 환경을 고려한 발전을 중시한다.
(다) **환경적 지속성** : A. 인간과 자연의 조화와 균형을 유지하고 생물 종 다양성, 기후 변화에의 대비 등을 고려한다.

22 정답 ③
제시된 내용은 지속 가능한 발전이다. 지속 가능한 발전은 인간과 동물, 그리고 환경에 해를 끼치지 않고 윤리적으로 생산된 상품을 구매하는 것을 중시한다.

23 정답 ④
다국적 기업은 국경을 넘어 생산과 판매 활동을 하는 기업이다. 본사는 본국의 대도시에, 연구 및 개발을 담당하는 연구소는 기술 수준이 높은 선진국에 설립하는 경우가 많은 반면, 생산 기능을 담당하는 공장은 주로 개발 도상국에 입지한다.

24 정답 ④
세계화란 국제 사회의 상호 의존성 증가로 세계가 하나로 통합되는 현상이다.
환경 오염이 심한 공업이 선진국에서 개발 도상국으로 이전하는 현상은 세계화의 부정적인 측면에 해당한다.

25 정답 ④
제시된 내용은 노르웨이 출신 사상가 갈퉁의 주장이다. 전쟁, 테러 등의 직접적 폭력뿐만 아니라 간접적 폭력인 구조적 폭력, 문화적 폭력이 사라진 상태의 적극적 평화를 주장한다.

제5교시 과학

01 ②	02 ④	03 ①	04 ②	05 ①
06 ④	07 ③	08 ③	09 ④	10 ④
11 ④	12 ④	13 ④	14 ③	15 ①
16 ③	17 ②	18 ①	19 ④	20 ①
21 ③	22 ③	23 ④	24 ③	25 ④

01 정답 ②
지열 발전은 지구 내부의 열에너지를 이용한 발전 방식으로 땅속 뜨거운 지하수나 수증기로 물을 끓여 터빈을 돌려 전기 에너지를 생산한다.

02 정답 ④
그래핀은 탄소 원자가 육각형 벌집 모양의 구조를 이룬 물질로 투명하고 유연성이 있으며, 열 전도성이 높고 전기 전도성이 뛰어나다.

03 정답 ①
충격량은 운동량의 변화량과 같다. 운동량의 변화량 = 나중 운동량 − 처음 운동량 = (2kg×10m/s) − (2kg×4m/s) = 12kg・m/s이므로 충격량의 크기는 12N・s이다.

04 정답 ②
물체에 작용하는 중력의 크기를 무게라고 한다.
무게 = 중력 가속도×질량이므로 $10m/s^2 \times 2kg = 20N$이 물체에 작용하는 중력의 크기이다.

05 정답 ①
전자기 유도는 코일 주위에서 자석을 움직일 때나 자석 주위에서 코일을 움직일 때 코일 내부를 지나는 자기장이 변하여 코일에 전류가 유도되어 흐르는 현상으로 이를 활용하여 발전기를 만들 수 있다.

오답피하기

ㄴ. 자석과 코일이 움직이지 않을 때는 자기장이 변하지 않으므로 전자기 유도가 발생하지 않는다.

ㄷ. 발전기에서는 역학적 에너지가 전기 에너지로 전환된다.

06 정답 ④
변압기는 전자기 유도를 이용하며, 감은 수에 비례하여 전압이 변한다. 따라서 1차 코일과 2차 코일의 감은 수의 비가 1 : 100이면, 2차 코일의 전압은 1차 코일의 100배가 된다. 따라서 2V×100 = 200V이다.

07 정답 ③
맨틀 대류를 일으켜 지진, 화산 활동, 판의 운동을 일으키는 에너지는 지구 내부 에너지이다. 지구 내부 에너지는 지구 내부의 방사성 원소의 붕괴로 인해 발생한다.

08 정답 ③
알칼리 금속은 주기율표의 1족에 속하는 금속 원소로 리튬(Li), 나트륨(Na), 칼륨(K) 등이 있다. 알칼리 금속은 은백색 광택이 있고 밀도가 작다. 칼로 쉽게 잘릴 정도로 무른 금속으로 반응성이 매우 커서 산소, 물과 잘 반응한다.

오답피하기

Cl(염소), N(질소), O(산소)는 모두 금속 원소가 아니다.

09 정답 ④
수산화 나트륨(NaOH), 수산화 칼슘($Ca(OH)_2$), 수산화 칼륨(KOH)은 모두 염기로 물에 녹아 수산화 이온(OH^-)을 내놓기 때문에 공통적인 성질을 나타낸다. 페놀프탈레인 용액은 염기가 내놓은 수산화 이온(OH^-)에 의해 붉게 변한다.

10 정답 ④
가장 바깥 전자 껍질에 들어 있는 전자 개수는 탄소 4개, 질소 5개, 산소 6개이므로 이들의 합은 15이다.

11 정답 ④

나트륨은 전자를 1개 잃어서 Na^+ 양이온이 되고, 염소는 전자를 1개 얻어서 Cl^- 음이온이 되면서 나트륨 이온(Na^+)과 염화 이온(Cl^-)은 정전기적 인력으로 결합하여 이온 결합 물질인 염화 나트륨(NaCl)을 생성한다.

12 정답 ④

주기율표에서 같은 주기 원소는 전자가 배치되어 있는 전자 껍질의 수가 같다. 1주기 원소는 전자 껍질의 수가 1개, 2주기 원소는 전자 껍질의 수가 2개, 3주기 원소는 전자 껍질의 수가 3개이므로 전자 껍질의 수가 가장 많은 것은 D이다.

13 정답 ④

ㄴ. (가)는 에너지를 방출하는 발열 반응, (나)는 에너지를 흡수하는 흡열 반응이다.

ㄷ. 세포에서 일어나는 모든 물질대사에는 생체 촉매인 효소가 관여한다.

오답피하기

ㄱ. (가)는 고분자 물질이 저분자로 되는 이화 작용이고, (나)는 저분자 물질이 고분자 물질로 되는 동화 작용이다.

14 정답 ③

ㄷ. 유전 정보에 따라 리보솜에서 단백질이 합성된다.

오답피하기

ㄱ. A는 DNA의 유전 정보가 RNA로 전달되는 과정인 전사로 핵 속에서 일어난다.

ㄴ. B는 RNA의 유전 정보에 따라 단백질이 합성되는 과정인 번역으로 세포질에서 일어난다.

15 정답 ①

탄소 화합물은 탄소로 이루어진 기본 골격에 여러 원소가 결합하여 이루어진 물질을 말한다.

물은 H_2O로 탄소를 포함하지 않는 비탄소 화합물이다.

16 정답 ③

핵산은 DNA와 RNA 두 가지가 있고 폴리뉴클레오타이드 두 가닥이 꼬여 있는 2중 나선 구조는 DNA이다. DNA의 염기는 아데닌(A), 구아닌(G), 사이토신(C), 타이민(T)이다.

U(유라실)은 RNA의 염기이다.

17 정답 ②

식물의 뿌리는 중력을 받아 땅속을 향해 자라고, 기린은 목이 길어 머리까지 혈액을 공급하려면 중력 때문에 심장에서 큰 압력으로 혈액을 밀어내야 하므로 다른 동물에 비해 혈압이 높다.

18 정답 ①

A는 대류권, B는 성층권, C는 중간권, D는 열권이다. A(대류권)는 위로 올라갈수록 기온이 낮아져 공기의 대류 현상이 일어나며 수증기가 있어서 기상 현상도 나타난다.

19 정답 ④

판게아는 고생대 말에 형성되었고 삼엽충은 고생대에 번성한 생물이다.

오답피하기

① 공룡 - 중생대

② 화폐석 - 신생대

③ 암모나이트 - 중생대

20 정답 ①

유전적 다양성은 같은 종의 생물에서 하나의 형질을 결정하는 유전자의 다양한 정도를 뜻하는 것으로, 유전적 다양성이 높은 집단은 다양한 변이를 가지고 있어 환경 변화가 일어나더라도 멸종될 가능성이 낮다.

21 정답 ③

그림은 해양판과 해양판이 멀어지면서 해령이 형성되는 발산형 경계의 모습이다.

ⓧ 오답피하기

① 해구는 해양판이 대륙판 아래로 섭입되는 수렴형 경계에서 나타난다.
② 히말라야 산맥은 대륙판과 대륙판이 충돌하여 형성된 대규모 습곡 산맥으로 수렴형 경계이다.
④ 변환 단층은 판과 판이 어긋나는 보존형 경계에서 나타나는 지형이다.

22 정답 ③

생태 통로는 단편화된 서식지를 연결하여 서식지가 분리되는 것을 막아 주거나 야생 동물이 차에 치여 죽는 것을 줄일 수 있다.

23 정답 ④

질량이 태양보다 10배 이상인 별의 중심부에서는 초거성 단계에서 철이 만들어지고 핵융합 반응이 멈추면, 별이 수축하다가 폭발하여 초신성이 된다. 이때 엄청난 양의 에너지가 발생하여 철보다 무거운 원소인 우라늄이나 금이 만들어진다.

ⓧ 오답피하기

(가) 초거성 단계에서 별의 중심부에서는 철까지 만들어진다.
(나) 주계열성 단계에서 별의 중심부에서는 수소 핵융합 반응으로 헬륨이 생성된다.
(다) 적색 거성 단계는 질량이 태양과 비슷한 별의 진화 과정으로 중심부에서 철보다 가벼운 탄소, 산소까지 만들어진다.

24 정답 ③

광합성은 태양의 빛에너지를 포도당의 화학 에너지로 전환한다.

25 정답 ④

화석 연료는 고생물의 유해가 땅속에 묻힌 후 높은 열과 압력을 받아 만들어진 에너지 자원으로 석탄(고체), 석유(액체), 천연가스(기체) 등이 해당한다.
우라늄은 핵발전의 연료로 화석 연료가 아니다.

제6교시 한국사

01 ③	02 ②	03 ③	04 ④	05 ④
06 ③	07 ③	08 ①	09 ②	10 ④
11 ④	12 ③	13 ②	14 ②	15 ③
16 ①	17 ②	18 ①	19 ③	20 ④
21 ②	22 ④	23 ③	24 ②	25 ②

01 정답 ③

부여의 제가들은 사출도를 통치하였으며, 동예는 다른 부족의 영역을 침범할 경우 소나 말로 배상하는 책화가 있었다.

ⓧ 오답피하기

영고는 부여의 제천행사로, 12월에 열렸다.
서옥제는 고구려의 결혼 풍습이며, 일종의 데릴사위제이다.

02 정답 ②

삼국이 국가 조직의 정비에 힘을 기울여 중앙 집권 국가로 발전하고 있을 무렵 가야는 낙동강 유역의 변한 땅에서 연맹 왕국을 이루고 있었다. 초기 가야 연맹을 주도한 금관가야는 해상 활동에 유리한 입지 조건과 철의 생산 및 교역 활동을 기반으로 성장하였다. 이후 신라 내물왕의 구원 요청으로 고구려의 광개토 대왕이 가야 지역을 공격해 오자 금관가야는 큰 타격을 입고 맹주로서의 지위를 상실하였고, 대가야가 가야 연맹을 주도하게 되었다.

② 6세기에 이르러 가야 연맹은 백제와 신라의 중간에서 두 나라의 압력을 계속 받아 위축되었으며, 각 소국이 독자적인 정치 기반을 유지한 채 그 지배력을 집중시키지 못하고 연맹 왕국 단계에서 멸망하였다.

03 정답 ③

『직지심체요절』은 청주 흥덕사에서 인쇄(1377)되었으며 현존하는 세계에서 가장 오래된 금속 활자본으로, 백운 화상이 석가모니의 뜻을 중요한 대목만 뽑아 해설한 책이다. 2001년 9월 세계 기록 유산으로 등록되었는데 현재 프랑스에 보관되어 있으며, 프랑스의 동양학자인 모리스 쿠랑의 『조선서지』란 책을 통해 유럽 세계에 최초로 알려졌다.

오답피하기

① 팔만대장경은 불교의 힘으로 몽골의 침입을 이겨 내기 위해 만든 것으로 세계 기록 유산으로 지정되어 그 훌륭함을 인정받고 있다.
② 1234년에 『상정고금예문』을 금속 활자로 인쇄하였다는 기록이 있으나 전하지 않는다.
④ 불국사 3층 석탑(석가탑)에서 발견된 무구정광대다라니경은 세계에서 가장 오래된 목판 인쇄물이다.

04 정답 ④

고려 시대 중추원은 왕의 명령을 전달하고 군사 기밀을 다루며 밤중에 궁궐을 지키는 일을 담당하였다.

오답피하기

① 고려 시대 삼사는 화폐와 곡식 출납에 대한 회계를 담당하였다.
② 고려 시대 상서성은 6부를 거느리고 행정을 담당하였다.
③ 고려 시대 어사대는 정치의 잘잘못을 논하고 관리들의 비리를 감찰하는 임무를 맡았다.

더 알고가기

각 시대별 관리 감찰 기구
- 신라 시대 ➜ 사정부
- 고려 시대 ➜ 어사대
- 조선 시대 ➜ 사헌부

05 정답 ④

사림은 조선 건국에 협력하지 않고 지방에서 학문 연구와 교육에 힘쓴 사대부의 제자들이다. 이들은 대부분 지방의 중소 지주 출신이었으며, 도덕과 의리를 바탕으로 하는 왕도 정치를 추구하였다. 성종 대에 이르러 김종직을 시작으로 중앙 관직에 등장한 사림은 주로 언론 기관인 3사에 진출하여 훈구 세력의 잘못을 비판하였다.
④ 사림은 훈구 세력을 견제하고자 하였다.

06 정답 ③

(가)는 인조로, 이 시기에는 친명 배금 정책을 실시하였다. 이로 인해 후금(청)과의 외교 관계가 악화되어 두 번에 걸쳐 호란이 일어났다.

오답피하기

① 예송은 현종, ② 환국은 숙종, ④ 중립 외교 정책은 광해군과 관련 있다.

07 정답 ③

1871년, 미국 함대가 제너럴 셔먼호 사건을 구실로 통상을 요구하며 강화도에 침입(신미양요)하였다. 이에 맞서 어재연이 이끄는 부대가 광성진에서 격렬히 싸웠다. 병인양요 때에는 한성근 부대가 문수산성에서, 양헌수 부대가 정족산성에서 프랑스군을 격퇴하였다. 두 사건은 모두 서양의 통상 요구에 대한 거부 정책을 반영하는 것이다.

08 정답 ①

위정 척사 사상은 성리학적 전통 질서를 지키고 외세의 침략을 물리쳐야 한다는 양반 유생들의 주장이다. 위정 척사 운동은 반외세·반침략적 성격을 가진 민족 운동으로, 1860년대에는 흥선 대원군의 통상 수교 거부 정책을 지지하였으며, 강화도 조약 체결 무렵에는 개항에 반대하였다. 1880년대 초에는 정부의 개화 정책에 반대하였으며, 이후 항일 의병 운동으로 계승되었다. 대표적인 인물은 최익현, 이항로 등이다.

09 정답 ②

지계는 근대적 토지 문서로, 대한 제국이 광무개혁을 추진하면서 발행하였다.

오답피하기

조선은 1894~1895년에 갑오개혁을 추진하여, 신분제·과거제·중국식 연호 등을 폐지하였고, 조세의 금납화·교육 입국 조서 등을 발표하였다. 신분제 폐지와 과부의 재가 허용은 동학 농민 운동에서 주장되었던 사항들이다.

10 정답 ④

주어진 자료는 국채 보상 운동에 관한 내용으로 1907년 국가의 빚을 갚아 우리나라를 지키자는 운동이었다. 대구에서 시작되어 전국으로 확산된 이 운동에 다양한 계층이 참여하여 금주, 금연 등으로 성금을 모았다.

오답피하기

①, ③ 1920년대 후반부터 농촌 계몽의 일환으로 언론 기관이 중심이 되어 한글을 보급하였다(문맹 퇴치 운동).

② 1920년대 초 민족 산업의 보호와 육성을 위해 토산품 애용, 근검절약, 금주·단연 등을 주장한 물산 장려 운동이 확산되었다.

11 정답 ④

흥선 대원군은 왕실의 권위를 세우기 위해 조선 왕조의 상징인 경복궁을 중건하였다. 이 대규모 공사에는 많은 비용과 노동력이 동원되었기 때문에 양반과 백성의 불만을 사기도 하였다.

12 정답 ③

양기탁과 영국인 베델은 대한매일신보를 창간하여 일제의 침략상을 폭로하여 항일 의식을 높이고, 국채 보상 운동의 확산에 기여하였다.

오답피하기

①은 독립신문, ②는 한성순보, ④는 황성신문에 대한 설명이다.

13 정답 ②

3·1 운동(1919)은 일제의 무자비한 탄압으로 진압되었고, 우리 민족은 독립을 이루지는 못하였다. 그러나 폭력적인 일제의 무단 통치에 적극적으로 저항하여 일제가 통치 방식을 문화 통치로 바꾸도록 만들었다.

14 정답 ②

김원봉의 조선 의용대는 중국 본토에서 조직된 최초의 한국인 부대이다. 1940년대 초반 조선 의용대는 두 세력으로 나뉘었고, 김원봉은 일부를 이끌고 대한민국 임시 정부의 한국 광복군에 합류하였다.

오답피하기

한국 독립군은 1930년대 초 만주에서 지청천이 이끌었던 독립군 부대로, 쌍성보 전투와 사도하자 전투 등에서 승리를 거두었다.

15 정답 ③

중·일 전쟁 발발 이후 일제는 1938년 국가 총동원법을 제정하여 인적·물적 자원의 수탈을 강화하였다. 특히, 징병제를 통해 한국 남성들을 일제의 침략 전쟁에 동원하고 징용을 통해 광산, 군수 공장 등에서 혹사시켰다. 또한 일제는 일본군 위안부로 끌려간 여성들에게 성 노예 생활을 강요하는 반인륜적인 범죄를 저질렀다. 그리고 전쟁 무기를 만들기 위해 학교 철문, 농기구, 놋그릇, 수저까지 강제로 공출하였다. 이 시기 일제는 '황국 신민화'의 구호를 내세워 신사 참배와 황국 신민 서사 외우기를 강요하였으며, 우리말과 우리 역사 교육을 금지하고 일본어만 사용하도록 하였다.

16 정답 ①

신간회는 1927년 비타협적 민족주의 세력과 사회주의 세력의 연합을 목적으로 하는 민족 유일당 운동 결과 창립되었다. 신간회는 1929년 광주 학생 항일 운동이 일어나자 진상 보고를 위한 민중 대회를 열어 3·1 운동과 같은 전국적인 항일 운동으로 확산시키려 하였으나, 계획이 사전에 드러나 허헌, 홍명희 등이 검거됨으로써 실행되지 못하였다.

오답피하기

② 국채 보상 운동은 서울에서 국채 보상 기성회 등이 조직되고 각종 단체, 언론 기관이 호응하여 전국적으로 확산되었다.

③ 헌정 연구회는 입헌 정치의 연구를 위해 결성된 애국 계몽 단체이다.

④ 대한 광복회는 1915년 국내에서 결성된 비밀 결사였다.

17 정답 ②

동아일보는 브나로드 운동을 벌여 농촌에서 한글을 가르치고 미신을 타파하는 등의 계몽 활동을 전개하였다(1931~1934).

18 정답 ①

1923년 4월, 과거에 백정이라고 불리던 도축업 종사자들은 자신들에 대한 여전한 신분 차별과 멸시를 타파하려고 경남 진주에서 조선 형평사를 조직하였다. 조선 형평사는 서울의 중앙 총본부에서 형평사 전 조선 대회를 개최하여 백정에 대한 사회적 차별과 백정 자녀 교육 문제, 각종 사회 운동에 대한 대책을 토의하고 전국 회원의 단결을 꾀하였다.

19 정답 ③

박은식은 『한국통사』, 『한국독립운동지혈사』를 저술하였으며, 국가나 민족의 흥망은 국혼의 존재 여부에 달려 있고, 그 국혼은 바로 역사에 담겨 있는 것이라고 주장하였다. 그는 실천적인 유교 정신을 강조하는 유교구신론을 주장하기도 하였다.

20 정답 ④

중・일 전쟁 이후 충칭으로 이동한 대한민국 임시 정부는 한국 독립당을 결성하고 한국 광복군을 조직하였다. 미군의 도움을 받아 국내 진공 작전을 수행하기 위한 특수 훈련을 받았으나 일본의 갑작스러운 항복으로 실행에 옮기지는 못하였다.

ⓧ 오답피하기

① 대한 제국은 양전 사업을 실시하여 지계를 발급하였다(1899~1904).
② 봉오동 전투는 1920년 여름에 일어났다.
③ 5・10 총선거는 1948년에 실시되었으며, 우리 민족 최초의 민주 선거이다.

21 정답 ②

제시문의 '통일 주체 국민 회의'는 1970년대에 대통령을 선출하던 조직체였으며, '긴급 조치'는 유신 헌법에서 대통령에게 부여한 권리이다.

22 정답 ④

대통령 직선제 개헌을 요구하는 민주화 운동이 활발히 전개되고 있는 가운데 1987년 1월 서울대학교 학생 박종철이 경찰의 고문을 받다가 사망한 사건이 발생하고, 전두환 정부가 4월 13일에 헌법 개정을 반대하는 담화문을 발표하자 국민들은 분노하였다. 이를 계기로 민주화를 요구하는 평화적 시위가 전국 주요 도시에서 연일 계속되었다. 결국 전두환 정부는 차기 대통령 후보로 내정된 노태우를 통해 대통령 직선제를 수용한다는 6・29 민주화 선언을 발표하였다(6월 민주 항쟁).

23 정답 ③

ㄹ. 10월 유신은 1972년 10월 17일 대통령 특별선언을 통하여 국회를 해산한 후 전국에 비상계엄을 선포한 사건을 말한다. 이후 유신 헌법이 선포되었고, 이후 1987년까지 대통령은 간선제로 선출되었다.
ㄱ. YH 무역 사건은 1979년 8월 야당인 신민당사에서 회사 측의 일방적인 폐업에 반대하며 농성 중이던 여성근로자들을 강제로 해산시키는 과정에서 사망자가 발생한 사건이다. 이는 유신 체제의 붕괴를 가져온 사건 중 하나이다.
ㄷ. 12・12 군사 반란은 박정희가 피살된 10・26 사태 이후인 1979년 12월 발생한 사건으로, 신군부의 쿠데타로 인하여 전두환이 실권을 장악하게 되었다.
ㄴ. 6・29 선언은 1987년 6월 민주 항쟁의 결과로 발표된 선언이다.

시기상으로 볼 때, ㄹ(1972. 10) → ㄱ(1979. 8) → ㄷ(1979. 12) → ㄴ(1987. 6)의 순서가 옳다.

24 정답 ②

6・3 시위(1964)를 비롯한 한・일 회담 반대 집회가 확산되자, 박정희 정부는 결국 위수령을 내리고 한・일 협정(1965)을 체결하여 일본과 국교를 정상화하였다. 이후 브라운 각서(1966)를 체결하여 베트남 파병을 통한

국군의 전력 증강과 차관 제공을 약속받았으며, 1969년에는 3선 개헌을 단행하였다. 또 이 시기에는 우리나라의 경제 성장과 근대화를 위해 경제 개발 5개년 계획을 추진하였으며 정부의 정책과 국민의 노력이 더해져 한강의 기적을 이루었다.

25 정답 ②

1987년 6월 민주 항쟁의 결과, 정부는 6·29 민주화 선언을 통하여 대통령 직선제 개헌 요구 수용과 김대중 사면 복권 등 민주화 조치를 약속하였다. 이후 1987년 10월 국민투표를 통하여 대통령 직선제 개헌이 이루어졌다.

오답피하기

① 4·19 혁명 직후 추진된 개헌에서 대통령제가 폐지되고 내각 책임제가 도입되었다.
③ 김주열 시신 사건은 4·19 혁명 초기 단계에 해당한다.
④ 전두환과 신군부의 퇴진을 요구한 5·18 민주화 운동에 대한 설명이다.

제7교시 도덕

01 ③	02 ③	03 ③	04 ③	05 ④
06 ③	07 ③	08 ④	09 ①	10 ③
11 ②	12 ③	13 ①	14 ①	15 ③
16 ②	17 ③	18 ①	19 ③	20 ②
21 ③	22 ④	23 ④	24 ①	25 ②

01 정답 ③

분석 윤리학(메타 윤리학)에서는 '선', '악', '옳음', '그름' 등과 같은 도덕적 언어의 의미를 명확하게 설명하는 것이 진정한 윤리학적 쟁점이라고 본다.

02 정답 ③

제시문은 담론 윤리 사상가인 하버마스의 주장이다. 하버마스는 사회적 갈등을 해결하기 위해서는 대화와 의사소통이 필요하며, 그렇기 때문에 담론 윤리가 필요하다고 주장한다. 하버마스는 실제적 담론에서 의사소통의 합리성을 보장하기 위해 '담론의 절차적 규칙'을 제시한다.

03 정답 ③

이황은 마음을 한 군데에 집중하여 잡념이 들지 않게 하고, 몸가짐을 단정히 하고 엄숙한 태도를 유지하고, 항상 깨어 있어서 또렷한 정신 상태를 유지해야 하는 경(敬)의 방법을 주장하였고, 불교에서는 참선의 수행 방법을 제시하였다.

04 정답 ③

배우자에 대한 정조를 지키는 것은 현대 사회에서도 중요한 부부간의 윤리이다. 이러한 부부간의 윤리를 바탕으로 현대 사회에 맞는 바람직한 부부 관계를 만들어 가야 한다. 먼저 부부는 각자의 주체성과 자유를 존중하는 가운데 바람직한 가족 공동체를 유지하기 위해 함께 노력해야 한다. 또한 부부는 서로가 삶의 동반자로서 상호 발전할 수 있도록 도와주어야 한다. 이러한 노력을 통해 모든 인간관계의 출발점인 가정을 화목하게 유지할 수 있다.

③ 전근대 농경 중심의 사회에서 남성은 사회적 역할, 여성은 가정적 역할을 담당해야 한다는 고정적인 사고방식이 존재하였다.

05 정답 ④

제시문은 과학 기술자가 윤리적 책임이 있음을 강조하고 있다. 이에 따르면 과학 기술자는 인류 복지에 공헌하는 연구 목적을 설정하고 연구 결과가 사회와 인류에 미칠 영향을 고려해야 한다.

오답피하기

ㄱ. 과학 기술자의 연구 결과는 윤리적 판단의 대상이다.

ㄴ. 과학 기술자는 자신이 연구하는 과학 기술이 가져올 수 있는 긍정적·부정적인 영향을 예측하여 이를 공개해야 한다.

06 정답 ③

인공 임신 중절의 찬성 입장으로는 소유권 근거, 자율 근거, 정당방위 근거 등이 있고 반대 입장에는 존엄성 근거, 잠재성 근거, 무고한 인간의 신성불가침 근거 등이 있다. 따라서 ㄱ, ㄷ은 반대 입장, ㄴ, ㄹ은 찬성의 입장이다.

07 정답 ③

스피넬로(Spinello, R. A.)는 정보 통신 윤리의 기본 원칙으로 자율성 존중, 해악 금지, 선행, 정의의 원칙을 제시하였다.

③ 정의의 원칙이란 어떤 집단이나 사회에서 공정한 기준에 의해 혜택이나 부담이 공정하게 배분되어야 한다는 것이다.

오답피하기

① 자율성의 원칙 : 인간은 스스로 도덕 원칙을 수립하여 그것을 따를 수 있는 능력이 있으며, 타인도 역시 그러한 자기 결정 능력이 있음을 존중해야 한다는 것이다.

② 해악 금지의 원칙 : 남에게 해악을 끼치거나 상해를 입히는 일을 피하는 것이다.

④ 선행의 원칙 : 다른 사람의 복지를 증진시키는 방법으로 행동해야 한다는 것이다.

08 정답 ④

성적 자기 결정권은 성 문제에 있어서 외부의 강요 없이 스스로 자신의 성적 행동을 결정할 수 있는 권리이다. 이러한 권리를 행사하기 위해서는 자율성과 책임 의식이 뒷받침되어야 한다. 즉, 스스로의 이성적 판단에 따라 행동해야 하고, 그에 따른 결과에 책임을 질 수 있어야 한다. 또 타인의 성적 자기 결정권을 존중해 주어야 하며, 성적 자기 결정권의 행사가 자신이나 타인의 인격을 훼손하지 않아야 한다.

09 정답 ①

안락사에 반대하는 입장에서는 죽음은 인간이 선택할 수 없는 문제임을 강조한다. 자연법 윤리와 의무론의 관점에서는 인간의 죽음을 인위적으로 앞당기는 행위는 자연의 질서에 어긋날 뿐만 아니라 생명의 존엄성을 훼손하는 일이다. 생명의 존엄성은 어떠한 경우에도 지켜져야 하며, 의료인 역시 질병 치료를 통해 생명을 살리는 것이 최우선의 의무이다.

오답피하기

ㄷ, ㄹ. 안락사에 찬성하는 입장으로 환자의 삶의 질과 자율성을 강조한다.

10 정답 ③

제시문은 주류 문화를 중심으로 한 사회적 통합을 용이하게 하는 장점을 지닌 국수 대접 이론(문화 다원주의)에 대한 설명이다.

11 정답 ②

싱어는 대표적인 동물 중심주의 윤리 사상가이다. 그는 고통과 즐거움을 느낄 수 있는 존재는 모두 도덕적 고려의 대상이 된다고 주장하였다. 따라서 고통을 느낄 수 있는 동물을 학대하는 것은 그 자체로 도덕적으로 옳지 못한 것이라고 보았다.

12 정답 ③
여성주의 윤리의 영향을 받은 배려 윤리는 인간을 상호 의존 관계로 본다. 상황과 특수성을 고려하여 윤리적 판단을 하고, 인간 본성으로서 배려의 가치를 중요시한다.

13 정답 ①
①은 가족 해체 현상의 문제점으로 사회적 소외감을 겪는 노인들이 증가하고, 이혼율 증가로 청소년의 심리적 상실감이 발생한다.

14 정답 ①
문화는 자연환경이나 사회적 배경, 시대 상황에 따라 다양한 모습으로 나타난다. 각 사회의 구성원이 다양한 환경과 상황에 적응하면서 독특한 생활 방식을 구축하고, 서로 다른 가치관을 추구하기 때문이다. 따라서 문화 상대주의적 관점을 바탕으로 문화를 바라보아야 한다. 특히, 다문화 사회에서 관용을 실천함으로써 문화적 차이로 말미암아 생기는 편견이나 차별을 예방하고 타문화를 포용할 수 있어야 한다.
① 배타성은 남을 배척하는 성질을 말한다.

15 정답 ③
정의로운 사회를 구현하기 위해서는 기본권 보장, 공정한 분배, 사회 질서 유지, 인간다운 삶의 보장 등이 필요하다.

오답피하기
ㄹ. 특정 계층의 이익 극대화는 계층 간의 갈등을 조성하는 불공정한 사회에서 나타나는 현상이다.

16 정답 ②
청렴이란 성품과 행실이 올바르고 탐욕이 없는 상태로, 바람직하고 깨끗한 공직자가 갖추어야 할 덕목을 의미하는 용어이다. 정약용은 수령의 본래 직무로 모든 선(善)의 원천이며, 모든 덕의 근본으로 '청렴'의 덕목을 강조하였다. 그는 청렴하지 않고서 수령 노릇을 잘할 수 있는 자는 없으며, 수령 노릇을 잘하려는 자는 반드시 자애로워야 하고, 자애로워지려는 자는 반드시 청렴해야 한다고 주장하였다.

17 정답 ③
마틴 루서 킹은 부당한 법률이나 국가 정책을 바로잡기 위해 시민 불복종이 필요하다고 하였다. 자신이 생각하는 정의에 대한 규범적·윤리적 근거를 널리 알리기 위해 법을 공개적·의식적으로 위반할 수 있다는 것이다. 이때 시민 불복종은 공익성, 공공성, 비폭력성, 처벌 감수, 최후의 수단 등의 조건을 만족시킬 때에만 정당화될 수 있다.

18 정답 ①
비경제적 통일 편익으로는 분단 해소로 인한 안보 불안 및 전쟁 위기 해소의 정치·군사적 편익, 이산가족 문제 해결 및 북한 주민의 인권과 자유 신장의 인도적 편익, 학문과 문화 발전 및 관광, 여가, 문화 서비스 기회 향상 등의 사회·문화적 편익 등을 들 수 있다.

오답피하기
ㄷ, ㄹ. 경제적 통일 편익으로는 남북한 분단 비용 소멸 및 남북한 경제 통합에 따르는 편익을 들 수 있다.

19 정답 ③
니부어는 사회 집단의 도덕성이 개인의 도덕성보다 더 떨어진다고 보았다. 이에 따라 개인이 양심적이고 도덕적이어도, 그러한 개인들로 구성된 사회 집단은 이기적이고 부도덕할 수 있다고 하였다. 니부어는 이 점에 주목하여 사회 문제가 발생했을 경우 개인 윤리적 접근과 함께 사회 윤리적 차원의 접근을 함께하는 것이 문제의 해결에 더욱 효과적이라고 본다.

20 정답 ②
분배적 정의는 사회적 이익과 부담을 공정하게 분배하는 것으로 절대적 평등, 업적, 능력, 필요 등의 기준이 있다.

21 정답 ③

심미주의(예술 지상주의)는 윤리적 가치와 미적 가치는 무관하다고 보며 예술은 '예술을 위한 예술'로, 미적 가치 추구만이 목적임을 주장한다.

ⓧ 오답피하기

① 공자는 예술과 윤리의 조화를 추구하고, ②, ④는 윤리적 가치가 미적 가치보다 우위에 있다고 보는 도덕주의의 대표적인 사상가들이다.

22 정답 ④

공정으로서의 정의를 주장한 롤스는 자신의 특수한 상황을 모르는 합리적인 당사자들이 합의하게 될 절차로서의 정의의 원칙을 제시한다.

그에 의하면, 사회적 지위나 경제적 부에 있어서 자유 경쟁이 허용될 경우 출발점(능력, 재산 등)이 유리한 사람들에게 기회가 쏠리게 되어 사회·경제적인 불평등이 더욱 심화될 수 있기 때문에 이를 보완할 수 있는 공정한 기회가 모든 사람에게 주어져야 한다. 이를 위해 롤스는 공정한 기회 균등의 원칙과 더불어, 사회적 약자인 최소 수혜자를 고려하는 차등의 원칙을 제시하고 있다. 롤스는 소수 집단 우대 정책, 즉 사회적 약자들의 이익을 개선할 수 있는 사회 제도와 정책에 대하여 긍정적인 입장을 지닌다. 장애인 의무 고용 제도나 농어촌 자녀 특례 입학 제도는 그러한 제도에 해당한다.

23 정답 ④

타 종교에 대해 배타적인 자세를 취하는 것은 종교 갈등이 발생하는 원인 중 하나로 바르지 못한 태도이다.

24 정답 ①

분단 비용은 통일이 되지 않았기 때문에 지출하고 있는 비용이다. 남북 분단으로 지출하는 방위비, 남북한이 외교 경쟁에 필요 이상으로 쓰는 외교비 등이다.

25 정답 ②

갈퉁(Galtung, J.)은 평화를 물리적 폭력은 물론 폭력을 자행하게 만드는 구조적 폭력과 이를 뒷받침하는 문화적 폭력까지 없는 상태로 정의하였다.

제 2 회 정답 및 해설

제1교시 국어

01	②	02	②	03	③	04	①	05	②
06	④	07	②	08	④	09	④	10	④
11	②	12	④	13	③	14	④	15	③
16	②	17	④	18	①	19	④	20	②
21	②	22	①	23	①	24	②	25	②

01 정답 ②

'말 한마디에 천 냥 빚도 갚는다.'라는 관용 표현을 사용하고 있으며 문장의 종결을 의문형으로 맺는다. 또한 관용 표현의 사용과 내용이 호응을 이루고 있다.

오답피하기

① 의문형 어미는 사용했으나 관용 표현이 사용되지 않았다.
③ 내용과 관용 표현의 사용이 호응을 이루지 않는다.
④ 관용 표현이 적절하게 사용되지 않았다.

02 정답 ②

담화 상황을 고려할 때 '나'의 발화는 단순한 질문이 아니라 우체국의 위치를 가르쳐 달라는 요청의 기능을 수행하고 있다. 그러나 꼬마는 '나'가 우체국을 찾아 길을 헤매고 있는 상황임을 고려하지 않고 단순히 우체국의 위치를 알고 있는지를 묻기 위한 발화로 이해했기 때문에 의사소통이 제대로 이루어지지 않았다.

03 정답 ③

첫소리 'ㅈ, ㅉ, ㅊ', 가운뎃소리 'ㅗ, ㅜ, ㅚ, ㅟ', 끝소리 'ㅂ, ㅃ, ㅍ, ㅁ'이다. 이 모두를 충족시키는 음절은 '춤'이다.

04 정답 ①

'새파랗다'는 '새-(접사) + 파랗다'로 이루어진 파생어이면서 사물의 성질이나 상태를 나타내는 말이므로 조건에 충족하는 단어이다.

오답피하기

② '검(다) + 붉다' : 합성어
③ '높(다) + 푸르다' : 합성어
④ '뛰(다) + 놀다' : 합성어, 동사

더 알고가기

파생어와 합성어

- 파생어 : 실질 형태소(어근)와 형식 형태소(접사)로 이루어진 단어
  예 덮개, 맏아들, 햇곡식
- 합성어 : 둘 이상의 실질 형태소(어근)로 이루어진 단어
  예 솜이불, 물병, 밤낮

05 정답 ②

㉡의 문장은 피동문이 아닌 사동문이다.

오답피하기

① ㉠의 주어 '아이'가 ㉡에서는 부사어가 되었다.
③ ㉡에는 ㉠에 없는 부사어가 있다.
④ '먹다' → '먹- + -이- + -다'

06 정답 ④

'깎다'와 '드리다'는 모두 본용언이므로 제47항의 내용과는 무관하다.

오답피하기

① 막다(본) + 내다(보조)
② 깨뜨리다(본) + 버리다(보조)
③ 덤비다(본) + 들다(보조)

07 정답 ②

본론 2의 내용이 유전자 변형 농산물의 부작용이므로 유전자가 변형되면서 생긴 내성으로 인해 생태계가 파괴된다는 내용이 가장 적합하다.

ⓧ 오답피하기

①의 내용은 오히려 순기능에 해당한다.
③은 Ⅰ의 서론에 적합한 내용이다.
④는 글의 요지에서 벗어나는 내용이다.

08 정답 ④

제시문은 학생들이 할 수 있는 기부의 방법을 예로 들어 기부는 어려운 것이 아니라 누구나 할 수 있는 것임을 강조하고 있다. 그러므로 '자신이 할 수 있는 것부터 기부를 시작하자.' 또는 '기부는 누구든지 할 수 있다는 생각을 가지고 적극적으로 기부에 동참하자.'라는 내용이 들어가야 한다.

[09~11] 김종길, 「성탄제」

| 갈래 | 자유시, 서정시
| 성격 | 회상적, 감각적, 서정적
| 주제 | 어린 시절 아버지의 사랑에 대한 그리움, 순수한 사랑에 대한 그리움과 그 계승의 참뜻
| 특징 |
- 서구적 성탄이 아닌, 아버지와 산수유 열매 등의 한국적 정서를 형상화함.
- 대비되는 심상을 통해 시상을 효과적으로 드러냄(시각적, 촉각적 심상의 대비).
- 시간적으로 '과거'와 '현재'가, 공간적으로 '시골'과 '도시'가 대칭 구조를 이룸.

09 정답 ④

이 시는 과거 시제를 사용해서 어린 시절 아버지의 사랑에 대해 회상하고 있는 작품이다. 따라서 현재 시제 사용은 옳지 않다.

ⓧ 오답피하기

① '바알간', '붉은', '눈' 등의 색채 이미지를 사용한다.
②, ③ 이마에 내린 눈을 통해 아버지의 서느런 옷자락을 회상하고 있다.

10 정답 ④

ⓐ, ⓑ, ⓒ는 화자인 '나'를 나타내고, ⓓ는 화자가 회상하고 있는 '아버지'를 나타낸다.

11 정답 ②

이 시는 성탄제의 밤, 이마에 내린 눈에서 어린 시절 아버지의 사랑을 회상하는 내용을 담고 있다. 따라서 시인이 말하고자 하는 것은 아버지의 사랑에 대한 그리움, 순수한 사랑에 대한 그리움이라고 할 수 있다.

[12~14] 김동리, 「역마」

| 갈래 | 단편 소설, 순수 소설
| 성격 | 무속적, 운명적
| 주제 | 한국적 운명관(역마살)에 순응하며 사는 삶과 인간 구원의 문제
| 특징 |
- '화개 장터'를 배경으로 설정하여 '인생'과 '길'의 유사성을 보여 줌.
- 한국인의 전통적 운명관을 드러냄.

12 정답 ④

제시된 부분은 소설의 구성 단계 중 성기가 중병을 앓고 병이 낫자 운명에 순응하며 엿판을 맞춰 길을 떠나는 '결말'에 해당하는 부분이다.

13 정답 ③

어머니인 옥화는 성기의 타고난 역마살을 없애기 위해 갖은 노력을 기울이지만 성기와 맺어 주려던 여인(계연)이 자신의 이복 동생이라는 것을 알게 된다. 결국 성기의 사랑은 천륜이라는 운명에 의해 좌절된다.

14 정답 ④

성기는 운명에 의해 사랑이 좌절되고 중병을 앓지만 병이 낫자 운명에 순응하며 역마살에 따라 엿판을 맞춰 메고 화개 장터를 떠난다.

[15~16]

[가] 황진이, 「동지ㅅ돌 기나긴 밤을」

❙갈래❙ 평시조, 단시조

❙성격❙ 낭만적, 연정가, 감상적

❙주제❙ 임을 기다리는 마음

❙특징❙

- 추상적인 대상을 구체적인 표현으로 전환함.
- '서리서리', '구비구비' 등 의태어의 사용으로 우리 말의 아름다움을 살림.
- '동지'와 '춘풍'의 계절성을 대조하여 표현함.

[나] 홍랑, 「묏버들 갈히 것거」

❙갈래❙ 평시조

❙성격❙ 애상적, 감상적, 연정가

❙주제❙ 임에 대한 그리움

❙특징❙

- 떠나는 임에 대한 자신의 사랑을 소박한 자연물을 통해 드러냄.
- 상징과 도치법을 사용하여 여성의 특유의 섬세한 감정을 잘 표현함.

15 **정답 ③**

[가]와 [나]에서는 시적 화자가 임(시적 대상)과 함께하지 못하고 공간적으로 떨어져 있는 상황에서 임에 대한 연모를 노래하고 있다.

[가]에서는 '서리서리 너헛다가'와 '구뷔구뷔 펴리라'에서 시어의 대조적 이미지를 활용하고 있지만, [나]에서는 시어의 대조적 이미지를 활용하고 있지 않다.

16 **정답 ②**

전전반측(輾轉反側)은 이리 뒤척 저리 뒤척 한다는 뜻으로, 걱정이나 근심, 그리움 등으로 인해 잠을 이루지 못함을 이르는 말이다.

ⓧ 오답피하기

① 고장난명 : 혼자서는 어떤 일을 이룰 수 없음.

③ 맥수지탄 : 고국의 멸망에 대한 탄식

④ 사면초가 : 적에게 둘러싸인 상태나 누구의 도움도 받을 수 없는 고립 상태에 빠짐.

[17~19] 작자 미상, 「박씨전」

❙갈래❙ 고전 소설, 군담 소설

❙성격❙ 전기적, 비현실적

❙시점❙ 전지적 작가 시점

❙주제❙ 박씨 부인의 영웅적 기상과 재주

❙특징❙

- 실제 역사적 사건인 병자호란을 배경, 결말은 역사적 사건과 다른 결말
- 가상 인물과 실존 인물이 함께 등장
- 무능력한 지배 계층에 대한 비판 의식
- 남성 중심 사회에서 여성의 의식 성장을 보여 줌.

17 **정답 ④**

이 글은 조선 후기 창작된 고전 소설로 인물의 성격은 매우 전형적이며, 비현실적인 방법으로 문제를 해결한다.

18 **정답 ①**

이 작품은 굴욕적인 패배의 역사를 승리의 역사로 바꾸어 나타냄으로써 민족적 자존감을 회복하려는 작가의 의도가 드러난다.

19 **정답 ④**

제시된 시조는 고국을 떠나는 슬픔과 나라를 걱정하는 충심을 절절하게 담고 있다. 병자호란 때 죽는 한이 있어도 청나라와 끝까지 싸우자던 '척화파(斥和派)'의 한 사람인 김상헌이 지은 것이다. 조선이 끝내 항복을 하고, 후에 청나라가 명나라와 싸울 때 조선에 파병을 요청하자 이에 반대하다가 청나라 심양으로 끌려가게 된다.

20 **정답 ②**

우리가 흔히 볼 수 있는 텔레비전 뉴스를 글 첫머리에 제시하며 독자들의 관심을 환기하고 있다.

21 정답 ②

이 글은 범죄 혐의를 받고 있는 피의자가 수사 과정에서 겪는 인권 침해에 대해 이야기하고 있다. 피의자는 범죄 사실이 유죄로 확정 판결되기 전까지는 무죄로 추정받아야 하는데, 그렇지 못한 현실을 드러내고 비판하고자 하는 필자의 동기를 추론할 수 있다.

22 정답 ①

'비로소'는 어느 한 시점을 기준으로 그 전까지 이루어지지 아니하였던 사건이나 사태가 이루어지거나 변화하기 시작함을 나타내는 말이므로 비슷한 의미를 가진 '마침내'가 적절한 단어이다.

오답피하기

② 결코 : 어떤 경우에도 절대로

③ 아마도 : 단정할 수는 없지만 미루어 짐작하거나 생각하여 볼 때 그럴 가능성이 크다는 뜻을 나타내는 말

④ 하물며 : 그도 그러한데 더욱이

23 정답 ①

인공지능과 달리 인간의 고유한 특징은 감정과 의지를 지닌다는 점이다. 첫 번째 문단을 통해서 확인할 수 있다.

24 정답 ②

대부분의 생명을 지닌 대상들은 결핍과 고통을 느끼지만, 인간만이 결핍과 고통에서 벗어나기 위해 유연성과 창의력이라는 능력을 발휘하기 때문이다.

25 정답 ②

이 글의 글쓴이는 인간이 나아갈 방향을, 인간의 창의성과 유연성을 바탕으로 한 기계와의 공존과 공생이라고 말하고 있다.

제2교시 수학

01 ③	02 ③	03 ④	04 ①	05 ②
06 ①	07 ③	08 ③	09 ④	10 ④
11 ④	12 ①	13 ②	14 ②	15 ②
16 ③	17 ①	18 ②	19 ④	20 ④

01 정답 ③

$A=x^2-3x+1$, $B=x^2-x+3$이므로

$$\begin{aligned}2A-B&=2(x^2-3x+1)-(x^2-x+3)\\&=2x^2-6x+2-x^2+x-3\\&=(2-1)x^2+(-6+1)x+(2-3)\\&=x^2-5x-1\end{aligned}$$

따라서 정답은 ③이다.

02 정답 ③

항등식은 문자에 어떤 값을 대입해도 항상 성립하는 등식으로, 좌변과 우변이 같아야 한다.

① $(x+1)^2=x^2+2x+1$

⇨ 좌변을 전개하여 정리하면 x^2+2x+1이므로 항등식이다.

② $x(x-1)=x^2-x$

⇨ 좌변을 분배법칙을 이용하여 전개하면 x^2-x이므로 항등식이다.

③ $x^2+2x=x(x+3)$

⇨ 우변을 분배법칙을 이용하여 전개하면 x^2+3x이므로 좌변과 일차항이 다르다.

∴ 항등식이 아니다.

④ $x^2+3x-1=3x+x^2-1$

⇨ 우변을 내림차순으로 정리하면 x^2+3x-1이므로 항등식이다.

따라서 정답은 ③이다.

03 정답 ④

조립제법을 이용하여 빈칸을 채우면 다음과 같다.

2	2	-3	1	-3
		4	2	6
	2	1	3	3

이때, 몫은 이차식이 되고, 조립제법의 결과인 2, 1, 3이 차례로 각 항의 계수가 되므로,

몫은 $2x^2+x+3$이고, 나머지는 마지막의 숫자인 3이 된다.

따라서 몫 : $2x^2+x+3$, 나머지 : 3이므로,

정답은 ④이다.

04 정답 ①

인수분해 공식 $x^3-3x^2y+3xy^2-y^3=(x-y)^3$

을 이용하기 위해 y의 자리에 2를 대입하여 표현하면,

$x^3-3x^2\times2+3x\times2^2-2^3=x^3-6x^2+12x-8$

이 된다.

그러므로 $a=2$임을 알 수 있다.

따라서 정답은 ①이다.

05 정답 ②

켤레복소수는 허수부분의 부호를 반대로 바꾼 수로, 복소수 $a+bi$ (단, a, b는 실수)의 켤레복소수는 $a-bi$이다.

그러므로 좌변을 간단히 하면 $\overline{3-i}=3+i$이므로,

$3+i=a+bi$에서

복소수가 서로 같으려면, 실수부분과 허수부분이 각각 같아야 하므로, $a=3$, $b=1$이다.

$\therefore a-b=3-1=2$

따라서 정답은 ②이다.

06 정답 ①

$x^2+3x-4=0$에서 근과 계수와의 관계에 의하여

$\alpha+\beta=-3$, $\alpha\beta=-4$이다.

$\therefore \alpha+\beta+\alpha\beta=-3-4=-7$

따라서 정답은 ①이다.

더 알고가기

근과 계수와의 관계

$ax^2+bx+c=0$

$\alpha+\beta=$합$=-\frac{b}{a}$, $\alpha\beta=$곱$=\frac{c}{a}$

07 정답 ③

구간이 제한된 이차함수의 최댓값과 최솟값은 꼭짓점과 구간의 양 끝값을 이용하여 구한다.

그러나 그래프의 꼭짓점의 좌표가 (2, 1)로 구간에 포함되지 않으므로, 구간의 양 끝값이 최대, 최소가 된다.

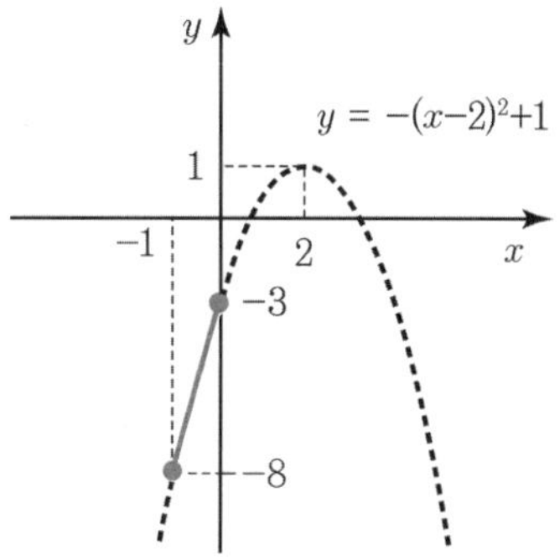

$f(x)=-(x-2)^2+1$ $(-1\le x\le0)$이라 놓으면,

구간의 양 끝값은 $f(-1)=-8$, $f(0)=-3$이므로 둘 중 큰 값인 -3이 최댓값이 된다.

따라서 정답은 ③이다.

08 정답 ③

방정식의 해는 식을 참이 되게 하는 미지수 x의 값이므로 식에 대입하여 문제를 해결할 수 있다.

삼차방정식 $x^3-2x^2+x-a=0$의 해가 2이므로, 식에 대입하면,

$2^3-2\times2^2+2-a=0$

⇨ $8-8+2-a=0$

⇨ $a=2$

그러므로 상수 a의 값은 2이다.

따라서 정답은 ③이다.

09 정답 ④

$|x| \le b$ (단, $b>0$)의 해는 $-b \le x \le b$임을 이용하면,

$|x-2| \le 3$의 해는

$-3 \le x-2 \le 3$ ⇨ $-1 \le x \le 5$

이므로 이것을 수직선에 나타내면

이므로 $a=5$이다.

따라서 정답은 ④이다.

10 정답 ④

$a<b$인 경우, 이차부등식 $(x-a)(x-b) \le 0$의 해를 구하면, $a \le x \le b$가 된다.(이때, a, b의 값은 식 $x-a$와 $x-b$가 각각 0이 되는 값이다.)

그러므로 이차부등식 $(x-3)(x+2) \le 0$의 해를 구하면, 식 $x+2$와 $x-3$이 각각 0이 되는 x의 값은 -2와 3이므로 $-2 \le x \le 3$이 된다.

그러므로 만족하는 정수는 $-2, -1, 0, 1, 2, 3$으로 6개이다.

따라서 정답은 ④이다.

11 정답 ④

좌표평면 위의 두 점 $A(x_1, y_1)$, $B(x_2, y_2)$ 사이의 거리는 $\overline{AB} = \sqrt{(x_2-x_1)^2+(y_2-y_1)^2}$ 이므로

공식에 대입하면,

$\overline{AB} = \sqrt{\{3-(-3)\}^2+\{4-(-4)\}^2} = \sqrt{36+64}$

$= \sqrt{100} = 10$

따라서 정답은 ④이다.

12 정답 ①

구하려는 직선의 방정식을 $y=ax+b$라 하면,

그래프의 기울기는

$$a = \frac{(y \text{ 값의 증가량})}{(x \text{ 값의 증가량})} = \frac{-3-3}{2-0} = \frac{-6}{2} = -3$$

이다. 또한 y절편이 3이므로 직선의 방정식을 구하면,

$y=-3x+3$

따라서 정답은 ①이다.

13 정답 ②

두 점 A, B가 지름의 양 끝점이므로 중심이 $\overline{AB}$의 중점이 된다. 따라서

$$중심 = \left(\frac{-1+5}{2}, \frac{-1+7}{2}\right) = \left(\frac{4}{2}, \frac{6}{2}\right) = (2, 3)$$

이다.

또한 $\overline{AB}$의 길이가 지름이므로,

$\overline{AB} = \sqrt{\{5-(-1)\}^2+\{7-(-1)\}^2} = \sqrt{6^2+8^2}$

$= \sqrt{36+64} = \sqrt{100} = 10$

이 되어 원의 반지름은 5이다.

중심이 $(2, 3)$이고 반지름이 5인 원의 방정식은

$(x-2)^2+(y-3)^2=25$이다.

따라서 정답은 ②이다.

14 정답 ②

좌표평면 위의 점 P를 한 점 또는 한 직선에 대하여 대칭인 점 P′으로 옮기는 것을 각각 그 점 또는 그 직선에 대한 대칭이동이라 한다.

점 $P(x, y)$를 $y=x$에 대하여 대칭이동한 점 P′은 P′(y, x)이므로 점 $(2, 3)$을 $y=x$에 대하여 대칭이동한 점의 좌표는 $(3, 2)$이다.

따라서 정답은 ②이다.

더 알고가기

점 또는 직선의 대칭이동

좌표평면 위의 점 (x, y)를

❶ x축에 대하여 대칭이동한 점은 $(x, -y)$

❷ y축에 대하여 대칭이동한 점은 $(-x, y)$

❸ 원점에 대하여 대칭이동한 점은 $(-x, -y)$

❹ 직선 $y=x$에 대하여 대칭이동한 점은 (y, x)

15 정답 ②

두 집합 A, B에 대하여 집합 A에도 속하고 집합 B에도 속하는 모든 원소로 이루어진 집합을 A와 B의 교집합이라 하고, 이것을 기호로 $A \cap B$라 한다.

즉, $A \cap B = \{x | x \in A \text{ 그리고 } x \in B\}$이다.

집합 $A=\{3, 6, 9\}$, $B=\{1, 3, 6, 7, 8\}$이므로, 두 집

합의 공통원소는 3, 6이다.
그러므로 $A \cap B = \{3, 6\}$
$n(A \cap B) = 2$
따라서 정답은 ②이다.

16 정답 ③

참, 거짓이 명확한 문장 또는 식을 명제라 한다.

① $x^2+x=x^2+x$ ⇨ 항등식이므로 x에 관계없이 항상 참이다. 따라서 참인 명제이다.
② 마름모는 평행사변형이다. ⇨ 참인 명제이다.
③ $x^2=1$이다. ⇨ x의 값에 따라 참, 거짓이 바뀌므로 명제가 아니다.
④ 3의 배수는 6의 배수이다. ⇨ 3의 배수 중 9는 6의 배수가 아니므로 거짓인 명제이다.

따라서 정답은 ③이다.

17 정답 ①

주어진 그림에서 집합 X는 정의역을, 집합 Y는 공역을 뜻하고, 집합 Y의 원소 중 집합 X의 원소에 대응이 된 원소의 집합을 치역이라 한다.

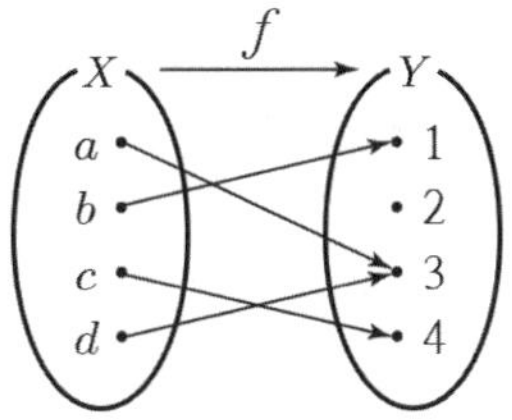

① 치역은 $\{1, 2, 3, 4\}$이다. ⇨ 치역은 $\{1, 3, 4\}$이다. 그러므로 옳지 않은 보기이다.
② $f^{-1}(4)=c$이다. ⇨ $f^{-1}(4)=c$이면 $f(c)=4$이다. $f: X \to Y$에서 c에 대응하는 Y의 원소가 4이므로 참이다.
③ 정의역은 $\{a, b, c, d\}$이다. ⇨ 참이다.
④ $f(a)=3$이다. ⇨ x가 a일 때 함숫값을 뜻하므로, a와 대응된 원소를 찾으면, 3이므로 참이다.

따라서 정답은 ①이다.

18 정답 ②

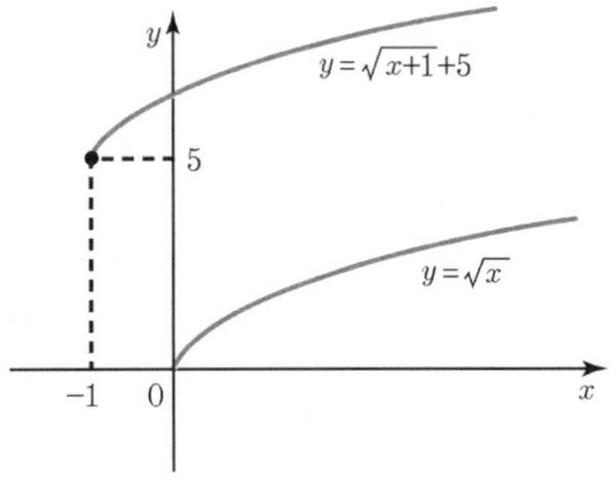

무리함수 $y=\sqrt{x+1}+5$의 그래프는 함수 $y=\sqrt{x}$의 그래프를 x축의 방향으로 -1만큼, y축의 방향으로 5만큼 평행이동한 것이다. 그러므로 $a=-1$, $b=5$이고, $a+b=4$이다.
따라서 정답은 ②이다.

19 정답 ④

A, B 두 개의 주사위를 동시에 던질 때,
주사위 A에서 2의 배수의 눈이 나오는 경우는
2, 4, 6으로 경우의 수는 3가지이고,
B에서 12의 약수의 눈이 나오는 경우는
1, 2, 3, 4, 6으로 경우의 수는 5가지이다.
두 경우의 수는 동시에 일어날 수 있으므로,
$3 \times 5 = 15$가지이다.
따라서 정답은 ④이다.

20 정답 ④

방법 1 6명의 회원 중 3명의 대표를 뽑는 경우의 수는 선택하는 순서는 고려하지 않으므로

$\frac{6 \times 5 \times 4}{3 \times 2 \times 1} = 20$으로 20가지이다.

따라서 정답은 ④이다.

방법 2 6명의 회원 중 3명의 대표를 뽑는 경우의 수는 순서를 고려하지 않으므로, 조합을 이용하여 계산할 수 있다.

$${}_6C_3 = \frac{6 \times 5 \times 4}{3 \times 2 \times 1} = 20$$

제3교시 영어

01 ②	02 ④	03 ③	04 ③	05 ①
06 ③	07 ④	08 ②	09 ②	10 ①
11 ①	12 ②	13 ①	14 ①	15 ②
16 ④	17 ②	18 ③	19 ③	20 ①
21 ①	22 ②	23 ③	24 ④	25 ④

01 정답 ②

해석 독서는 어휘를 늘려 준다.

어휘 increase 늘리다, 증가시키다
vocabulary 어휘

02 정답 ④

해석 그녀는 그 기회를 이용하려고 노력했다.

어휘 opportunity 기회

해설 take advantage of는 이용하다란 뜻이다.

03 정답 ③

해석 A : 야, 쉬엄쉬엄해. 왜 그렇게 열심히 일해?
B : 나는 내 아이들이 내가 겪었던 가난을 겪게 하고 싶지 않아.

어휘 take it easy 쉬엄쉬엄 일하다
go through 겪다, 통과하다
poverty 가난
experience 경험하다

04 정답 ③

해석 ① 비행기 – 승무원 ② 우체국 – 집배원
③ 연필 – 작가 ④ 학교 – 선생님

해설 ①, ②, ④는 장소와 그 장소에서 일하는 직업이 짝지어져 있으나, ③은 전혀 무관하다.

05 정답 ①

해석 게시판
2023년 코리아 타임즈 영어 말하기 대회
언제 : 2023년 5월 10일
어디서 : 타임즈 빌딩 회의실
신청 방법 : www.koreatimes.co.kr에서 신청하세요.

해설 신청 조건에 관한 내용은 없다.

06 정답 ③

해석 • 톰, 빨강 또는 파랑 중에 어느 색이 더 좋아?
• 이것이 내가 사고 싶은 시계야.

해설 선택을 묻는 의문사 which와 the watch 사물 선행사를 꾸며 주는 관계대명사 which가 공통으로 알맞다.

07 정답 ④

해석 • 만두는 여름보다 가을과 겨울에 더 많이 팔린다.
• 저는 책상에서 잠이 들 것 같아요.

어휘 dumpling 만두
fall asleep 잠이 들다

해설 '가을'과 '잠이 들다'의 의미를 모두 충족시켜야 하므로 fall이 적절하다.

08 정답 ②

해석 • 너는 다른 사람과 관계 맺는 것을 원하지 않는다.
• 존은 그와 함께 일하는 사람들과 어울리는 것처럼 보이지 않는다.

어휘 relate with ~와 관계가 있다
get along with ~와 어울리다

해설 '~와 관계가 있다'와 '~와 어울리다'의 의미를 모두 충족시키는 단어에 들어가는 전치사는 with가 적절하다.

09 정답 ②

해석 A : 병원에 데려다 달라고 밤중에 연락해서 미안해.
B : 미안할 거 하나도 없어! 나는 네가 나에게 전화해 줘서 기뻤어.
A : 다시 한번 도와줘서 고마워.
B : 어려울 때 친구가 진정한 친구야.

어휘 take someone to 장소 ~로 데려가다

10 정답 ①

해석 A : 너 우울해 보여. 무슨 일 있어?
B : 핸드폰을 잃어버렸어. 어딘가에 두고 찾을 수 없어.
A : 이런 안됐다.
B : 응. 완전 좌절했어.

어휘 depressed 우울한
find 찾다
frustrated 좌절한

해설 대화상 B는 핸드폰을 잃어버리고 우울한 상태이므로 ①이 적절하다.

11 정답 ①

해석 A : 안녕하세요, 앨리스, 앉으세요. 무엇이 문제이죠?
B : 제 치아 중 하나가 아파요. 며칠 동안 아팠어요.
A : 한번 볼게요. 미안하지만, 이거 뽑아야겠어요.
B : 정말 그러셔야 하나요?
A : 만일 뽑지 않으면, 계속 아플 거예요.

어휘 teeth 이, 치아
hurt 아프다, 다치게 하다
suffer 고통을 겪다
pull out 뽑다

해설 두 사람의 대화로 보아 대화가 이루어지는 장소는 치과이다.

12 정답 ②

해석 A : ______________________
B : 연체료는 하루에 3달러입니다.
① 이 책을 읽는 데 얼마나 걸리나요?
② 연체료가 얼마인가요?
③ 어떤 색상을 좋아하나요?
④ 언제 이 만화책을 빌렸나요?

어휘 late fee 연체료

해설 B의 대답으로 보아 질문은 연체료에 관련된 것이므로 ②가 적절하다.

13 정답 ①

해석 A : 피자 마음껏 먹어.
B : ______________. 충분히 먹었어.
① 고맙지만 괜찮아
② 물론이지, 어서 해
③ 통화중입니다
④ 예, 주세요

어휘 help yourself to ~을 마음껏 드세요
enough 충분히

해설 충분히 먹었다고 했으니 사양하는 ①이 알맞다.

14 정답 ①

해석 이곳은 책, 정기 간행물, 신문, 원고, 영화, 지도, 인쇄물, 문서들, CD, 카세트, 비디오테이프, DVD 및 기타 형식들이 포함된 장소이다. 여러분은 책을 빌리기 위해 이곳을 이용할 수도 있다.
① 도서관 ② 전자 제품 상점
③ 학교 ④ 식료품점

어휘 periodical 정기 간행물
manuscript 원고
lend 빌려주다

해설 책을 빌릴 수도 있고 여러 매체물이 있는 곳은 도서관이다.

15 정답 ②

해석 너는 소셜 네트워킹 사이트에 대해 어떻게 생각해?
(A) 나는 이것이 10대들에게 안 좋다고 생각해.
(B) 그러나, 더 많은 단점이 있어.
(C) 왜? SNS는 10대들이 친구들과 관계를 증진시키는 데 도움을 줘.

어휘 teen 10대
disadvantage 단점
increase 증가시키다
peer 친구, 동료

해설 SNS에 대한 의견을 묻고 있으므로 그에 답이 되는 (A)가 먼저 와야 한다. 그 후 상대편의 다른 의견인 (C)가 와야 하며 (C)의 대답으로 (B)가 적절하다.

16 정답 ④

해석 • 물에 빠뜨리지 마세요.
• 배터리 충전 시 220볼트를 사용하세요.
• 컴퓨터에 연결하기 전에 반드시 설명서를 읽으세요.

어휘 drop 떨어뜨리다 charge 충전시키다
connect 연결하다 manual 사용 설명서
in advance 사전에

해설 설명서에 메모리칩을 연결하는 방법은 제시되어 있지 않다.

17 정답 ②

해석 친애하는 미스터 김,
귀사의 일자리 제안에 감사합니다. 급여도 제가 본 것 중에 최고입니다. 그러나 그 일은 하루에 2시간을 운전해야 합니다. 신중하게 생각한 이후에, 저는 그 자리를 받지 않기로 결정했습니다. 당신에게 이를 알리게 되어 유감입니다.

어휘 appreciate 감사하다
offer 제안하다, 제공하다
position 지위, 위치, 입장
decide 결정하다
regret to V 유감이다
inform 알리다, 통보하다

해설 제시문은 일자리 제안에는 감사하나 수락하지 않음을 알리고 있다.

18 정답 ③

해석 농구는 1891년 James Naismith에 의해 처음 발명되었다. 축구공이 최초의 농구공으로 사용되었다. 진짜 바구니가 농구 경기에 사용되었다. 그 당시에, 경기는 각 팀당 9명의 남자들이 경기를 했다. 프로 농구팀은 1898년 미국에서 처음 결성되었다.

어휘 basketball 농구 invent 발명하다
basket 바구니 professional 전문의

해설 제시문은 진짜 바구니가 경기에 사용되었다고 하므로 ③ 종이 박스 사용은 일치하지 않는다.

19 정답 ③

해석 아이들과 어떻게 의사소통하는지 아는 것은 중요하다. 첫째, 아이와 대화하는 동안 아무 질문 없이 비난하지 않도록 해라. 둘째, 그에게 무언가 하라고 요구할 때 충분히 설명해야 한다. 마지막으로, 그가 말하고자 하는 것은 무엇이든 들어주어라.

어휘 communicate with 의사소통하다
condemn 비난하다
explain 설명하다
fully 충분히, 완전히

해설 제시문은 아이와의 의사소통에 대한 글이므로 ③이 적절하다.

20 정답 ①

해석 코끼리의 코는 단순히 큰 코나 윗입술이 아니다. 예를 들어, 이것은 많은 종류의 소리를 만드는 데 사용된다. 코끼리의 코로 코끼리는 분노, 두려움, 행복을 전달할 수 있다. 다시 말해서, 코끼리의 코는 <u>감정</u>을 표현한다.

① 감정 ② 춤
③ 배고픔 ④ 냄새, 후각

어휘 elephant's trunk 코끼리 코
upper lip 윗입술
anger 화, 분노
fear 공포, 두려움
be used to V ~에 사용되다
express 표현하다.

해설 in other words는 앞 문장을 다시 이야기할 때 쓰인다. 앞 문장은 코끼리가 코를 통해 분노, 두려움, 행복을 전달할 수 있다는 내용이므로 이를 나타내는 단어는 'emotion'이다.

21 정답 ①

해석 나뭇잎 수집가들에게 가을은 최고의 시간이다. 여름 내내 초록색이었던 나뭇잎들의 색이 <u>바뀌기</u> 시작한다. 이러한 변화는 가을의 기온이 떨어지기 때문이다. 여름 동안에 수액이 엽록소라고 불리는 물질을 운반하면서 나무를 통해 잎으로 흐른다.

① 바꾸다 ② 유지하다
③ 덮다 ④ 남기고 떠나다

어휘 leaf 나뭇잎
collector 수집가
autumn 가을
throughout ~ 동안, 내내
temperature 기온
flow 흐르다
substance 물질

해설 여름에 초록색이었던 나뭇잎이 가을이 되면서 변화를 가져온다고 서술하므로 빈칸은 'change'가 적절하다.

22 정답 ②

해석 어제 나는 쇼핑을 갔고 오랜 친구들을 만났다. (나는 그들을 내 아파트로 데려왔다.) 도착해서, 우리는 앉아서 얼마 동안 이야기를 했다. 그리고 나는 그들에게 과일과 쿠키를 대접했다.

어휘 go shopping 쇼핑하다 arrive 도착하다
offer 제공하다 fruit 과일

해설 주어진 문장의 위치는 ②가 적절하다.

23 정답 ③

해석 콜럼버스가 1492년에 신대륙에 상륙했을 때, 원주민들은 그가 신이라고 생각했다. ① 그래서 그들은 그에게 담뱃잎을 포함하여 선물을 주었다. ② 그리고 그들은 그와 그의 선원들에게 어떻게 담배를 태우는지 가르쳐 주었다. ③ 의사들은 담배를 해로운 것으로 여긴다. ④ 그는 스페인으로 잎을 가지고 와서 유럽 대륙에 소개했다.

어휘 land 상륙하다, 착륙하다, 땅
native 원주민
tobacco 담배
crew 선원
regard 간주하다, 여기다
harmful 해로운

해설 제시문은 콜럼버스가 신대륙을 발견하고 선물로 받은 담배를 스페인과 유럽 대륙에 소개한 글이므로 ③의 의사 이야기는 내용과 관계가 없다.

24 정답 ④

해석 읽기는 영어를 향상시키는 좋은 방법이다. 읽은 것이 너무 어렵지만 않다면 읽기로부터 배울 수 있다. 대부분 읽기의 어려운 점은 많은 모르는 단어, 긴 문장, 알고 있지 않은 주제에 의해 유발된다. 그러므로, 재미있고 쉬운 것을 선택하는 것이 좋은 생각이다.

어휘 improve 개선하다, 향상시키다
difficult 어려운
difficulty 어려움
cause 유발하다
unknown 모르는
sentence 문장
topic 주제
therefore 그러므로
choose 선택하다

해설 주어진 글에서 어려운 단어와 긴 문장은 읽기에 어려움을 유발하고 도움이 되지 않는다고 나와 있다.

25 정답 ④

해석 여행은 새로운 세계를 경험하는 놀라운 충격과 같은 새로운 즐거움을 선사한다. 그러나, 준비되지 않으면 여행이 항상 즐거운 것이 아닐 수도 있다. 그러므로, 여행 계획을 세워야 하고 만날 모든 문제들을 점검해 봐야 한다.

어휘 travel 여행하다
pleasure 즐거움
such as ~와 같은
shock 충격
experience 경험하다
pleasurable 즐거운
unless ~하지 않으면
prepare for ~을 준비하다
make plans 계획을 세우다
check 점검하다
problem 문제

해설 준비되지 않은 여행은 즐겁지 않을 수 있다는 주제의 글이다.

제4교시 사회

01 ②	02 ④	03 ②	04 ①	05 ②
06 ④	07 ②	08 ①	09 ③	10 ②
11 ④	12 ②	13 ④	14 ③	15 ④
16 ①	17 ②	18 ②	19 ③	20 ④
21 ③	22 ②	23 ④	24 ①	25 ③

01 정답 ②

제시된 문제 해결 방법은 윤리적 관점에 해당한다. 어떤 인간의 행위가 도덕적 행위인지, 그 기준을 탐색하고 바람직한 삶의 모습을 살펴보는 것이 윤리적 관점이다.

02 정답 ④

최근에는 개인주의가 확산되고 자아실현의 욕구가 커지면서 행복의 기준이 다양해지고 있다.

03 정답 ②

제시된 내용의 경관은 열대 기후 지역에 해당한다.

오답피하기

③ 강수량보다 증발량이 많은 지역은 건조 기후이다.

④ 사계절의 변화가 뚜렷한 지역은 온대 기후이다.

04 정답 ①

생태 중심주의는 자연 그 자체의 가치를 인정하고 무생물을 포함한 자연 전체를 도덕적 고려 대상으로 여기는 관점이다.

① 인간을 자연과 구별되는 우월한 존재로 인식하는 이분법적 관점은 인간 중심주의의 특징에 해당한다.

05 정답 ②

갑은 인간 중심주의자인 베이컨, 을은 생태 중심주의자인 레오폴드이다.

오답피하기

ㄴ. 베이컨은 인간을 제외한 생명은 인간을 위한 도구적 가치가 있다고 본다. 생명을 지닌 모든 존재가 그 자체로 가치가 있다고 보지 않는다.

ㄷ. 레오폴드는 인간을 자연의 지배자가 아니라 생명 공동체의 평범한 구성원으로 본다.

06 정답 ④

개인의 행복한 삶을 불가능하게 하는 기근은 합당한 정부 정책 및 제도에 의해 해결될 수 있으며, 정부 정책 및 제도는 개인의 행복한 삶에 중요한 영향을 미친다.

07 정답 ②

산업화에 따라 기계가 발명되면서 노동력만으로 생산하던 가내 수공업에서 공장제 기계공업으로 변화되었다.

08 정답 ①

현대 사회는 정보 통신의 기술 발달로 비대면적 인간관계가 증가하고 있다.

오답피하기

② 타인의 지나친 간섭과 통제로 사생활 침해 가능성이 커지고 있다.

③, ④ 직장의 근무 형태는 다양해지고, 정보 교류의 공간적 범위는 확대되었다.

09 정답 ③

교통이 발달하면서 지역 간의 접근성이 향상되었으며, 여가 활동의 공간 범위가 확대되었다. 또한 경제 활동의 시·공간적 제약이 작아지고, 통근·통학 가능 범위가 확대되었다.

10 정답 ②

도서관에서 문헌 자료를 조사하는 것은 실내 조사 단계에 해당한다. 야외 조사는 연구 지역 답사와 경관 촬영 및 면담 등의 활동이다.

11 정답 ④

교육을 받을 권리는 사회권에 해당한다. 국가에 대하여 인간다운 생활의 보장을 요구할 수 있는 권리이며, 바이마르 헌법에서 최초로 규정하였다.

12 정답 ②

제시된 사례는 시민 불복종 운동에 해당한다. 시민 불복종은 정의롭지 못한 법이나 정책을 변혁시킬 목적으로 행하는 의도적이고, 비폭력적인 위법 행위를 말한다.

13 정답 ④

(가)는 자유권에 대한 설명으로 가장 오래된 기본권이며 소극적 권리이다. 신체의 자유, 언론·출판·집회 결사의 자유가 보장된다.

(나)는 청구권으로 국민이 국가로부터 기본권을 보호받기 위해 적극적으로 요구하는 수단적 권리에 해당한다. 재판 청구권, 청원권 등이 있다.

14 정답 ③

공공재는 비배제성, 비경합성의 특징을 가지고 있다. 즉, 대가를 지불하지 않아도 누구든지 사용할 수 있으며, 한 사람이 사용하여도 다른 사람이 얼마든지 사용할 수 있다. 그렇기 때문에 무임승차 문제가 나타난다.

15 정답 ④

제시문은 자유방임주의자 애덤 스미스(Smith, A.)의 주장이다. 자유방임주의는 개인의 자유로운 경제 활동을 최대한 보장하려는 경제 사상이며, 수정 자본주의는 경제 조절 정책이나 복지 정책 등으로 정부가 시장에 일정 부분 개입해야 한다는 경제 사상이다.

16 정답 ①

제시된 소비 유형을 과시 소비, 즉 베블런 효과라고 한다. 편익과 비용을 계산하는 것이 아니라 과시하기 위한 소비의 형태로 비합리적 소비이다.

17 정답 ②

1929년 대공황으로 기업들의 도산, 대량 실업, 경기 침체 등이 나타남에 따라 자본주의는 독점 방지 및 실업자 구제 등과 같은 정부의 개입과 역할을 강조하게 되었는데, 이를 수정 자본주의 시기라 한다.

18 정답 ②

과자의 원재료인 밀가루 가격이 상승하면, 과자의 공급이 감소하면서 공급 곡선이 왼쪽으로 이동한다. 그 결과 과자의 균형 가격은 상승하고, 균형 거래량은 감소한다.

19 정답 ③

제시문은 롤스가 주장한 정의의 두 원칙이다.

롤스는 개인의 자유가 최소 수혜자를 도와야 하는 의무보다 중요하다고 주장한다.

롤스는 모든 사람은 동등한 기본적 자유를 최대한 누려야 한다고 주장하였으며, 공정한 절차를 통해 합의된 것이라면 정의롭다고 보는 공정으로서의 정의를 주장하였다. 또한 롤스는 정의로운 사회에서도 사회적·경제적 불평등이 허용될 수 있으나 이를 위해서는 어떤 직책이나 지위에 오를 기회가 모두에게 균등하게 개방되어야 하며, 사회적·경제적인 혜택을 가장 받지 못하는 사회적 약자에게 최대의 이익을 보장할 수 있어야 한다고 주장하였다.

20 정답 ④

제시된 내용은 적극적 우대 조치에 대한 설명이다. 적극적 우대 조치는 다양한 분야에서 사회적 약자가 소외되거나 차별받지 않도록 한다. 여성 할당제, 장애인 의무고용 제도가 대표적인 사례이다.

21 정답 ③

갈퉁은 직접적·구조적·문화적 폭력이 모두 사라질 때 진정한 평화가 실현된다고 본다.

22 정답 ②

세계화는 선진국과 다국적 기업에 유리한 자유 무역을 강화하여 빈부 격차를 심화하기도 한다.

23 정답 ④

열대 기후 지역은 기온과 습도가 높아 통풍이 잘되는 헐렁한 형태의 의복 문화가 나타난다.

24 정답 ①

1차 산업과 2·3차 산업이 발달한 지역의 생활 양식 차이를 보여 준다.

25 정답 ③

우리나라에 한의학과 서양 의학이 함께 존재하는 것은 문화 변동의 양상 중 문화 병존이라 할 수 있다.

제5교시 과학

01 ①	02 ④	03 ③	04 ①	05 ④
06 ③	07 ④	08 ③	09 ②	10 ②
11 ④	12 ②	13 ③	14 ③	15 ②
16 ③	17 ②	18 ④	19 ③	20 ④
21 ①	22 ③	23 ③	24 ④	25 ④

01 정답 ①

탄소는 여러 가지 형태로 기권, 지권, 수권, 생물권을 이동하면서 순환한다. 이때 이산화 탄소나 메테인의 형태로 존재하는 영역은 기권이다.

오답피하기

② 지권 : 석회암이나 화석 연료의 형태로 탄소가 존재한다.
③ 수권 : 탄산 이온의 형태로 탄소가 존재한다.
④ 생물권 : 유기물의 형태로 탄소가 존재한다.

02 정답 ④

그림은 초전도체가 외부 자기장을 밀어내는 마이스너 효과로 자석 위에 초전도체를 올려놓으면 초전도체가 뜨는 현상이다. 자기 부상 열차는 초전도체가 외부 자기장을 밀어내는 성질을 이용하여 만들 수 있다.

오답피하기

① LED 전구 : 반도체를 이용하여 전류가 흐를 때 빛을 방출하는 LED 전구를 만들 수 있다.
② 벨크로 테이프 : 생물체의 구조, 특성을 모방하여 만든 신소재로 도꼬마리 열매의 갈고리 구조를 모방하여 만든다.
③ 휘어지는 디스플레이 : 유연성, 전기 전도성, 열전도성 등이 높은 그래핀을 활용하여 만들 수 있다.

03 정답 ③

파력 발전은 파도가 위아래로 움직이는 운동 에너지를 이용하여 동력을 얻어 전기를 만들어 낸다.

오답피하기

① 조력 발전 : 밀물과 썰물의 수위 차를 이용하여 전기 에너지를 생산한다.

② 태양열 발전 : 태양열을 이용하여 물을 끓여 생긴 증기로 전기 에너지를 생산한다.
④ 지열 발전 : 땅속의 열로 물을 끓여 생긴 증기로 전기 에너지를 생산한다.

04 정답 ①

열기관은 열에너지를 일로 전환하는 장치로, 열기관에 공급된 열에너지 $Q_1 = W + Q_2$이므로
$Q_1 = 300\text{J} + 200\text{J} = 500\text{J}$ 이다.

05 정답 ④

전자기 유도에 의해 발생하는 전류를 유도 전류라고 한다. 유도 전류의 방향은 코일을 통과하는 자기장의 변화를 방해하는 방향으로 생기므로 N극을 가까이할 때와 자기장의 변화가 달라지는 N극을 멀리하거나 S극을 가까이하는 경우 전류가 흐르는 방향이 바뀐다.

06 정답 ③

족은 주기율표의 세로줄로 같은 족 원소들은 화학적 성질이 비슷하다. 따라서 17족에 놓인 D, F의 화학적 성질이 비슷하다. 단, A는 수소 원소로, 수소는 비금속 원소이므로 1족 금속 원소인 C와 성질이 다르다.

07 정답 ④

규산염 사면체는 규소 1개와 산소 4개가 공유 결합한 구조로 되어 있다.

08 정답 ③

비활성 기체는 주기율표의 18족 원소인 헬륨(He), 네온(Ne), 아르곤(Ar) 등으로 가장 바깥 전자 껍질에 8개의 전자를 채워(단, 헬륨은 2개) 안정한 전자 배치를 갖는다. 비활성 기체는 안정하여 다른 원소와 화학 결합을 형성하지 않고 원자 상태로 존재한다.
나트륨은 가장 바깥 전자 껍질에 1개의 전자를 채우고 있으므로 비활성 기체가 아니다.

09 정답 ②

염소는 할로젠 원소로 주기율표 17족에 위치한다. 염화나트륨인 소금의 구성 원소로 비금속 원소이다. 염소기체는 물을 소독할 때 사용된다.

오답피하기

리튬, 칼슘, 철은 모두 금속 원소이다.

10 정답 ②

환원은 전자를 얻거나 산소를 잃는 반응이다. 화살표의 왼쪽의 물질이 반응 물질이고 반응 물질 중 Cu^{2+}가 산소를 얻어 Cu가 되었으므로 Cu^{2+}가 환원된 반응 물질이다.

11 정답 ④

공유 전자쌍이란 두 원자에 서로 공유되어 결합에 참여하는 전자쌍으로 탄소 원자 1개에 수소 원자 4개가 공유 결합하여 생성되므로 총 공유 전자쌍의 개수는 4개이다.

12 정답 ②

생선의 비린내를 제거하기 위해 레몬즙을 뿌리거나 위산이 과다하게 분비되어 속이 쓰릴 때 제산제를 복용하는 것은 생활 속에서 볼 수 있는 중화 반응의 예이다. 중화 반응은 산과 염기가 반응하여 물이 생성되는 반응이므로 공통적으로 생성되는 물질은 물이다.

13 정답 ③

A는 핵, B는 골지체, C는 미토콘드리아, D는 세포벽이다. 미토콘드리아는 세포 호흡이 일어나 세포가 생명 활동을 하는 데 필요한 형태의 에너지를 생산한다.

오답피하기

① A는 유전 정보를 저장하고 있는 DNA가 있고, 생명 활동을 조절한다.
② B는 소포체에서 전달된 물질을 세포 밖으로 분비하는 데 관여한다.
④ D는 세포를 보호하고 세포의 형태를 유지한다.

14 정답 ③

생산자는 빛, 이산화 탄소, 물을 이용하여 광합성으로 생명 활동에 필요한 양분을 스스로 만드는 생물로 식물,

식물 플랑크톤이 해당한다.

ⓧ 오답피하기

① 생태 피라미드는 개체 수, 생물량, 에너지양을 하위 영양 단계부터 상위 영양 단계로 순서대로 쌓아 올린 것이다.
② 변이란 유전적 차이 또는 환경 요인의 영향에 의해 개체 사이에 나타나는 형질의 차이이다.
④ 생태계 평형은 생태계를 구성하는 생물의 종류와 개체 수, 물질의 양, 에너지 흐름 등이 안정된 상태를 유지하는 것을 말한다.

15 정답 ②

핵산의 단위체는 인산, 당, 염기가 1 : 1 : 1로 결합된 뉴클레오타이드이다. 핵산의 종류는 DNA와 RNA가 있다.

16 정답 ③

삼투는 세포막을 경계로 용질의 농도가 낮은 용액에서 높은 용액으로 물이 이동하는 현상이다. 식물 세포를 농도가 낮은 용액에 넣었으므로 삼투에 의해 식물 세포로 물이 이동한다.

ⓧ 오답피하기

ㄷ. 물이 식물 세포로 들어갔으므로 식물 세포의 부피는 증가할 것이다.

17 정답 ②

DNA 한쪽 가닥의 염기에 상보적인 염기를 가진 뉴클레오타이드가 하나씩 결합하여 RNA 가닥이 합성되므로 G와 상보적인 염기인 C가 ㉠에 해당한다.

18 정답 ④

바다의 깊이에 따라 도달하는 빛의 파장과 양이 다르기 때문에 깊이에 따라 서식하는 해조류가 달라진다.

19 정답 ③

생태계를 구성하는 생물적 요인은 생산자, 소비자, 분해자로 구분된다. 생산자는 광합성을 통해 스스로 양분을 합성할 수 있는 생물, 소비자는 스스로 양분을 만들지 못하고 다른 생물을 먹이로 하여 양분을 얻는 생물, 분해자는 죽은 생물이나 다른 생물의 배설물을 분해하여 양분을 얻는 생물을 말한다. 메뚜기, 토끼, 개구리는 소비자에 해당하고 풀은 생산자에 해당한다.

20 정답 ④

수평 방향으로 던진 물체의 운동은 수평 방향으로 등속 운동한다. 따라서 수평 방향으로 이동 거리가 가장 긴 D의 속도가 가장 빠르다.

21 정답 ①

표준 화석은 생존 기간이 짧고, 넓은 면적에 분포해야 한다.

22 정답 ③

빅뱅(대폭발) 우주론은 약 138억 년 전 초고온, 초고밀도의 한 점에서 빅뱅(대폭발)이 일어나 우주가 탄생하였고, 지금까지 계속 팽창하고 있다고 설명하는 우주론이다. 빅뱅 후 우주가 팽창하는 과정에서 우주의 온도가 낮아지면서 기본 입자(쿼크, 전자) → 양성자, 중성자 → 원자핵 → 원자 순으로 생성되었고 원자가 생성되면서 우주로 퍼져 나간 빛이 우주 배경 복사이다. 우주 배경 복사는 빅뱅 우주론의 증거이다.

23 정답 ③

황사는 바람에 날려 상공으로 올라간 모래 먼지가 내려오는 것으로 기권과 지권이 관련된 현상이다.

24 정답 ④

태양 전지는 태양 빛에너지를 직접 전기 에너지로 전환하는 장치이다.

25 정답 ④

ㄴ. 송전선의 길이를 줄이거나 굵기를 굵게 하면 송전선의 저항이 작아지므로 손실되는 전력을 줄일 수 있다.
ㄷ. 저항이 작은 송전선을 사용하면 손실되는 전력을 줄일 수 있다.

ⓧ 오답피하기

ㄱ. 고압 송전선을 지하에 묻는 지중선로는 안전한 전력 수송을 위한 방법이다.

제6교시 한국사

01 ②	02 ①	03 ①	04 ①	05 ②
06 ④	07 ④	08 ③	09 ④	10 ④
11 ④	12 ④	13 ③	14 ③	15 ③
16 ②	17 ②	18 ③	19 ③	20 ①
21 ②	22 ③	23 ④	24 ④	25 ①

01 정답 ②

ㄱ. 우리나라 신석기 시대의 대표적인 토기는 빗살무늬 토기이다. 빗살무늬 토기가 나온 유적은 전국 각지에 널리 분포되어 있다. 대표적인 유적은 서울 암사동, 제주 고산리, 강원 오산리, 부산 동삼동, 황해 지탑리 등으로 대부분 바닷가나 강가에 자리 잡고 있다. 빗살무늬 토기는 도토리나 달걀 모양의 뾰족한 밑 또는 둥근 밑 모양을 하고 있으며 크기도 다양하다.

ㄷ. 가락바퀴는 실을 뽑는 데 사용된 도구로 신석기 시대에는 원시적인 수공업 생산이 이루어졌음을 알 수 있다.

오답피하기

ㄴ. 반달 돌칼은 청동기 시대에 곡식의 이삭을 자르는 데 사용하던 도구이다.

ㄹ. 구석기 시대 사람들은 동물의 뼈나 뿔로 만든 뼈 도구와 뗀석기를 가지고 사냥과 채집을 하였다.

02 정답 ①

소수림왕은 태학을 설립하여 인재를 육성하였다.

오답피하기

② 화랑도는 신라의 청소년 단체이다.

③ 원산 학사는 개항기 초에 설립된 근대 교육 기관이다.

④ 신라는 원성왕 시기에 독서삼품과를 실시하여 국학 졸업생을 관리로 등용하였다.

03 정답 ①

천민 출신 이의민이 당대 최고의 무신 권력자에 오르자, 천민들 사이에서 신분 해방에 대한 기대감이 높아졌다. 만적은 개경의 노비들을 모아 반란을 시도했으나 실패하였다.

오답피하기

② 홍경래는 평안도 차별과 삼정의 문란에 반발하여 19세기에 봉기하였다.

③ 동학 농민 운동은 정부의 개화 정책과 일본의 경제 수탈에 반발하여 일어났다.

④ 암태도 소작 쟁의는 일제 강점기에 일어난 대표적인 소작 쟁의이다.

04 정답 ①

소손녕이 이끄는 거란군이 쳐들어오자 당시 고려에서는 서경 이북 지방을 내주고 화의를 맺자는 주장이 나왔다. 이때 서희가 외교 협상에 나서 고려가 고구려를 계승하였음을 주장하고, 여진이 차지한 압록강 동쪽의 땅을 돌려준다면 송과의 관계를 끊기로 약속하였다. 그 결과 거란이 물러났고, 고려는 여진족을 몰아내고 압록강 동쪽의 강동 6주를 차지하였다(993).

오답피하기

② 조선 세종 때 최윤덕과 김종서는 여진족을 몰아내고 4군 6진을 개척하였다.

③ 삼별초는 몽골과의 강화와 개경 환도에 반발하여 봉기하였다(1270).

④ 고려 공민왕은 쌍성총관부를 공격하여 원에 빼앗겼던 철령 이북의 땅을 되찾았다(1356).

05 정답 ②

과전법은 국가 재정 기반과 조선의 건국에 참여한 신진 사대부 세력의 경제적 기반을 확보하기 위한 것이다. 과전은 경기도의 토지에 국한하여 수조권을 지급한 것인데, 받은 사람이 죽거나 반역을 하면 국가에 반환하도록 되어 있었다. 그러나 죽은 관리의 가족들이 생계를 유지할 수 있도록 수신전, 휼양전의 이름으로 과전의 일부를 지급함으로써 실질적으로 세습이 가능하였고, 공신전도 세습할 수 있었다.

오답피하기

① 직전법은 조선 세조 때 현직 관리에게만 토지의 수

조권을 나누어 주기 위해 제정한 토지 제도이다.

③ 전시과는 고려 시대 관리에게 등급별로 지급하였던 토지이다.

④ 관수 관급제는 조선 성종 때 실시된 토지 제도이다.

06 정답 ④

광해군 당시 명이 후금을 방어하기 위해 조선에 원군을 요청하였을 때 강홍립을 파견하여 상황에 따라 슬기롭게 대처(중립 외교)하도록 하였다. 또 토지 대장과 호적을 새로 정비하였으며, 공납 제도의 문제를 개선하기 위해 대동법을 실시하였다. 그리고 파괴된 성곽을 수리하고 불타 버린 사고를 다시 건축하였으며 백성의 건강을 보살피고자 허준에게 『동의보감』을 완성하도록 하였다.

오답피하기

균역법 시행은 영조, 반원 정책 실시는 공민왕의 업적이다. 또 규장각 설치는 정조의 업적이다.

07 정답 ④

흥선 대원군은 왕조의 위기를 극복하고 실추된 왕권을 회복하고자 능력 위주의 인재 등용, 경복궁 중건, 비변사 폐지, 의정부와 삼군부의 기능 회복 등의 정책을 시행하였다. 또한 붕당의 근거지로 인식되어 온 서원을 47개소만 남기고 철폐하는 동시에 삼정을 개혁하여 국가 재정을 확충하고 민생을 안정시키려 노력하였다.

오답피하기

ㄴ. 대한 제국 시기에 지계가 발급되었다.

ㄷ. 고려 성종 시기에 국자감을 정비하였다.

08 정답 ③

강화도는 한양으로 들어가는 관문으로, 병인양요, 신미양요 등이 이곳에서 일어났다.

오답피하기

㉠은 의주, ㉡은 평양, ㉣은 부산이다.

09 정답 ④

개화 정책이 추진되면서 정부의 재정 지출이 늘어나 세금 부담이 증가하였고, 일본으로 곡물이 수출되어 쌀값이 올라 서민의 생활이 어려웠다. 한편, 신식 군인인 별기군에 비해 구식 군인에 대한 대우가 열악하였는데, 구식 군인에게 1년도 넘게 밀린 급료로 지급된 쌀에 겨와 모래가 섞인 사건이 일어났다. 이때 구식 군인들의 불만이 폭발하여 반정부・반외세 운동인 임오군란이 일어났다(1882).
구식 군인들은 흥선 대원군에게 도움을 요청하고, 무기를 탈취하여 정부의 고관과 별기군의 일본인 교관을 죽이고 일본 공사관을 습격하였다. 군란이 일어나자, 명성황후는 피신을 가고, 민씨 세력은 청의 도움을 요청하였다. 청은 자신의 영향력을 유지하기 위해 군대를 파견하여 재집권한 대원군을 납치하였다.

10 정답 ④

박은식은 『한국통사』, 『한국독립운동지혈사』를 저술하였으며, 국가나 민족의 흥망은 국혼의 존재 여부에 달려 있고, 그 국혼은 바로 역사에 담겨 있는 것이라고 주장하였다. 그는 실천적인 유교 정신을 강조하는 유교구신론을 주장하기도 하였다. 신채호는 고대사에 깊은 관심을 가져 『조선상고사』, 『조선사연구초』 등을 저술하고 우리 민족의 정신과 전통을 강조하였다.
1910~1920년대에는 일제의 역사 왜곡에 맞서 신채호, 박은식 등이 민족 정신과 자주적 발전을 강조하는 민족주의 사학을 연구하였고, 1930년대에는 정인보, 안재홍, 문일평 등이 그 전통을 계승하였다.

11 정답 ④

통감부의 탄압이 심해지자 안창호, 양기탁 등은 비밀 단체인 신민회를 조직하였다(1907). 신민회는 국권 회복과 공화정 수립을 목표로 다양한 활동을 전개하였다. 오산 학교, 대성 학교를 설립하여 민족 교육을 실시하고, 자기 회사, 태극 서관 등 민족 기업을 육성하였다. 또한 만주 삼원보에 독립운동 기지를 건설하고, 신흥 강습소를 설립하여 독립군을 양성하였다. 그러나 105인 사건으로 조직이 드러나면서 해체되었다(1911).

오답피하기

① 황무지 개간권 반대 운동에 적극 가담한 인사들은 상소에 그치지 않고, 보안회를 조직하였다.

② 헌정 연구회는 입헌 정치의 연구를 위해 결성된 단체이다.
③ 헌정 연구회를 계승한 대한 자강회는 교육과 산업의 진흥을 강조하였으며, 고종 퇴위 반대 운동을 전개하였다.

12 정답 ④

고종은 강화도 조약을 체결한 후 통리기무아문과 별기군을 조직하며 개화를 추진하였다.

오답피하기

① 대한 제국은 광무개혁을 추진하여 지계를 발급하였다.
② 흥선 대원군은 호포제를 실시하여 양반에게도 군포을 부담시켰다.
③ 대한민국 임시 정부는 3·1 운동 직후 수립되었다.

13 정답 ③

ㄹ. 급진 개화파는 우정총국 개국 축하 연회를 이용하여 정부 고관을 살해하고 정권을 장악하였다(갑신정변, 1884).
ㄷ. 동학 농민 운동을 계기로 정부는 군국기무처를 설치하여 정치와 경제의 각종 제도를 개혁하고 낡은 사회 관습을 폐지하였다(갑오개혁, 1894).
ㄱ. 러·일 전쟁이 끝난 직후 일본은 군대를 동원하여 궁궐을 포위하고 고종 황제와 일부 대신들을 위협하여 제2차 한·일 협약(을사늑약)을 강요하였다(1905).
ㄴ. 한·일 병합 조약으로 우리 민족은 국권을 완전히 빼앗기고 일본의 식민지가 되고 말았다(1910).

14 정답 ③

1910년대에 일제는 강력한 무단 통치를 실시하였다. 일제는 치안을 확보한다는 구실로 전국 곳곳에 경찰 관서와 헌병 기관을 설치하고 헌병이 경찰 업무를 지휘하고, 일반 경찰 업무에까지 관여하는 헌병 경찰 제도를 시행하였다. 일제는 우리 민족 자본의 형성을 억압할 목적으로 1910년 회사령을 제정하여 회사 설립 시 조선 총독의 허가를 받도록 하였다. 또한 1912년 조선 태형령을 제정하여 헌병 경찰이 한국인을 마음대로 매질할 수 있게 하였다.
③ 1930년대 이후 민족 말살 통치 시기의 내용이다.

15 정답 ③

한국 광복군은 중국 정부의 지원을 받아 충칭에서 창설되었고, 총사령관은 지청천이었다. 신흥 무관 학교 출신의 독립군 간부가 중심이 되었고, 1942년 조선 의용대 일부가 흡수됨으로써 전력이 강화되었다. 중국 각지에서 중국군과 연합하여 일본군과 싸웠으며, 1943년에는 영국군의 요청으로 인도·미얀마 전선에 한국 광복군 공작대를 파견하여 일본군을 상대로 한 대적 방송, 일본군 문서 번역, 정보 수집, 포로 심문 등에 종사하였다.

오답피하기

① 연해주에서 한인들은 신한촌을 건설하고 권업회를 조직하였다.
② 홍범도가 이끄는 대한 독립군은 봉오동 전투에서 승리하였다.
④ 미주 지역에서는 대한인 국민회를 조직하여 일본의 침략을 규탄하였으며, 대조선 국민군단을 조직하여 군사 교육을 실시하기도 하였다.

16 정답 ②

일제는 공업화 정책을 추진하면서 자국의 식량이 부족해지자, 산미 증식 계획을 추진하였다. 일제는 이 사업을 실시하면서 쌀의 증산을 위해 각지에 수리 조합을 조직하고 토지 개량 사업을 벌였다. 산미 증식 계획의 무리한 강행으로 한국의 농업 구조는 쌀 농사 중심으로 바뀌었고, 증산에 투입된 비용을 지주가 소작인에게 전가하는 일이 빈번하였다. 또한 한국인의 식량 사정은 극도로 악화되어, 만주에서 들여온 조·수수 등의 잡곡으로 연명해야 했다. 그리하여 토지를 상실하고 화전민이 되거나 해외로 이주하는 농민들이 많아졌다.

17 정답 ②

1910년대에 국내에서 활동한 대표적인 단체로는 독립 의군부와 대한 광복회가 있다. 이 중 독립 의군부는 총독부에 국권 반환 요구서를 보낼 계획을 세우고 있었다.

오답피하기

① 의열단은 1920년대에 국내에 있는 식민 통치 기관 파괴를 시도하였다.

③ 조선 의용대는 1938년에 조직된 무장 단체로, 중국 우한에서 설립되었다.
④ 한국 광복군은 대한민국 임시 정부가 1940년에 조직한 독립군이다.

18 정답 ③

한인 애국단의 대표적인 활동으로는 이봉창과 윤봉길의 의거가 있다. 이봉창은 1932년 도쿄에서 일왕의 행렬에 폭탄을 투척하였고, 윤봉길은 같은 해인 1932년 상하이의 훙커우 공원에서 일제의 고위 관료들에게 폭탄을 투척하였다. 이 훙커우 의거는 중국 국민당 정부가 한국의 독립운동을 지원하는 계기가 되었다.

오답피하기

한인 애국단이 조직된 것은 1931년으로, 이는 안중근과 장인환의 의거가 발생한 후의 일이다. 영국군의 요청으로 인도 및 미얀마에 파병된 이들은 한국 광복군이다.

19 정답 ③

3·1 운동 이후 최초로 전개된 반일 학생 운동은 1926년 일어난 6·10 만세 운동이다.

오답피하기

ㄴ 신간회는 학생들을 지원하기 위해 진상 조사단을 파견하였다.

20 정답 ①

남한만의 총선거가 실시되어 남북이 분단될 위기에 처하자 김구와 김규식을 비롯한 중도 세력은 북한과의 협상을 통해 통일된 정부를 수립하기 위해 김일성에게 남북한 정치 지도자 회담(남북 협상)을 제안하였다.

오답피하기

② 4·19 혁명으로 이승만 정부가 무너지고 장면 내각이 출범하였다.
③ 이승만은 초대 대통령으로 단독 정부 수립을 주장하였다.
④ 광복 직후 여운형은 안재홍 등과 함께 조선 건국 동맹을 중심으로 좌우익을 통합한 조선 건국 준비 위원회를 조직하였다.

21 정답 ②

1948년 5월 10일에 시행된 선거는 우리 역사상 최초의 선거로, 이때 선출된 국회 의원은 헌법을 만들었다고 하여 제헌 국회 의원이라 부른다.

오답피하기

ㄱ. 1960년의 3·15 부정 선거에 해당한다.
ㄹ. 1987년의 대통령 선거에 해당하며, 이 선거에서 노태우가 대통령으로 당선되었다.

22 정답 ③

4·19 혁명은 이승만과 자유당 정권이 3·15 부정 선거를 실시하자 그동안 이승만과 자유당 정권의 부정부패와 독재에 불만을 가진 국민들이 민주주의를 지키기 위해 일어난 사건이다. 자유당 정권은 이미 이승만의 대통령 당선이 확실한 상황에서, 부통령에 같은 자유당원인 이기붕을 당선시키기 위해 3·15 선거에서 부정적인 방법을 사용하였다. 이에 대항하여 민주화 시위가 전개되던 도중 고등학생 김주열의 시신이 발견되었다. 이러한 상황에서 4월 18일 시위를 벌이고 귀가하던 고려대 학생들이 정치 폭력배에 의해 습격당하자, 이를 들은 시민들은 4월 19일 서울을 비롯한 전국에서 대규모 시위를 벌였다. 결국 이승만은 대통령에서 물러나고 자유당 정권은 붕괴되었다.

23 정답 ④

대한민국 정부가 수립된 후 정부의 변천 과정을 보면 이승만 정부를 시작으로 장면 정부, 박정희 정부로 이어졌다. 4·19 혁명으로 이승만 정부가 무너진 이후 장면 내각이 세워졌으며, 1년 뒤 5·16 쿠데타로 정권을 잡은 박정희가 대통령에 당선되었다. 박정희 정부는 한·일 협정을 체결하고 베트남에 국군을 파병하는 등의 정책을 폈다.

24 정답 ④

제시문의 ㉠은 1972년에 개정된 유신 헌법이다. 유신 헌법은 대통령의 권한과 위상을 극대화시켜 사실상 삼권 분립을 훼손했다. 대통령은 통일 주체 국민회의에서 선출했으며, 중임 제한이 없었으며, 긴급 조치권을 행사할 수 있었다.

오답피하기

① 대한민국 임시 정부는 1940년에 주석제를 실시하였다.
② 4·19 혁명 직후에 추진된 개헌에서 의원 내각제와 양당제를 실시하였다.
③ 대통령 직선제는 1952년의 발췌 개헌과 1987년의 9차 개헌에서 추진되었다.

25 정답 ①

(가) 김영삼 정부는 금융 실명제를 도입하여 경제 활동의 투명성을 높였다.
(나) 지금까지 총 3차례의 남북 정상 회담이 열렸으며, 김대중 정부, 노무현 정부, 문재인 정부에서 각각 개최되었다.

제7교시 도덕

01 ④	02 ②	03 ②	04 ②	05 ③
06 ③	07 ①	08 ④	09 ①	10 ④
11 ④	12 ④	13 ③	14 ③	15 ②
16 ④	17 ④	18 ④	19 ①	20 ①
21 ④	22 ③	23 ③	24 ①	25 ③

01 정답 ④

덕 윤리에서는 의무론과 공리주의가 특정한 도덕 원리나 규칙을 근거로 행위 자체를 평가하는 것을 비판한다. 어떤 행위자가 그릇된 행위를 했다고 하더라도 그 행위자는 그릇된 사람이 아닐 수 있으므로 행위 자체가 아니라 행위자의 성품을 평가해야 한다고 보는 것이다.

02 정답 ②

• 도덕 원리 : 무고한 인간을 죽이는 것은 도덕적으로 그르다.
• 사실 판단 : 태아는 무고한 인간이다.
• 도덕 판단 : 태아를 죽이는 인공 임신 중절은 도덕적으로 그르다.

03 정답 ②

오답피하기

①, ④는 결혼을 통한 성적 관계만을 인정하는 보수주의 입장, ③은 타인에게 해악을 주지 않는 범위 내에서 개인의 자유로운 선택에 따른 성적 자유를 허용하는 자유주의 입장이다.

04 정답 ②

맹자는 경제적 안정이 윤리적 토대가 된다고 보았다. 이에 직업을 통해 백성에게 경제적 안정을 위한 일정한 생업을 마련해 주어야 한다고 주장하였다.

05 정답 ③

바람직한 통일 방법은 평화적 방법을 통해 점진적·단계적으로 통일을 이루어 나가야 한다.

06 정답 ③

도교에서는 자연스러운 삶을 통해 인간다움을 찾아야 한다고 보았다. 자연스러운 삶이란 억지로 무엇을 하려고 하지 않고, 자연의 순리에 따라 물처럼 살아가는 무위자연의 삶을 의미한다. 도교에서는 지극한 경지에 도달한 사람이라는 뜻의 지인(至人)을 이상적 인간상으로 제시했다.

ⓧ 오답피하기

① 연기설(緣起說)은 만물이 그물처럼 모두 얽혀 연결되어 있다는 불교의 핵심 사상이다.
② 홍익인간(弘益人間)은 '인간을 널리 이롭게 한다.'는 뜻으로 인간 존중의 정신을 담고 있다.
④ 정명(正名)은 각자 자신이 지니고 있는 사회적 위치에 따른 역할을 바르게 수행하는 것을 의미한다.

07 정답 ①

제시문은 해외 원조에 대한 롤스의 의견으로 불리한 여건의 사회가 질서 정연한 사회가 되도록 도울 의무가 있음을 강조하였다.

08 정답 ④

제시문은 정보 공유론(copyleft)의 입장이다.

ⓧ 오답피하기

①, ②, ③은 정보 사유론(copyright)의 입장이다.

09 정답 ①

ⓧ 오답피하기

②, ③ 정의의 원칙에 대한 설명과 인간 존중의 원칙에 대한 설명이 뒤바뀌어 있다. 인간 존중의 원칙은 사이버 공간의 타인도 나와 똑같은 인간 존엄성과 권리를 지니고 있으므로 그에 상응하는 대우를 해야 한다는 것이다. 정의의 원칙에 따르면 사이버 공간에서 누구나 가지는 평등한 권리를 보장하기 위해 정보의 진실성, 공정한 표현 등이 요구된다.

10 정답 ④

칸트는 의무론적 윤리설의 대표 학자로 도덕 법칙을 무조건 따라야 하는 정언 명령의 형태로 제시하였다.

11 정답 ④

환경 문제를 해결하기 위해서는 첫째, 인간 중심주의에 대한 문제점을 인식하고, 둘째, 생태 공동체 의식을 함양하며, 셋째, 생태계 보전을 위해 노력할 수 있어야 한다. 환경 문제는 미래 세대의 생존 및 삶의 질에 직접적인 영향을 미치는 문제로, 환경 문제가 해결되지 않고 지속된다면 미래 세대는 건강한 환경에서 풍요롭게 살아갈 수 없다. 따라서 현세대는 미래 세대를 위해 환경 문제를 해결하기 위해 노력해야 한다.

12 정답 ④

프랑스어인 노블레스 오블리주(Noblesse Oblige)는 '상류 사회, 즉 귀족 계급의 도덕적 의무와 책임'을 의미한다. 사회적 지위에 상응하는 도덕적 의무는 초기 로마 시대에 귀족들이 보여 준 투철한 도덕의식과 솔선수범하는 공공 정신에서 비롯되었다. 로마의 귀족은 평민보다 앞서서 절제된 행동과 납세의 의무를 다했으며, 전쟁이 일어나면 사재로 전쟁세를 내어 국가를 수호하였다. 근대와 현대에 이르러서도 이러한 도덕의식은 계층 간 대립을 해결할 수 있는 최고의 수단으로 여겨져 왔다. 특히, 전쟁과 같은 국난을 맞이하여 국민을 통합하고 역량을 극대화하려면 무엇보다 기득권층의 솔선하는 자세가 요구된다.

13 정답 ③

배려적 사고란 도덕적 판단을 내리기 전에 자신의 결정이 타인에게 미칠 영향을 예측해 보는 일이며, 이는 곧 역지사지의 정신이라고도 부른다.

14 정답 ③

사회 윤리는 공정한 분배 기준, 우대 정책과 역차별 문제, 사형 제도의 존폐 문제 등을 다룬다.

15 정답 ②

제시문은 슈바이처가 주장한 '생명 외경 사상'의 내용으로 생명 중심주의 윤리에 해당한다. 생명 외경 사상은 도덕적 고려의 범위를 인간에게만 국한하지 않고, 살아 있는 모든 생명체의 살려는 의지에 대해 도덕적 가치를 인정한다.
생명 외경 사상은 살아 있는 모든 존재는 소중하고 존엄하기 때문에 그 가치에 있어 우열이나 위계를 따질 수 없다고 본다. 하지만 생명을 가진 존재만을 고려하여 생태계 전체를 고려하지 못하며, 모든 생명체에 대한 존중을 강요하여 인간의 삶 자체를 어렵게 만들 수 있다는 한계가 있다.

16 정답 ④
(가)는 사회 윤리에 대한 니부어(Niebuhr, R.)의 입장으로 개인적으로는 양심적이고 도덕적일지라도 개인이 모인 사회는 이기적이며 비도덕적일 수 있다고 강조한다. 즉, 사회 문제는 개인의 도덕성뿐만 아니라 사회 구조와 제도의 개선을 통해 해결해야 한다고 주장한다.

17 정답 ④
사형 제도 폐지는 인간 존엄성 실현과 관련된 대표적인 논쟁 중 하나이다. 사형 제도의 폐지를 주장하는 입장에서는 생명의 존엄성을 판단 근거로 하여 사형 제도를 일종의 살인 행위로 본다. 사형 제도의 존치를 주장하는 입장에서는 극악한 범죄가 발생될 때 사형 제도는 두려움을 주어 범죄 예방 효과가 있다고 본다.

18 정답 ④
하버마스는 서로 다른 의견과 갈등, 폭력 등을 극복하기 위해 합리적 의사소통을 위한 담론 윤리를 주장하였고 이상적 대화 상황의 조건으로 이해 가능성, 정당성, 진리성, 진실성을 제시하였다.

19 정답 ①
예술과 도덕의 관계에 대한 입장 중 도덕주의에 따르면, 예술이 사회에 악영향을 미칠 경우에는 표현의 자유를 제한해야 한다고 주장한다. 이처럼 도덕주의는 예술이 공동체의 질서를 유지하고 올바른 품성과 덕성을 표현해야 한다고 강조한다. 이와 반대로 심미주의는 예술의 유일한 목적이 예술 자체의 아름다움이라고 여기며, 예술가의 자유와 창조를 중시한다.

20 정답 ①
불교에서는 위로는 깨달음을 구하고, 아래로는 중생을 가르쳐 자비를 구현하는 사람인 보살을 이상적 인간상으로 제시하였다.

21 정답 ④
양성평등을 이루기 위해서는 여성이 출산으로 직업을 유지하기 어렵게 되거나 보수나 승진에서 불이익을 받지 않도록 배려해야 한다.

22 정답 ③
제시문은 국가 권위의 정당화 근거 중 동의론적 근거에 대한 설명이다.

23 정답 ③
- 통일 비용 : 남북의 이질적 요소 통합을 위해 드는 비용
- 통일 편익 : 통일로 얻게 되는 경제적·비경제적 보상과 혜택
- 분단 비용 : 분단으로 인한 대립과 갈등으로 발생하는 모든 비용

24 정답 ①
제시문은 공자가 주장한 정명 사상에 대한 설명이다.

25 정답 ③
윤리적 소비는 환경과 정의, 인권 등의 보편적 가치를 고려하는 소비로서, 사회적 약자의 삶을 고려하고, 지구촌 환경 문제를 해결하는 데 기여할 수 있는 소비이다. 또 제3세계 노동자의 인권 보호를 위해 정의로운 경제 체제를 구축하는 데 기여하는 소비이다.
③은 합리적 소비 행위이다.

제 3 회 정답 및 해설

제1교시 국어

01 ④	02 ②	03 ②	04 ③	05 ③
06 ③	07 ③	08 ③	09 ②	10 ④
11 ①	12 ④	13 ①	14 ①	15 ②
16 ③	17 ②	18 ②	19 ②	20 ③
21 ③	22 ④	23 ②	24 ③	25 ④

01 정답 ④

자신에 대한 칭찬은 최소화하고, 비방을 최대로 하는 것은 겸양의 격률이다. 그런데 ㉣은 자기 자랑을 하고 있으니 겸양의 격률에 어긋난다.

02 정답 ②

시어머니와 손님은 같은 문화적 맥락 속에서 살아왔지만, 줄리엣은 이들과 다른 문화적 맥락 속에서 살아왔다.

03 정답 ②

유음화에 의해 '신라[실라]'로 발음하는 것이 옳다.

오답피하기

① 칼날[칼랄]
③ 감기[감기]
④ 의사[의사]

04 정답 ③

파열음(ㅂ, ㄷ, ㄱ) 표기에 된소리를 쓰지 않으므로 '파리[paris]'가 옳은 표현이다.

05 정답 ③

③의 '-겠-'은 새벽쯤 도착하리라는 미래의 일이나 추측을 나타내는 선어말 어미이다.

오답피하기

① 주체의 의지를 나타냄.
② 주체의 의지를 나타냄.
④ 가능성이나 능력을 나타냄.

06 정답 ③

선어말 어미 '-시-'를 이용해 주체인 '아버지'를 높이고 있다.

오답피하기

객체 높임법에서만 사용되는 높임 특수 어휘가 있다. 예를 들어, '묻다 → 여쭈다', '주다 → 드리다', '보다 → 뵈다' 등에서 확인할 수 있다.
①, ② 특수 어휘를 이용해 객체를 높이고 있다.
④ 높임 표현이 사용되지 않았다.

07 정답 ③

주장하는 글에서 주제와 관련된 핵심 용어는 본론이 아닌 서론에서 정의되는 것이 적절하다.

08 정답 ③

청소년의 '정서적 안정감, 삶의 활력'과 '경제적 부담'은 직접적인 연관성이 없기 때문에 팬덤 활동이 청소년들에게 정서적 안정감과 삶의 활력을 준다는 주장을 뒷받침하기 위해 적극적인 팬덤 활동을 해도 경제적 부담이 없다는 근거를 제시하는 것은 타당하지 않다.

[09~10] 작자 미상, 「열녀춘향수절가」

| 갈래 | 국문 소설, 애정 소설, 판소리계 소설, 염정 소설, 19세기 후반에 완판(完板)으로 출판된 「춘향전」의 이본
| 성격 | 해학적, 풍자적
| 주제 | 춘향의 굳은 절개와 탐관오리에 대한 비판
| 특징 |
- 판소리 특유의 해학적이고 풍자적인 표현이 많이 나타남.
- 다양한 수사법과 확장적 문체를 통해 표현의 효과를 극대화함.
- 서술자가 작품의 전면에 나타나 자신의 의견을 표출하는 편집자적 논평이 드러남.

09 정답 ②

글의 내용에 비추어 볼 때, 춘향 모친은 몽룡이 어사 신분으로 돌아왔다는 사실을 알지 못했음을 알 수 있다. 그러므로 몽룡의 어사 신분이 드러날 것을 염려하고 있다고 보기는 어렵다.

오답피하기

① '금관'과 '홍삼'을 통해 몽룡이 과거에 급제하고 춘향에게 돌아왔음을 알 수 있다.
③ 춘향이 '노문'을 기다리는 모습에서 몽룡이 벼슬길에 올라 다시 돌아오기를 바라는 마음을 엿볼 수 있다.
④ 자신이 죽는 것은 서럽지 않지만 서방님의 모습을 걱정하고 있는 춘향의 모습을 확인할 수 있다.

10 정답 ④

'오매불망(寤寐不忘)'은 '자나 깨나 잊지 못함'을 의미하는 말이다. 이는 자나 누우나 몽룡을 그리워하는 춘향의 모습을 나타내기에 적절하다.

오답피하기

① 감탄고토(甘呑苦吐) : 자신의 비위에 따라서 사리의 옳고 그름을 판단함.
② 구밀복검(口蜜腹劍) : 말로는 친한 듯하나 속으로는 해칠 생각이 있음.
③ 언어도단(言語道斷) : 어이가 없어서 말하려 해도 말할 수 없음.

[11~13] 정일근, 「흑백사진 – 7월」

| 갈래 | 산문시, 서정시
| 성격 | 회고적, 감각적, 묘사적
| 제재 | 유년 시절
| 주제 | 유년 시절의 아름다운 추억
| 특징 |
- 감각적인 시어를 사용하여 어린 시절의 추억들을 묘사함.
- 회고적인 어조를 사용함.
- 이미지의 연결을 통해 시상을 전개함.

11 정답 ①

이 시에서는 유사한 문장 구조를 반복하여 리듬감을 형성하고 있지는 않다.

오답피하기

② 시각적 이미지를 중심으로 청각적 이미지, 공감각 이미지 등 다양한 감각적 표현을 사용하여 유년 시절의 기억들을 생생하게 형상화하고 있다.
③ '차르르 차르르', '삐뚤삐뚤' 등의 음성 상징어를 사용하여 생동감을 주고 있다.
④ 눈에 보이지 않는 '풍금 소리'를 마치 눈에 보이는 것처럼 '쌓이고'라고 주관적으로 변용하여 표현하였다.

12 정답 ④

이 시는 회상적 어조를 통해 유년의 추억을 아름답고 낭만적으로 그리고 있다.

오답피하기

① 유년 시절에 대한 그리움은 드러나 있으나, 점층법은 나타나지 않는다.
② 예스러운 말투가 사용된다고 보기 어렵다.
③ 감각적인 시어가 사용되고 있으나 토속적인 시어는 나타나지 않으며, 향토적 정감이 드러나는 시라고 보기도 어렵다.

13 정답 ①

'멀리 누나가 다니는 분교의 풍금 소리 쌓이고'라는 시구를 통해, 원경의 모습이 더 어울리는 것을 알 수 있다.

[14~16] 정지용, 「향수」

| 갈래 | 자유시, 서정시
| 성격 | 향토적, 묘사적, 감각적
| 주제 | 고향에 대한 그리움
| 특징 |
- 다양하고 선명한 감각적 이미지
- 향토적, 토속적 소재와 시어
- 후렴구 사용

14 정답 ①

화자가 회상하는 고향의 모습은 평화롭지만 가난한 모습이다. 그러므로 풍요로운 모습을 나타낸다는 설명은 적절하지 않다.

15 정답 ②

ⓐ는 '청각의 시각화'가 사용되었고, ② '분수처럼 흩어지는 푸른 종소리'가 청각의 시각화가 쓰인 공감각적 심상이므로 ⓐ와 같은 종류의 심상이다.

오답피하기
① 촉각의 시각화
③ 시각의 촉각화
④ 청각의 촉각화

16 정답 ③

3연은 꿈 많던 어린 시절을 회상하고 있다. 그러므로 '가족들과 현실적 고단함을 나누지 못했던 후회'를 나타낸다는 설명은 적절하지 않다.

[17~18] 작자 미상, 「정읍사」

| 갈래 | 고대 가요, 서정시
| 성격 | 서정적, 여성적, 기원적
| 주제 | 행상 나간 남편의 안전을 기원하는 여인의 간절한 마음
| 특징 |
- 현전하는 유일한 백제 가요
- 한글로 기록되어 전하는 가장 오래된 가요
- 시조 형식의 원형을 가진 가요

17 정답 ②

'ᄃᆞᆯ'은 '밝음, 광명'을 나타내고, '즌ᄃᆡ'는 '어두운 곳, 위험한 곳'을 의미하므로 대조적인 의미의 시어이다.

18 정답 ②

이 시의 '달'은 남편의 안전을 기원하는 '기원의 대상'이다.
②의 '달'은 '원왕생(願往生)(극락에 이르는 것)'을 기원하는 기원의 대상을 의미한다.

오답피하기
①의 '달'은 고단한 일상의 반복을 의미한다.
③의 '달'은 '봄 밤'의 풍류를 심화시키는 정서이다.
④의 '달'은 아쉬움과 미련을 심화시키는 대상이다.

19 정답 ②

기사문을 읽을 때는 그 내용의 타당성, 신뢰성, 적절성 등을 확인하며 읽는다. 그 안에 사용된 표현 방법을 찾으며 읽는 것은 문학 작품에서 활용하는 독서 방법이다.

20 정답 ③

문맥상 단어의 의미가 '이전에는 볼 수 없었던 유례(類例)'의 의미를 갖고 있다.

오답피하기
① 유래
② 확장
④ 유례(流例)

21 정답 ③

피닉스 은하단을 발견한 주체는 '미국 매사추세츠 공대(MIT)가 주축을 이룬 국제 연구진'이다.

오답피하기

① 피닉스 은하단은 다른 은하단과는 다르게 살아 움직이듯 별을 생성한다.
② 은하단의 대부분은 중심부가 죽은 것과 같아 별을 만들어 내지 못한다.
④ 피닉스 은하단은 별의 생성에 대한 가설의 큰 도움이 될 것으로 예상하고 있다.

22 정답 ④

이 문장은 주어 + 서술어를 갖추면 되는 문장이며, '나는(주어) 가볼게(서술어)'를 갖추고 있으므로 생략 현상이 일어나지 않았다.

오답피하기

① 주어가 생략된 문장이다.
② 뒤 문장에서 서술어가 생략되어 있다.
③ 주어, 관형어가 생략되어 있다.

23 정답 ②

'점의 논리'와 '선의 논리'를 설명하기 위해 둘의 차이점을 예를 들어 설명하였고, 생소한 개념인 두 개념에 대해 정의를 내리고 있다. 또한 '징검다리를 건너는 것과 같이'의 표현을 통해 이해를 돕는다.
② 연구 과정을 제시하고 있지는 않다.

24 정답 ③

생략되는 정보는 청자가 이미 알고 있거나, 알고 있을 것으로 예상되는 내용이기 때문에 상황에 따라 끊임없이 변화할 수 있다.

25 정답 ④

ⓓ는 문맥상 피동적 표현이 어울리므로 고치지 않는 편이 더 자연스럽다.

제2교시 수학

01 ④	02 ①	03 ①	04 ①	05 ④
06 ①	07 ④	08 ②	09 ②	10 ②
11 ③	12 ①	13 ③	14 ③	15 ②
16 ③	17 ④	18 ①	19 ④	20 ②

01 정답 ④

$A=2x^2+x$, $B=2x+1$이므로

$$A+2B=(2x^2+x)+2(2x+1)$$
$$=2x^2+x+4x+2$$
$$=2x^2+(1+4)x+2$$
$$=2x^2+5x+2$$

따라서 정답은 ④이다.

02 정답 ①

방법 1 $x^2+x-1=(x+1)^2+a(x+1)+b$의 양변에 $x=-1$을 대입하면,
$(-1)^2+(-1)-1=b$ ⇨ $b=-1$
$x=0$을 대입하면,
$-1=1+a+b$ ⇨ $-1=1+a-1$
⇨ $a=-1$
그러므로 $a+b=-2$이다.
따라서 정답은 ①이다.

방법 2 다항식의 우변을 전개하여 정리하면,
$x^2+x-1=(x+1)^2+a(x+1)+b$
⇨ $x^2+x-1=x^2+2x+1+ax+a+b$
⇨ $x^2+x-1=x^2+(2+a)x+(1+a+b)$이다.
동류항의 계수끼리 비교하면,
$1=2+a$, $-1=1+a+b$이므로,
$a=-1$이고, 대입하여 정리하면,
$-1=1-1+b$ ⇨ $b=-1$이다.
따라서 $a+b=-2$이다.

03 정답 ①

다항식 x^3-x^2+3x+a를 $P(x)$라 하면,

$P(x)=x^3-x^2+3x+a$

$P(x)$를 $x-2$로 나눈 나머지는 나머지정리에 의해 $P(2)$이므로, $P(2)=5$이다.

⇨ $P(2)=8-4+6+a=5$

$\therefore a=-5$

따라서 정답은 ①이다.

04 정답 ①

곱셈공식 변형에 의해

$$x^2+\frac{1}{x^2}=\left(x+\frac{1}{x}\right)^2-2$$
$$=(3)^2-2=7$$

따라서 정답은 ①이다.

05 정답 ④

복소수의 덧셈, 뺄셈은 허수단위 i를 문자처럼 생각하여 다항식의 덧셈, 뺄셈과 같은 방법으로 계산한다.

$4+2i-(3-i)=4+2i-3+i$

실수부분과 허수부분으로 나누어 간단히 계산하여 나타내면, $(4-3)+(2+1)i=1+3i$이다.

복소수가 서로 같으려면, 실수부분과 허수부분이 각각 같아야 함을 이용하여 우변인 $1+ai$와 비교하면 $a=3$이다.

따라서 정답은 ④이다.

더 알고가기

복소수의 덧셈, 뺄셈

a, b, c, d가 실수일 때,

❶ $(a+bi)+(c+di)=(a+c)+(b+d)i$

❷ $(a+bi)-(c+di)=(a-c)+(b-d)i$

06 정답 ①

$x^2+4x-5=0$에서 근과 계수와의 관계에 의하여 $\alpha+\beta=-4$, $\alpha\beta=-5$이다.

따라서 정답은 ①이다.

더 알고가기

근과 계수와의 관계

$ax^2+bx+c=0$

$\alpha+\beta=$합$=-\dfrac{b}{a}$, $\alpha\beta=$곱$=\dfrac{c}{a}$

07 정답 ④

구간이 제한된 이차함수의 최댓값과 최솟값은 꼭짓점과 구간의 양 끝값을 이용하여 구한다.

꼭짓점의 좌표는 $(1, -4)$이므로

$f(x)=(x-1)^2-4$ $(0\le x\le 3)$라 놓으면,

$f(1)=-4$

구간의 양 끝값은 $f(0)=-3$, $f(3)=0$이다.

함숫값을 이용하여 이차함수의 그래프를 그려 보면 다음과 같다.

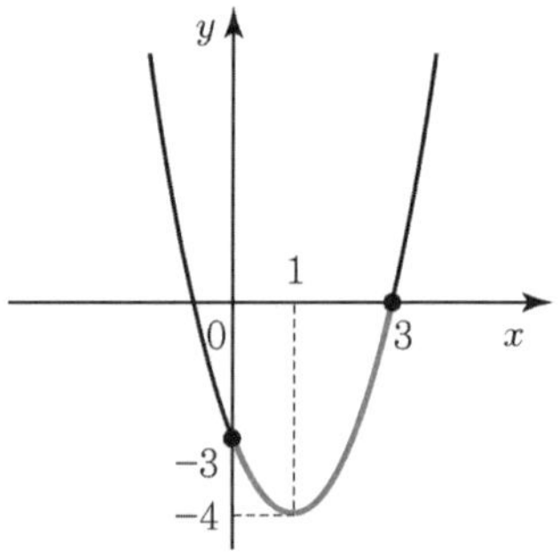

그러므로 $f(x)$의 최댓값은 0, 최솟값은 -4이다.

최댓값과 최솟값의 합은 $0+(-4)=-4$

따라서 정답은 ④이다.

08 정답 ②

연립방정식의 해는 두 식을 동시에 만족하는 미지수 x, y의 값이므로 식에 대입하여 문제를 해결할 수 있다.

연립방정식 $\begin{cases} x^2+y^2=a & \cdots\cdots ㉠ \\ xy=2 & \cdots\cdots ㉡ \end{cases}$의 해가

$x=1$, $y=b$이므로, $x=1$, $y=b$를 식 ㉠, ㉡에 각각 대입하면,

㉡ $1\times b=2$ ⇨ $b=2$

㉠ $1^2+b^2=a$ ⇨ $1^2+2^2=a$ ⇨ $a=5$
그러므로 연립방정식의 해는 $x=1$, $y=2$이고, $a+b$의 값을 구하면, $a+b=5+2=7$이다.
따라서 정답은 ②이다.

09 정답 ②

$|x| \le b$ (단, $b>0$)의 해는 $-b \le x \le b$임을 이용하면,
$|x-2| \le 1$의 해는
$-1 \le x-2 \le 1$ ⇨ $1 \le x \le 3$
이므로 만족하는 정수는 1, 2, 3으로 총 3개이다.
따라서 정답은 ②이다.

10 정답 ②

$a<b$인 경우, 이차부등식 $(x-a)(x-b) \le 0$의 해를 구하면, $a \le x \le b$가 된다.
(이때, a, b의 값은 식 $x-a$와 $x-b$가 각각 0이 되는 값이다.)
그러므로 이차부등식 $(x-2)(x-5) \le 0$의 해를 구하면, 식 $x-2$와 $x-5$가 각각 0이 되는 x의 값은 2와 5이므로 $2 \le x \le 5$가 된다.

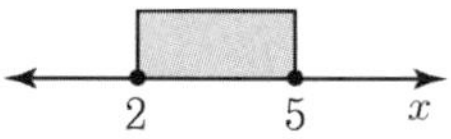

따라서 정답은 ②이다.

11 정답 ③

좌표평면 위의 두 점 $A(x_1, y_1)$, $B(x_2, y_2)$ 사이의 거리는 $\overline{AB}=\sqrt{(x_2-x_1)^2+(y_2-y_1)^2}$ 이므로
공식에 대입하면,
$\overline{AB}=\sqrt{\{2-(-1)\}^2+(-1-4)^2}=\sqrt{9+25}=\sqrt{34}$
따라서 정답은 ③이다.

12 정답 ①

두 점 A(1, 0), B(0, −2)를 지나는 직선의 기울기를 구하면,

$$\text{기울기}=\frac{(y\text{ 값의 증가량})}{(x\text{ 값의 증가량})}=\frac{-2-0}{0-1}=\frac{-2}{-1}=2$$

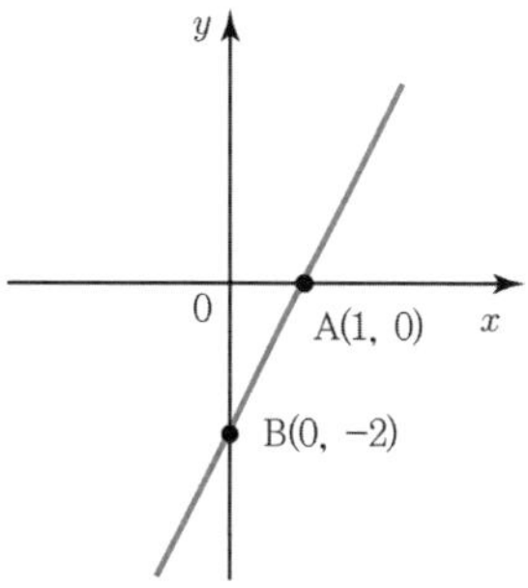

서로 수직인 직선의 방정식은 기울기의 곱이 −1이다.
그러므로 기울기가 2인 직선에 수직인 직선의 기울기는 $-\frac{1}{2}$이고, 이 직선은 점 (0, 3)을 지나므로 y절편이 3이다. 기울기가 a이고 y절편이 b인 직선의 방정식은 $y=ax+b$임을 이용하여 식을 구하면,
$y=-\frac{1}{2}x+3$이다. 따라서 정답은 ①이다.

13 정답 ③

중심이 C(−3, 2)이므로 원의 방정식은
$(x+3)^2+(y-2)^2=r^2$이다. 또한 점 (1, 2)를 지나므로 식에 대입하면 $r^2=4^2+0^2=16$이다.
그러므로 원의 방정식은 $(x+3)^2+(y-2)^2=16$
따라서 정답은 ③이다.

14 정답 ③

점 A(5, −3)을 x축에 대하여 대칭이동하면, y좌표의 부호가 반대로 바뀌므로 B(5, 3)이 된다.
따라서 정답은 ③이다.

15 정답 ②

집합 $A=B$이면 A, B의 모든 원소들이 같아야 한다.
A의 원소 ➜ 1, 2, $a+2$
B의 원소 ➜ $a-1$, 2, 4이므로
$a-1=1$, $a+2=4$이어야 한다.
$\therefore a=2$
따라서 정답은 ②이다.

16 정답 ③

주어진 명제 '$x>2$이면 $x^2>4$이다.'에서 가정과 결론을 각각 구하면,

[가정(p) : $x>2$이다.], [결론(q) : $x^2>4$이다.]와 같다.

[가정의 부정($\sim p$) : $x \le 2$이다.],

[결론의 부정($\sim q$) : $x^2 \le 4$이다.]

명제의 대우는 가정과 결론을 부정하여 순서를 바꾼 것으로, '$x^2 \le 4$이면 $x \le 2$이다.'가 된다.

따라서 정답은 ③이다.

17 정답 ④

$(g \circ f)(3)=g(f(3))$과 같다.

그림을 보고 $f(3)$을 먼저 구하면, c가 됨을 알 수 있으므로, $(g \circ f)(3)=g(f(3))=g(c)$

$g(c)$ 역시 대응관계를 보면 7이 된다.

그러므로 $(g \circ f)(3)=g(f(3))=g(c)=7$

따라서 정답은 ④이다.

18 정답 ①

점근선의 방정식이 $x=-3$, $y=-4$이므로

$y=\frac{1}{x}$의 그래프를 x축의 방향으로 -3만큼, y축의 방향으로 -4만큼 평행이동한 함수이다.

함수 $y=\frac{1}{x-a}-4$는 $y=\frac{1}{x}$의 그래프를 x축의 방향으로 a만큼, y축의 방향으로 -4만큼 평행이동한 함수이므로 $a=-3$ 이다.

따라서 정답은 ①이다.

19 정답 ④

방법 1 6명의 학생 중에서 서로 다른 직책의 대표 3명을 뽑는 경우의 수는 연속하여 일어나는 일의 경우의 수이므로 곱의 법칙을 이용하여

$6\times5\times4=120$과 같이 구할 수 있다.

따라서 정답은 ④이다.

방법 2 6명의 학생 중에서 서로 다른 직책의 대표 3명을 뽑는 경우의 수는 6명 중 3명을 뽑아 일렬로 나열하는 경우의 수와 같으므로

${}_6P_3=6\times5\times4=120$

20 정답 ②

방법 1 월, 화, 수, 목, 금 5일 중 2일을 선택하는 경우의 수는 $\frac{5\times4}{2}=10$가지이다.

[이때, 2로 나누는 이유는 요일을 2일 선택하였을 때, 순서가 바뀌어도 같은 결과로 보기 때문이다.]

따라서 정답은 ②이다.

방법 1 월, 화, 수, 목, 금 5일 중 2일을 선택하는 경우의 수는 선택하는 순서를 고려하지 않으므로 조합을 이용하여 구할 수 있다.

그러므로 경우의 수는 ${}_5C_2=\frac{5\times4}{2}=10$가지이다.

제3교시 영어

01 ③	02 ②	03 ③	04 ④	05 ③
06 ①	07 ②	08 ①	09 ④	10 ①
11 ②	12 ②	13 ③	14 ④	15 ④
16 ④	17 ①	18 ④	19 ④	20 ③
21 ④	22 ③	23 ②	24 ①	25 ①

01 정답 ③

해석 이 정보는 유명한 책으로부터 참고했다.

어휘 consult 참고하다, 상담하다
famous 유명한

02 정답 ②

해석 학자들은 그들의 삶을 이 교리를 전하는 데 기여했다.

어휘 scholar 학자, 교수
contribute 기여하다
doctrine 교리, 원칙

03 정답 ③

해석 나는 당신 제안에 찬성입니다.

어휘 in favor of ~을 찬성하는
proposal 제안

04 정답 ④

해석 ① 선생 – 학생 ② 감독 – 배우
③ 코치 – 선수 ④ 남주인 – 여주인

해설 ①, ②, ③은 지시하고 지시받는 관계인데, ④는 둘 다 주인의 위치이므로 의미 관계가 다르다.

05 정답 ③

해석 군인 감사의 날
• 날짜 : 4월 4일 일요일
• 시간 : 오전 11시~오후 6시
• 위치 : 군사 커뮤니티 센터
• 세부 사항 : 모든 현역 군인과 퇴직 군인 및 그 가족에게 개방됩니다.

어휘 military 군대의, 군인들, 군대
appreciation 감사
soldier 군인, 병사
retiree 은퇴자, 퇴직자

해설 광고문에서 회비는 제시되어 있지 않다.

06 정답 ①

해석 • 흡연하는 대부분의 사람들은 심장병을 앓을 수 있다.
• 그가 누구인지 아니?

어휘 heart disease 심장병

해설 첫 번째 빈칸은 people을 수식하는 관계대명사가, 두 번째 빈칸은 know의 명사절 접속사가 필요하다. 둘 다 충족시키는 것은 who이다.

07 정답 ②

해석 • 잭, 네 생일은 언제니?
• 이 날이 내가 태어난 날이다.

어휘 be born 태어나다

해설 언제인지를 묻는 의문사 when과 시간을 선행사로 하는 관계부사 when이 공통으로 알맞다.

08 정답 ①

해석 • 쓰레기를 없애는 데는 많은 돈이 들 거야.
• 그 방은 꽃향기로 가득 찼어.

어휘 get rid of 제거하다
be full of 가득 차다
waste 쓰레기, 낭비하다

09 정답 ④

해석 A : 난 건강과 돈 절약을 위해 학교에 자전거를 타고 다닐 거야.
B : 그거 일석이조구나.

해설 kill two birds with one stone 돌 하나로 새 두 마리를 잡는다, 일석이조

10 정답 ①

해석 나는 도시 근처의 강으로 갔어. 많은 꽃들이 강둑에서 모두 활짝 피어 있었어. 꽃들은 매우 아름다웠어. 우리는 그것들의 사진을 찍기로 했어. 정말 멋진 날이었어.

어휘 near 근처의
bloom 꽃이 피다
bank 강둑
take pictures 사진 찍다
fantastic 멋진, 환상적인

해설 '아름다운', '멋진'이라는 단어를 통해서 'I'의 심경이 ①에 가깝다는 것을 유추할 수 있다.

11 정답 ②

해석 A : 실례합니다. 저를 도와주실 수 있나요?
B : 물론이죠, 무엇을 도와드릴까요?
A : 헤밍웨이가 쓴 책들을 찾고 있어요.
B : F 섹션에서 찾으실 수 있어요.
A : 감사합니다.

어휘 look for 찾다
written 쓰인

해설 A는 책을 찾는 중이고 B는 점원으로 보이므로 두 사람의 대화 장소는 서점이 가장 알맞다.

12 정답 ②

해석 A : 2달러 빌려줄 수 있어?
B : ____________________
① 너는 헤어숍에 갈 예정이었어.
② 물론, 빌려줄 수 있지. 여기 있어.
③ 아니, 그런 적 없어. 그러나 언젠가는 가 보고 싶어.
④ 나는 내 머리를 자르곤 해.

어휘 lend 빌려주다

해설 A는 돈을 빌려줄 수 있는지의 여부를 묻고 있으므로 B의 대답은 빌려줄 수 있다 또는 없다가 되어야 한다.

13 정답 ③

해석 A : ____________________
B : 브릭 동물 센터로. 나는 6개월 동안 봉사 활동하고 있어.
① 왜 너는 동물을 좋아해?
② 언제 우리와 함께 할래?
③ 어디 가는 중이야?
④ 요즘 어때?

해설 B의 대답으로 보아 A의 질문은 어디 가고 있는지를 묻는 것이 가장 알맞다.

14 정답 ④

해석 이것은 비로부터 사람을 보호하기 위해 디자인되었다. 이것은 나무나 금속대로 지지된다. 이것은 주로 개인용으로 사용할 수 있는 크기의 휴대용 장치이다.

어휘 design 고안하다
shelter 보호, 피난처
support 지지하다
primarily 주로, 우선
hand-held 손으로 들 수 있는
portable 휴대용의
device 장치, 기기

해설 비 올 때 개인이 쓸 수 있는 것으로 보아 '우산'이다.

15 정답 ④

해석 축하해, 약혼했다고 들었어.
(A) 물론이지, 결혼식이 언제야?
(B) 5월 4일 일요일 오후 2시야.
(C) 고마워 론. 나 정말 행복해. 결혼식에 와 줘.

어휘 engage 약혼하다

해설 약혼을 축하하고 있으므로 (C)의 감사를 표하는 문장이 먼저 와야 한다. (C)의 결혼식 초대에 응하는 문장으로는 (A)가 알맞으므로 (C)-(A)-(B)가 적절하다.

16 정답 ④

해석 • 사용 전에 핀을 뽑으세요.
• 불을 향하여 직접 분사하세요.
• 화기 근처에 두지 마세요.

어휘 pull out 뽑다
spray 분사하다
leave 두다

해설 설명서에 충전 방법은 제시되어 있지 않다.

17 정답 ①

해석 소라에게,
아버지가 돌아가셨다는 것을 들어서 매우 유감이야. 네가 얼마나 슬플지 말로 하기가 힘들다. 나는 그가 우리 수학 선생님이었을 때를 기억해. 그는 항상 나의 능력을 발전시키려고 노력했어. 그리고 그는 항상 내 이야기를 경청해 주었어. 가족에게 위로 인사를 건네줘.

어휘 strive 노력하다
be willing to 기꺼이 ~하다
express 표현하다
sympathy 위로, 애도

해설 문맥으로 보아 애도를 표하는 글이므로 ①이 가장 적절하다.

18 정답 ④

해석 나는 '좋은 이웃들'이란 학교 클럽에 속해 있다. 주로 다른 사람들을 돕고 지역사회를 위해 좋은 일을 한다. 이것들이 작년에 우리가 했던 활동들이다. 우리는 동네를 청소했고 나이 드신 분들을 도와드렸다.

어휘 neighbor 이웃사람
mainly 주로
others 다른 사람들
community 지역사회
activity 활동
neighborhood 동네, 이웃지역

해설 헌 옷을 기부한다는 내용은 없다.

19 정답 ④

해석 당신의 화를 다루는 것은 중요하다. 그러면 어떻게 우리가 분노를 다뤄야 할까? 첫 번째, 왜 당신이 화가 났는지 생각해라. 두 번째, 당신을 공격하는 사람과 함께 어울리지 말아라. 마지막으로, 만일 누군가 당신을 모욕하면 그저 농담으로 대우해라.

어휘 hang out with 어울리다
offend 공격하다
humiliate 모욕을 주다

해설 제시문은 화를 다루는 방법에 대해 서술하고 있다.

20 정답 ③

해석 과학 실험은 여러분의 가설이 틀렸다는 것을 보여 주도록 설계되어야 하고, 결과에 대해 있을 법한 그 어떤 주관적 영향도 없이 완벽하게 <u>객관적으로</u> 수행되어야 한다.

① 아름답게 ② 매우
③ 객관적으로 ④ 거의

어휘 scientific experiment 과학 실험
hypothesis 가설
subjective 주관적인
influence 영향, 요인
outcome 결과

해설 제시문에 따르면 과학 실험은 주관적 영향이 없어야 하므로 객관적으로(objectively) 수행되는 것이 문맥상 알맞다.

21 정답 ④

해석 만일 당신이 <u>해외로</u> 여행할 예정이라면, 당신은 그 나라에서 응급상황에 대비해서 병원이 어디에 있는지 알아야 한다.

① 내부의 ② 선호하다
③ 인내 ④ 해외의

어휘 travel 여행
emergency 응급, 비상
situation 상황, 사태

해설 여행의 목적지가 해외일 때를 이야기하므로 빈칸도 해외라는 뜻의 'abroad'가 적절하다.

22 정답 ③

해석 학교에 불이 났다고 가정해 보자. 당신은 어떻게 해야 할지 아는가? 여기에 당신이 화재로 인해 위험에 처했을 때 유용한 팁들이 있다.

어휘 suppose 가정하다
break out 일어나다, 발생하다
danger 위험

해설 제시문의 마지막 문장은 화재로 인하여 위험한 상황에 처할 때 유용한 팁을 제시할 것을 말하므로 대피 요령이 이어질 내용으로 예측할 수 있다.

23 정답 ②

해석 멕시코 북부의 75명의 죄수들이 감옥으로부터 탈출 계획을 세웠다. 그들은 그들을 자유로 데려다줄 터널을 파느라 6개월을 보냈다. (그러나, 불행하게도 그들은 한 가지 큰 실수를 했다.) 그들은 경찰서 근처 아래에 터널을 판 것이다. 그들이 터널에서 올라왔을 때 무슨 일이 일어났겠는가? 깜짝 놀란 경찰에 의하여 75명 죄수 모두 즉각 감옥으로 되돌려 보내졌다.

어휘 unfortunately 불행하게도
mistake 실수, 잘못
prisoner 죄수
escape 탈출하다
prison 감옥, 교도소
spend 시간을 보내다
dig 파다
nearby 근처의, 인근의
police station 경찰서
climb 오르다, 등반하다
immediately 즉시

해설 죄수들이 경찰서 아래에 터널을 판 것이 큰 실수이므로 주어진 문장은 ②에 들어가야 알맞다.

24 정답 ①

해석 모든 근로자의 거의 50%가 행복해하지 않는 직업을 가지고 있다. 이런 일이 당신에게 발생하게 두지 마라! 올바른 직업을 찾고 싶다면, 신문 구인 광고를 급하게 훑어보지 마라. <u>대신</u>, 앉아서 네 자신에 대해 생각을 해라. 당신은 어떤 류의 사람인가? 무엇이 당신을 행복하게 만드는가?

어휘 nearly 거의
worker 근로자, 노동자
let 하게 하다
right 올바른
rush to 급히 ~하다
look through 훑어보다
ad = advertisement 광고

해설 행복하게 만드는 올바른 직업을 찾으라는 주제의 글이다.

25 정답 ①

해석 ① 대신에 ② 게다가
③ 그러므로 ④ 예를 들면

해설 급하게 구하지 말고 대신에 자신이 어떤 사람인지 생각해 보라는 의미로 Instead '대신에'가 자연스럽다.

제4교시 사회

01 ①	02 ②	03 ④	04 ③	05 ④
06 ③	07 ④	08 ②	09 ④	10 ④
11 ④	12 ③	13 ④	14 ③	15 ②
16 ②	17 ④	18 ②	19 ④	20 ②
21 ①	22 ④	23 ②	24 ③	25 ④

01 정답 ①

사회 문제를 특정한 관점으로만 분석하면, 그 문제의 속성을 깊이 있게 이해할 수 없어 적절한 대책을 세우기 어렵다. 따라서 사회 문제를 탐구할 때에는 통합적으로 살펴보아야 한다.

02 정답 ②

도교에서는 타고난 그대로의 본성에 따라 인위적인 것이 더해지지 않은 자연 그대로의 모습인 무위자연(無爲自然)적 삶을 행복이라고 본다.

ⓧ 오답피하기

① 인(仁)의 실천을 강조하는 것은 유교이다.

③, ④ 불교에서는 불성(佛性)을 바탕으로 해탈(解脫)하는 것을 행복이라고 보았다.

03 정답 ④

삶의 목적은 시대나 사회에 따라 다양하게 나타난다. 우리가 추구하는 다양한 목표는 그 자체가 목적이 아닌 행복을 위한 수단이다.

04 정답 ③

인간 중심주의는 오직 인간만이 이성을 지닌 존재라는 섬에서 인간에게만 본래적 가치를 인정한다.

05 정답 ④

산업화와 도시화로 인해 개인주의가 강해지며, 수단적 만남이 나타난다.

06 정답 ③

노년 인구 비율의 증가로 고령화 현상이 나타나고, 노동력이 부족한 지역은 도시가 아닌 농촌 지역이다.

07 정답 ④

지구촌 일부에서 심각한 인권 침해가 이어지자 지구촌 구성원 모두의 인권 보장을 위한 국제적 협력을 중시하는 연대권이 등장하였다.

08 정답 ②

(가)는 최후의 수단, (나)는 공익성에 대한 설명이다.

09 정답 ④

제시된 법률은 모두 사회적 소수자에 대한 차별을 개선하는 게 공통된 목적이다.

10 정답 ④

편익이 주관적 만족감을 포함하는 것은 맞지만, 비용에 매몰 비용은 포함되지 않는다. 합리적 선택에서는 매몰 비용은 고려해서는 안 된다.

11 정답 ④

을은 만족감과 비용을 바탕으로 소비하는 합리적 소비가 아니라 자신은 남과 다르다는 의식으로 다른 사람의 소비와 반대 방향으로 소비하는 형태가 나타난다. 이러한 소비 형태를 스노브 효과(snob effect)라 한다.

12 정답 ③

명시적 비용은 영화 티켓 비용 9,000원, 암묵적 비용은 하루 3시간 아르바이트로 벌 수 있는 30,000원으로 기회 비용은 39,000원이다. 서진이가 영화 관람이 합리적 선택이 되기 위해서는 영화 관람에 따른 편익이 39,000원보다 커야 한다.

13 정답 ④

갑국은 핸드폰과 신발 생산에 모두 절대 우위를 갖고

있다. 한 국가가 모든 상품에 절대 우위가 있더라도, 비교 우위에 있는 상품을 특화하여 생산하고 무역을 통해 교환을 하면 이익을 얻는다. 갑국은 핸드폰 생산에, 을국은 신발 생산에 비교 우위가 있다.

14 정답 ③

경제 주체가 경제 활동을 하는 과정에서 의도치 않게 타인에게 이익을 주거나, 의도치 않게 피해를 입히고도 대가를 치르지 않는 현상을 외부 효과라고 한다.

15 정답 ②

(가)는 유동성, (나)는 안전성, (다)는 수익성이다.

16 정답 ②

정의는 구성원 각자가 공정하게 자기의 몫을 분배받으면서 살아갈 수 있도록 도와주어 사회적 자원이 일부 집단에게 편중되지 않도록 해 준다.

17 정답 ④

인간의 삶이 공동체에 뿌리를 두고 있음을 강조하는 사상이다. 개인과 공동체는 상호 유기적 관계에 있으며, 개인을 공동체의 문화와 역사 등의 영향을 받으며 살아가는 존재로 본다.

18 정답 ②

사회 서비스는 도움이 필요한 모든 국민을 대상으로 다양한 서비스 혜택을 지원하는 제도이다. 노인 돌봄 서비스, 가사·간병 서비스 등이 있다.

19 정답 ④

A는 문화 상대주의, B는 문화 사대주의, C는 자문화 중심주의이다. 문화 제국주의로 변질될 가능성이 높은 것은 문화 사대주의가 아니라 자문화 중심주의이다.

20 정답 ②

갑의 태도는 자문화 중심주의이고, 을의 태도는 문화 상대주의이다. 문화 상대주의는 문화를 평가하는 절대적 기준을 부정한다.

21 정답 ①

제시된 개념은 소극적 평화이다. 소극적 평화는 물리적 폭력이 사라진 상태를 말한다. 적극적 평화는 물리적 폭력뿐만 아니라 구조적, 문화적 폭력이 사라진 상태를 말한다.

22 정답 ④

센카쿠 열도는 청·일 전쟁 이후 일본이 실효적 지배를 하고 있으며, 석유와 천연가스가 매장되어 있어 천연자원을 둘러싼 분쟁이 있는 지역이다.

23 정답 ②

제시된 내용은 국제 기구이다. 국제 기구는 국가 간 이해관계 조정, 국가 간 분쟁 중재, 국가의 행위를 규제하는 국제 규범 정립 등의 역할을 담당하며 국제 연합(UN), 세계 보건 기구(WHO), 국제 통화 기금(IMF) 등이 있다.

24 정답 ③

군사적 힘을 통한 남북 통일은 국제 사회 평화에 기여하지 못한다. 평화적 노력을 통해 남북 통일을 이루는 것이 적절하다.

25 정답 ④

고령화 현상은 65세 이상 인구가 전체 인구에서 차지하는 비율이 높아지는 현상이다. 의학 기술 향상과 저출산 현상으로 고령화 현상이 가속화되어 노동력 부족 문제가 발생하며, 노년 부양비가 증가할 것이다.

제5교시 과학

01 ④	02 ②	03 ③	04 ④	05 ④
06 ①	07 ②	08 ③	09 ④	10 ④
11 ①	12 ④	13 ②	14 ②	15 ④
16 ②	17 ②	18 ③	19 ①	20 ④
21 ③	22 ③	23 ①	24 ④	25 ③

01 정답 ④

자유 낙하 운동은 물체에 중력이 작용하여 아래로 떨어지는 운동으로 일정한 가속도로 속력이 증가하는 등가속도 운동을 한다.

02 정답 ②

연료 전지는 산화 환원 반응을 이용하여 화학 에너지가 바로 전기 에너지로 전환되는 장치로 에너지 효율이 높고 전기 에너지와 함께 물을 생성하므로 환경 오염의 문제가 없다.

오답피하기

① 풍력 발전 : 바람의 운동 에너지로 전기 에너지를 생산한다.
③ 스마트 그리드 : 지능형 전력망으로 효율적인 전력 관리를 할 수 있다.
④ 열기관 : 연료를 연소시켜 발생한 열에너지를 일로 전환시키는 장치이다.

03 정답 ③

운동량은 운동하는 물체가 갖는 물리량으로, 질량(kg)×속도(m/s) = 운동량(kg·m/s)이다.
물체 B와 D의 운동량이 60kg·m/s임을 알 수 있고 물체 A~D의 운동량이 모두 같으므로 물체 A와 C의 운동량도 60kg·m/s이다. 따라서 A는 10×(가) = 60kg·m/s, C는 (나)×2 = 60kg·m/s이다. (가) = 6, (나) = 30이므로 (가)+(나) = 36이다.

04 정답 ④

전자기 유도에 의해 코일에 유도 전류가 흐른다. 유도 전류의 세기는 코일이 많이 감겨 있을수록, 자석을 빨리 움직일수록, 자석의 세기가 셀수록 유도 전류가 더 많이 흐른다.

05 정답 ④

자유 낙하 운동하는 물체 A의 속력은 1초마다 10m/s씩 증가하므로 4초 후 A의 속력은 40m/s가 된다.

06 정답 ①

푸른색 리트머스 종이를 붉게 변화시키는 것은 산의 공통적인 성질이므로 염산이다.

오답피하기

② 수산화 나트륨은 붉은색 리트머스 종이를 푸르게 변화시킨다.
③, ④ 물과 염화 나트륨은 산, 염기가 아니다.

07 정답 ②

원소의 가장 바깥쪽 전자 껍질에 배치되어 있는 전자의 개수는 족 번호의 끝자리 수와 같다. 따라서 A는 4개, B는 7개, C는 2개, D는 1개이다.

08 정답 ③

규소는 원자가 전자의 수가 4개이므로 최대 4개의 다른 원자와 결합할 수 있다.

오답피하기

① 원자핵의 (+)전하량 = 양성자의 수 = 원자 번호이다.
② 가장 바깥쪽 전자 껍질에 들어 있는 전자 개수 및 원자가 전자 개수는 4개이다.
④ 원자핵의 (+)전하량이 +14이고 전자의 총개수가 14개이므로 전기적으로 중성이다.

09 정답 ④

생체 촉매는 효소로 단위체가 아미노산인 단백질로 이루어져 있다. 리보솜은 DNA에 저장된 유전 정보에 따라 단백질이 합성되는 장소이다.

10 정답 ④

A는 인지질 2중층을 직접 통과하고 B는 단백질을 통해 통과한다. A와 B 모두 확산에 의해 농도가 높은 쪽에서 낮은 쪽으로 이동한다. A와 같이 인지질 2중층을 확산하는 물질은 크기가 매우 작은 기체 분자나 지용성 물질이 해당하고 B와 같이 단백질을 통한 확산이 일어나는 물질은 이온이나 포도당, 아미노산이 해당한다.

11 정답 ①

- 탄소 화합물은 탄소로 이루어진 기본 골격에 여러 원소가 공유 결합하여 이루어진 물질이다.
- 그래핀, 탄소 나노 튜브, 풀러렌은 탄소로 이루어져 있다.
- 탄소는 지구 시스템의 각 영역을 다양한 형태로 순환한다. → 기권(이산화 탄소, 메테인), 생물권(유기 양분), 수권(탄산 이온), 지권(석회암, 화석 연료)

12 정답 ④

태양 에너지는 지구 시스템에서 자연 현상을 일으키는 근원적인 에너지로 물의 순환의 근원 에너지이기도 하다.

13 정답 ②

A : 내핵, B : 외핵, C : 맨틀, D : 지각
A, C, D는 고체 상태, B는 액체 상태이다.

14 정답 ②

뉴클레오타이드는 인산 : 당 : 염기 = 1 : 1 : 1의 비율로 결합되어 있고, 핵산인 DNA와 RNA의 단위체이다.

오답피하기

ㄴ. DNA의 염기는 A(아데닌), G(구아닌), C(사이토신), T(타이민)의 4가지이고, RNA의 염기는 A(아데닌), G(구아닌), C(사이토신), U(유라실) 4가지이다.

15 정답 ④

A, B, C는 판과 판이 가까워지는 수렴형 경계이고 D는 판과 판이 멀어지는 발산형 경계이다.

16 정답 ②

(가)에서 공유 전자쌍 수는 1개, (나)에서 공유 전자쌍 수는 2개, (다)에서 공유 전자쌍 수는 3개이므로 모두 합하면 6개가 된다.

17 정답 ②

헬륨 원자핵은 전하를 나타내지 않는 중성자 2개와 (+)전하를 띠는 양성자 2개가 있으므로 헬륨 원자핵의 (+)전하량은 +2가 된다.

18 정답 ③

생태계 구성 요인 중 분해자는 스스로 양분을 합성하지 못하고 다른 생물의 사체나 배설물을 통해 양분을 얻는 것으로 세균, 곰팡이 등이 해당한다.

오답피하기

① 호랑이는 다른 생물을 먹이로 하여 양분을 얻는 소비자이다.
② 온도는 생태계의 비생물적 요인이다.
④ 식물 플랑크톤은 광합성을 통해 스스로 양분을 합성하는 생산자이다.

19 정답 ①

별빛이 저온의 기체를 통과할 때 특정 파장의 빛이 흡수되어 연속 스펙트럼에 검은색 흡수선이 나타나는데, 이를 흡수 스펙트럼이라고 한다.

오답피하기

② 쿼크 : 빅뱅 후 생성된 기본 입자이다.
③ 태양 에너지 : 지구 시스템에 가장 큰 영향을 주는 에너지원이다.
④ 대폭발 우주론 : 약 138억 년 전 초고온, 초고밀도의 한 점에서 대폭발이 일어나고 팽창하여 현재와 같은 우주를 이루었다는 이론이다.

20 정답 ④

① 삼엽충(고생대), ② 암모나이트(중생대), ③ 매머드(신생대), ④ 고사리(고온 다습한 환경)

고사리는 고생대에 번성한 양치 식물로 생성 당시 고온 다습한 환경을 알려 주는 시상 화석이다.

21 정답 ③

1차 소비자의 증가로 1차 소비자를 먹이로 하는 2차 소비자의 수는 일시적으로 증가하고 1차 소비자의 먹이가 되는 생산자의 수는 감소한다. 생산자의 수 감소로 시간이 지나면서 1차 소비자의 수는 감소하고 2차 소비자의 수도 따라서 감소하게 되어 안정된 생태 피라미드의 형태로 되돌아가게 된다.

22 정답 ③

불법 포획과 남획은 생물 다양성 감소의 원인이다.

23 정답 ①

위도 30°~60°에 위치한 우리나라는 편서풍의 영향을 받는다.

오답피하기

② 계절풍은 1년을 주기로 부는 바람을 말한다.
③ 해풍은 낮에 바다에서 육지 쪽으로 부는 바람을 말한다.
④ 극동풍은 위도 60°~90°에서 부는 바람이다.

24 정답 ④

반딧불이는 화학 에너지를 빛에너지로 전환하고, 광합성은 빛에너지를 화학 에너지 형태로 유기물에 전환하여 저장한다. 배터리 충전은 전기 에너지를 화학 에너지의 형태로 전환하여 충전하는 것이다.

25 정답 ③

재생 에너지란 햇빛, 물, 지열 등 재생 가능한 에너지를 변환시켜 이용하는 것을 의미한다.

오답피하기

① 신에너지 : 기존에 사용하지 않았던 새로운 에너지로 연료 전지, 석탄 액화·가스화 등이 있다.
② 지구 내부 에너지 : 화산, 지진, 판의 운동을 일으키는 에너지이다.
④ 화학 에너지 : 화학 결합에 의해 물질 속에 저장되어 있는 에너지이다.

제6교시 한국사

01 ③	02 ③	03 ①	04 ④	05 ④
06 ①	07 ③	08 ①	09 ④	10 ③
11 ④	12 ①	13 ①	14 ②	15 ④
16 ④	17 ③	18 ④	19 ④	20 ④
21 ④	22 ②	23 ③	24 ③	25 ②

01 정답 ③

가야는 고구려, 백제, 신라와 달리 중앙 집권 국가로 발전하지 못하고 연맹 왕국 단계에 머물렀다. 각 소국이 독자적인 세력을 유지하여 정치적 통합을 이루지 못했고, 백제와 신라의 압박에 시달렸기 때문이다.

오답피하기

ㄱ. 금관가야는 낙랑과 일찍이 교류하였고, 대가야는 중국과 직접 교역을 통해 문물을 수용하였다.
ㄷ. 내물왕 이전의 신라에 해당한다.

02 정답 ③

화랑도는 신라의 청소년 수련 단체로, 진흥왕 때 국가적인 조직으로 발전하였다. 화랑도의 지도자인 화랑은 진골 귀족의 자제였으며, 그를 따르는 낭도는 귀족과 평민의 자제로 구성되어 함께 여러 지역을 다니며 심신을 연마하고 군사 훈련을 받았다. 진골 귀족부터 평민까지 여러 신분이 어릴 때부터 함께 어우러져 활동함으로써 화랑도는 신분 간의 대립과 갈등을 조절하고 완화하는 구실을 하였다. 그리고 이들은 원광의 세속 5계를 지키며 전쟁터에서 나라를 위해 목숨을 바쳐 싸움으로써 이후 신라의 삼국 통일에 크게 이바지하였다.

③ 신라의 귀족들은 화백 회의에서 국가 중대사를 만장일치로 결정하였다.

03 정답 ①

이자겸의 난(1126) → 묘청의 서경 천도 운동(1135) → 무신 정변(1170) → 최충헌의 집권(1196)이다.
따라서 ㄱ - ㄴ - ㄷ - ㄹ 순이다.

04 정답 ④

고려의 지방 행정 조직은 성종 초부터 정비되기 시작하여 전국의 주요 지역에 12목을 설치하고 전국을 5도와 양계, 경기로 크게 나누었다. 5도에는 안찰사가 파견되어 도내의 지방을 순찰하였다. 양계에는 병마사가 파견되었고 지방관이 파견되지 않았던 속군과 속현이 존재하였다. 또한 특수 행정 구역인 향·부곡의 주민은 농업에 종사하고, 소의 주민은 수공업·광업품 생산에 종사하였다.

05 정답 ④

이조 전랑은 조선 시대 관리의 인사권을 가진 이조의 정랑(정5품)과 좌랑(정6품)을 일컫던 말이다. 당시 가장 중시되던 삼사에 대한 인사권을 가졌으며 전랑을 임명하고 해임하는 것은 이조판서라도 간여하지 못했고 전랑 스스로 그 후임을 추천하도록 되어 있었다. 전랑직을 거치면 큰 과실이 없는 한 대개 재상까지 오를 수 있었으며 이로 인해 이 자리를 두고 붕당 간의 대립이 치열해졌다.

ⓧ 오답피하기

①, ②, ③ 모두 사화의 원인이다.

06 정답 ①

실학자들 중에서 농업을 중요시한 유형원, 이익, 정약용 등 중농학파 실학자들은 농촌 문제에 관심을 가지고 농민 생활 안정을 위해 토지 제도 개혁안을 제시하였다.

ⓧ 오답피하기

②, ④ 중상주의 실학자들에 대한 설명이다.

③ 사회 현실에 대한 실학자들의 관심과 비판 의식은 우리의 역사, 지리, 언어, 풍속 등 국학 전반에 대한 연구로 나타났다.

07 정답 ③

영조는 군포 부담을 줄이기 위해 균역법을 시행하였다.

ⓧ 오답피하기

② 태종은 사병 폐지와 호패법 시행 등으로 왕권을 강화하였다.

④ 성종은 『경국대전』을 완성하여 반포함으로써 유교 중심의 국가 통치 질서를 확립하였다.

08 정답 ①

고종 황제의 거부에도 불구하고 일본이 을사늑약 체결을 일방적으로 발표하자 이에 반대하는 민족의 분노가 여러 형태로 표출되었다. 고종은 조약이 무효임을 주장하며 헤이그에 특사를 파견하였으며 을사의병이 일어나 일본에 저항하였다. 또 이상설, 최익현 등의 전직 관리와 유생들은 을사늑약이 무효임을 주장하고 친일 대신을 규탄하는 상소를 올렸다. 민영환은 민족에게 남기는 유서를 남기고 자결하였다. 장지연은 황성신문에 '시일야방성대곡'이라는 논설을 실어 일본의 침략을 비난하였다. 나철과 오기호 등은 오적 암살단을 조직하여 을사늑약 체결에 찬성한 을사오적 등의 매국노를 처단하려 하였다.

09 정답 ④

고종은 을사늑약에 반발하여 1907년 헤이그에 특사를 파견하였다. 하지만 이로 인해 일본에 의해서 강제 퇴위되었다. 일제는 같은 해 여름에 한·일 신협약을 강요하였고, 대한 제국의 군대마저 해산시켰다.

10 정답 ③

안중근은 초대 통감으로서 우리나라의 침략에 앞장섰던 이토 히로부미가 러시아 대표와 회담하기 위해 하얼빈역에 도착하자 그를 사살하여 민족의 독립 의지를 분명히 보여 주었다.

ⓧ 오답피하기

① 홍범도가 이끄는 대한 독립군은 봉오동 전투에서 일본군에게 큰 승리를 거두었다.

② 한인 애국단의 이봉창은 도쿄에서 일본 국왕의 처단을 시도해 일제에 큰 충격을 주었다.

④ 김좌진은 북로 군정서를 이끌고 청산리 대첩에서 승리하였다.

11 정답 ④

일본은 경복궁을 습격하여 명성 황후를 시해하는 을미사변을 일으켰다(1895). 이어 친일 내각이 다시 구성되어 개혁을 계속 추진하였다(을미개혁, 1895). 이들은 태양력을 채택하고, '건양'이라는 연호를 사용하였으며, 단발령을 실시하였다.

12 정답 ①

제시된 내용은 독도에 대한 설명이다. 1900년 대한 제국에서 반포한 칙령 제41호는 울릉도를 울도로 개칭하고, 도감을 군수로 개정하며, 울도군은 울릉 전도와 죽도, 석도를 관할한다고 하였다. 여기서 죽도는 울릉도 바로 옆의 죽서도를 가리키고, 석도는 독도를 가리킨다. 그런데 일본은 러·일 전쟁 중인 1905년에 군사적 요충지를 확보하기 위해 독도를 자국의 시마네현에 불법으로 편입시켰다.

13 정답 ①

제시된 자료는 1910년에 제정된 회사령이다. 회사령은 한국인의 기업 설립을 억제하고 민족 자본의 성장을 억압하기 위해 회사의 설립 때 조선 총독의 허가를 받도록 한 것이다. 이 시기에는 이외에도 인삼, 소금, 담배에 대한 전매 제도를 실시하여 조선 총독부의 수입으로 삼았다.

ⓧ 오답피하기

② 토지 조사 사업, ③ 제1차 한·일 협약, ④ 물산 장려 운동에 대한 내용이다.

14 정답 ②

김원봉이 이끈 의열단은 1920년대에 국내와 상하이를 중심으로 활발한 의거 활동을 전개하였다. 의열단 소속의 대표적인 인물은 김익상, 김상옥, 나석주 등이었다. 김익상은 조선 총독부에 폭탄을 던졌고, 김상옥은 독립지사들에게 잔인한 고문을 일삼던 종로 경찰서에 폭탄을 던져 큰 피해를 주었다. 그리고 나석주는 동양 척식 주식회사에 들어가 그 간부를 사살하고 일제 경찰과 시가전을 벌이기도 하였다.

ⓧ 오답피하기

① 하와이에서는 박용만이 대조선 국민군단을 조직하여 군사 훈련을 실시하였다(1914).
③ 한인 애국단은 김구가 조직하였다(1931).
④ 미주 지역에서는 대한인 국민회가 조직되어 항일 운동을 후원하였다(1909).

15 정답 ④

대한 제국은 1900년에 칙령 제41호를 반포하여, 울릉군으로 하여금 독도를 관리하게 하였다.

ⓧ 오답피하기

① 숙종 때 조선과 청의 관리가 간도 지역을 둘러보고 백두산 정계비를 세웠다.
② 신라 진흥왕은 한강 하류를 장악한 후 북한산 순수비를 세웠다.
③ 장수왕은 아버지 광개토 대왕의 업적과 고구려 역사를 광개토 대왕릉비에 기록하였다.

16 정답 ④

제시된 내용은 단재 신채호에 대한 설명이다. 신채호와 박은식은 민족주의 사학의 토대를 마련하였다.

ⓧ 오답피하기

① 『동의보감』은 광해군 때 허준이 집필하였다.
② 조선 건국 준비 위원회는 여운형, 안재홍 등이 조직하였다.
③ 어린이날은 방정환의 주도로 제정되었다.

17 정답 ③

이 법은 치안 유지법에 해당된다. 치안 유지법은 문화 통치 시기인 1925년에 제정되었으며, 독립운동가 대부분이 이 법으로 인하여 처벌받았다. 이 법은 일제 강점기가 끝날 때까지 존속하였으므로, 일제가 신사 참배를 강요한 민족 말살 정책 시기 역시 이 법이 적용되었다.

ⓧ 오답피하기

① 별기군은 개항 이후 설치된 신식 군대로, 이로 인하여 기존 군대가 차별 대우를 받는 원인이 되기도 하였다.
② 만민 공동회는 독립 협회의 주도로 1898년에 개최되었다.
④ 교사가 제복을 입고 칼을 찬 채 수업을 진행하는 것은 무단 통치 시기의 모습이다.

18 정답 ④

(가) 시기에 일제는 헌병 경찰 제도, 토지 조사 사업, 회사령 등을 실시하였다.

오답피하기

ㄱ. 일제는 1937년 중·일 전쟁을 일으킨 이후로, 조선을 군사 물자 공급과 전쟁 인력 충당의 목적으로 약탈하였다. 전쟁 막바지에는 금속을 공출하고, 식량을 배급하였다.

ㄴ. 일제는 1930년대 이후 민족 말살 정책을 실시하며 일본식 이름으로의 개명, 황국 신민 서사 암송 등을 강요했다.

19 정답 ④

이승만은 1차 미·소 공동 위원회가 결렬되자 1946년에 정읍에서 남한 단독 선거를 주장하였다.

오답피하기

① 서재필에 대한 설명이다.

② 박정희에 관한 내용이다.

③ 김구와 관련된 설명이다.

20 정답 ④

낙동강 부근까지 밀린 국군과 유엔군은 인천 상륙 작전으로 전세를 뒤집고 서울을 되찾았다. 이어 38도선을 넘어 압록강까지 진격하였다. 그러나 중국군이 개입하면서 다시 서울을 빼앗기고 후퇴하였다(1·4 후퇴).

오답피하기

① 남북 기본 합의서는 1991년에 노태우 정부가 북한과 합의한 내용을 담고 있다.

② 애치슨 선언은 6·25 전쟁 직전에 발표되었다.

21 정답 ④

1948년 5월 10일에 우리 역사상 최초로 선거가 시행되기로 결정되었으나, 북한이 참여하지 않아 남한 단독 선거로 진행되었다. 이에 반발한 세력들이 제주 4·3 사건을 일으켰다.

오답피하기

① 신탁 통치 반대 운동은 전국적으로 일어났다.

② 베트남 파병은 박정희 정부 시기에 진행되었다.

③ 보수적 유생들은 '조선책략'에 반대하여 적극적인 위정척사 운동을 일으켰다.

22 정답 ②

1960년 3월 15일, 국민의 지지를 잃은 이승만 정부는 정권을 이어 가기 위해 정·부통령 선거에서 부정을 저질렀다. 선거 당일 마산을 시작으로 3·15 부정 선거와 자유당 독재를 규탄하는 학생과 시민들의 시위가 전국으로 퍼져 갔다. 이승만 정부는 계엄령을 선포하고 군대까지 동원하였지만 학생과 시민들의 민주화 요구는 계속 이어졌고, 결국 이승만 정부는 붕괴되었다.

23 정답 ③

제시문은 전태일이 1970년에 근로 기준법 준수를 요구하며 박정희 대통령에 보낸 편지의 일부분이다. 당시 우리 경제는 수출 지향적 정책을 펼치며 노동자의 저임금을 방치하고 강도 높은 근무를 용인하였다.

24 정답 ③

(가)는 1987년의 6월 민주 항쟁으로, 대통령 직선제로의 개헌을 요구하는 과정에서 박종철, 이한열 등의 학생이 희생되었다.

오답피하기

① 이승만 정부는 1954년에 초대 대통령의 중임 제한 폐지를 주요 내용으로 하는 사사오입 개헌을 통과시켰다.

② 5·18 민주화 운동의 배경이다.

④ 이승만 정부의 친일파 청산에 해당한다.

25 정답 ②

새마을 운동은 1970년 박정희 대통령의 제안으로 근면, 자조, 협동을 내세우며 시작된 농촌 개선 운동이다.

오답피하기

① 6월 민주 항쟁은 전두환 정부 말기인 1987년에 일어났다.

③ 서울 올림픽은 노태우 정부인 1988년에 개최되었다.

④ 우리나라는 박정희 대통령 시기인 1962년부터 경제 개발 5개년 계획을 추진하였다.

제7교시 도덕

01 ②	02 ①	03 ②	04 ①	05 ④
06 ②	07 ③	08 ①	09 ①	10 ④
11 ①	12 ①	13 ②	14 ②	15 ②
16 ③	17 ①	18 ③	19 ④	20 ②
21 ④	22 ②	23 ③	24 ④	25 ④

01 정답 ②

제시문은 생명 윤리에 관련된 내용으로, 생명 윤리는 낙태 문제, 생명 복제 문제, 인공 수정 문제 등을 다루고 있다.

02 정답 ①

ㄱ. 원조에 대한 공리주의적 관점이다. (싱어)

ㄷ. 원조를 의무의 관점에서 접근해야 한다. (롤스, 싱어)

오답피하기

ㄴ. 원조는 자선 활동의 하나일 뿐이다. (노직)

ㄹ. 빈곤국일지라도 질서 정연하다면 원조를 할 필요가 없다. (롤스)

03 정답 ②

윤리 문제의 탐구에서 도덕 판단을 내리기 위해서는 사실 근거는 물론 원리 근거를 필요로 하므로 사실만 가지고 판단을 내릴 수 없다. 일상적으로는 도덕 추론에서 원리 근거나 사실 근거를 생략하기도 한다.

04 정답 ①

정보 윤리의 기본 원칙에는 인간 존중의 원칙, 책임의 원칙, 정의의 원칙, 해악 금지의 원칙 등이 있다.

05 정답 ④

니부어는 개인의 도덕성과 개인이 모인 집단의 도덕성을 구부하며, 집단이 개인에 비해 이기심을 조절하고 억제하는 힘이 현저히 떨어진다는 점을 지적하였다. 그리고 한 사회가 도덕적인 사회로 나아가기 위해서는 개인의 도덕성 함양과 함께 사회의 도덕성을 고양해야 한다고 주장하였다.

06 정답 ②

환경적으로 건전하고 지속 가능한 발전을 위해서는 현 세대의 욕구 충족만을 중시해서는 안 된다. 미래 세대가 누릴 수 있는 환경을 보전하는 것이 바로 환경적으로 건전하고 지속 가능한 발전이다. 이 같은 지속 가능한 발전 방식은 환경 보존을 위해 경제 발전을 포기하지 않으며, 동시에 사회적 발전까지도 포함하는 조화로운 발전 패러다임이다.

07 정답 ③

우리나라는 정부 주도 경제 개발 시기에 거점 지역을 우선 개발함으로써 지역 격차가 발생하였다.

08 정답 ①

하버마스는 독일의 사회 철학자로 합리적 의사소통 능력이 자본과 권력의 메커니즘으로부터 인간의 삶을 지켜낼 수 있다고 주장하였다. 그가 제시한 이상적 담화 조건으로는 진리성, 정당성, 진실성, 이해 가능성이 있다.

09 정답 ①

사회 권력을 차지하기 위한 갈등은 현대 사회에 새롭게 등장한 갈등으로 보기 어렵다.

10 정답 ④

배려 윤리는 추상적 행위 원리보다는 특수한 상황과 맥락을 고려해야 한다고 주장한다. 또 이성보다는 감정을 우위에 두며, 사랑, 자비, 배려, 공감 등을 중요시한다. 이에 따라 도덕 원리에 따라야 한다는 의무감에 따르기보다는 배려하고 싶다는 마음에 따라 행한 '자연적 배려'가 더 바람직하다고 본다.

11 정답 ①

뇌사를 법적인 사망으로 인정할 경우 뇌사 판정이 남용될 가능성이 있으므로 뇌사 판정의 객관성을 높이기 위해 의사들이 책임 의식을 높이고 전문성을 더욱더 키워야 한다.

12 정답 ①

공직자의 생활 태도는 일반 국민의 생활 방식과 가치관에 많은 영향을 미치므로 근면하고 검소한 생활을 실천함으로써 일반 국민에게 모범을 보여야 하고, 공직자는 준법 정신과 청렴 정신을 가져야 한다.

13 정답 ②

제시문은 자살 반대의 근거이다.

14 정답 ②

국수 대접 이론(문화 다원주의)은 주류 문화는 국수와 국물처럼 중심 역할을 하고, 이주민의 문화는 색다른 맛을 더해 주는 고명이 되어 자신의 문화적 정체성을 유지하면서 조화를 이루며 공존한다.

15 정답 ②

의무론적 접근의 대표적인 윤리 사상가는 칸트이다. 그는 도덕성을 판단함에 있어 행위의 결과보다 동기를 중시하면서 오로지 의무 의식에서 나온 행위만이 도덕적 가치를 지닌다고 본다. 그에 따르면 이성적이고 자율적인 인간은 보편적인 도덕 법칙을 의식할 수 있다.
우리가 무조건 따라야 하는 보편적 법칙으로서의 도덕 법칙은 정언 명령으로부터 이끌려 나온다. 칸트는 이성적이고 자율적인 인간은 정언 명령의 형식으로 표현되는 도덕 법칙의 의무에 따라 행위할 수 있다고 본다.

16 정답 ③

제시문은 롤스의 정의의 원칙 중 일부이다. 차등의 원칙을 강조하는 롤스는 사회적 최소 수혜자 집단의 이익을 우선적으로 배려하는 사회 정책의 시행을 강조하였다.

17 정답 ①

직업 소명설을 주장한 칼뱅은 우리의 구원은 신에게 미리 예정되어 있으며, 자신의 직업에 충실하면 된다고 말하는 등 근대 자본주의의 성립에 기여하였다.

18 정답 ③

제시된 내용은 심미주의에 대한 설명이다. 심미주의는 예술의 목적은 미적 가치를 추구하는 것일 뿐이며, 도덕적 가치를 기준으로 예술을 판단하려는 태도는 잘못이라고 본다. 즉, 예술은 예술 이외의 다른 것을 위한 수단이 될 수 없다는 것이다.

19 정답 ④

롤스의 정의의 제2의 원칙은 차등의 원칙으로 최소 수혜자에게 최대의 이익을 보장하도록 이루어져야 한다는 것이다.

20 정답 ②

친구 사이를 나타내는 말

- 금란지교(金蘭之交) : 단단하기가 황금과 같고 아름답기가 난초 향기와 같은 사귐이라는 뜻으로, 두 사람 간에 서로 마음이 맞고 교분이 두터워서 아무리 어려운 일이라도 함께 해 나갈 만큼 우정이 깊은 사귐을 이르는 말
- 죽마고우(竹馬故友) : 대나무 말을 타고 놀던 옛 친구라는 뜻으로, 어릴 때부터 가까이 지내며 자란 친구를 이르는 말
- 관포지교(管鮑之交) : 관중과 포숙의 사귐이란 뜻으로, 우정이 아주 돈독한 친구 관계를 이르는 말

21 정답 ④

제시문은 양성평등에 대한 내용이다. 양성평등은 평등권에 기초하여 남성 또는 여성이 성을 이유로 하는 차별과 폭력, 소외와 편견을 받지 않고 인간의 존엄과 권리 및 자유를 동등하게 보장받는 한편, 개성과 성별에 따른 고유한 특성을 존중받으며, 가정과 사회에 동등하게 참여하고 책임을 분담하는 것을 말한다.

22 정답 ②

인권의 특징

- 보편성 : 인종, 성별, 종교, 사회적 신분에 관계없이 모든 인간이 누리는 권리
- 천부성 : 사람이면 누구나 처음부터 가지고 태어나는 권리
- 항구성 : 박탈당하지 않고 영구히 보장되는 권리
- 불가침성 : 누구도 빼앗거나 침범할 수 없는 권리

23 정답 ③

롤스의 시민 불복종 정당화 요건

- 시민 불복종 운동은 사회 정의의 실현을 목적으로 삼아야 한다.
- 시민 불복종 운동은 공개적으로 이루어져야 한다.
- 시민 불복종 운동은 비폭력적인 방법으로 전개해야 한다.
- 시민 불복종 운동은 최후의 수단으로 시도되어야 한다.
- 시민 불복종 운동에 참여한 사람은 처벌을 감수해야 한다.

24 정답 ④

환경적으로 건전하고 지속 가능한 발전을 위한 노력

- 개인적 차원 : 윤리적 소비의 실천과 환경을 위한 생활 습관의 변화가 필요하다.
- 사회적 차원 : 환경을 고려하여 건전한 환경 기술을 발전시켜야 하며, 환경 보전 자체를 성장 동력으로 삼는 '녹색 성장'을 추구해야 한다.
- 국제적 차원 : 환경 문제에 대한 국제 협력 체제를 갖추어야 한다.

25 정답 ④

제시된 상황은 국제 관계를 설명하는 대표적인 이론인 현실주의(갑), 이상주의(을)에 대한 설명이다.

④ 이상주의는 국가 간의 이성적인 대화와 협력을 바탕으로 평화를 이룰 수 있다는 입장이다.

제 4 회 정답 및 해설

제1교시 국어

01 ④	02 ②	03 ③	04 ①	05 ④
06 ③	07 ①	08 ①	09 ①	10 ①
11 ④	12 ④	13 ③	14 ①	15 ④
16 ④	17 ④	18 ③	19 ③	20 ④
21 ①	22 ④	23 ④	24 ③	25 ②

01 정답 ④

명찬이가 연호에게 부탁을 할 때, 연호의 사정이 어떤지 묻지 않고 자신의 요청만 일방적으로 전달하고 있으며, '그냥 좀 바빠서 그래. 쩨쩨하게 굴지 말고 좀 해 줘'와 같이 부탁하는 이유를 구체적으로 설명하지 않고 상대를 비난하듯 말하였기 때문에 연호는 ㉠과 같은 반응을 보였다.

02 정답 ②

오답피하기

① '눌러'는 ㉡에, '올망졸망'과 '도와'는 ㉠에 해당하는 예이다.

③ '잡아'는 ㉠에 해당하는 예이다.

④ '오순도순'은 ㉢에, '퐁당퐁당'은 ㉠에 해당하는 예이다.

더 알고가기

양성 모음과 음성 모음

- 양성 모음 : 밝고, 작고, 가벼운 느낌을 주는 모음으로 'ㅏ, ㅗ, ㅑ, ㅛ, ㅐ, ㅘ, ㅙ, ㅚ' 등이 있다.
  예 소곤소곤, 쏙쏙, 팔짝팔짝 등
- 음성 모음 : 어둡고, 크고, 무거운 느낌을 주는 모음으로 'ㅓ, ㅜ, ㅕ, ㅠ, ㅔ, ㅝ, ㅞ, ㅟ' 등이 있다.
  예 수군수군, 쑥쑥, 펄쩍펄쩍 등

03 정답 ③

'ㅡ'는 초출자가 아닌 땅의 모양을 본떠 만든 기본자에 해당한다.

오답피하기

① 'ㅏ'는 기본자 중 사람에 해당하는 'ㅣ'와 하늘에 해당하는 'ㆍ'가 합성된 초출자이다.

② 'ㅓ'는 기본자 중 하늘에 해당하는 'ㆍ'와 사람에 해당하는 'ㅣ'가 합성된 초출자이다.

④ 'ㅗ'는 기본자 중 하늘에 해당하는 'ㆍ'와 땅에 해당하는 'ㅡ'가 합성된 초출자이다.

04 정답 ①

'그가 착한 사람이라는'이라는 관형절을 안은문장이다.

오답피하기

② 그녀의(관형어) + 입술은(주어) + 빨갛다(서술어)로 이루어진 홑문장이다.

③ '집에 가기'라는 명사절을 안은문장이다.

④ '앞발이 짧다'라는 서술절을 안은문장이다.

05 정답 ④

이 글은 우리 학교 학생들을 예상 독자로 계획한 것이다.

06 정답 ③

글이 실릴 매체인 학교 누리집(학교 홈페이지) 게시판은 학생 독자와 관련 있는 문제점을 해결하기 위해 의견을 쉽게 공론화시킬 수 있는 공간이다.

오답피하기

① 학교 누리집이 다양한 계층의 의견과 가치를 실현한다고 볼 수는 없다.

② 담당 교사 없이도 학생이라면 누구나 자유롭게 내용을 게시할 수 있는 공간이다.

④ 표현의 완전한 자유가 보장되는 공간은 아니다. 타인에게 불쾌감이나 모욕을 주는 표현은 삼가야 한

다. 또한 의미 있는 내용이 아니면 공적인 공간인 학교 누리집에는 게시하지 않는 것이 옳다.

07 정답 ①

'ㄱ, ㄷ, ㅂ'은 모음 앞에서는 'g, d, b'로, 자음 앞이나 어말에서는 'k, t, p'로 적는 것이 옳으므로 구미는 Gumi로 표기한다.

[08~11] 정극인, 「상춘곡」

| 갈래 | 양반 가사, 정격 가사
| 성격 | 서정적, 예찬적, 묘사적
| 주제 | 봄의 완상(玩賞)과 안빈낙도(安貧樂道)
| 특징 |
- 감정 이입을 통해 주제를 부각시킴.
- 의인법, 대구법, 직유법 등 다양한 표현 방식을 사용하여 정서를 드러냄.
- 시적 화자의 시선에 따라 시상을 전개함.

08 정답 ①

봄의 완상(玩賞)과 안빈낙도의 심정을 읊은 작품으로, 연군의 정은 담고 있지 않다.

오답피하기

② 은일 가사란 자연 속에서 유유자적하는 심정을 담은 풍류적 내용의 가사를 말한다.
③ 자연 속에서 깨달음을 얻고 있는 상춘곡의 내용으로 보아 강호가도를 찾을 수 있다.
④ '연하 일휘(煙霞日輝)는 금수(錦繡)를 재폇는 듯, 공명(功名)도 날 쐬우고, 부귀(富貴)도 날 쐬우니' 등에서 찾아볼 수 있다.

09 정답 ①

이 작품은 공간의 이동에 따른 시선의 이동에 의해 시상이 전개되고 있다.

10 정답 ①

ⓐ는 문맥상 '산나물을 캐고'의 의미로 해석하는 것이 적절하다.

11 정답 ④

가난에 구애받지 않고 도(道)를 즐긴다는 의미의 한자성어인 '안빈낙도'가 적절하다.

오답피하기

① 입신양명(立身揚名) : 사회적으로 인정을 받고 출세하여 이름을 세상에 드날림.
② 환골탈태(換骨奪胎) : 사람이 보다 나은 방향으로 변하여 전혀 딴사람처럼 됨.
③ 백면서생(白面書生) : 한갓 글만 읽고 세상일에는 전혀 경험이 없는 사람

[12~14] 허균, 「홍길동전」

| 갈래 | 고전 소설, 국문 소설, 사회 소설
| 성격 | 현실 비판적, 일대기적, 전기적
| 주제 | 적서 차별 제도에 대한 저항과 입신양명에의 의지
| 특징 |
- 설명적이며 작가가 자신의 감정을 직접 노출함.
- 내용은 대체로 현실적이나 전기적인 성격이 극복되지 않음.

12 정답 ④

'공이 다 듣고 나서 비록 길동이 불쌍하지만'에서 알 수 있듯이, 아버지는 길동의 처지에 대해 공감하지만 길동의 마음이 방자해질 것을 염려하여 크게 꾸짖는다.

13 정답 ③

봉건적인 신분 제도에 대한 비판은 있으나, 길동의 효심, 입신양명을 중시하는 태도 등으로 보아 유교적 가치관에 대한 비판으로 보기는 어렵다.

14 정답 ①

길동은 아버지의 꾸짖음에 끝까지 맞선 것이 아니라 엎드려 눈물을 흘리고 아버지의 명에 따라 슬픔과 울분을 참으며 방으로 돌아온다.

[15~16] 최일남, 「흐르는 북」

| 갈래 | 단편 소설, 가족사 소설
| 성격 | 사실적, 비판적
| 주제 | 예술과 삶에 대한 인식의 차이로 인한 세대 간 갈등과 그 극복
| 특징 |
- 중심 소재를 통해 세대 간의 갈등 양상을 보여 줌.
- 갈등의 해소를 제시하지 않음으로써 여운을 남김.

15 정답 ④

ⓓ는 어떤 일을 하는 데 합당한 재능을 갖고 있고, 누군가로부터 그걸 표현할 기회를 얻어 그 일을 수행하는 사람, 즉 민 노인을 의미한다.

16 정답 ④

글에서 가족사 소설은 가족의 삶의 변화를 통해 현실 문제에 대한 대응책을 모색할 수 있게 한다고 하였다. 이 작품은 가족사 소설로, 작가가 이런 형식의 소설 양식을 선택한 것은 가족 내의 세대 간 갈등(전통 세대와 기성 세대, 기성 세대와 신세대)을 통해 현실의 문제(1980년대의 사회 현실)가 이들의 삶에 어떤 영향을 미쳤는지 보여 주려고 했기 때문이다.

[17~19] 정일근, 「어머니의 그륵」

| 갈래 | 서정시, 자유시
| 성격 | 대조적, 반성적
| 주제 | 삶과 사랑이 담긴 시를 추구하는 시인으로서의 마음과 자기반성
| 특징 |
- 시어의 대비를 통해 주제를 드러냄.
- 일상 속에서 시적 발상을 얻어 냄.

17 정답 ④

어머니의 '그륵'과 나의 '그릇'이라는 시어를 대비하며 시적 의미를 강조하고 있다.

18 정답 ③

'어머니의 그륵'이라는 말에서 전해지는 편안함, 따뜻함, 사랑을 통해 시인은 따뜻한 사랑이 담긴 언어로 시를 써야 한다는 자기반성을 하고 있다.

19 정답 ③

이 시의 화자는 '그릇'을 '그륵'이라 부르는 어머니의 모습을 통해 따뜻한 사랑이 담긴 시어가 아닌 차갑고 딱딱한 사전적 의미만이 담긴 시를 쓰는 자신의 모습을 반성적 어조로 성찰하고 있다.

20 정답 ④

글쓴이는 리처드 도킨스의 『이기적 유전자』를 읽고 세계관이 바뀌는 경험을 했다.

오답피하기

① (나)의 '하지만 다행히 ~ 재해석을 통해 세상의 의미를 정리했다.'에서 확인할 수 있다.

②, ③ (가)의 2문단에서 확인할 수 있다.

21 정답 ①

㉠ 『사회 생물학』, ㉡, ㉢, ㉣ 『이기적 유전자』

22 정답 ④

이 글은 독서로 인한 내면의 변화 과정을 제시하고 있는 주관적 성격의 수필이므로 책의 내용을 객관적으로 전달하고 있다는 설명은 적절하지 않다.

오답피하기

③ (나)의 '마치 내 몸속의 ~ 야릇한 기분이었다.' 등에서 확인할 수 있다.

23 정답 ④

4·3 사건에 대해 다루고는 있으나 정확한 내용을 제시하지는 않았다. 따라서 인과 관계 또는 해결 방법이 있다고 볼 수 없다.

① 재일 조선인 작가 김석범의 글을 인용하고 있다.
② 유채꽃 만발한 풍광과 아픈 역사를 대조하여 4·3 사건을 강조한다.
③ 2문단에서 명사 종결을 확인할 수 있다.

24 정답 ③

이 글은 제주 4·3 사건에 대한 관심 촉구를 위해 쓰인 글이라고 볼 수 있다.

오답피하기

관광지, 예능 프로그램, 재일 조선인 작가에 대한 이야기는 독자의 관심을 환기하기 위한 소재로 사용되었다.

25 정답 ②

학살의 사전적 의미는 '가혹하게 마구 죽임'이다. '몹시 괴롭히거나 가혹하게 대우함'의 의미를 가진 단어는 '학대'이다.

제2교시 수학

01 ④	02 ④	03 ①	04 ②	05 ③
06 ④	07 ①	08 ②	09 ①	10 ③
11 ②	12 ①	13 ②	14 ④	15 ④
16 ①	17 ②	18 ③	19 ③	20 ③

01 정답 ④

$A=2x^2+2x$, $B=x^2+x+1$이므로

$$A-B=(2x^2+2x)-(x^2+x+1)$$
$$=2x^2+2x-x^2-x-1$$
$$=(2-1)x^2+(2-1)x-1$$
$$=x^2+x-1$$

따라서 정답은 ④이다.

02 정답 ④

x에 대한 항등식이므로 x에 대해 정리한 후 동류항끼리의 계수를 비교하여 좌변과 우변을 같게 하면, 항등식이 성립한다.

좌변과 우변의 이차항의 계수는 각각 a와 1이므로 $a=1$

일차항의 계수는 각각 $b+1$과 4이므로

$b+1=4$ ⇨ $b=3$

$\therefore a+b=1+3=4$

따라서 정답은 ④이다.

03 정답 ①

조립제법을 이용하여 빈칸을 채우면 다음과 같다.

−1	1	3	4	3
		−1	−2	−2
	1	2	2	1

이때, 몫은 이차식이 되고, 조립제법의 결과인 1, 2, 2가 차례로 각 항의 계수가 되므로,

몫은 x^2+2x+2이고, 나머지는 마지막의 숫자인 1이 된다.

따라서 몫 : x^2+2x+2, 나머지 : 1이므로,

정답은 ①이다.

04 정답 ②

인수분해 공식 $x^3+y^3=(x+y)(x^2-xy+y^2)$
을 이용하기 위해 y의 자리에 2를 대입하여 표현하면,
$x^3+2^3=(x+2)(x^2-x\times2+2^2)$이 된다.
식을 정리하면, $x^3+2^3=(x+2)(x^2-2x+4)$
그러므로 $a=2$임을 알 수 있다.
따라서 정답은 ②이다.

05 정답 ③

복소수의 곱셈에서는 허수단위 i를 문자로 생각하고, 그 과정에서 i^2이 나오면 $i^2=-1$임을 이용하여 계산한다.
좌변 $i(4+3i)$를 전개하여 계산하면
$i(4+3i)=4i+3i^2=4i+3\times(-1)$
$=4i-3=-3+4i$
좌변 $-3+4i$와 우변 $a+bi$를 비교하면
$-3+4i=a+bi$이므로 $a=-3$, $b=4$이다.
$\therefore a+b=-3+4=1$
따라서 정답은 ③이다.

06 정답 ④

이차방정식 $ax^2+bx+c=0$의 근을 판별하는 식을 판별식이라 하며, b^2-4ac와 같다.
이때, b^2-4ac가 양수이면 서로 다른 두 실근을, 0이면 중근을, 음수이면 서로 다른 두 허근을 갖는다.
주어진 식은 중근을 가지므로
$b^2-4ac=(-4)^2-4\times1\times k=16-4k=0$
$\therefore k=4$
따라서 정답은 ④이다.

07 정답 ①

구간이 제한된 이차함수의 최댓값과 최솟값은 꼭짓점과 구간의 양 끝값을 이용하여 구한다.
그러나 그래프의 꼭짓점의 좌표가 $(-2, -4)$로 구간에 포함되지 않으므로, 구간의 양 끝값이 최대, 최소가 된다.

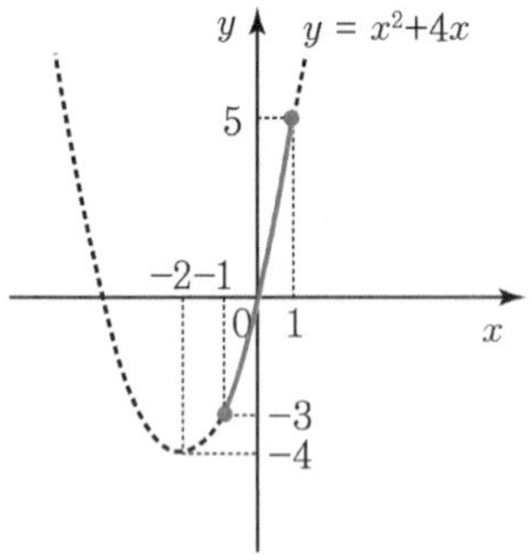

$f(x)=x^2+4x\ (-1\le x\le1)$라 놓으면,
구간의 양 끝값은
$f(-1)=-3$, $f(1)=5$이므로 둘 중 큰 값인 5가 최댓값이 된다.
따라서 정답은 ①이다.

08 정답 ②

연립방정식의 해는 두 식을 동시에 만족하는 미지수 x, y의 값이므로 식에 대입하여 문제를 해결할 수 있다.
연립방정식 $\begin{cases} x-y=4 & \cdots\cdots ㉠ \\ xy=a & \cdots\cdots ㉡ \end{cases}$의 해가
$x=5$, $y=b$이므로, $x=5$, $y=b$를 식 ㉠에 대입하면,
$5-b=4$ ⇨ $b=1$
그러므로 연립방정식의 해는 $x=5, y=1$이 되고, 이것을 다시 식 ㉡에 대입하면,
$5\times1=a$ ⇨ $a=5$
$\therefore a+b=5+1=6$
따라서 정답은 ②이다.

09 정답 ①

연립부등식의 해는 두 부등식의 해를 각각 구하여, 공통된 범위를 찾아야 한다.
연립부등식 $\begin{cases} x-2\le2x & \cdots\cdots ㉠ \\ 2x\le x+1 & \cdots\cdots ㉡ \end{cases}$에서
㉠ $x-2\le2x$ ⇨ $x-2x\le2$
⇨ $-x\le2$ ⇨ $x\ge-2$
㉡ $2x\le x+1$ ⇨ $2x-x\le1$ ⇨ $x\le1$
이고, 두 식의 공통 범위는 $-2\le x\le1$이므로,
$a=1$임을 알 수 있다.
따라서 정답은 ①이다.

10 정답 ③

우선, 부등호 방향이 양쪽으로 벌어져 있으므로, 이차부등식 >0 꼴임을 알 수 있다.
또한, $a<b$인 경우, 이차부등식 $(x-a)(x-b)>0$의 해를 구하면, $x<a$ 또는 $x>b$가 된다.
이것을 수직선 위의 점과 비교하면 $a=-4$, $b=2$임을 알 수 있다. 그러므로 식에 대입하면, 그림과 같은 해를 갖는 이차부등식은 $(x+4)(x-2)>0$임을 알 수 있다.
따라서 정답은 ③이다.

11 정답 ②

내분점 공식을 이용하여 문제를 해결한다.
$\mathrm{A}(0, -2)$, $\mathrm{B}(3, 4)$를 $2:1$로 내분하는 점의 좌표는 내분하는 점을 P라고 하면

$$\mathrm{P}=\left(\frac{2\times3+1\times0}{2+1}, \frac{2\times4+1\times(-2)}{2+1}\right)$$
$$=\left(\frac{6}{3}, \frac{6}{3}\right)=(2, 2)$$

따라서 정답은 ②이다.

12 정답 ①

직선 $y=3x+2$에 평행하므로 기울기가 3이고,
점 $(0, 1)$을 지나므로 y절편이 1인 직선의 방정식이다.
기울기가 a이고 y절편이 b인 직선의 방정식은 $y=ax+b$임을 이용하여 식을 구하면, $y=3x+1$이다.
따라서 정답은 ①이다.

13 정답 ②

원의 중심이 (a, b)이고 반지름의 길이가 r인 원의 방정식은 $(x-a)^2+(y-b)^2=r^2$이다.
원 $(x-3)^2+(y+1)^2=4$에서
$r^2=4$이므로 $r=2$ $(r>0)$이므로, 반지름은 2이다.
따라서 정답은 ②이다.

14 정답 ④

점 $\mathrm{A}(-2, 3)$을 원점에 대하여 대칭이동하면, x와 y좌표의 부호가 모두 반대로 바뀌므로 $\mathrm{B}(2, -3)$이 된다.
(음수 → 양수, 양수 → 음수)
이때 원점 $\mathrm{O}(0, 0)$과 $\mathrm{B}(2, -3)$ 사이의 거리를 구하기 위해 두 점 사이의 거리 공식에 대입하면,
$\overline{\mathrm{OB}}=\sqrt{(2)^2+(-3)^2}=\sqrt{4+9}=\sqrt{13}$이다.
따라서 정답은 ④이다.

15 정답 ④

두 집합 A, B에 대하여 집합 A에 속하거나 집합 B에 속하는 모든 원소로 이루어진 집합을 A와 B의 합집합이라 한다. 기호 ➜ $A\cup B$
$A=\{5, 10\}$, $B=\{1, 3, 5, 7, 9\}$이므로
$A\cup B=\{1, 3, 5, 7, 9, 10\}$이고,
집합 A의 원소가 유한개일 때, A의 원소의 개수를 기호 $n(A)$로 나타낸다.
원소는 모두 6개이므로 $n(A\cup B)=6$이다.
따라서 정답은 ④이다.

16 정답 ①

주어진 명제의 가정과 결론을 서로 바꾸어 놓은 명제를 그 명제의 역이라 한다.
명제 'a가 3의 배수이면 a는 6의 배수이다.'
가정 ⇨ a가 3의 배수이다.
결론 ⇨ a는 6의 배수이다.
이므로 역을 구하면,
'a가 6의 배수이면 a는 3의 배수이다.'
따라서 정답은 ①이다.

17 정답 ②

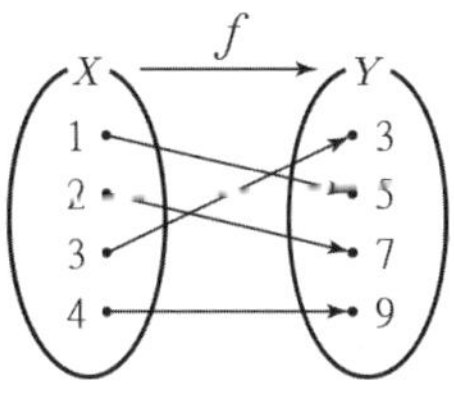

먼저 $f(3)$을 구해 보면,
$f: X\rightarrow Y$에서 3에 대응하는 Y의 원소가 3이므로 $f(3)=3$이다.

또한 $f^{-1}(7)$을 구하기 위해, $f^{-1}(7)=k$라 놓으면, 역함수의 성질에 의해

$f^{-1}(7)=k$이면 $f(k)=7$이다.

$f: X \to Y$에서 2에 대응하는 Y의 원소가 7이므로 $k=2$이다. 즉, $f^{-1}(7)=2$이다.

그러므로 $f(3)+f^{-1}(7)=3+2=5$

따라서 정답은 ②이다.

18 정답 ③

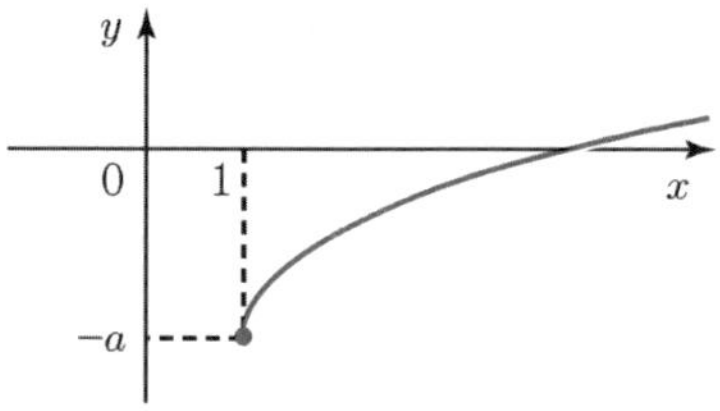

무리함수 $y=\sqrt{x-1}-a$의 그래프가 점 (10, 0)을 지나므로 주어진 식에 대입하면,

$0=\sqrt{10-1}-a$ ⇨ $0=\sqrt{9}-a$ ⇨ $a=\sqrt{9}=3$이다.

따라서 정답은 ③이다.

19 정답 ③

방법 1 서로 다른 4명의 학생 중 3명을 골라 각각 교무실, 복도, 화장실 청소를 하게 하는 경우의 수는 연달아 일어나는 사건이므로 곱의 법칙을 이용하여 구하면, $4\times3\times2$로 24가지이다.

따라서 정답은 ③이다.

방법 2 4명의 학생 중에서 3명을 뽑아 서로 다른 장소의 청소를 하는 경우의 수는 4명 중 3명을 뽑아 일렬로 나열하는 경우의 수와 같으므로

${}_4P_3=4\times3\times2=24$

20 정답 ③

방법 1 서로 다른 4개의 팀 중 2개의 팀을 골라 경기를 하는 경우의 수는 선택하는 순서를 고려하지 않으므로 $\frac{4\times3}{2}=6$가지와 같이 구할 수 있다.

[이때, 2로 나누는 이유는 팀을 2개 선택하였을 때, 순서가 바뀌어도 같은 경기로 보기 때문이다.]

따라서 정답은 ③이다.

방법 2 서로 다른 4개의 농구팀 중 2팀을 선택하는 경우의 수는 선택하는 순서를 고려하지 않으므로 조합을 이용하여 구할 수 있다.

그러므로 경우의 수는 ${}_4C_2=\frac{4\times3}{2}=6$가지이다.

제3교시 영어

01 ①	02 ①	03 ②	04 ③	05 ④
06 ②	07 ①	08 ②	09 ④	10 ②
11 ④	12 ③	13 ②	14 ①	15 ④
16 ②	17 ④	18 ③	19 ④	20 ④
21 ③	22 ②	23 ①	24 ③	25 ①

01 정답 ①

해석 미디어는 여론에 강력한 영향력이 있다.

어휘 media 대중매체, 미디어

public opinion 여론

해설 influence 영향, 영향력이란 의미이다.

02 정답 ①

해석 어떻게 향수병을 다루나요?

어휘 deal with ~을 다루다

homesickness 향수병

03 정답 ②

해석 아이들은 그들의 부모님에 의존한다.

어휘 children 아이들

depend on ~에 의존하다, 달려 있다

parent 부모님

04 정답 ③

해석 ① 긍정적인 – 부정적인 ② 활동적인 – 수동적인

③ 물질적인 – 물질적인 ④ 낙관적인 – 비관적인

해설 ①, ②, ④는 반의어 관계인데 ③은 동의어 관계이다.

05 정답 ④

해석 Cathy 북클럽에 오신 것을 환영합니다

여러분은 다양한 책들을 배우고 토론할 수 있습니다.

• 날짜 : 7월 10일~9월 9일

• 시간 : 오후 7시~오후 10시

• 장소 : Cathy Book Lounge

• 이 모임은 4주마다 열립니다.

어휘 learn 배우다

discuss 토론하다

해설 광고문에서 회비에 대한 내용은 없다.

06 정답 ②

해석 • 그는 매우 어리지만, 그는 현명한 사람이다.

• 그녀는 웃을 수밖에 없었다.

해설 어리지만 현명하다고 했으므로 but(그러나, 하지만) 접속사가 알맞다.

cannot but + 동사원형 ~할 수밖에 없다

07 정답 ①

해석 • 당신은 규칙을 어겨서는 안 된다.

• 커피 마시며 좀 쉬자.

어휘 break the rules 규칙을 어기다

have a break 쉬다, 휴식을 가지다

08 정답 ②

해석 • 오늘 밤 몇 시에 만날까?

• 그 상품은 수요를 완벽히 만족시킨다.

① 듣다 ② 만나다, 충족시키다

③ 느끼다 ④ 알아차리다

어휘 completely 완전히, 완벽하게

demand 수요, 요구하다

해설 첫 번째 빈칸은 '만나다', 두 번째 빈칸은 '만족시키다'의 뜻이 들어가야 하므로 공통으로 들어갈 단어는 meet이다.

09 정답 ④

해석 A : 나 배고파. 먹을 것 좀 있어?

B : 샌드위치가 있는데, 맛은 없어.

A : 와우, 내 생각에 이거 완전 맛있는데?

B : 시장이 반찬이라더니.

어휘 starving 배고픈

flavorless 맛이 없는

delicious 맛이 있는

10 정답 ②

해석 A : 있잖아, 나 피터인데. 너 뭐 요리해?
B : 응, 나 컵케이크 굽고 있어.
A : 확인 한번 해봐. 내 생각에는 뭔가 타는 것 같아.
B : 잠깐만. 이 연기 좀 봐. 네가 맞았어.

어휘 bake 굽다
burn 타다

해설 B는 굽고 있던 컵케이크가 타고 있다는 것을 알았으므로 '당황스러운' 심정이 가장 적절하다.

11 정답 ④

해석 A : 엄마! 쟤네를 보세요, 너무 사랑스러워요.
B : 그래, 정말 그렇구나. 매트, 저기 저 아기 호랑이가 보이니?
A : 어디요? 안 보여요!
B : 저기에! 바위와 나무 사이에 있어.
A : 와우, 이제 보여요. 너무 귀여워요! 엄마 저 다른 동물들도 보고 싶어요!
B : 좋아, 이제 다른 동물들을 보러 가자.

어휘 adorable 귀여운, 사랑스러운
cute 귀여운

해설 동물들을 볼 수 있는 장소는 '동물원'이 가장 적절하다.

12 정답 ③

해석 A : 너의 집 가는 데 시간이 얼마나 걸려?
B : <u>20분 정도</u>.

해설 How long으로 시간의 길이를 물었으므로 ③의 대답이 적절하다.

13 정답 ②

해석 A : 샘, 무슨 일이야?
B : 오른손이 아파.
A : 언제부터?
B : ______________________

① 좋은 시간 되세요.
② 지난주부터.
③ 다음에.
④ 그런 이야기 들어서 안타깝다.

어휘 right hand 오른손
hurt 아프다
since ~ 이후로

해설 언제부터인지 물었으므로 ②로 대답하는 것이 적절하다.

14 정답 ①

해석 이것은 인기 있는 가전제품이다. 이것은 선진국의 필수적인 음식 저장 기술이다. 낮은 온도가 박테리아의 번식을 낮춰 주어서 부패를 줄여 준다.

① 냉장고 ② 전자레인지
③ 컴퓨터 ④ 커피머신

어휘 household 가정의
appliance (가정용) 기기
storage 저장, 보관
technique 기술, 기법
developed country 선진국
temperature 온도
lower 낮추다
reproduction 번식
spoilage 부패

해설 음식을 저장하고 온도를 낮춰 주는 가전제품은 냉장고이다.

15 정답 ④

해석 네 커피 어때?
(A) 맛이 이상해. 우유가 상한 거 같아.
(B) 점원에게 커피를 바꿔 달라고 말하는 것이 좋겠어.
(C) 괜찮은데. 무슨 문제 있어?

어휘 taste 맛보다
go bad 썩다, 상하다
had better ~하는 것이 낫겠다

해설 질문에 답할 수 있는 문장은 (A)와 (C)이다. 그러나 (B)를 고려하자면, (C)가 먼저 오고 (A)-(B)가 오는 것이 적절하다.

16 정답 ②

해석 • 물을 낭비하지 마세요.
• 뜨거운 물은 오전 5시에서 오후 10시까지 사용할 수 있습니다.
• 샤워룸 안에 개인 목욕 용품을 두지 마세요.

해설 안내문에는 음식물 반입에 관한 설명은 없다.

17 정답 ④

해석 알렉스에게,
우리 가족이 이번 주말에 민속촌에 갈 예정이야. 난 네가 함께 갔으면 좋겠어. 이번 주 토요일에 시간 있어? 함께 즐거운 시간을 가지자. 올 수 있는지 아닌지 알려 줘.

어휘 the Folk Village 민속촌
let me know 나에게 알려 주다
if ~인지 아닌지

해설 같이 민속촌에 가자는 초대의 글이다.

18 정답 ③

해석 왜 우리가 화석 연료를 덜 사용해야 하는지 궁금하지 않니? 여기에 몇 가지 이유가 있어. 첫 번째로, 화석 연료는 지구 온난화의 주요 원인이야. 두 번째는 대부분의 화석 연료가 사라졌어. 마지막으로, 화석 연료는 재생이 불가능한 자원이야.

어휘 wonder 궁금해하다
fossil fuel 화석 연료
global warming 지구 온난화
renewable 재생 가능한

해설 제시문은 화석 연료를 왜 적게 써야 하는지에 대하여 근거를 제시하는 글이다.

19 정답 ④

해석 시리아는 고대의 땅이다. 수도인 다마스쿠스는 세계에서 가장 오래된 도시들 중에 하나이다. 무역통로로서의 중요한 위치 때문에 시리아는 로마인, 아랍인, 그리스인, 투르크인들에게 여러 번 침략을 당해 왔다. 대부분의 시리아인은 무슬림이며 아랍어를 사용한다. 시리아의 절반 이상이 사막이지만, 농부들이 강 근처의 땅에서 좋은 농작물을 생산한다.

어휘 ancient 고대의
capital 수도
position 위치
invade 침략하다
desert 사막, 버리다
farmer 농부
crop 농작물

해설 시리아는 사막이지만 좋은 곡식을 생산하는 농부들이 존재하므로 ④의 문장은 사실과 일치하지 않는다.

20 정답 ④

해석 우리는 새로운 조립 공장을 아테네에 세울 것을 발표했습니다. 우리는 이 새로운 조립 공장에 약 20억 달러 이상 <u>투자할</u> 계획입니다. 일단 완전히 지어지면, 그 공장은 대략 5,000명의 정직원을 고용할 것입니다.

① 읽다 ② 연기하다
③ 연기하다 ④ 투자하다

어휘 announce 발표하다, 알리다
assembly 조립
billion 10억
employ 고용하다

해설 문맥상 20억 달러 이상을 '투자하다'라는 말이 적절하다.

21 정답 ③

해석 태양이 지구에 내리쬘 때, 땅은 바다보다 더 따뜻해진다. 땅이 바다보다 더 빨리 <u>따뜻해지기</u> 때문에 땅 위의 공기가 바다 위의 공기보다 더 따뜻해진다.

① 차가워지다 ② 얼다
③ 뜨거워지다 ④ 줄이다

어휘 pour down on 내리쬐다
get warmer 따뜻해지다
faster 더 빨리

해설 땅이 바다보다 더 따뜻해지고 그 때문에 땅 위의 공기가 바다 위 공기보다 더 따뜻해지므로 빈칸에 들어갈 단어는 'heat'가 적절하다.

22 정답 ②

해석 축구는 세상에서 가장 인기 있는 운동 중에 하나이다. 200개 국가 이상에서 모든 나이대 사람들이 하는 경기이다. 당신은 이 인기 있는 경기의 기원을 아는가?

어휘 soccer 축구
popular 인기 있는
age 나이
country 국가, 나라
origin 기원

해설 마지막에 축구의 기원을 아는지 물었으므로 축구의 기원에 관한 내용이 이어져야 자연스럽다.

23 정답 ①

해석 지방이나 설탕이 많이 들어간 음식은 좋지 않다. 그것들은 당신을 쉽게 화나게 만든다. (그러나 신선한 과일과 야채처럼 자연식품은 다르다.) 그들은 많은 비타민과 미네랄을 포함하고 있다. 이러한 자연식품은 당신의 뇌에 좋다. 이것은 당신을 더 똑똑하게 만들 수 있으므로 많은 자연식품을 먹어야 한다. 옛 속담을 기억해라. "당신이 먹은 음식이 곧 당신이다."

어휘 vegetable 야채
different 다른
fat 지방
easily 쉽게
upset 화난, 기분 나쁜
mean 의미하다

해설 주어진 문장은 반의접속사로 시작하므로 이 문장 앞에는 대조 관계의 문장이 나와야 한다. 따라서 자연식품과 대조 관계에 있는 지방이나 설탕이 있는 음식 문장 뒤인 ①에 들어가는 것이 적절하다.

24 정답 ③

해석 대부분의 사람에게 "아니오"라고 말하는 것은 굉장히 힘들다. 우리는 "아니오"라고 말하는 것을 좋아하지 않고, 사람들도 그것을 듣고 싶어하지 않는다. <u>그러나</u> "아니오"라고 말하는 것은 중요하다. 거절에 관하여 빠른 응답은 항상 그 효과를 가진다. 네가 이것을 빠르게 끝낼수록 양 당사자가 더 좋게 느낀다.

① 예를 들어　　② 마찬가지로
③ 그러나　　④ 그러므로

어휘 hard 힘든, 어려운, 단단한, 열심히
rejection 거절
response 응답, 대답

해설 빈칸 앞 문장은 거절에 대하여 힘든 점들을 서술하고 있는 반면 빈칸 뒤 문장은 거절의 중요성을 서술하므로 빈칸은 반의접속사 however가 적절하다.

25 정답 ①

해설 글쓴이는 아무리 힘들더라도 거절이 중요하다고 주장하므로 ①이 적절하다.

제4교시 사회

01 ④	02 ④	03 ②	04 ③	05 ①
06 ②	07 ④	08 ④	09 ③	10 ①
11 ①	12 ③	13 ①	14 ②	15 ③
16 ③	17 ④	18 ④	19 ①	20 ②
21 ③	22 ③	23 ①	24 ②	25 ③

01 정답 ④

사회 문제는 다양한 원인으로 발생한다. 특정한 관점으로만 분석하면, 그 문제의 속성을 깊이 있게 이해할 수 없어 적절한 대책을 세우기 어렵다. 간학문적 연구란 종합적으로 사회 현상을 연구하는 것을 말한다.

02 정답 ④

제시된 내용은 이중환의 『택리지』 속 '가거지'의 조건이다. 첫째로 풍수적 길지에 해당하는 지리(地理)를, 둘째로 생업을 이을 만한 넓은 들이 있는 생리(生利)를 중시하였다. 셋째로 그 마을 풍속인 인심(人心)을, 넷째로는 풍류를 즐길 만한 산수(山水)를 들었다. 이것은 행복을 위해 질 높은 정주 환경이 필요하다는 내용이다.

03 정답 ②

헬레니즘 시대의 에피쿠로스 학파는 육체에 고통이 없고 마음에 불안이 없는 평온한 삶을 행복이라 보았다.

오답피하기

① 정념에 방해받지 않고 초연한 태도를 지니는 삶은 스토아 학파가 강조하는 삶이다.

04 정답 ③

행복한 삶을 위해서는 물질적 욕망을 배제하는 것이 아니라 조절하는 삶이 필요하며, 물질적 가치와 정신적 가치의 조화가 필요하다.

05 정답 ①

제시된 사상가들은 인간 중심주의 사상가들이다. 인간을 다른 자연적 존재들보다 가치 있는 존재로 여기고, 인간과 자연의 관계에서 인간의 이익이나 행복을 먼저 고려하는 관점이다.

06 정답 ②

몬트리올 의정서는 염화 플루오린화 탄소의 사용량 증가로 오존층이 파괴되는 현상을 막기 위한 국제 협약이다.

07 정답 ④

갑은 중세의 인간 중심주의 사상가 아퀴나스의 주장이고, 을은 생태 중심주의 사상가 레오폴드의 대지 윤리이다. 아퀴나스는 인간만이 내재적 가치가 있으며 인간이 자연을 이용하는 것은 죄가 아니라고 본다. 레오폴드는 생태계 전체를 하나의 유기체로 보고 공동체의 범위를 인간을 포함한 대지까지 확장해야 한다는 입장이다.

08 정답 ④

도시성이란 도시에 사는 사람들이 가지고 있는 독특한 생활 양식을 말한다. 도시성은 개인주의적 가치관이 확산되고 개인 간의 경쟁이 치열해지는 특징을 보인다.

09 정답 ③

제시된 설명에 해당하는 국가 기관은 헌법 재판소이다. 헌법 재판소는 헌법 재판을 통해 인권을 침해하는 국가 권력의 행사나 법률 규정 등을 위헌으로 결정하여 인권 보장의 역할을 수행한다.

10 정답 ①

청구권은 국가에 대해 일정한 행위를 청구할 수 있는 권리이다. 다른 기본권을 보장하기 위한 수단적 권리로 청원권, 재판 청구권, 국가 배상 청구권 등이 있다.

11 정답 ①

영국 명예 혁명의 관련 문서는 권리 장전이다. 인권 선언문은 프랑스 혁명의 관련 문서이다. 시민 혁명 이후 모든 사람이 참정권을 부여받은 것은 아니며, 이후 차티스트 운동, 여성 참정권 운동 등의 참정권 확대 운동으로 보통 선거가 확립되었다.

12 정답 ③

주거권은 쾌적하고 안정적인 주거 환경에서 인간다운 주거 생활을 할 권리를 말한다.

ⓧ 오답피하기

① 환경권은 건강하고 쾌적한 환경에서 살 권리이다.
② 안전권은 국민이 각종 위험으로부터 안전을 보호받을 권리이다.
④ 문화권은 국민 누구나 문화 생활에 참여하고, 자신의 문화적 정체성을 유지할 권리이다.

13 정답 ①

제시문은 기본권의 포괄적 권리를 설명한 내용이다. 자유권은 포괄적 권리로 헌법에 열거되지 아니한 이유로 경시되지 않는다. 자유권은 가장 오래된 기본권으로 천부적 성격의 권리이다.

14 정답 ②

제시된 내용은 기본권 제한의 목적상의 한계에 해당한다.

ⓧ 오답피하기

① 방법상의 한계는 필요한 경우에 한하여 제한한다.
③ 형식상의 한계는 국회에서 제정한 법률로써 제한한다.
④ 내용상의 한계는 자유와 권리의 본질적인 내용은 침해할 수 없다.

15 정답 ③

외부 효과는 경제 주체가 경제 활동을 하는 과정에서 의도치 않게 타인에게 이익을 주거나 의도치 않게 피해를 입히고도 대가를 치르지 않는 현상이다. 정부는 외부 효과를 개선하기 위해 보조금 지급 또는 벌금을 부과한다.

16 정답 ③

㉠은 평가 기준 설정 단계에 해당한다. 즉, 대안을 평가하는 기준을 마련하는 단계이다.

17 정답 ④

스태그플레이션은 1970년대 석유 파동으로 석유의 공급이 감소하여 물가 상승이 일어나고, 경기는 침체되는 현상을 말한다. 이 사건으로 인해 신자유주의가 대두된다.

ⓧ 오답피하기

③ 애그플레이션은 농산물의 가격 상승으로 인해 다른 제품의 가격이 동반 상승하는 현상을 말한다.

18 정답 ④

제시된 개념은 소비자 주권이다. 시장의 가격 결정이나 기업이 생산하는 제품에 영향을 끼쳐 자원의 분배 방향을 결정한다.

19 정답 ①

유동성은 필요할 때 쉽게 현금으로 전환할 수 있는 정도를 말한다. 부동산은 가격이 높기 때문에 유동성이 낮다.

20 정답 ②

기술·경제·문화적 조건 등에 따라 자원의 의미와 가치가 달라진다. 이러한 자원의 특징을 가변성이라 한다.

21 정답 ③

샐러드 볼 이론은 하나의 샐러드 그릇에 여러 재료를 넣더라도 각 재료 고유의 특성은 살아 있듯이 다양한 문화가 각각 정체성을 유지하면서 통합을 이루어야 한다는 정책이다.

22 정답 ③

제시된 내용은 저출산·고령화의 해결 방법에 해당한다. 낮아지는 출산율은 고령화 현상을 심화시킨다. 출산율을 높이는 것은 고령화 문제를 해결하는 방안 중 하나이다.

23 정답 ①

사회적 약자는 언제나 고정되어 있는 것이 아니며, 시대나 사회에 따라 사회적 약자의 기준이 달라진다. 또한 노력을 통해 사회적 약자에서 벗어날 수 있다.

24 정답 ②

지구촌의 미래 사회 모습은 긍정적 관점과 부정적 관점이 공존한다.

②는 미래 사회의 부정적 관점을 예측하였으며, ①, ③, ④는 미래 사회의 긍정적 관점을 예측하였다.

25 정답 ③

오답피하기

① 만 15세 이상이어야 근로가 가능하다.

② 친권자 또는 후견인의 동의서와 나이를 알 수 있는 증명서가 필요하다.

④ 위험한 일이나 유해한 업종의 일은 할 수 없다.

제5교시 과학

01 ①	02 ③	03 ②	04 ③	05 ④
06 ④	07 ②	08 ③	09 ④	10 ③
11 ④	12 ④	13 ③	14 ④	15 ③
16 ④	17 ③	18 ④	19 ③	20 ①
21 ①	22 ①	23 ③	24 ①	25 ④

01 정답 ①

태양 에너지는 지구 시스템에서 자연 현상을 일으키는 근원적인 에너지로, 물은 지구 시스템을 순환하면서 지권, 기권, 수권, 생물권에 영향을 주고, 에너지를 지구 전체에 고르게 분산시키는데 이 같은 순환의 근원 에너지는 태양 에너지이다.

오답피하기

② 퍼텐셜 에너지 : 물체가 기준면으로부터 위치에 따라 갖는 에너지를 말한다.

③ 운동 에너지 : 운동하는 물체가 가지는 에너지를 말한다.

④ 화학 에너지 : 화학 결합에 의해 물질 속에 저장되어 있는 에너지를 말한다.

02 정답 ③

신재생 에너지는 기존의 화석 연료를 변환시켜 이용하는 신에너지와 햇빛, 물 등 재생 가능한 에너지를 변환시켜 이용하는 재생 에너지의 합성어이다.

③ 화력 발전은 화석 연료를 사용하여 전기 에너지를 얻는 방식으로 신재생 에너지는 화석 연료의 사용을 줄이기 위한 대처 방법 중 한 가지이다.

03 정답 ②

운동량의 변화량은 물체가 받은 충격량과 같다. 충격량 = 물체가 받은 힘의 크기×힘이 작용한 시간이므로 A의 충격량은 50N·s, B의 충격량은 80N·s, C의 충격량은 60N·s, D의 충격량은 30N·s이다. 따라서 운동량의 변화량이 가장 큰 것은 충격량이 가장 큰 B이다.

04 정답 ③

마찰이나 공기 저항이 없는 경우 역학적 에너지는 일정하게 보존된다. 자유 낙하하는 물체는 높이가 낮아지고 속력이 빨라지면서 퍼텐셜 에너지 → 운동 에너지로 전환된다.

05 정답 ④

수평 방향으로 던진 물체는 연직 방향으로는 등가속도 운동을 하고, 수평 방향으로는 등속 운동을 한다. 등속 운동을 하는 물체의 이동 거리 = 속력×시간이므로 각 물체가 이동한 수평 거리는 A는 40m, B는 50m, C는 100m, D는 20m이다.

06 정답 ④

전압은 코일의 감은 수에 비례하므로 감은 수가 1차 코일 : 2차 코일 = 1 : 2이므로 전압도 1차 코일 : 2차 코일 = 1 : 2가 된다. 따라서 (가)는 200V이다.

07 정답 ②

소금은 염화 나트륨으로 알칼리 금속인 Na(나트륨)과 할로젠 원소인 Cl(염소)로 이루어져 있다.

08 정답 ③

생물의 호흡에 이용되는 기체는 산소 기체로 산소 원자 2개로 이루어진 2원자 분자이다.

ⓧ 오답피하기

ㄷ. 공유 전자쌍은 2개이다.

09 정답 ④

비활성 기체는 주기율표의 18족에 속하는 원소가 해당한다.

10 정답 ③

가장 바깥 전자 껍질에 들어 있는 전자의 개수가 A는 1개, B는 6개, C는 8개, D는 1개로 C가 가장 많다.

11 정답 ④

페놀프탈레인 용액은 지시약으로 용액의 액성에 따라 산성은 무색, 중성은 무색, 염기성은 붉은색을 나타낸다. 중화 반응은 수소 이온(H^+)과 수산화 이온(OH^-)이 1 : 1로 반응하므로 D는 수산화 이온(OH^-)이 남아 염기성을 나타낸다.

12 정답 ④

A : 선캄브리아 시대, B : 고생대, C : 중생대, D : 신생대

선캄브리아 시대는 지질 시대의 대부분을 차지하는 시대로 생물의 개체 수가 적었고, 대부분 단단한 골격이 없었으며, 많은 지각 변동과 풍화 작용을 받아 화석 수가 적다.

13 정답 ③

자연 선택설은 다윈이 주장한 진화론으로 과잉 생산된 생물들 사이에는 변이를 가진 개체가 존재하고, 개체 사이에서 먹이, 서식지 등으로 생존 경쟁이 일어나면 환경에 적응하기 유리한 개체가 살아남아 더 많은 자손을 남기는 자연 선택이 일어난다고 설명한다. 이 같은 자연 선택 과정이 오랜 시간 누적되면서 생물 진화가 일어난다고 설명하는 것이 자연 선택설이다.

14 정답 ④

생물 다양성이란 일정한 생태계에 존재하는 생물의 다양한 정도를 말하는 것으로, 생물의 유전적 다양성, 종 다양성, 생태계 다양성을 가리키는 말이다.

15 정답 ③

A(삼엽충) : 고생대, B(암모나이트) : 중생대, C(갑주어) : 고생대, D(매머드) : 신생대의 표준 화석이므로 A층과 C층이 같은 고생대에 형성된 지층으로 볼 수 있다.

16 정답 ④

묽은 염산에 금속 아연판을 넣으면 금속 아연은 전자를 잃고 아연 이온이 되고 수소 이온은 전자를 얻어 2개의

수소 기체가 된다. 전자를 잃고 얻는 반응은 산화 환원 반응이다.

17 정답 ③

빛의 세기가 강한 곳에서 서식하는 식물의 잎은 두껍고, 빛의 세기가 약한 곳에서 서식하는 식물의 잎은 일반적으로 얇고 넓다.

18 정답 ④

에너지 효율은 공급한 에너지 중 유용하게 사용된 에너지의 비율로 전구의 경우에는 공급된 전기 에너지 중 빛에너지로 전환된 비율을 말한다. 공급된 에너지 중 10J이 열에너지로 빠져나갔고 빛에너지와 열에너지 외에 전환된 에너지는 없으므로 빛에너지로 전환된 에너지는 90J에 해당한다. 따라서

$$\text{에너지 효율}(\%) = \frac{\text{유용하게 사용된 에너지 양}}{\text{공급된 에너지 양}} \times 100$$

$$= \frac{90\text{J}}{100\text{J}} \times 100 = 90\%\text{이다.}$$

19 정답 ③

생물권에 속하는 생물의 유해가 지권에 속하는 화석 연료 형태로 전환되었으므로 생물권과 지권이 해당한다.

20 정답 ①

발산형 경계는 맨틀이 상승하여 판과 판이 멀어지는 경계로 새로운 판의 생성이 나타난다. 해양판과 해양판이 멀어지면서 해령이 형성되고 대륙판과 대륙판이 형성되는 경우 열곡대가 나타난다.

오답피하기

② 보존형 경계 : 판과 판이 어긋나는 부분으로 판의 생성과 소멸이 없다.
③ 충돌형 경계 : 밀도가 비슷한 대륙판이 충돌하여 대규모의 습곡 산맥을 형성하는 수렴형 경계이다.
④ 섭입형 경계 : 밀도가 큰 판이 밀도가 작은 판 아래로 섭입하여 해령과 같은 지형을 만들 수 있다. 수렴형 경계에 해당한다.

21 정답 ①

ㄱ. A는 단백질, B는 인지질이다.

오답피하기

ㄴ. 아미노산은 단백질(A)의 단위체이다.
ㄷ. 세포막은 인지질(B) 2중층에 단백질이 함께 있는 구조이다.

22 정답 ①

A는 DNA로 핵 속에 있고 폴리뉴클레오타이드 두 가닥이 꼬여 있는 2중 나선 구조로 유전 정보를 저장한다. DNA의 염기는 A, G, C, T이다. U(유라실)은 RNA의 염기이다.

23 정답 ③

(가) 큰 분자(포도당)를 작은 분자(물, 이산화 탄소)로 분해하는 반응인 이화 작용으로 에너지를 방출하는 발열 반응이다.
(나) 작은 분자(아미노산)로 큰 분자(단백질)를 합성하는 반응인 동화 작용이다. 동화 작용은 에너지를 흡수하는 흡열 반응이다.

24 정답 ①

질량이 태양 정도인 별의 중심부에서는 핵 융합 반응으로 철보다 가벼운 원소인 헬륨, 탄소, 산소가 형성된다.

오답피하기

② 철은 질량이 태양의 10배 이상인 별의 중심부에서 핵융합 반응으로 생성된다.
③, ④ 우라늄과 금은 초신성 폭발로 엄청난 양의 에너지가 발생할 때 만들어진다.

25 정답 ④

태양계가 형성되는 과정에서 태양과 가까운 곳에는 지구형 행성, 먼 곳에는 목성형 행성이 형성되었다. 지구형 행성은 암석 성분의 행성으로 수성, 금성, 지구, 화성이 해당한다. 목성형 행성은 목성, 토성, 천왕성, 해왕성으로 기체 성분의 행성이다.

제6교시 한국사

01 ①	02 ③	03 ④	04 ③	05 ③
06 ③	07 ①	08 ③	09 ②	10 ①
11 ②	12 ④	13 ②	14 ④	15 ②
16 ①	17 ③	18 ②	19 ①	20 ②
21 ③	22 ①	23 ②	24 ④	25 ④

01 정답 ①

제시된 자료는 가야의 덩이쇠와 갑옷으로, 가야에서 철기 문화가 발달하였음을 알려 주는 유물이다.

오답피하기

② 발해에 해당한다.

③ 통일 신라의 신문왕은 관료전을 지급하고 녹읍을 폐지하였다.

④ 신라 내물왕은 광개토 대왕의 군사적 도움으로 왜의 침입으로부터 신라를 지켜 냈다.

02 정답 ③

9세기 이후 황해와 남해안 일대에 해적의 약탈 행위가 극심해지자, 장보고는 완도에 청해진을 설치하여 해적을 소탕하였다. 이후 청해진을 중심으로 당과 신라, 일본을 연결하는 해상 무역권을 장악하였다.

03 정답 ④

- 상수리 제도는 통일 신라 때 지방 세력의 자제를 중앙에 머물게 한 제도로 왕권 강화를 위한 제도였다. 신문왕은 국학 설립, 관료전 지급과 녹읍 폐지, 9주 5소경의 지방 조직과 9서당 10정의 군사 조직 정비를 통해 왕권의 전제화를 이루고자 하였다.
- 고려 광종은 노비안검법을 실시하여 호족 세력을 약화시키고 국가의 수입 기반을 확대하였으며, 과거제를 시행하여 유학을 익힌 신진 인사를 등용하고 신구 세력의 교체를 도모하였다. 또 고려 성종은 전국의 주요 지역에 12목을 설치하고 지방관을 파견하였으며, 지방의 중소 호족을 향리로 편입하여 통제하였다.

04 정답 ③

고려 시대 지방의 주현에는 지방관을 파견하였으며, 지방관이 파견되지 않은 속현은 주현을 통해 간접 지배하였다. 그리고 지방에서는 향리가 실질적인 행정 실무를 담당하였다.

오답피하기

① 남반은 고려 시대의 중류층으로 궁중 실무 관리, ② 양반은 조선의 지배층, ④ 화척은 고려 시대의 도살업자이다.

05 정답 ③

호패는 오늘날의 주민등록증과 같은 것으로, 조선 시대 16세 이상의 모든 남자가 지녀야 했던 신분 증명패이다. 태종은 인구 파악과 국가의 재정 수입 증대를 위해 호패법을 실시하여 조세 징수와 군역 부과에 활용하였다.

오답피하기

① 마패는 공무 여행자에게 역마를 제공하는 역할을 하던 것이다.

② 교지는 조선 시대 국왕이 관원에게 내리는 각종 문서이다.

④ 공명첩은 조선 후기 부유한 백성들에게 돈, 곡식을 받고 팔았던 명예직 관직 임명장이다.

06 정답 ③

정조는 자신의 정치적 이상을 실현하기 위해 수원에 화성을 축조하여 계획 도시로 건설한 뒤 아버지 사도 세자의 묘인 융릉을 화성으로 옮겨 자주 화성 행차를 하였다. 또 규장각을 왕권을 뒷받침하는 정치 기구로 육성하였으며, 친위 부대인 장용영을 설치하여 군사적 기반을 확보하였다. 정조 때 정부는 육의전을 제외한 시전의 금난전권을 폐지하는 조치를 취하였다.

오답피하기

ㄴ, ㅁ 영조의 업적이다.

더 알고가기

영조와 정조의 업적

영조	정조
• 탕평비 건립 • 균역법 실시 • 가혹한 형벌 폐지 • 사형수에 대한 삼심제 시행 • 청계천 준설 • 『속대전』 편찬	• 규장각 육성(왕실 도서관, 정책 연구 기관) • 장용영 설치(친위 부대) • 수원 화성 건설 • 초계문신 제도(유능한 인사 재교육) • 수령의 권한 강화 • 신해통공(육의전을 제외한 금난전권 폐지) • 『대전통편』 편찬

07 정답 ①

3사는 사헌부, 사간원, 홍문관으로, 이들 조직은 특정 인사나 권력의 독단적 결정을 막는 역할을 담당하였다.

오답피하기

② 의정부는 조선 최고의 정치 기구로 3정승의 합의로 운영되었다.
③ 의금부는 반란 사건 등을 담당하는 사법 기관이다.
④ 춘추관은 실록 편찬을 담당하였다.

08 정답 ③

제시문은 흥선 대원군이 세운 '척화비'의 내용이다. 척화비는 신미양요 이후에 세워졌다. 흥선 대원군의 통상 수교 거부 정책은 서양의 침입을 막아 낸 점에서는 긍정적이나, 근대화가 지연된 것은 아쉽다.

09 정답 ②

동학 농민군은 자체적으로 개혁을 추진하기 위해 전라도 곳곳에 집강소를 설치하였다.

오답피하기

① 구식 군인들이 1882년에 임오군란을 일으켰다.
③ 일제는 대한 제국을 압박하여 1905년에 을사늑약을 맺었다.
④ 고종은 1876년 일본과 강화도 조약을 맺었다.

10 정답 ①

을사늑약이 체결되자, 고종은 조약의 무효를 선언하고 일제의 불법적인 국권 강탈을 폭로하여 국제 사회의 지원을 받고자 하였다. 이에 1907년 네덜란드 헤이그에서 열리는 제2회 만국 평화 회의에 이상설, 이준, 이위종을 특사로 파견하였다. 그러나 이들은 일본 등의 방해로 성과를 거두지 못하였고, 일본은 외교권이 없는 상태에서 특사를 보냈다는 이유 등으로 고종을 강제 퇴위시키고 순종을 즉위시켰다.

11 정답 ②

일본의 간섭이 심화되는 가운데, 러시아가 주도한 삼국 간섭을 지켜본 고종과 명성 황후는 러시아 세력을 끌어들여 일본의 내정 간섭을 막으려고 하였다. 위기를 느낀 일본은 미우라 고로를 주한 공사로 파견하여 세력을 만회하려 하였다. 미우라 공사는 일본 군대와 일본 낭인들을 경복궁에 난입시켜 명성 황후를 시해하였다(을미사변, 1895). 그 결과 김홍집·유길준을 중심으로 한 친일 내각이 다시 구성되었다. 내각은 태양력 사용, '건양' 연호 제정, 우편사무 개시, 종두법과 단발령 실시 등을 내용으로 하는 을미개혁을 실시하였다.

오답피하기

ㄴ. 광무개혁, ㄹ. 갑오개혁의 내용이다.

12 정답 ④

고종이 러시아 공사관으로 거처를 옮긴 아관 파천 이후, 러시아를 비롯한 서양 열강의 이권 침탈이 심해졌다. 이 무렵 서재필은 정부의 지원을 받아 독립신문을 창간하고, 개화파 관료들과 함께 독립 협회를 설립하였다. 독립 협회는 토론회와 연설회를 자주 열어 민중을 계몽하고 근대적 정치의식을 고취하였다. 또한 최초의 근대적 민중 집회인 만민 공동회를 열어 러시아의 간섭과 다른 나라의 침탈을 규탄하였다. 헌의 6조는 독립 협회가 관민 공동회에서 제시하였다.

13 정답 ②

3·1 운동 직후에 다양한 독립운동이 폭발적으로 전개되었다. 봉오동 전투와 청산리 대첩도 이에 해당하며, 만주에서 1920년에 일어났다.

오답피하기

㉢ 1931년 만주 사변 직후에 만주에서는 한국 독립군과 중국군이 연합하여 쌍성보 전투, 대전자령 전투, 영릉가 전투 등에서 승리하였다.

14 정답 ④

1920년대 후반 임시 정부의 활동이 침체되자, 김구는 한인 애국단을 조직하여 대한민국 임시 정부의 활동에 활기를 불어넣고자 하였다. 한인 애국단의 대표적 활동은 윤봉길이 중국 상하이 홍커우 공원에서 열린 기념식장에 폭탄을 투척한 사건이다. 윤봉길의 의거는 국제적으로 크게 알려졌으며, 특히 우리 민족의 독립운동에 냉담하던 중국인들에게 큰 감명을 주어 중국 국민당 정부가 대한민국 임시 정부의 활동을 적극 지원하는 계기가 되었다.

오답피하기

① 1932년 이봉창이 도쿄에서 일본 국왕의 마차에 폭탄을 투척하였다.

② 김익상은 의열단의 단원으로 조선 총독부에 폭탄을 던졌다.

③ 1923년 의열단 소속의 김상옥은 종로 경찰서에 폭탄을 투척하였다.

15 정답 ②

독도는 울릉도에 딸린 섬으로서, 신라 지증왕 이후로 우리나라 영토였다. 독도는 『세종실록지리지』 등에 우리 영토로 기록되었으며, 조선 숙종 때 동래의 어민 안용복은 일본 어민이 울릉도 부근에서 고기잡이를 하자 이들을 쫓아내고, 일본 정부에 요구하여 울릉도와 독도가 우리 영토임을 확인받았다. 대한 제국은 1900년에 칙령 제41호를 반포하여 울도(울릉도) 군수를 통해 독도를 관할하게 하였으나, 일제는 러·일 전쟁 중에 독도를 불법으로 자국 영토에 편입시켰다.

16 정답 ①

비타협적 민족주의 진영과 사회주의 진영은 서로 이념과 노선의 차이를 극복하고 민족 협동 전선을 모색하는 과정에서 신간회를 조직하였다. 강령에서 '단결을 공고히 한다.'는 조항에 주목해야 한다.

오답피하기

② 독립 협회는 서재필 주도하에 조직되었다.

③ 조선어 학회는 우리말 연구 단체이다.

④ 조선 물산 장려회는 물산 장려 운동의 과정에서 조직되었다.

17 정답 ③

제시된 자료는 황국 신민 서사를 암송하는 모습으로, 1930~1940년대의 일제 통치 방식을 보여 준다.

③ 일제는 3·1 운동 직후 헌병 경찰제를 폐지하고 보통 경찰제를 실시하였다.

오답피하기

① 일제는 조선인을 침략 전쟁에 동원하기 위해 처음에는 지원병제를 실시하였으나, 병력이 부족해지자 징병제를 도입하였다.

④ 일제는 중·일 전쟁 직후인 1938년에 국가 총동원법을 제정하였다.

18 정답 ②

경제 개발 5개년 계획은 박정희 정부 때부터 시행된 경제 계획으로, 수출 중심의 경제 정책이 추진되었다.

오답피하기

①, ④ 산미 증식 계획과 토지 조사 사업은 일제가 경제 수탈을 위하여 추진한 대표적인 경제 계획이다.

③ 농촌 진흥 운동은 총독부가 소작쟁의 등에 대응하려고 1930년대에 추진한 경제 정책이었지만, 식민지 수탈체제 자체가 개선되지 않았기 때문에 효과를 거두지 못하였다.

19 정답 ①

제시된 내용은 김원봉에 대한 설명이다. 제시된 활동 중

요인 암살 및 식민 통치 기관 파괴가 의열단 활동에 해당한다.

오답피하기
② 『경세유표』는 정약용이 저술한 책이다.
③ 태극 서관은 신민회가 운영하였던 서점이다.
④ 『한국독립운동지혈사』는 박은식의 책이다.

20 정답 ②

대한민국 임시 정부는 통신 기관으로 교통국을 두었고, 비밀 행정 조직인 연통제를 통하여 독립운동 자금 및 국내 정보를 모았다.

오답피하기
① 홍범 14조는 제2차 갑오개혁에서 추진된 국정 개혁의 기본 강령으로, 우리나라의 자주독립을 내외에 선포한 최초의 문서이기도 하다.
③ 6조 직계제는 의정부에 집중된 권력을 분산시키고자 조선 태종 및 세조 때 실시되었다. 이는 왕권 강화의 성격을 갖는다.
④ 고려 충렬왕 때 국방 회의 기구인 도병마사를 상설화하면서 도평의사사로 개편하였다.

21 정답 ③

1948년 남한의 단독 선거에 반대하는 남로당 세력이 제주도에서 무장봉기를 한 것이 4·3 사건이다. 이 과정에서 발생한 좌익 세력과 군경 및 우익 세력의 충돌로 인하여 수많은 민간인들이 희생되었다.

오답피하기
① 이성계가 요동 정벌 중 회군을 한 곳은 위화도이다.
② 영국이 러시아를 견제하려고 1885년부터 1887년까지 불법으로 점거한 곳은 거문도이다.
④ 프랑스가 침공한 병인양요와 미국이 침공한 신미양요는 모두 강화도에서 발생하였다.

22 정답 ①

제시문은 남한 단독 정부 수립에 반대하는 김구의 글이다. 그는 통일 정부 수립을 위해 남북 협상에 참여하였다. 한편 김구는 일제 강점기에는 대한민국 임시 정부에 참여하고, 한인 애국단을 조직하였다.

오답피하기
② 여운형은 조선 건국 준비 위원회를 조직하여 광복 직후에 국내 상황을 수습하였다.
③ 이승만은 남한 단독 선거를 주장하였다.
④ 이준, 이상설, 이위종은 헤이그 특사로 참여하였다.

23 정답 ②

1972년 10월 유신 이후 개헌된 헌법 제53조는 대통령 긴급 조치권을 규정하여 대통령에게 초헌법적 권한을 부여하였다. 유신 시대의 긴급 조치는 총 9차에 걸쳐 발동되었다.

오답피하기
① 외환 위기로 인하여 국제 통화 기금, 즉 IMF의 구제 금융 지원을 요청한 시기는 김영삼 정부 때인 1997년 말이었다.
③ 유신 헌법 체제에서는 대통령 간선제를 실시하였고, 이후 대통령 직선제는 1987년 개헌을 통하여 이루어졌다.
④ 판문점 선언은 2018년 남북 정상 회담에서 채택되었다.

24 정답 ④

제시된 성명은 7·4 남북 공동 성명(1972)으로, 박정희 정부 시기에 분단 후 처음으로 채택된 남북 공동 성명이다. 자주·평화·민족적 대단결의 통일 원칙을 담고 있는데, 제시된 성명문에서도 동일한 내용을 확인할 수 있다. 베트남 전쟁 파병은 1964년부터 1973년까지 이어졌으므로 시기상으로 일치한다.

오답피하기
① 6·29 선언은 1987년 발표되었고, 이를 통하여 대통령 직선제 요구가 수용되었다.
② 개성 공단은 2000년 6·15 남북 공동 선언 이후 추진되어 2004년 말부터 가동되었으나, 2016년 이후로 운영이 중단되었다.
③ 금 모으기 운동은 외환 위기의 극복을 위한 노력의 일환으로 1998년 전개되었다.

25 정답 ④

제시문은 1987년에 발표된 6·29 민주화 선언이다. 당시 시민들은 전두환 정부에게 대통령 직선제를 요구하였으나 거절당했다. 학생 운동에 참여했던 박종철, 이한열 등이 사망하자 시민들은 6월 민주 항쟁을 일으켜 개헌 약속을 이끌어 냈다.

오답피하기

① 신탁 통치안은 1945년 12월에 논의되었다.
② 전두환과 신군부는 박정희가 피살되자 1979년에 12·12 사태를 일으켜 정권을 차지하였다.

제7교시 도덕

01 ③	02 ④	03 ①	04 ④	05 ④
06 ②	07 ②	08 ②	09 ②	10 ①
11 ③	12 ①	13 ②	14 ④	15 ④
16 ①	17 ①	18 ①	19 ③	20 ③
21 ③	22 ④	23 ④	24 ①	25 ①

01 정답 ③

A는 다른 목적을 위해서가 아니라 선하고 옳은 것을 추구하려는 의지와 도덕 법칙을 따르고자 하는 의무 의식에서 비롯된 행위만이 도덕적 행위라고 보는 칸트이다. 그에 따르면 개인적 욕구 충족, 사회 전체의 행복 증진, 사회적 관습 준수 등을 목적으로 하는 행위는 도덕적 가치를 지니지 않는다.

02 정답 ④

베이컨은 인간에게 자연을 이용할 수 있는 권한과 능력이 있다고 생각했다. 그는 과학의 목적이 자연을 정복해 인간의 물질적 생활을 향상시키는 데 있다고 보았다. 이를 위해 인간은 자연이 어떻게 작동하는지 알고, 자연을 이용할 수 있어야 한다고 주장했다.

03 정답 ①

응보주의 입장에서는 죄에 대하여 마땅한 벌을 받아야 하고 살인에 마땅한 처벌은 생명을 박탈하는 것이라고 보기 때문에 사형 제도를 찬성한다.

04 정답 ④

정보 기술 발달에 따라 수평적이고 쌍방향적인 의사소통이 가능해졌고, 다원적인 사회 분위기가 형성되었다.

05 정답 ④

배려는 다른 사람의 처지에서 생각하고 이해하고 공감하는 덕목이며, 이렇게 생각하는 과정을 배려적 사고라고 한다.

④ 전문가의 의견을 따르는 것이 바람직한 경우는 사실 문제를 해결해야 할 때이다.

06 정답 ②
'무엇을 어떠한 기준에 따라 분배할 것인가?', 즉 공정한 분배 원칙에 대한 단일한 원칙은 합의되지 않았다. 이에 대한 답변은 매우 다양하며, 이들 간의 첨예한 논쟁은 계속되고 있다.

07 정답 ②
〈찬성 입장〉
• 성의 상품화 예방
• 대중의 정서에 미칠 부정적 영향 방지
〈반대 입장〉
• 자율성 및 표현의 자유 강조
• 대중의 문화적 권리 강조

08 정답 ②
인공 임신 중절에 대한 찬성 논거로는 ② 소유권 논거, ③ 자율권 논거, ④ 정당방위권 논거 등이 있다.

09 정답 ②
아리스토텔레스는 인간에게 있어 최고선은 행복이며, 행복은 중용의 덕을 통해 실현된다고 강조하였다. 덕 윤리는 아리스토텔레스의 덕론에 바탕을 두고 있다. 덕 윤리는 의무론과 공리주의를 비판하면서 도덕적 행동이 행위자의 덕에 따라 정해진다고 본다.

10 정답 ①
제시문은 공자가 제시한 이상 사회인 '대동 사회'이다. 대동(大同)이란 '사람이 천지 만물과 융합하여 한 덩어리가 된다.'는 의미로, 대동 사회는 만인의 신분적 평등과 재화의 공평한 분배를 통한 복지의 실현, 인륜이 구현된 사회를 추구한다. 또한 대동 사회는 능력과 분수에 따라 각자의 신분과 지위가 주어지고, 모두가 가족처럼 지내는 가운데 재물을 함께 나누며, 도덕을 스스로 지켜 나가는 사회이다.
① 공자의 대동 사회는 노자의 소국과민 사회와 달리 국가라는 정치 제도의 중요성을 강조하기 때문에 노자에게 인위적인 사회 제도라는 비판을 받을 수 있다.

11 정답 ③
도덕적 자율이란 스스로 도덕적 행위를 실천하고 그에 합당한 책임을 지는 자세 및 능력을 의미한다. 도덕적 자율을 실천하기 위해서는 먼저 도덕적 행위의 의미를 파악할 수 있는 합리적 사고 능력을 함양하고, 개개인의 욕구와 욕망 그리고 타인의 강제가 아닌 스스로의 이성에 따라 행동할 수 있는 실천 의지를 배양해야 한다.

12 정답 ①
제시문은 도덕적 탐구의 중요성을 언급하고 있다. 도덕 판단은 객관적인 판단이 아니며, 근거가 부족할 경우 주관적인 주장에 머무를 수도 있다.

13 정답 ②
주인-대리인 문제는 대리인인 공직자나 정치인이 국민의 선호와는 무관하게 자기 이익에만 탐닉하는 문제를 의미한다. 이러한 주인-대리인의 문제는 대의 민주주의의 한계를 보여 준다.

14 정답 ④
요나스는 '행해진 것에 대한 사후 책임 부과'를 특징으로 하는 전통적 윤리학의 책임 개념과는 다른, '행위되어야 할 것에 대한 책임'을 제시하였다. 즉, 과거의 행위에 대한 책임에서 더 나아가 미래의 결과에 대한 책임까지 강조하는 것이다.

15 정답 ④
제시문의 행위는 '시민 불복종'에 해당한다. 시민 불복종은 국민의 기본권을 침해하는 권력 행사에 대해 저항하는 행위로, 부정의한 국가 권력에 대한 일종의 저항권 행사이다.
④ 다수결에 따른 입법이나 정책 결정이 소수자의 권리를 침해하는 경우 민주 사회의 시민은 이것이 재검토되고 교정되게 해야 한다.

16 정답 ①

관용은 나의 생각이나 종교 등이 중요하다면 타인의 생각이나 종교도 중요하다고 생각하는 데에서 비롯된다. "네가 하고 싶지 않은 일을 남에게 시키지 말라." 또는 "네가 대접받고자 하는 대로 남을 대접하라."는 황금률은 타 문화에 대한 태도에도 적용된다. 즉, 관용을 실천하기 위해서는 역지사지의 자세가 필요하다.

17 정답 ①

제시문은 윤리적 가치가 미적 가치보다 우위에 있고 예술은 인간의 올바른 품성 함양을 목적으로 하거나 도덕적 교훈을 제공해야 한다는 도덕주의에 대한 설명이다. 도덕주의는 예술의 사회성을 강조하는 참여 예술론을 지지하며, 예술에 대한 적절한 규제가 필요하다고 주장한다.

오답피하기

ㄴ, ㄷ은 심미주의에 대한 설명이다.

18 정답 ①

공자는 모든 사회 구성원들이 각자의 신분과 지위에 맞는 역할을 다할 때 이상적인 사회가 구현될 수 있다는 정명 사상을 주장했다. 정명 사상은 각자 자신의 본분을 지키고 최선을 다해야 한다는 사상이다.

19 정답 ③

분단 비용은 분단 상태 유지를 위한 남북한의 대결 비용으로, 통일이 되면 소멸할 비용이다. 평화 비용은 통일을 위한 교류, 협력 비용이고, 통일 비용은 통일 이후의 남북 통합에 필요한 비용이다. 평화 비용과 통일 비용은 통일 이후를 위한 투자 성격의 비용이다.

20 정답 ③

프롬은 사랑의 기본 요소로 보호, 존경, 이해, 책임을 제시하였다.

21 정답 ③

사회 구성원이 불평 없이 자신의 몫을 가진다면 정의가 실현되는 사회를 만들 수 있을 것이라는 점에서 정의에 대한 다양한 논의가 있다.

22 정답 ④

직업 윤리는 일반 직업 윤리와 특수 직업 윤리로 나뉜다. 특수 직업 윤리의 예로는, 의사에게 요구되는 생명 존중, 환자 비밀 준수 등의 규범이나 덕목을 들 수 있다.

23 정답 ④

가치관을 검사하는 방법으로, 어떤 행동이 보편화될 때 그 결과가 좋지 않으면 해서는 안 된다고 주장하는 '보편화 결과' 검사법이 있다.

24 정답 ①

롤스는 사회적·경제적 불평등은 모든 사람에게 이익이 되고, 특히 최소 수혜자에게 최대 이익을 보장하도록 조정되어야 하는 차등의 원칙을 주장하였다.

25 정답 ①

유교에서는 천인합일의 경지를 지향하며, 불교는 만물의 상호 의존성을 강조하는 연기론을 주장하고, 도교는 무위자연을 추구한다.

제 5 회 정답 및 해설

제1교시 국어

01 ③	02 ②	03 ②	04 ②	05 ③
06 ④	07 ②	08 ③	09 ②	10 ③
11 ②	12 ④	13 ②	14 ③	15 ②
16 ④	17 ①	18 ①	19 ④	20 ③
21 ③	22 ①	23 ④	24 ②	25 ③

01 정답 ③

'나', '돌', '다리', '물'은 자립 형태소, '나', '돌', '다리', '밟-', '물', '건너-'는 실질 형태소에 해당한다.

02 정답 ②

행인 1이 학생에게 어느 고등학교에 다니는지에 대한 정보를 궁금해하고 있는 의문문이고, 학생이 이에 대해 '한국 고등학교에 다닌다'는 정보를 제공하고 있으므로 직접적 표현에 해당한다.

오답피하기

① 동생이 '목마르다'는 평서문을 썼지만, 실은 '물 좀 가져다줘'라는 요청의 의미로 해석할 수 있고 누나가 물을 가져다주었으므로 간접적 표현이다.
③ 친구 1이 친구 2에게 지우개가 있는지 없는지에 대한 것을 물어보는 것이 아니라, 지우개를 빌려 달라는 요청으로 이해할 수 있으므로 간접적 표현이다.
④ 아이들이 활발하다는 표현이 나타났지만 그 속에는 '식당에서 아이들이 지나치게 시끄러우니 조용히 해 달라'는 요청이 든 반어적 표현이다. 그러므로 이 또한 간접적 표현에 해당된다.

03 정답 ②

제시문은 '그가 오기'라는 명사절을 안고 있다.
②에서 '첫눈이 오기'는 명사절이다.

오답피하기

① '코가 길다'라는 서술절을 안은문장이다.
③ '이마에 흐르는'이라는 관형절을 안은문장이다.
④ '소녀가 지나가도록'이라는 부사절을 안은문장이다.

04 정답 ②

• 헤치다 : 앞에 걸리는 것을 좌우로 물리치다.
• 해치다 : 사람의 마음이나 몸에 해를 입히다.

05 정답 ③

㉢의 '어린'은 현대어의 '어리석은'과 같은 의미이다.

06 정답 ④

'·배이·셔·도'(바가 있어도)의 '배'는 '바(의존 명사) + ㅣ(주격 조사)'이다. 주격 조사 '가'가 없었던 중세 국어에서 'ㅣ' 이외의 모음인 'ㅏ'로 끝난 체언 '바'의 뒤에 주격 조사 'ㅣ'가 결합한 것이다.

07 정답 ②

오답피하기

㉠ : 〈자료〉를 통해 볼 때 이 글은 설명하는 글로 볼 수 있다.
㉣ : 자율 주행 자동차 상용화에 대한 내용도 글의 주제와 관련이 없다.
㉤ : 정부 정책 담당자에 대한 비판은 글의 내용과 관련이 없다.

08 정답 ③

찬동의 격률은 상대방에 대한 '칭찬'을 최대화하는 말하기 예절이므로, '칭찬'의 미덕을 말하고 있는 ③이 가장 적절하다.

[09~11] 이청준, 「눈길」

| 갈래 | 현대 소설, 단편 소설, 순수 소설, 액자 소설
| 성격 | 회상적, 상징적
| 주제 | 눈길에서의 추억을 통한 인간적인 화해
| 특징 |
- 과거 회상을 통한 역순행적 구성
- 어머니의 이야기를 내부 이야기로 하는 액자식 구성
- 주로 대화를 통한 사건 전개

09 정답 ②
노인은 자식을 제대로 뒷바라지 못한 것에 대한 자책감과 부끄러움으로 인해 눈을 뜨지 못하는 것이고, '나'는 그동안 자신을 사랑해 온 어머니를 외면하면서 자신은 빚이 없다고 생각한 것에 대한 부끄러움 때문에 눈을 뜨지 못하는 것이다.

ⓧ 오답피하기

④ 노인이 혼자 돌아가는 것이 외롭기는 했겠지만, 그것 때문에 눈을 뜨지 못할 이유는 없다.

10 정답 ③
어머니의 사랑을 외면한 것에 대한 부끄러움으로 눈물을 흘리고 있으므로, 일어나서 말한다면 죄송함에 대해 표현할 것이다.

11 정답 ②
이 글에서는 '나'가 어머니의 사랑을 새삼 깨닫고 있으며, 〈보기〉에서도 '그 새끼가 밥을 물어 그 어미를 먹이나니'에서 반포지효(反哺之孝)를 나타내고 있으므로 '부모에 대한 효'가 공통적으로 나타난 윤리적 가치라고 할 수 있다.

[12~14] 현진건, 「운수 좋은 날」

| 갈래 | 현대 소설, 단편 소설, 현실 고발적 사실주의 소설
| 성격 | 사실적, 비극적, 반어적
| 시점 | 전지적 작가 시점(부분적 3인칭 관찰자 시점)
| 주제 | 일제 강점기 도시 하층민의 가난한 생활상
| 특징 |
- 복선과 반전으로 흥미로운 전개
- 반어적 제목으로 주제를 효과적으로 드러냄.

12 정답 ④
이 소설에는 '동소문', '전'과 같은 용어를 통해 일제 강점기라는 시대적 배경을 파악할 수 있다. 또한 김 첨지의 비속어와 사투리를 통해 하층민의 삶을 사실적으로 그려 내고 있으며, 말과 행동을 통해 아픈 아내를 두고 나온 김 첨지의 심리를 잘 드러낸다.

13 정답 ②
이 글에서 '비'가 내리는 날씨는 전체적으로 고단하고 암울한 분위기를 형성하면서 김 첨지의 비참한 삶을 강조한다.

14 정답 ③
'설렁탕'은 아내의 죽음이라는 비극성을 심화시키는 요소이지, 복선의 역할을 하는 소재가 아니다.

[15~16]
[가] 작자 미상, 「두터비 파리를 물고 ~」

| 갈래 | 사설시조
| 성격 | 풍자적, 우의적, 해학적
| 주제 | 양반 계층의 횡포와 허장성세(虛張聲勢) 풍자
| 특징 |
- 의인법, 상징법, 풍자적 아이러니 등의 표현 기법이 사용됨.

[나] 작자 미상, 「어이 못 오던다 ~」

| 갈래 | 사설시조
| 성격 | 해학적, 과장적
| 주제 | 오지 않은 임에 대한 그리움과 원망
| 특징 |
- 일상적 사물의 연쇄적 열거법을 통해 오지 않는 임에 대한 그리움을 해학적으로 표현함.

15 정답 ②

[가]는 양반 계층의 횡포와 허장성세를, [나]는 오지 않는 임에 대한 그리움과 원망을 해학적으로 표현하고 있다.

16 정답 ④

㉠에는 연쇄법, 열거법이 사용되었다.

ⓧ 오답피하기

①은 도치법, ②는 은유법, ③은 대구법이 사용되었다.

[17~19] 조지훈, 「낙화」

| 갈래 | 자유시, 서정시
| 성격 | 애상적, 감각적, 묘사적
| 주제 | 낙화를 통해 느끼는 삶의 무상감과 비애
| 특징 |
- 절제된 시어로 고풍스러운 분위기를 형성함.
- 하나의 연을 2행 구성하여 형태적 안정감을 줌.
- 선경후정의 시상 전개 방식을 활용함.

17 정답 ①

화자는 지금 꽃이 지는 것을 바라보면서 그에 대한 자신의 정서를 노래하고 있다.

18 정답 ①

꽃이 시는 것을 본 화자는 서글픔을 느끼지만, '바람을 탓하랴'라는 구절을 통해 이를 자연의 섭리로 받아들이는 태도를 드러내고 있다.

19 정답 ④

'하이얀 미닫이가 / 우련 붉어라.'는 마당에 떨어진 꽃잎들의 색조가 은은하게 창호지에 비친 서정적인 상황을 보여 주고 있으며, 흰색과 붉은색의 색채 대비를 시각적으로 표현하고 있다.

20 정답 ③

공자의 독서 방법을 예로 들어 읽고 또 읽어 완전히 익히는 것을 의미하고 있으므로 정독(精讀)이 가장 가까운 의미를 가지고 있다.

ⓧ 오답피하기

다독(多讀)은 주제에 관계없이 많은 책을 읽는다는 의미를 가지고 있기 때문에 이 글과는 조금 거리가 있다.

21 정답 ③

이 글은 두보, 공자, 허생전을 예로 들어 많은 양의 독서를 하는 것이 중요하다는 이야기를 하고 있다. 따라서 '독서의 중요성'이 가장 적절하다.

22 정답 ①

위편삼절(韋編三絕)은 공자의 많은 독서에 대한 성어이므로, '다섯 대의 수레에 가득히 실을 만큼 많은 책을 읽음'의 뜻을 가진 '독오거서'가 같은 의미를 가진다.

ⓧ 오답피하기

② 타산지석(他山之石) : 다른 사람의 하찮은 언행이라도 자기의 지덕(智德)을 닦는 데 도움이 됨을 비유해 이르는 말
③ 절차탁마(切磋琢磨) : 학문(學問)이나 인격(人格)을 갈고 닦음.
④ 풍전등화(風前燈火) : 사물(事物)이 오래 견디지 못하고 매우 위급(危急)한 자리에 놓여 있음을 가리키는 말

23 정답 ④

르네 마그리트가 데페이즈망 기법을 창작해 낸 것인지, 단지 기존에 있던 데페이즈망 기법을 활용한 것인지에

대해서는 이 글을 통해서는 알 수 없다.

오답피하기

① 데페이즈망은 시적 · 예술적 상상을 낳아 논리와 합리 너머의 세계에 대한 심층의 인식을 일깨운다.
② 데페이즈망이 관심의 대상이 된 것은 르네 마그리트가 사람들의 관심을 끌게 되면서부터이다.
③ 「골콘다」에는 데페이즈망 기법 중 하나인 현실의 법칙을 벗어난 비상식의 조합이 나타나 있다.

24 정답 ②

(다)에서 데페이즈망은 특정한 대상을 상식의 맥락에서 떼어 내 전혀 다른 상황에 배치함으로써 기이하고 낯선 장면을 연출하는 것이라고, 데페이즈망의 개념을 정의하여 의미를 명확히 하고 있다.

오답피하기

① 유추에 대한 설명으로, 데페이즈망을 유사한 대상에 빗대어 설명하고 있지는 않다.
③ 데페이즈망 이외의 다른 대상은 제시되어 있지 않다.
④ 데페이즈망이 형성되는 과정은 제시되어 있지 않다.

25 정답 ③

데페이즈망은 특정한 대상을 상식의 맥락에서 떼어 내 전혀 다른 상황에 배치함으로써 기이하고 낯선 장면을 연출하는 것을 말하는데, ㉠은 전형적인 데페이즈망의 표현법이다. 즉 ㉠은 통념에 맞지 않지만, 아무런 관계가 없는 재봉틀, 양산, 해부대가 어울려서 만들어 내는 아름다움을 의미한다고 할 수 있다.

제2교시 수학

01 ①	02 ④	03 ②	04 ①	05 ③
06 ①	07 ①	08 ②	09 ④	10 ④
11 ③	12 ③	13 ③	14 ②	15 ④
16 ④	17 ④	18 ③	19 ①	20 ②

01 정답 ①

$A=3x^2+2x$, $B=x+1$이므로

$$\begin{aligned}A-2B&=(3x^2+2x)-2(x+1)\\&=3x^2+2x-2x-2\\&=3x^2+(2-2)x-2\\&=3x^2-2\end{aligned}$$

따라서 정답은 ①이다.

02 정답 ④

x에 대한 항등식이므로 x에 대해 정리한 후 동류항끼리의 계수를 비교하여 좌변과 우변을 같게 하면, 항등식이 성립한다.

좌변을 전개하여 정리하면,

$(x+1)^2+2x=x^2+2x+1+2x=x^2+4x+1$이고,

좌변과 우변의 계수를 비교하면,

좌변과 우변의 일차항의 계수는 각각 4와 a이므로

$a=4$

따라서 정답은 ④이다.

03 정답 ②

$$\begin{array}{r} x-2 \\ x-2\,\big)\,x^2-4x+5 \\ \boxed{x^2-2x} \\ \hline -2x+5 \\ -2x+4 \\ \hline 1 \end{array}$$

빈칸에 알맞은 식은 나누는 식 $(x-2)$와 x의 곱이므로,

$(x-2)\times x=x^2-2x$이다.

따라서 정답은 ②이다.

04 정답 ①

인수분해 공식 $x^3+y^3=(x+y)(x^2-xy+y^2)$
을 이용하기 위해 y의 자리에 1을 대입하여 표현하면,
$x^3+1^3=(x+1)(x^2-x\times1+1^2)$이 된다.
그러므로 $a=1$임을 알 수 있다.
따라서 정답은 ①이다.

05 정답 ③

$$\begin{aligned}(-1+2i)(3+3i)&=-3-3i+6i+6i^2\\&=-3-3i+6i-6\\&=\{-3+(-6)\}+(-3+6)i\\&=-9+3i\end{aligned}$$

이므로, 우변의 $a+bi$와 실수부분, 허수부분을 각각 비교하면, $a=-9$, $b=3$이다.
이때, $a+b=-9+3=-6$
따라서 정답은 ③이다.

06 정답 ①

$x^2-3x-10=0$에서 근과 계수와의 관계에 의하여
$\alpha+\beta=3$, $\alpha\beta=-10$이다.
$\alpha+\beta+\alpha\beta=3-10=-7$
따라서 정답은 ①이다.

더 알고가기

근과 계수와의 관계

$ax^2+bx+c=0$

$\alpha+\beta=합=-\dfrac{b}{a}$, $\alpha\beta=곱=\dfrac{c}{a}$

07 정답 ①

구간이 제한된 이차함수의 최댓값과 최솟값은 꼭짓점과 구간의 양 끝값을 이용하여 구한다.
꼭짓점의 좌표는 $(1, 3)$이므로
$f(x)=-(x-1)^2+3$ $(0\le x\le3)$이라 놓으면,
$f(1)=3$
구간의 양 끝값은 $f(0)=2$, $f(3)=-1$이다.
그러므로 $f(x)$의 최솟값은 -1이다.
따라서 정답은 ①이다.

08 정답 ②

방정식의 해는 식을 참이 되게 하는 미지수 x의 값이므로 식에 대입하여 문제를 해결할 수 있다.
삼차방정식 $x^3-2x^2+ax+4=0$의 해가 -1이므로, 식에 대입하면,
$(-1)^3-2\times(-1)^2+a\times(-1)+4=0$
⇨ $-1-2-a+4=0$
⇨ $a=1$
그러므로 상수 a의 값은 1이다.
따라서 정답은 ②이다.

09 정답 ④

$|x-a|\ge b$ (단, $b>0$)의 해는 $x-a\le-b$ 또는 $x-a\ge b$임을 이용하면, $|x+1|\ge2$의 해는
$x+1\le-2$ 또는 $x+1\ge2$
⇨ $x\le-3$ 또는 $x\ge1$
이므로 이것을 수직선에 나타내면

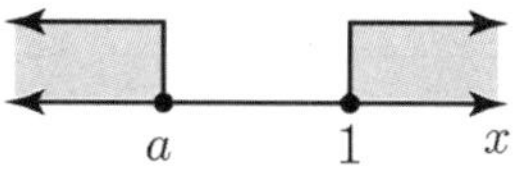

이므로 $a=-3$이다.
따라서 정답은 ④이다.

10 정답 ④

$\begin{cases}2x-4>0 & \cdots\cdots ㉠\\(x-1)(x-5)\le0 & \cdots\cdots ㉡\end{cases}$에서
㉠ $2x-4>0$ ⇨ $x>2$
㉡ $(x-1)(x-5)\le0$ ⇨ $1\le x\le5$
두 식의 공통범위를 구하면 $2<x\le5$이다.
따라서 $\alpha=2$, $\beta=5$이다.
$\therefore\ \alpha\beta=2\times5=10$
따라서 정답은 ④이다.

11 정답 ③

좌표평면 위의 두 점 $A(x_1, y_1)$, $B(x_2, y_2)$의 중점의 좌표는 $\left(\frac{x_1+x_2}{2}, \frac{y_1+y_2}{2}\right)$이므로

공식에 대입하면,

중점$=\left(\frac{-5+3}{2}, \frac{3+(-1)}{2}\right)=\left(\frac{-2}{2}, \frac{2}{2}\right)=(-1, 1)$

따라서 정답은 ③이다.

12 정답 ③

구하려는 직선의 방정식을 $y=ax+b$라 하면

그래프의 기울기는

$a=\frac{(y \text{ 값의 증가량})}{(x \text{ 값의 증가량})}=\frac{5-(-3)}{3-(-1)}=\frac{8}{4}=2$

이다. 따라서 직선의 식은 $y=2x+b$가 되고

지나는 두 점 중 하나의 점 $(3, 5)$를 식에 대입하면,

$5=6+b$ ⇨ $b=-1$

이므로 직선의 방정식은 $y=2x-1$이 된다.

따라서 정답은 ③이다.

13 정답 ③

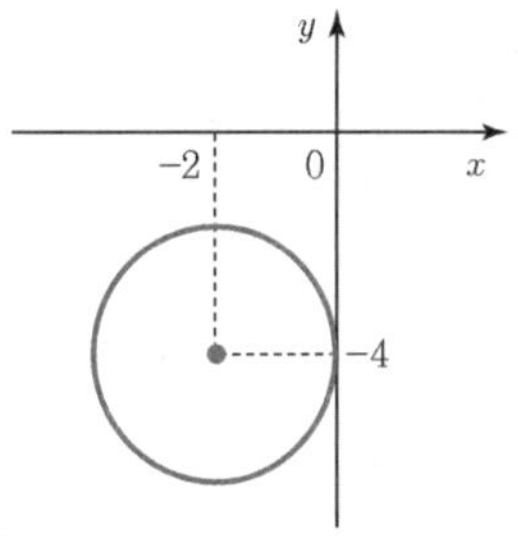

중심이 점 $(-2, -4)$이므로, $(x+2)^2+(y+4)^2=r^2$ 이다. 원이 y축에 접하므로 반지름의 길이$=|x \text{ 좌표}|$가 되어, 반지름$=2$이다.

그러므로 원의 방정식은 $(x+2)^2+(y+4)^2=4$

따라서 정답은 ③이다.

14 정답 ②

x축에 대하여 대칭이동하면 y좌표의 부호가 바뀐다. 따라서 주어진 원의 방정식에 y 대신 $-y$를 대입하면

$(x-3)^2+(-y+2)^2=4$가 된다.

$(-y+2)^2=(y-2)^2$이므로

$(x-3)^2+(y-2)^2=4$가 된다.

따라서 정답은 ②이다.

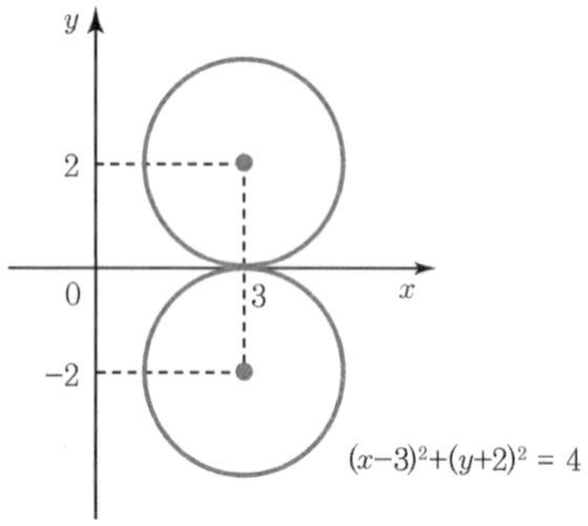

15 정답 ④

$A=\{x|x$는 6 이하의 짝수$\}$를 원소나열법으로 나타내면, $A=\{2, 4, 6\}$이다. $A\cup B$는 집합 A, B에 대하여 집합 A에 속하거나 집합 B에 속하는 모든 원소로 이루어진 집합을 말하므로, $A\cup B=\{1, 2, 3, 4, 6\}$

따라서 정답은 ④이다.

16 정답 ④

주어진 명제의 가정과 결론을 모두 부정한 후 서로 바꾸어 놓은 명제를 그 명제의 대우이라 한다.

명제 '$x=4$이면 $x^2=16$이다.'에서

가정 ⇨ $x=4$ 　　　부정 ⇨ $x\neq 4$

결론 ⇨ $x^2=16$ 　　　부정 ⇨ $x^2\neq 16$

이므로 대우를 구하면,

'$x^2\neq 16$ 이면 $x\neq 4$이다.'가 된다.

따라서 정답은 ④이다.

17 정답 ④

방법 1 $f^{-1}(2)=k$라 놓으면 $f(k)=2$이다.

$k-4=2$를 풀면 $k=6$이다.

따라서 정답은 ④이다.

방법 2 역함수를 직접 구해서 푸는 방법도 있다.

$y=x-4$의 역함수는 x, y를 바꾸는 것이므로

$x=y-4$에서 $y=x+4$가 된다.

따라서 이 함수에 2를 대입하면 $2+4=6$이 된다.

18 정답 ③

무리함수 $y=\sqrt{x-a}$ 의 그래프는 $y=\sqrt{x}$ 의 그래프를 x축의 방향으로 a만큼 평행이동한 그래프이다.

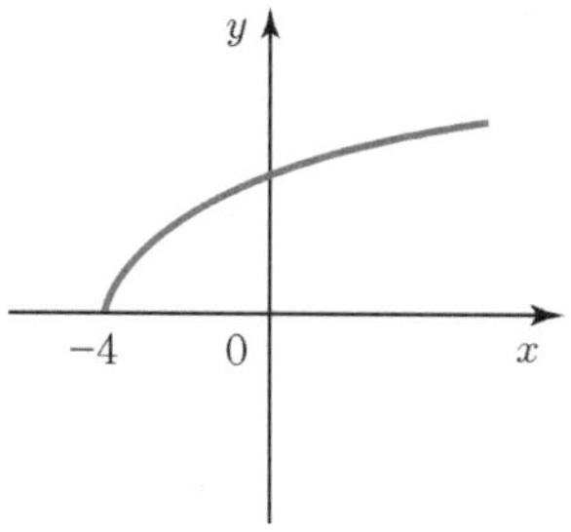

주어진 그래프는 시작점이 $(0, 0)$에서 $(-4, 0)$으로 x축의 방향으로 -4만큼 평행이동한 것이다. 그러므로 $a=-4$이다. $(y=\sqrt{x+4})$

따라서 정답은 ③이다.

19 정답 ①

방법 1 서로 다른 네 개의 놀이기구를 타는 순서를 정하는 경우의 수는 연달아 일어나는 사건이므로 곱의 법칙을 이용하여 구하면, $4\times3\times2\times1$로 24가지이다.

따라서 정답은 ①이다.

방법 2 서로 다른 네 개의 놀이기구를 타는 순서를 정하는 경우의 수는 4개 중 4개를 선택하여 일렬로 나열하는 경우의 수와 같으므로

${}_4P_4=4\times3\times2\times1=24$와 같이 구할 수 있다.

20 정답 ②

방법 1 서로 다른 5개의 종목 중 2개의 종목을 고르는 경우의 수는, 선택하는 순서를 고려하지 않으므로 $\frac{5\times4}{2\times1}$로 10가지이다.

따라서 정답은 ②이다.

방법 2 서로 다른 5개의 종목 중 서로 다른 2개의 종목을 선택하는 경우의 수는 선택하는 순서를 고려하지 않으므로 조합을 이용하여 계산할 수 있다.

${}_5C_2=\frac{5\times4}{2\times1}=10$

제3교시 영어

01 ④	02 ④	03 ④	04 ④	05 ③
06 ④	07 ①	08 ②	09 ③	10 ①
11 ①	12 ③	13 ④	14 ④	15 ③
16 ③	17 ①	18 ③	19 ④	20 ②
21 ①	22 ④	23 ②	24 ①	25 ②

01 정답 ④

해석 한국에서 만들어진 상품은 여기에서 매우 인기 있다.

어휘 popular 인기 있는

02 정답 ④

해석 우리는 재충전을 하기 위해 휴식이 필요하다.

어휘 break 휴식
in order to ~하기 위해서
recharge 재충전하다

03 정답 ④

해석 그는 그의 오랜 친구들과 연락하기를 원한다.

어휘 get in touch with ~와 연락하다

04 정답 ④

해석 ① 다른 - 차이점
② 어려운 - 어려움
③ 행복한 - 행복
④ 움직이다 - 움직임

해설 ①, ②, ③은 형용사 - 명사 관계인데 ④는 동사 - 명사 관계이다.

05 정답 ③

해석 아트 앤 아트
우리와 함께 예술과 꽃을 혼합할 기회를 가지세요.
• 인원 : 최소 10명 / 최대 15명
• 시간 : 오전 10시~오전 11시
• 일자 : 매주 일요일
• 수강료 : 회원 40달러 / 비회원 50달러
등록을 위해서는 912-3456으로 전화 주세요.

어휘 opportunity 기회
registration 등록, 접수

06 정답 ④

해석 • 검정 옷을 입은 저 남자 누군지 아니?
• 그는 이 수학문제를 푼 학생이야.

해설 누구인지 묻는 의문사와 선행사가 사람인 관계대명사는 who가 적절하다.

07 정답 ①

해석 • 많은 사람들은 그 일자리에 지원할 기회를 가질 것이다.
• 이 설명은 모든 경우에 적용되지 않을 것이다.
① 지원하다, 적용하다 ② 싫어하다
③ 가르치다 ④ 남겨 두다

어휘 apply for 지원하다
apply to 적용하다
explanation 설명

08 정답 ②

해석 • 방에 들어갈 때 신발을 벗어야 한다.
• 나는 다음 정거장에 내려야 한다.

어휘 take off ~을 벗다
get off 내리다

09 정답 ③

해석 A : 민지야 천천히 하렴.
B : 그렇지만, 엄마. 마감 기한이 다음 주 월요일이에요.
A : 급할수록 돌아가렴. 만일 네가 시간을 좀 가진다면 네 그림은 훨씬 더 좋아질 거야.
B : 그거 좋은 충고네요. 고마워요 엄마.

10 정답 ①

해석 A : 우리가 정크 푸드를 너무 많이 먹는다고 생각하지 않니?
B : 나도 네 말에 동의해.

어휘 junk food 정크 푸드(영양가는 적고 칼로리만 너무 많은 음식)

해설 I couldn't agree more는 더 이상 동의할 수 없을 만큼 완전히 동의한다는 의미의 표현이다.

11 정답 ①

해석 A : 주문하시겠어요?
B : 네. 비프 스테이크 주세요.
A : 굽기는 어떻게 해드릴까요?
B : 완전히 익혀 주세요.

어휘 order 주문
beef steak 소고기 스테이크
well-done 바싹 구운, 완전히 익힌

해설 스테이크 식당이 가장 알맞다.

12 정답 ③

해석 A : ________________
B : 내일까지 비가 내릴 거래.
① 어떻게 도와드릴까요?
② 그 남자를 언제 봤었어?
③ 비가 얼마나 오래 내릴 예정이래?
④ 얼마나 자주 수업에 참여해?

해설 B의 대답으로 보아 얼마나 오래 비가 내릴지의 질문이 가장 적절하다.

13 정답 ④

해석 A : 전에 에어로빅을 배워 본 적이 있나요?
B : ________________
① 더 이상 수영을 배울 수 없어.
② 그를 소개하고 싶습니다.
③ 네가 무엇을 하는지 모르겠어.
④ 한국에서 배운 적이 있어요.

해설 A의 질문은 에어로빅의 경험을 묻고 있으므로 경험을 대답하는 ④가 적절하다.

14 정답 ④

해석 이것은 거주자의 안락함을 향상시키기 위하여 열기와 습기를 제거하는 장치이다. 이것은 또한 전자 장치로 가득 찬 방을 시원하게 하는 데 사용되기도 한다.
① 컴퓨터 ② 전구
③ 프린터기 ④ 에어컨

어휘 device 장치, 기기
remove 제거하다
moisture 습기
improve 향상하다, 개선하다
comfort 안락, 편안
occupant 점유자, 거주자
electronic 전자기기, 전자의

해설 이것은 시원하게 하는 용도의 장치이므로 에어컨이 적절하다.

15 정답 ③

해석 오늘 저녁 같이 할래?
(A) 나는 회의를 위한 보고서를 준비해야 해.
(B) 좋지. 그러나 저녁 먹을 시간이 없어.
(C) 왜?

해설 저녁 식사를 제안하고 있으므로 대답으로 (B)가 먼저 와야 한다. (B)에는 저녁을 먹을 수 없다고 되어 있으므로 (C)가 다시 그 이유를 묻고 (A)가 먹을 수 없는 이유를 설명해 주고 있다.

16 정답 ③

해석 • 아이들의 손이 닿지 않는 곳에 두세요.
• 권장하는 복용량을 초과하지 마세요.
• 물과 함께 섭취하세요.

어휘 exceed 초과하다
recommend 권고하다, 추천하다

해설 설명서에는 부작용에 관한 안내는 없다.

17 정답 ①

해석 시민 여러분께,
산티아고 공공 도서관을 5월부터 7월까지 부분적으로 폐관하는 것을 알리게 되어 유감입니다. 여러분도 알다시피, 지난주에 우리 도서관 일부가 불에 탔습니다. 그래서 우리는 재건이 필요합니다. 건설 기간 동안에, 여러분은 여전히 열람실 2, 3, 4를 사용하실 수 있습니다. 협조해 주셔서 감사합니다.

어휘 inform 알리다
rebuild 재건하다
during ~ 동안에
construction 건설
cooperation 협력

해설 제시문은 불에 탄 도서관 일부를 재건하기 위하여 부분적으로 폐관하는 것을 시민들에게 알리는 글이다.

18 정답 ③

해석 64게임으로 구성된 1998년도 월드컵은 프랑스에서 32개국 팀과 함께 개최될 예정이었습니다. 이것은 경기장 안의 250만 명 관중들과 TV에서 경기를 보는 수십 억 명의 시청자들과 함께 전 세계의 축구팬들을 매료시키고 있었습니다.

어휘 consist of 구성하다
hold 개최하다
attract 매료시키다
million 백만
billion 십억
spectator 관중

해설 제시문에는 경기 기간에 대하여는 언급되어 있지 않다.

19 정답 ④

해석 필체가 너의 성격에 대해 많은 것을 말해 준다는 것을 알고 있니? 몇몇 심리학자에 따르면, 만일 너의 글씨가 매우 크다면 그것은 네가 친절하다는 것을 의미해. 작은 글씨는 네가 매우 겸손하다는 것을 의미해. 만일 너의 글씨가 매우 둥글다면, 그것은 네가 활동적이라는 것을 의미해. 만일 단어 사이에 큰 공간이 있다면, 그것은 네가 혼자 있는 것을 좋아한다는 것을 의미할지도 몰라.

어휘 according to ~에 따르면
psychologist 심리학자
friendly 친절한
modest 겸손한
alone 혼자

해설 제시문은 필체가 말해 주는 성격과 그 예시를 들고 있다.

20 정답 ②

해석 남편과 나는 작은 농장에서 소를 <u>기른다</u>. 그것들을 팔기로 결정하면서 우리는 '소 팝니다'라는 표지를 핸드폰 번호와 함께 혼잡한 도로 옆 울타리에 걸어 두었다.

① 줄이다 ② 기르다
③ 주다 ④ 사다

어휘 decide 결정하다

해설 문맥상 소를 '기르다(사육하다)'가 어울리므로 'raise'가 적절하다.

21 정답 ①

해석 다른 모든 산업처럼, 장미 산업도 시장에 변화하는 조건에 <u>적응해야</u>만 한다. 과거에, 플로리스트숍은 지역적이고 독립적으로 소유한 산업이었으나 이제 그 크기가 크고 세계적 범위가 되었다.

① 적응하다
② 태도
③ 버리다, 포기하다
④ ~의 탓으로 돌리다

어휘 industry 산업
condition 조건, 상태
local 지역의
independently 독립적으로

해설 '변화하는 조건(상태)'과 문맥상 가장 적절한 것은 '적응하다'의 뜻을 지닌 'adapt'이다.

22 정답 ④

해석 엄마가 될 예정이신가요? 만일 그렇다면 스트레스가 임산부에게 얼마나 위험한지 아는 것은 중요합니다. 여기에 이러한 스트레스를 피할 수 있는 유용한 팁이 있습니다.

어휘 dangerous 위험한
pregnant 임신한
useful 유용한

해설 제시문은 임산부가 스트레스 피하는 방법에 대해 팁을 알려 주려 한다.

23 정답 ②

해석 2004년에 이미 수백 개의 블로그와 웹사이트들이 인터넷에 있었다. 그리고 그 숫자는 점점 더 증가하는 중이다. (그러나, 블로그는 많은 방식에서 전통적인 웹과는 다르다.) 무엇보다도, 블로그는 훨씬 더 정기적으로 업데이트를 할 수 있다. 또한 대부분의 블로그는 특별한 소프트웨어를 사용한다.

어휘 differ from ~와 다르다
traditional 전통의
more and more 점점 더 많은, 더욱더
above all 무엇보다도
regularly 정기적으로

해설 주어진 문장 뒤에는 어떻게 블로그가 다른지에 대한 설명이 나와야 하므로 ②가 가장 적절하다.

24 정답 ①

해석 가족을 위한 캠핑장을 찾고 있나요? 그렇다면 도심에서 차로 90분 거리인 Forest Campgrounds가 당신에게 완벽할 것입니다. 만약 당신이 초보자라면, 우리는 텐트와 침낭을 포함해서 캠핑에 필요한 모든 것을 당신에게 빌려줄 수 있습니다. <u>게다가</u>, 바비큐 장비에 대해 걱정하지 마세요. 왜냐하면 우리가 그것을 무료로 제공할 것입니다. 우리는 당신의 캠핑 여행을 잊을 수 없게 최선을 다할 것입니다.

① 게다가, ② 예를 들면, ③ 그러나, ④ 그러므로

어휘 be ready for ~할 준비가 되다
campground 야영지, 캠프장
perfect 완벽한
beginner 초보자
including ~을 포함해서
sleeping bag 침낭
barbecue gear 바비큐 장비
provide 제공하다
for free 무료로
unforgettable 잊을 수 없는

해설 캠핑 장비를 제공하고, 게다가 바비큐 장비까지 제공하므로 빈칸에 ①이 적절하다.

25 정답 ②

해설 자동차 운전 서비스는 제공되지 않는다.

제4교시 사회

01 ④	02 ④	03 ①	04 ③	05 ③
06 ②	07 ④	08 ④	09 ③	10 ②
11 ④	12 ①	13 ②	14 ③	15 ④
16 ②	17 ③	18 ①	19 ②	20 ②
21 ③	22 ④	23 ②	24 ②	25 ③

01 정답 ④

사회의 구조가 개인에게 큰 영향을 주고, 사회 제도와 법으로 인해 사회 현상이 나타난다는 관점은 사회적 관점에 해당한다.

02 정답 ④

어떤 인간의 행위가 도덕적 행위인지, 그 기준을 탐색하고 바람직한 삶의 모습을 살펴보는 것을 윤리적 관점이라 한다.

03 정답 ①

행복한 삶을 위해서는 질 높은 정주 환경, 경제적 안정, 도덕적 실천과 성찰하는 삶, 민주주의의 실현 등이 요구된다. 집회와 시위 등의 의사 표현을 통해 국민의 의사가 정책으로 반영되기 때문에 국민들이 자신의 삶에 대한 만족감과 행복감이 높아진다.

04 정답 ③

제시된 내용은 건조 기후의 특징이다. 건조 기후는 연 강수량 500mm 미만이며, 강수량보다 증발량이 많다. 모래 바람을 막기 위해 온몸을 감싸는 옷을 입으며, 초원에서는 가축의 고기와 우유로 만든 음식을 먹는다.

05 정답 ③

최근 무분별한 도시 개발 등으로 홍수 피해가 커지고 있다. 주거 지역의 확충은 불투수층 면적이 확장되어 홍수 피해를 증가시킬 수 있다.

06 정답 ②

제시된 내용은 동양의 불교 사상이다. 불교는 만물이 서로 연결되어 상호 의존하고 있다는 연기(緣起)를 깨닫고 모든 생명을 소중히 여기며 자비를 베풀 것을 강조한다.

07 정답 ④

제시된 내용은 이촌 향도 현상에 따른 도시화가 나타나는 과정을 설명한 것이다. 도시는 2·3차 산업의 발달로 인해 직업이 분화되고 다양하게 나타난다.

08 정답 ④

도시 내 콘크리트나 아스팔트로 포장된 면적 증가, 인공열 증가로 도시의 평균 기온이 주변 지역보다 높아지는 현상을 열섬 현상이라 한다.

오답피하기

① 최저 기온이 25℃ 이상인 무더운 밤을 열대야라고 한다.

② 황사 현상은 중국이나 몽골 등의 사막과 황토 지대에서 작은 모래나 먼지가 편서풍을 타고 우리나라에 영향을 주는 현상이다.

09 정답 ③

농업 사회에서는 공동체에 대한 의무를 중시하며 친밀감을 바탕으로 1차적 인간관계를 맺지만, 도시는 공동체보다 개인을 강조하며 목적을 위한 수단적 만남인 2차적 인간관계가 주로 나타난다.

10 정답 ②

2세대 인권은 약자의 인간다운 삶을 보장하기 위해 국가가 적극적으로 개입할 것을 요구하는 경제·사회·문화적 권리이다. 차별받는 집단의 인권과 연대권을 강조하는 것은 3세대 인권에 해당한다.

11 정답 ④

제시된 내용은 잊혀질 권리에 대한 내용이다.

ⓧ 오답피하기

① 환경권은 건강하고 쾌적한 환경에서 살 권리이다.
② 알 권리는 국민 개개인이 정치 사회 현상 등에 관한 정보를 자유롭게 알 수 있는 권리이다.
③ 문화권은 국민 누구나 문화 생활에 참여하고, 자신의 문화적 정체성을 유지할 권리이다.

12 정답 ①

안전 관리 제도는 안전권을 보장하기 위한 제도로, 헌법에 명시된 인권 보장을 위한 제도는 아니다.

13 정답 ②

국가로부터 국민의 기본권이 침해되었을 때 최후의 수단으로 헌법 재판소에 헌법 소원 심판을 청구할 수 있다.

14 정답 ③

제시된 내용은 흑인 인권을 위한 시민 불복종 사례이다. 시민 불복종은 위법 행위이기 때문에 처벌을 감수하며 시도하는 정의로운 행동이다.

15 정답 ④

자본주의는 결과의 평등을 지향하지 않는다. 자유로운 경제 활동을 통해 재화를 분배한다.

16 정답 ②

정부의 시장 개입으로 정부 실패가 나타나고 1970년대 석유 파동으로 스태그플레이션이 발생하면서, 정부의 역할을 제한하고 시장의 자유로운 경제 활동을 강조하는 신자유주의가 등장하였다. 신자유주의는 공기업의 민영화, 복지 축소, 자유 무역 확대, 정부 규제 완화를 주장하였다.

17 정답 ③

기회 비용은 어떤 것을 선택함으로써 포기한 것들 가운데 가장 가치가 큰 것으로 명시적 비용과 암묵적 비용을 합한 값이다. 명시적 비용은 어떤 대안을 선택함으로써 실제로 지불하는 비용이며, 암묵적 비용은 실제로 지불한 것은 아니지만 어떤 대안을 선택함에 따라 얻을 수 있었으나 포기한 경제적 이익을 말한다.

18 정답 ①

환율이 상승하면 우리나라 화폐의 가치가 감소하며 수입은 감소한다.

19 정답 ②

지리적으로 가까운 국가끼리 지역 경제 협력체를 구성하는 지역 경제 협력체에 대한 개념이다. 대표적으로 유럽 연합(EU), 동남아시아 국가 연합(ASEAN) 등이 있다.

20 정답 ②

제시된 생애 주기는 청년기에 해당한다. 청년기에는 취업 준비를 하며 수입이 발생하는 시기이다.

21 정답 ③

중국과 베트남의 시사 군도 문제는 역사적 인식 문제보다 영토 갈등에 해당한다.

22 정답 ④

세계화로 인해 무역이 확산되며 부가가치가 낮은 생산물을 수출하는 개발 도상국과 부가가치가 높은 생산물을 판매하는 선진국 사이에 빈부 격차가 심화된다.

23 정답 ②

제시된 국제 사회 행위 주체는 국제 비정부 기구이다. 민간단체나 개인을 가입 주체로 하여 국제적 연대 활동을 통해 공공의 이익을 실현하고자 한다.

24 정답 ②

제시된 내용은 전문가 합의법으로, 델파이 기법이라고도 한다. 설문을 반복하여 전문가들의 합의를 도출하는 델파이 기법은 그리스에서 예언가들이 미래를 점지하던 아폴론 신전이 있던 델포이에서 용어가 유래하였다.

25 정답 ③

기회 비용은 어떤 것을 선택함으로써 포기한 것들 가운데 가장 가치가 큰 것으로 갑은 1시간의 아르바이트를 선택하여 10,000원의 무료 커피 쿠폰을 포기한 것이다. 따라서 기회 비용은 10,000원이 된다.

제5교시 과학

01 ③	02 ④	03 ①	04 ③	05 ④
06 ①	07 ①	08 ④	09 ②	10 ③
11 ①	12 ④	13 ④	14 ③	15 ④
16 ②	17 ②	18 ①	19 ③	20 ②
21 ③	22 ①	23 ②	24 ④	25 ①

01 정답 ③

건전지는 전기 에너지를 화학 에너지 형태로 전환하여 저장한다.

02 정답 ④

열기관의 열효율이 같으므로 열기관 B의 열효율은 20%이다.

$$\text{열기관 B의 열효율(\%)} = \frac{\text{열기관이 한 일}}{\text{공급한 열량}} \times 100$$

$$= \frac{(\text{가})}{200} \times 100 = 20\%\text{이다.}$$

따라서 열기관 B가 한 일의 양(J) (가)는 40이다.

03 정답 ①

분광기를 통과한 빛이 파장에 따라 나누어져 나타나는 색의 띠를 스펙트럼이라고 하고, 연속적인 색의 띠를 연속 스펙트럼이라고 한다.

오답피하기

② 쿼크 : 빅뱅 이후 처음으로 생성되는 기본 입자이다.
③ 방출 스펙트럼 : 고온의 별 주위에서 에너지를 얻어 가열된 기체가 빛을 방출하는 경우에 생긴다.
④ 흡수 스펙트럼 : 흡수되고 남은 빛에 의해 생긴다.

04 정답 ③

대폭발 우주론을 나타낸 그림으로 우주의 부피가 커지지만 새로운 은하는 생성되지 않아 우주의 총 질량은 변하지 않는다.

05 정답 ④
ㄱ, ㄴ, ㄷ 모두 힘이 가해졌을 때 부피 변화를 통해 충돌 시간을 길게 하여 힘을 줄여 준다.

06 정답 ①
탄소는 가장 바깥쪽 전자의 개수가 4개이므로 14족이고, 전자 껍질의 개수가 2개이므로 2주기 원소이다. 따라서 2주기 14족 원소인 A가 탄소임을 알 수 있다.

07 정답 ①
세포 호흡과 연소는 모두 산소를 이용하여 물질을 통해 에너지를 얻을 수 있다.

08 정답 ④
위산이 과다하게 분비되어 속이 쓰릴 때 약한 염기성 물질이 들어 있는 제산제를 먹는 것은 중화 반응을 이용한 것이다.

09 정답 ②
A : 미토콘드리아, B : 핵, C : 세포벽, D : 엽록체
생명 활동의 중심으로 유전 정보를 저장하는 DNA가 들어 있는 장소는 핵이다.

오답피하기
① A : 세포 호흡이 일어나는 장소로 생명 활동에 필요한 에너지를 합성한다.
③ C : 세포의 형태를 유지한다.
④ D : 광합성이 일어나는 장소이다.

10 정답 ③
DNA의 유전 정보가 RNA로 전달되는 과정을 전사, RNA의 전사된 유전 정보에 따라 단백질이 합성되는 것을 번역이라고 한다.

11 정답 ①
생산자는 광합성을 통해 스스로 양분을 합성할 수 있는 생물로 식물 플랑크톤이 해당한다. 동물 플랑크톤은 다른 생물을 먹이로 하여 양분을 얻는 소비자이다.

12 정답 ④
신생대 후기에는 4번의 빙하기와 3번의 간빙기가 있었다. 신생대는 포유류와 속씨 식물이 번성하였다. 화폐석과 매머드는 신생대를 알려 주는 표준 화석이다.

13 정답 ④
DNA의 염기는 4종류(A, T, C, G)가 있으며, 타이민(T)은 아데닌(A)과, 사이토신(C)은 구아닌(G)과 항상 짝을 이루는 상보적 관계에 있다. 유라실(U)은 RNA의 염기로 A와 상보적 관계에 있다.

14 정답 ③
종 다양성은 일정한 지역에 얼마나 많은 생물종이 고르게 분포하며 살고 있는지를 의미한다. 종 다양성은 생물종이 많을수록, 종의 분포 비율이 균등할수록 종 다양성이 높다.

15 정답 ④
수력 발전은 물의 퍼텐셜 에너지에 의해 터빈을 돌려 전기 에너지를 생산하는 발전 방식이다.

16 정답 ②
엘니뇨는 무역풍이 약해져서 나타나는 현상으로 엘니뇨 현상에 의해 동태평양 적도 부근의 수온이 높아진다. 엘니뇨가 발생하면 서태평양 연안에서는 가뭄이나 산불이 발생하고, 동태평양 연안에서는 폭우나 홍수가 발생할 수 있다.

오답피하기
① 수온 약층 : 해수의 깊이에 따른 층상 구조 중 깊어질수록 수온이 낮아지는 안정한 층이다.
③ 먹이 사슬 : 생물들 사이에 먹고 먹히는 관계를 사슬 모양으로 나타낸 것
④ 쿼크 : 빅뱅 직후 가장 먼저 생성된 기본 입자이다.

17 정답 ②
ㄱ. 생물권에 유기 양분의 형태로 존재하는 탄소는 호흡을 통해 이산화 탄소 형태로 기권으로 이동한다.

ㄴ. 탄소는 석회암, 화석 연료의 형태로 지권에 존재한다.

오답피하기

ㄷ. 광합성을 통해 기권에 이산화 탄소 형태로 존재하는 탄소는 생물권에 유기 양분 형태로 이동한다.

18 정답 ①

• 지진(지권)에 의해 형성된 지진 해일(수권)의 발생은 지권과 수권이 해당한다.
• 화산 폭발(지권)에 의해 분출된 화산재로 인해 기온(기권)이 낮아지는 것은 지권과 기권이 해당한다.

19 정답 ③

탄소 나노 튜브는 그래핀이 원통 튜브 모양으로 말려 있는 구조로 그래핀과 탄소 나노 튜브의 구성 원소는 탄소(C)로 같다. 탄소 나노 튜브는 나노 기술을 이용한 신소재로 나노 단위 수준으로 크기가 작다.

20 정답 ②

규산염 사면체는 규소 1개를 중심으로 산소 4개가 공유 결합한 사면체를 말한다. 따라서 B는 규소(Si), A, C, D는 산소(O)이다.

21 정답 ③

저항이 같을 때 손실 전력은 전류 세기의 제곱에 비례하므로 전류의 세기가 클수록 손실되는 전력의 크기는 커진다. 따라서 전류의 세기가 가장 큰 C의 손실 전력 크기가 가장 크다.

22 정답 ①

핵발전은 원자로에서 우라늄 원자들이 핵분열을 할 때 발생하는 에너지로 터빈을 돌려 전기 에너지를 생산한다. 우라늄 원자핵이 핵분열할 때 방출되는 중성자의 개수를 조절하여 핵분열 속도를 조절해 주는 장치가 제어봉이다.

오답피하기

② 터빈 : 핵분열의 과정에서 발생한 열에너지로 물을 끓이고 발생한 증기로 터빈이 돌아간다.
③ 발전기 : 터빈의 회전으로 전기 에너지가 생산된다.
④ 냉각기 : 터빈을 돌리는 데 사용된 수증기를 냉각시킨다.

23 정답 ②

적정 기술은 그 기술이 사용되는 사회의 필요 및 환경 조건을 고려하여 해당 지역에서 지속적인 생산과 소비를 할 수 있는 기술이다. 따라서 대규모 사회 기반 시설이 필요하지 않고, 친환경적이다.

오답피하기

① 친환경 에너지 도시 : 지역 환경에 맞는 신재생 에너지를 활용하여 에너지와 환경 문제를 함께 해결할 수 있는 도시이다.
③ 전선 지중화 : 전기 시설을 땅속에 묻어 도시 미관 개선, 통행 불편 해소, 사고의 위험으로부터 보호 등을 목적으로 한다.
④ 지구 온난화 : 온실 기체의 증가로 온실 효과가 강화되어 지구 평균기온이 높아지는 현상이다.

24 정답 ④

수소 원자핵과 헬륨 원자핵의 개수비는 12 : 1이고 헬륨 원자핵에는 양성자 2개와 중성자 2개가 있으므로 수소 원자핵과 헬륨 원자핵의 질량비는 3 : 1이 된다.

25 정답 ①

A : 대류권, B : 성층권, C : 중간권, D : 열권
A는 높이가 높아질수록 기온이 낮아지는 대류권이다. 대류권은 대류 현상이 일어나고 수증기가 있어 기상 현상이 일어난다.

제6교시 한국사

01 ④	02 ④	03 ④	04 ④	05 ②
06 ①	07 ②	08 ③	09 ②	10 ④
11 ①	12 ②	13 ②	14 ③	15 ②
16 ④	17 ③	18 ④	19 ③	20 ②
21 ①	22 ③	23 ③	24 ②	25 ①

01 정답 ④

반달 돌칼은 청동기 시대에 사용한 농경 도구이다.

오답피하기

① 구석기 시대에는 사냥, 채집, 어로 생활을 통해 먹거리를 얻었으나, 신석기 시대부터는 농경 생활을 시작하였다.

② 신석기인들은 강가와 바닷가에 움집을 짓고 정착 생활을 하였다.

③ 구석기 시대의 대표적인 뗀석기로는 주먹도끼, 찍개, 슴베찌르개 등이 있다.

02 정답 ④

발해는 고구려 문화를 계승하여 온돌을 사용하였고, 굴식 돌방무덤과 모줄임 천장을 제작하였다.

오답피하기

① 조선 후기의 문화적 특징이다.

② 고려 시대에 해당한다.

③ 발해는 당의 3성 6부제와 장안성의 구조 등을 받아들였다.

03 정답 ④

고려 광종은 국왕의 권위를 높이기 위해 독자적 연호를 사용하였으며, 호족 세력을 약화시키고 국가 수입 기반을 확대하기 위해 노비안검법을 실시하였다. 또 과거제 실시, 백관의 공복 제정을 통해 신구 세력의 교체를 도모하고 지배층의 위계질서를 확립하고자 하였다.

오답피하기

ㄴ. 조선 초 세종은 압록강 방면에 최윤덕을, 두만강 방면에 김종서를 각기 파견하여 이들 지역에서 여진족을 몰아내고 4군 6진을 설치하였다.

ㄷ. 조선 정조는 자신의 정치적 이상을 실현하기 위해 수원에 화성을 축조하여 계획 도시로 건설한 뒤 아버지 사도 세자의 묘인 융릉을 화성으로 옮겨 자주 화성 행차를 하였다.

04 정답 ④

서경으로 수도를 옮기면 천하를 아우를 수 있다는 주장은 풍수지리설을 바탕으로 한 것이다. 풍수지리설은 땅이나 물의 모양이 인간이나 국가의 운명에 영향을 미친다는 사상으로, 신라 말부터 크게 유행하였다.

묘청 세력은 인종을 설득하기 위해 여러모로 노력하였지만, 서경에 새로 지은 궁궐이 벼락을 맞고 인종이 서경으로 가던 중 갑작스러운 폭풍을 만나는 등 불상사가 잇따르자 어려운 지경에 빠졌다. 결국 인종은 개경 세력들의 뜻을 받아들여 서경 천도 계획을 중단하였다.

05 정답 ②

연산군~명종 시기에는 훈구(기성 정치 세력)와 사림(신진 정치 세력) 간에 정치적 갈등이 심했다. 이로 인해 사화가 모두 4차례 발생하였다.

오답피하기

① 조선 시대에는 모두 2차례에 걸쳐 반정이 일어났다. 이는 연산군을 폐위한 중종 반정과 광해군을 폐위한 인조 반정이다.

③ 현종 시기에 서인과 남인은 조대비의 상복 기간을 둘러싸고 2차례 대립하였다. 이를 예송이라 한다.

④ 숙종 시기에 서인과 남인은 집권과 몰락을 반복했는데, 이를 환국이라 한다.

06 정답 ①

조선 전기에는 부국강병과 민생 안정을 위해 과학 기술을 국가에서 적극적으로 지원하였다. 농업을 국가의 근본으로 여겨 이와 관계되는 천문, 기상 관측 분야가 발달해 혼천의, 앙부일구, 자격루, 측우기 등 농업에 도움이 되는 기구들이 많이 개발되었다. 특히, 자격루는 자동으로 시간을 알려 주는 물시계로 장영실이 제작하였다.

오답피하기

② 삼국 시대, ③·④ 조선 후기의 내용이다.

07 정답 ②

ㄱ. 임진왜란으로 공명첩이 대량 발행되고, 전공을 세운 사람들에게 신분 상승 기회가 주어졌다. 이로 인해 신분 질서가 동요하였다.

ㄷ. 전쟁 후 명은 쇠퇴하고 여진족이 성장하여 후금을 건국하였다.

오답피하기

ㄴ. 몽골의 침입으로 황룡사 9층 목탑과 초조대장경 판목이 불탔다.

ㄹ. 임진왜란을 일으킨 도요토미 히데요시가 전쟁 말기에 사망하자, 일본에서는 도쿠가와 이에야스가 주도하는 에도 막부가 세워졌다.

08 정답 ③

헌정 연구회, 대한 자강회, 신민회는 모두 애국 계몽 운동 단체이다. 애국 계몽 운동은 교육과 산업을 일으켜 부국강병을 이루고자 한 것이다. 이를 위해 정치, 교육, 언론, 학문, 경제 등 각 분야에서 활동하며 국민을 계몽시키고자 하였다.

09 정답 ②

독립 협회는 독립신문을 발행하여 국민을 계몽하고, 국민의 성금을 모아 영은문이 있던 자리에 독립문을 세웠다. 또한 토론회와 연설회를 열어 국민들의 자주 독립 의식을 고취하였다. 독립 협회는 국민이 직접 정치에 참여하는 민주적인 정치를 주장하였으며, 외국의 이권 침탈에 반대하는 이권 수호 운동을 벌이기도 하였다. 또한 러시아의 공사관에 머물고 있던 고종의 환궁을 요구하였다. 이러한 독립 협회의 활동에 위협을 느낀 보수적인 정치인들은 황국 협회와의 충돌을 구실로 독립 협회를 해산시켰다.

오답피하기

① 1904년에는 서울에서 일제의 황무지 개간권 요구에 반대하여 유생, 전직 관리 등의 주도로 보안회가 설립되었다.

③ 안창호, 양기탁 등이 중심이 되어 창립한 신민회는 민족의 독립 역량을 키우기 위해 계몽 운동을 전개하였다.

④ 헌정 연구회는 입헌 정치의 연구를 위해 결성된 단체이다.

10 정답 ④

1897년 고종은 경운궁(덕수궁)으로 돌아와 국호를 '대한 제국', 연호를 '광무'로 정하고 환구단에서 황제 즉위식을 거행하였다. 그리고 구본신참이라는 원칙 아래 정치적으로는 권력 구조를 황제 중심으로 바꾸고(전제 왕권 강화), 경제적으로는 상공업 육성에 주력하는 광무개혁을 추진하였다. 전제 군주제를 바탕으로 한 일종의 헌법으로 대한국 국제를 반포하였으며, 원수부를 설치하였고, 서울에 시위대를 창설하였다. 또 조세 수입을 늘리고 근대적인 토지 소유권을 확립하기 위해 양전 사업과 지계 발급 사업을 실시하였다. 지계를 발급함으로써 법률의 보호 아래 자유롭게 토지를 매매할 수 있도록 하였다.

④ 흥선 대원군은 임진왜란 때 불타 버린 경복궁을 재건하였다.

11 정답 ①

1905년 을사늑약 체결, 1907년 고종 퇴위와 군대 해산, 1909년 사법권 박탈, 1910년 국권 침탈 순이다.

12 정답 ②

제시된 내용은 1907년 안창호, 양기탁, 이승훈 등이 중심이 되어 조직한 신민회의 활동이다. 일제 탄압으로 합법적 계몽 운동이 어려워지자 비밀 결사 조직으로 만들어진 신민회는 사회 각계 인사가 참가하였고 교육 운동에 주력하여 대성 학교 등 여러 학교를 설립하였다. 또한 신민회는 무장 독립 투쟁의 필요성을 제기하고 만주에 국외 독립군 기지를 설립하였으며, 후에 신흥 무관 학교를 세우는 등 독립 전쟁의 터전을 마련하였다. 일제는 신민회를 탄압하기 위해 총독 암살 음모를 꾀하였다는 105인 사건을 조작하여 신민회를 해체하였다.

13 정답 ②

대한민국 임시 정부의 초대 대통령은 이승만이며, 김구는 1940년부터 주석을 맡았다.

14 정답 ③

일제는 국권을 빼앗은 후, 1910년대 조선 총독부를 설치하고 조선 태형령 등 헌병 경찰 통치(무단 통치)로 우리 민족을 억압하였다. 우리의 모든 정치 활동을 금지하고, 집회와 결사의 자유를 박탈했으며 애국 운동 단체들을 해산시켰다. 또 이 시기에 일제는 토지 조사 사업을 통하여 근대적 소유권이 인정되는 토지 제도를 확립한다고 선전하였으나, 실제 목적은 식민지 지배에 필요한 재정을 마련하고 우리의 토지를 약탈하는 데 있었다. 일제는 자국의 식량 부족 문제를 해결하기 위해 1920년부터 산미 증식 계획을 추진하여 더 많은 양의 쌀을 수탈하였다. 이 때문에 한국인들은 식량 부족으로 굶주림에 시달렸고, 일부는 새로운 삶의 터전을 찾아 만주나 연해주 등 국외로 떠나기도 하였다.

더 알고가기

일제의 식민 정책

1910년대	헌병 경찰 통치(무단 통치), 토지 조사 사업, 회사령, 조선 태형령
1920년대	문화 통치, 보통 경찰제, 산미 증식 계획
1930년대 이후	민족 말살 정책(내선일체, 황국 신민 서사 암송, 신사 참배, 창씨개명), 농촌 진흥 운동, 병참 기지화 정책

15 정답 ②

1920년에는 여러 독립군 부대들이 힘을 모아 일본군에 큰 승리를 거두었다. 특히 김좌진의 북로 군정서군을 비롯한 연합 부대는 동포 사회의 지원 속에 지형을 이용한 작전을 펴며 일본군과 치열한 전투를 벌인 끝에 큰 승리를 거두었다(청산리 대첩).

16 정답 ④

박은식과 신채호는 민족의식을 강조하는 민족주의 사학을 발전시켰으며, 정인보와 문일평 등이 이를 계승하였다.

오답피하기

① 이육사, 윤동주, 이상화 등, ② 한용운이 대표적, ③ 최현배, 주시경 등이 있다.

17 정답 ③

일제는 국권을 빼앗은 후, 1910년대 조선 총독부를 설치하고 조선 태형령 등 헌병 경찰 통치(무단 통치)를 하고 일본인 교사나 관리들에게 칼을 차게 하는 등 우리 민족을 억압하였다. 우리의 모든 정치 활동을 금지하고, 집회와 결사의 자유를 박탈했으며 애국 운동 단체들을 해산시켰다. 또 이 시기에 일제는 식민지 지배에 필요한 재정을 마련하고 우리의 토지를 약탈하기 위하여 토지 조사 사업을 실시하였으나, 표면적으로는 근대적 토지 제도를 확립한다고 선전하였다. 국가 총동원법은 1938년 일제가 인적·물적 자원을 수탈하기 위해 만든 법이다.

18 정답 ④

일제는 1930년대 이후 민족 말살 통치를 실시하였다. 이 시기에는 각지에 일본 신사를 세워 참배하도록 하였으며, 어린 학생들까지도 황국 신민 서사를 외우도록 강요하였다. 일제는 우리의 민족 정신을 뿌리 뽑기 위해 이른바 일선동조론을 주장하였고, 내선일체와 황국 신민화 등의 구호를 내걸었으며, 우리말과 우리 역사의 연구와 교육을 금지하였다. 나아가 한글 신문을 폐간하고 일본식 성과 이름을 강요하였다. 또한 우리나라를 그들의 전쟁 물자를 보급하는 병참 기지로 만들고 공출이라는 이름으로 각종 물자를 약탈하였다. 또 황국 신민을 육성한다는 의미에서 '소학교'를 '국민학교'라는 이름으로 바꾸었다.

19 정답 ③

제시문은 1945년에 조직된 '조선 건국 준비 위원회'에 해당한다. 여운형은 국내의 중도 세력을 규합하여 해방 당시의 불안정한 정국을 안정시키는 데 기여하였다.

오답피하기

④ 양세봉은 1930년대 초 남만주에서 조선 혁명군을 이끌며 영릉가 전투와 흥경성 전투에서 승리하였다.

20 정답 ②

ㄱ. 1943년에 개최된 카이로 회담에서 강대국은 한반도의 독립을 최초로 약속하였다.

ㄷ. 1945년 겨울 미국, 영국, 소련은 모스크바 3국 외상 회의를 열어 '한반도의 임시 정부 수립, 미·소 공동 위원회 개최, 최대 5년 간의 신탁 통치'를 합의하였다.

ㄴ. 1946년과 1947년 봄에 미·소 공동 위원회가 개최되었다. 여기서 임시 정부 수립을 논의하려 하였으나, 참여 대상을 둘러싼 미국과 소련의 갈등으로 결국 2차례 모두 결렬됐다.

21 정답 ①

3·15 선거는 1960년에 4대 정·부통령을 선출하는 선거로, 각종 부정이 자행되었다. 이로 인해 4·19 혁명이 발발하였다. ㉠은 5·10 총선거이다.

오답피하기

㉢ 제헌 국회는 1948~1950년까지 활동하며, 헌법을 제정하고, 대통령을 선출하였으며, 친일파 청산을 위한 특별법을 통과시켰다.

22 정답 ③

이승만 정부는 지주제를 폐지하고 자영농을 육성하기 위해 농지 개혁을 추진하였다. 유상 매수, 유상 분배를 원칙으로 삼아, 3정보 이상의 땅을 보유한 경우 정부가 이를 사서 소작농에게 되파는 방식으로 진행되었다.

오답피하기

② 북한 토지 개혁은 '무상 몰수, 무상 분배'의 원칙으로 진행되었다.

④ 친일파 청산을 위해 '반민족 행위 처벌법'을 제정하였다.

23 정답 ③

박정희 정부는 경제 개발에 필요한 자금을 확보하기 위해 일본과 국교를 재개했으며, 미군을 도와 베트남에 파병했고, 독일에 광부와 간호사를 파견하였다.

오답피하기

① 김대중 정부는 북한과의 경제 교류를 확대하기 위해 개성에 공단을 설치하였다.

④ 1997년의 외환 위기에 해당한다.

24 정답 ②

제시된 내용들은 1987년 6월 민주 항쟁의 원인이 된 사건들이다. 이를 통하여 6·29 민주화 선언이 발표되었고 이후 대통령 직선제로의 개헌이 이루어졌다.

오답피하기

① 포츠담 회담은 1945년 7월에 열렸고, 카이로 선언에서 합의된 한국의 독립이 여기서 재확인되었다.

③ 광주 학생 항일 운동은 일제 강점기인 1929년에 발생한 항일 운동이다.

④ 실력 양성 운동은 민족주의 계열의 독립운동가들이 주장하여 산업과 교육 분야에서 전개된 독립운동이었다.

25 정답 ①

제시된 내용은 2000년 평양에서 열린 남북 정상 회담에서 합의된 6·15 남북 공동 선언이다. 이 선언문에서는 통일 문제의 자주적 해결을 위해 노력할 것을 천명하였고, 경제·사회·문화 부문에서의 협력을 강조하였다.

오답피하기

② 1948년 남북 협상은 남한의 단독 정부 수립에 반대하여, 남측의 김구, 김규식 등과 북측의 김일성, 김두봉 등이 평양에서 열었던 회담이다.

③ 판문점에서 열린 남북 정상 회담은 2018년 문재인 정부 때의 일이다. 당시 4·27 판문점 선언이 합의되었다.

④ 노태우 정부 때 발표된 남북 선언문은 1991년 남북 기본 합의서이다. 이 합의서에서는 남북 화해와 남북불가침, 남북의 교류와 협력 등을 확인하였다.

제7교시 도덕

01 ①	02 ②	03 ①	04 ③	05 ②
06 ②	07 ③	08 ①	09 ②	10 ③
11 ④	12 ③	13 ①	14 ④	15 ③
16 ③	17 ②	18 ①	19 ③	20 ①
21 ②	22 ②	23 ③	24 ④	25 ①

01 정답 ①

유교에서 제시한 인격 수양 방법에는 효제(孝悌)와 충서(忠恕)를 실천하고 성현의 말씀을 배워 자신의 욕망을 다스려야 하며, 사욕을 제거하고 예를 회복하는 극기복례(克己復禮)의 자세를 강조하였다. 또한 불교에서는 모든 존재와 현상은 다양한 원인(因)과 조건(緣)에 의해 생겨난다고 보는 연기설을 주장하였다.

02 정답 ②

제시문은 죽음에 관한 에피쿠로스와 공자의 생각이다. 에피쿠로스는 죽기 전에는 아직 죽음을 접하지 않았고, 죽은 뒤에는 이미 죽음을 경험할 수 없으므로 죽음을 알 수 있는 방법은 없으며, 따라서 죽음을 두려워할 필요가 없다고 보았다. 공자는 죽음에 대한 지나친 고민으로 현세의 삶을 온전히 살지 못해서는 안 된다고 보았으며, 그에 따라 현세의 삶에서 인격 수양에 충실할 것을 강조하였다. 도교에서는 죽음은 기의 흩어짐으로, 삶은 기의 모임으로 이해하며, 이에 따라 삶과 죽음은 기의 서로 다른 구성일 뿐이라고 본다.

03 정답 ①

기술에 대한 의존성이 심화되고, 기술이 주는 편리함에 빠져 비판적인 성찰 없이 맹목적으로 수용하게 되는 것은 정보 기술 발달의 부정적 측면이다.

04 정답 ③

도덕 원리의 정당성을 검증하는 것은 바른 윤리 문제 탐구의 자세이다.

05 정답 ②

제시문은 역할 교환 검사법으로 '살생을 해서는 안 된다.'는 도덕 원리를 만약 자신이 실제 난치병에 걸려 신약 개발이 절실히 필요할 때도 적용할 수 있는지 검토해 볼 수 있다.

06 정답 ②

①, ③, ④는 공리주의 관점이고, ②는 응보주의 관점에 대한 설명이다.

07 정답 ③

사회 윤리는 문제의 원인과 해결을 사회 구조와 제도에서 찾는다. 개인의 양심을 강조하는 것은 개인 윤리이다.

08 정답 ①

롤스의 차등의 원칙은 최소 수혜자에 대한 우선적 배려를 전제로 한다.

① 최소 수혜자에게 이익이 되는 정책으로 볼 수 없다.

09 정답 ②

'최대 다수의 최대 행복'을 옳은 행위를 판단하는 기준으로 삼은 이론은 공리주의 윤리설이다.

10 정답 ③

제시문은 기존 윤리가 과학 기술을 따라잡지 못한 윤리적 공백에 대한 내용으로, 미래 세대를 고려해야 함을 주장하고 있다. 이는 요나스의 책임 윤리 입장이다.

11 정답 ④

소극적 차원에서 정치 참여를 통해 국가 권력이 부당하게 개인의 권리를 침해하는 것을 막을 수 있다. 적극적 차원에서 정치 참여는 시민 각자의 정치적 견해나 선호를 공공 정책에 반영할 수 있도록 한다.

12 정답 ③

지속 가능한 발전은 인간과 자연이 공존해야 한다는 전

제 아래 경제 성장과 환경 보존의 조화와 균형을 추구한다. 또한 자연이 가진 자정 능력의 한계를 고려하고 미래 세대의 권리를 존중하여 개발과 성장의 건전한 지속성을 추구한다.

13 정답 ①

의사소통의 합리성이 작용할 때에는 다른 사람의 주장을 거부할 수도 있다.

14 정답 ④

필요한 정보를 제공하는 것은 정보적 지지이다. 정보적 지지는 언어 적응에 도움을 주고 문화적 이질감을 완화시키며 심리적 적응 과정에서 겪는 어려움을 개선하는 데에도 도움이 된다.

15 정답 ③

다문화 사회는 동일성보다 차이를 강조한다. 들뢰즈나 레비나스 등 현대 철학자들은 다문화 사회에서의 다양성과 차이를 존중해야 한다는 점을 강조한다.

16 정답 ③

오답피하기

① 전일론적 관점을 주장하였다. – 생태 중심주의
② 인간에 대한 도덕적 의무만을 강조하였다. – 인간 중심주의
④ 도덕적 고려의 범위를 동물에까지 확대하였다. – 동물 중심주의

17 정답 ②

제시문은 성과 사랑의 관계에 대한 입장 중 중도주의적 입장에 대한 설명이다.

18 정답 ①

생태 중심주의 윤리는 무생물을 포함한 생태계 전체를 도덕적 고려 대상으로 여기는 입장이다. 생태 중심주의 윤리는 생명 개체에만 초점을 맞춰 생태계 전체를 바라보지 못하는 개체 중심적인 환경 윤리를 비판한다. 이에 도덕적 고려의 범위를 개별 생명체가 아닌 무생물을 포함한 생태계 전체로 보아야 한다는 전일론(holism)적 입장을 취한다.

19 정답 ③

통일은 점진적이고 단계적으로 이루어야 한다. 남북한의 다양한 사회적·문화적 교류를 통해 민족의 동질성을 재확인하고 민족 공동체 의식을 회복한 후 체제의 통합으로 나아갈 필요가 있다.

20 정답 ①

국제 분쟁을 해결하려면 세계 질서에서 사회적·경제적으로 소외당하는 소수 민족이나 약소 국가를 적극적으로 배려할 수 있는 국제적 차원의 제도적 장치를 마련하고 이것이 현실적 효력을 발휘할 수 있도록 해야 한다. 빈곤에 노출된 국가에게 국제 원조 기구에 의한 기부를 통해 분배 정의를 실현해야 하며, 이들 국가가 국제 정치의 주변부에만 머물지 않도록 민주주의적 참여를 보장하는 것 등이 이러한 노력에 해당할 것이다.

21 정답 ②

몇몇 강대국이 자본과 시장을 독점하는 것은 빈부 격차를 심화시키는 원인이 된다.

22 정답 ②

공직자의 생활 태도는 일반 국민의 생활 방식과 가치관에 많은 영향을 미치므로 근면하고 검소한 생활을 실천함으로써 일반 국민에게 모범을 보여야 하고, 공직자는 준법 정신과 청렴 정신을 가져야 한다.
②는 공직자 윤리를 강화하기 위한 개인적 방안이며, 나머지는 공직자 비리를 예방하기 위한 제도적 장치이다.

23 정답 ③

과학 기술은 자연을 도구적 가치로 바라보게 함으로써 환경 위기를 초래하기도 하였다. 자연을 인간의 이익을 위해 변형하고 이용할 수 있는 대상으로 바라보는 관점

은 자원 고갈과 환경 파괴의 직접적인 원인이 되었다고 할 수 있다.

24 정답 ④

여성의 사회적 역할이 커진 현대 사회에서는 전통적인 성 역할의 구분이 사라지고 있으며, 양성평등 의식을 가질 것이 요구되고 있다. 양성평등이란 여성과 남성이 권리나 의무, 신분 등에 차별이 없고 한결같음을 의미하며, 양성의 차이를 존중하고 상호 보완성을 인식할 때 구현할 수 있다. 또 사회 제도에서 차별 금지를 강화할 필요도 있다.

25 정답 ①

해외 원조의 윤리적 근거

- 싱어 : 이익 평등 고려 원칙에 따라 인종과 국적에 따른 차별을 반대, 공리주의 입장에 따라 해외 원조를 통해 개인의 고통을 감소시킬 것을 강조
- 롤스 : 불리한 여건의 사회가 질서 정연한 사회가 되도록 도울 의무가 있음을 강조
- 노직 : 개인의 절대적 소유권을 강조하고 원조나 기부는 자유로운 선택임을 강조

고졸

검정고시

실전 모의고사

고등학교 졸업학력 검정고시 답안지

성 명 (한 글)						
수 험 번 호						
(1)						
(2)	⓪	⓪	⓪	⓪	⓪	⓪
	①	①	①	①	①	①
	②	②	②	②	②	②
	③	③	③	③	③	③
	④	④	④	④	④	④
	⑤	⑤	⑤	⑤	⑤	⑤
	⑥	⑥	⑥	⑥	⑥	⑥
	⑦	⑦	⑦	⑦	⑦	⑦
	⑧	⑧	⑧	⑧	⑧	⑧
	⑨	⑨	⑨	⑨	⑨	⑨

교시	과 목 명	표기란
1		○
2		○
3		○
4		○
5		○
6		○
7		○

문항	답 란	문항	답 란	문항	답 란
1	① ② ③ ④	11	① ② ③ ④	21	① ② ③ ④
2	① ② ③ ④	12	① ② ③ ④	22	① ② ③ ④
3	① ② ③ ④	13	① ② ③ ④	23	① ② ③ ④
4	① ② ③ ④	14	① ② ③ ④	24	① ② ③ ④
5	① ② ③ ④	15	① ② ③ ④	25	① ② ③ ④
6	① ② ③ ④	16	① ② ③ ④		
7	① ② ③ ④	17	① ② ③ ④		
8	① ② ③ ④	18	① ② ③ ④		
9	① ② ③ ④	19	① ② ③ ④		
10	① ② ③ ④	20	① ② ③ ④		

※ 성명, 수험번호, 과목명 확인 후 감독관 날인.

감독관 확인란	

※ 응시자는 표기하지 마시오.

결시자 표기란	○

답안지 작성요령

1. 답안지 작성은 반드시 컴퓨터용 수성사인펜을 사용하여 다음 보기와 같이 표기합니다.
   〈보기〉 정상 답안 표기: ●　　무효 처리 답안 크기: Ⓥ ⊗ ⊙ ◐ ⦶
2. 성명은 한글로 기재합니다.
3. 수험번호 (1)란은 아라비아 숫자를 쓰고, (2)란은 해당번호에 ● 표기 합니다.
4. 과목명 란은 해당교시 과목명을 한글로 기재하고 ● 표기 합니다.
5. 답안지에 낙서를 하거나 긁거나 구기면 안 됩니다.
6. 수정액(수정스티커)을 사용하거나 2개 이상 표기한 문항은 무효 처리 됩니다.

고등학교 졸업학력 검정고시 답안지

성 명 (한 글)						
수 험 번 호						
(1)						
(2)	⓪ ① ② ③ ④ ⑤ ⑥ ⑦ ⑧ ⑨	⓪ ① ② ③ ④ ⑤ ⑥ ⑦ ⑧ ⑨	⓪ ① ② ③ ④ ⑤ ⑥ ⑦ ⑧ ⑨	⓪ ① ② ③ ④ ⑤ ⑥ ⑦ ⑧ ⑨	⓪ ① ② ③ ④ ⑤ ⑥ ⑦ ⑧ ⑨	⓪ ① ② ③ ④ ⑤ ⑥ ⑦ ⑧ ⑨

교시	과 목 명	표기란
1		○
2		○
3		○
4		○
5		○
6		○
7		○

문항	답 란	문항	답 란	문항	답 란
1	① ② ③ ④	11	① ② ③ ④	21	① ② ③ ④
2	① ② ③ ④	12	① ② ③ ④	22	① ② ③ ④
3	① ② ③ ④	13	① ② ③ ④	23	① ② ③ ④
4	① ② ③ ④	14	① ② ③ ④	24	① ② ③ ④
5	① ② ③ ④	15	① ② ③ ④	25	① ② ③ ④
6	① ② ③ ④	16	① ② ③ ④		
7	① ② ③ ④	17	① ② ③ ④		
8	① ② ③ ④	18	① ② ③ ④		
9	① ② ③ ④	19	① ② ③ ④		
10	① ② ③ ④	20	① ② ③ ④		

※ 성명, 수험번호, 과목명 확인 후 감독관 날인.

감독관 확인란	

※ 응시자는 표기하지 마시오.

결시자 표기란	○

답안지 작성요령

1. 답안지 작성은 반드시 컴퓨터용 수성사인펜을 사용하여 다음 보기와 같이 표기합니다.
   〈보기〉 정상 답안 표기: ● 무효 처리 답안 표기: Ⓥ ⊗ ⊙ ◐ ⊘
2. 성명은 한글로 기재합니다.
3. 수험번호 (1)란은 아라비아 숫자를 쓰고, (2)란은 해당번호에 ● 표기 합니다.
4. 과목명 란은 해당교시 과목명을 한글로 기재하고 ● 표기 합니다.
5. 답안지에 낙서를 하거나 긁거나 구기면 안 됩니다.
6. 수정액(수정스티커)을 사용하거나 2개 이상 표기한 문항은 무효 처리 됩니다.

고등학교 졸업학력 검정고시 답안지

성 명 (한 글)						
수 험 번 호						
(1)						
(2)	⓪ ① ② ③ ④ ⑤ ⑥ ⑦ ⑧ ⑨	⓪ ① ② ③ ④ ⑤ ⑥ ⑦ ⑧ ⑨	⓪ ① ② ③ ④ ⑤ ⑥ ⑦ ⑧ ⑨	⓪ ① ② ③ ④ ⑤ ⑥ ⑦ ⑧ ⑨	⓪ ① ② ③ ④ ⑤ ⑥ ⑦ ⑧ ⑨	⓪ ① ② ③ ④ ⑤ ⑥ ⑦ ⑧ ⑨

교시	과 목 명	표기란
1		○
2		○
3		○
4		○
5		○
6		○
7		○

문항	답 란	문항	답 란	문항	답 란
1	① ② ③ ④	11	① ② ③ ④	21	① ② ③ ④
2	① ② ③ ④	12	① ② ③ ④	22	① ② ③ ④
3	① ② ③ ④	13	① ② ③ ④	23	① ② ③ ④
4	① ② ③ ④	14	① ② ③ ④	24	① ② ③ ④
5	① ② ③ ④	15	① ② ③ ④	25	① ② ③ ④
6	① ② ③ ④	16	① ② ③ ④		
7	① ② ③ ④	17	① ② ③ ④		
8	① ② ③ ④	18	① ② ③ ④		
9	① ② ③ ④	19	① ② ③ ④		
10	① ② ③ ④	20	① ② ③ ④		

※ 성명, 수험번호, 과목명 확인 후 감독관 날인.

감독관 확인란	

※ 응시자는 표기하지 마시오.

결시자 표기란	○

답안지 작성요령

1. 답안지 작성은 반드시 컴퓨터용 수성사인펜을 사용하여 다음 보기와 같이 표기합니다.
   〈보기〉 정상 답안 표기: ● 무효 처리 답안 표기: ⓥ ⊗ ⊙ ◐ ⦶
2. 성명은 한글로 기재합니다.
3. 수험번호 (1)란은 아라비아 숫자를 쓰고, (2)란은 해당번호에 ● 표기 합니다.
4. 과목명 란은 해당교시 과목명을 한글로 기재하고 ● 표기 합니다.
5. 답안지에 낙서를 하거나 긁거나 구기면 안 됩니다.
6. 수정액(수정스티커)을 사용하거나 2개 이상 표기한 문항은 무효 처리 됩니다.

고등학교 졸업학력 검정고시 답안지

성 명 (한 글)						
수 험 번 호						
(1)						
(2)	⓪ ① ② ③ ④ ⑤ ⑥ ⑦ ⑧ ⑨	⓪ ① ② ③ ④ ⑤ ⑥ ⑦ ⑧ ⑨	⓪ ① ② ③ ④ ⑤ ⑥ ⑦ ⑧ ⑨	⓪ ① ② ③ ④ ⑤ ⑥ ⑦ ⑧ ⑨	⓪ ① ② ③ ④ ⑤ ⑥ ⑦ ⑧ ⑨	⓪ ① ② ③ ④ ⑤ ⑥ ⑦ ⑧ ⑨

교시	과 목 명	표기란
1		○
2		○
3		○
4		○
5		○
6		○
7		○

문항	답 란	문항	답 란	문항	답 란
1	① ② ③ ④	11	① ② ③ ④	21	① ② ③ ④
2	① ② ③ ④	12	① ② ③ ④	22	① ② ③ ④
3	① ② ③ ④	13	① ② ③ ④	23	① ② ③ ④
4	① ② ③ ④	14	① ② ③ ④	24	① ② ③ ④
5	① ② ③ ④	15	① ② ③ ④	25	① ② ③ ④
6	① ② ③ ④	16	① ② ③ ④		
7	① ② ③ ④	17	① ② ③ ④		
8	① ② ③ ④	18	① ② ③ ④		
9	① ② ③ ④	19	① ② ③ ④		
10	① ② ③ ④	20	① ② ③ ④		

※ 성명, 수험번호, 과목명 확인 후 감독관 날인.

감독관 확인란	

※ 응시자는 표기하지 마시오.

결시자 표기란	○

답안지 작성요령

1. 답안지 작성은 반드시 컴퓨터용 수성사인펜을 사용하여 다음 보기와 같이 표기합니다.
   〈보기〉 정상 답안 표기: ● 무효 처리 답안 표기: Ⓥ ⊗ ⊙ ◐ ⊘
2. 성명은 한글로 기재합니다.
3. 수험번호 (1)란은 아라비아 숫자를 쓰고, (2)란은 해당번호에 ● 표기 합니다.
4. 과목명 란은 해당교시 과목명을 한글로 기재하고 ● 표기 합니다.
5. 답안지에 낙서를 하거나 긁거나 구기면 안 됩니다.
6. 수정액(수정스티커)을 사용하거나 2개 이상 표기한 문항은 무효 처리 됩니다.

고등학교 졸업학력 검정고시 답안지

성 명 (한 글)						
수 험 번 호						
(1)						
(2)	⓪	⓪	⓪	⓪	⓪	⓪
	①	①	①	①	①	①
	②	②	②	②	②	②
	③	③	③	③	③	③
	④	④	④	④	④	④
	⑤	⑤	⑤	⑤	⑤	⑤
	⑥	⑥	⑥	⑥	⑥	⑥
	⑦	⑦	⑦	⑦	⑦	⑦
	⑧	⑧	⑧	⑧	⑧	⑧
	⑨	⑨	⑨	⑨	⑨	⑨

※ 성명, 수험번호, 과목명 확인 후 감독관 날인.

감독관 확인란	

교시	과 목 명	표기란
1		○
2		○
3		○
4		○
5		○
6		○
7		○

※ 응시자는 표기하지 마시오.

결시자 표기란	○

문항	답 란	문항	답 란	문항	답 란
1	① ② ③ ④	11	① ② ③ ④	21	① ② ③ ④
2	① ② ③ ④	12	① ② ③ ④	22	① ② ③ ④
3	① ② ③ ④	13	① ② ③ ④	23	① ② ③ ④
4	① ② ③ ④	14	① ② ③ ④	24	① ② ③ ④
5	① ② ③ ④	15	① ② ③ ④	25	① ② ③ ④
6	① ② ③ ④	16	① ② ③ ④		
7	① ② ③ ④	17	① ② ③ ④		
8	① ② ③ ④	18	① ② ③ ④		
9	① ② ③ ④	19	① ② ③ ④		
10	① ② ③ ④	20	① ② ③ ④		

답안지 작성요령

1. 답안지 작성은 반드시 컴퓨터용 수성사인펜을 사용하여 다음 보기와 같이 표기합니다.
   〈보기〉 정상 답안 표기: ●　무효 처리 답안 표기: ⓥ ⊗ ⊙ ◐ ⊘
2. 성명은 한글로 기재합니다.
3. 수험번호 (1)란은 아라비아 숫자를 쓰고, (2)란은 해당번호에 ● 표기 합니다.
4. 과목명 란은 해당교시 과목명을 한글로 기재하고 ● 표기 합니다.
5. 답안지에 낙서를 하거나 긁거나 구기면 안 됩니다.
6. 수정액(수정스티커)을 사용하거나 2개 이상 표기한 문항은 무효 처리 됩니다.

고등학교 졸업학력 검정고시 답안지

성 명 (한 글)						
수 험 번 호						
(1)						
(2)	⓪	⓪	⓪	⓪	⓪	⓪
	①	①	①	①	①	①
	②	②	②	②	②	②
	③	③	③	③	③	③
	④	④	④	④	④	④
	⑤	⑤	⑤	⑤	⑤	⑤
	⑥	⑥	⑥	⑥	⑥	⑥
	⑦	⑦	⑦	⑦	⑦	⑦
	⑧	⑧	⑧	⑧	⑧	⑧
	⑨	⑨	⑨	⑨	⑨	⑨

교시	과 목 명	표기란
1		○
2		○
3		○
4		○
5		○
6		○
7		○

문항	답 란	문항	답 란	문항	답 란
1	① ② ③ ④	11	① ② ③ ④	21	① ② ③ ④
2	① ② ③ ④	12	① ② ③ ④	22	① ② ③ ④
3	① ② ③ ④	13	① ② ③ ④	23	① ② ③ ④
4	① ② ③ ④	14	① ② ③ ④	24	① ② ③ ④
5	① ② ③ ④	15	① ② ③ ④	25	① ② ③ ④
6	① ② ③ ④	16	① ② ③ ④		
7	① ② ③ ④	17	① ② ③ ④		
8	① ② ③ ④	18	① ② ③ ④		
9	① ② ③ ④	19	① ② ③ ④		
10	① ② ③ ④	20	① ② ③ ④		

※ 성명, 수험번호, 과목명 확인 후 감독관 날인.

감독관 확인란	

※ 응시자는 표기하지 마시오.

결시자 표기란	○

답안지 작성요령

1. 답안지 작성은 반드시 컴퓨터용 수성사인펜을 사용하여 다음 보기와 같이 표기합니다.
   〈보기〉 정상 답안 표기: ● 무효 처리 답안 표기: ⓥ ⊗ ⊙ ◐ ⊘
2. 성명은 한글로 기재합니다.
3. 수험번호 (1)란은 아라비아 숫자를 쓰고, (2)란은 해당번호에 ● 표기 합니다.
4. 과목명 란은 해당교시 과목명을 한글로 기재하고 ● 표기 합니다.
5. 답안지에 낙서를 하거나 긁거나 구기면 안 됩니다.
6. 수정액(수정스티커)을 사용하거나 2개 이상 표기한 문항은 무효 처리 됩니다.

고등학교 졸업학력 검정고시 답안지

성 명 (한 글)						
수 험 번 호						
(1)						
(2)	⓪	⓪	⓪	⓪	⓪	⓪
	①	①	①	①	①	①
	②	②	②	②	②	②
	③	③	③	③	③	③
	④	④	④	④	④	④
	⑤	⑤	⑤	⑤	⑤	⑤
	⑥	⑥	⑥	⑥	⑥	⑥
	⑦	⑦	⑦	⑦	⑦	⑦
	⑧	⑧	⑧	⑧	⑧	⑧
	⑨	⑨	⑨	⑨	⑨	⑨

※ 성명, 수험번호, 과목명 확인 후 감독관 날인.

감독관 확인란	

교시	과 목 명	표기란
1		○
2		○
3		○
4		○
5		○
6		○
7		○

※ 응시자는 표기하지 마시오.

결시자 표기란	○

문항	답 란	문항	답 란	문항	답 란
1	① ② ③ ④	11	① ② ③ ④	21	① ② ③ ④
2	① ② ③ ④	12	① ② ③ ④	22	① ② ③ ④
3	① ② ③ ④	13	① ② ③ ④	23	① ② ③ ④
4	① ② ③ ④	14	① ② ③ ④	24	① ② ③ ④
5	① ② ③ ④	15	① ② ③ ④	25	① ② ③ ④
6	① ② ③ ④	16	① ② ③ ④		
7	① ② ③ ④	17	① ② ③ ④		
8	① ② ③ ④	18	① ② ③ ④		
9	① ② ③ ④	19	① ② ③ ④		
10	① ② ③ ④	20	① ② ③ ④		

답안지 작성요령

1. 답안지 작성은 반드시 컴퓨터용 수성사인펜을 사용하여 다음 보기와 같이 표기합니다.
   〈보기〉 정상 답안 표기: ● 무효 처리 답안 표기: Ⓥ ⊗ ⊙ ◐ ⊘
2. 성명은 한글로 기재합니다.
3. 수험번호 (1)란은 아라비아 숫자를 쓰고, (2)란은 해당번호에 ● 표기 합니다.
4. 과목명 란은 해당교시 과목명을 한글로 기재하고 ● 표기 합니다.
5. 답안지에 낙서를 하거나 긁거나 구기면 안 됩니다.
6. 수정액(수정스티커)을 사용하거나 2개 이상 표기한 문항은 무효 처리 됩니다.

고등학교 졸업학력 검정고시 답안지

성 명 (한 글)						
수 험 번 호						
(1)						
(2)	⓪	⓪	⓪	⓪	⓪	⓪
	①	①	①	①	①	①
	②	②	②	②	②	②
	③	③	③	③	③	③
	④	④	④	④	④	④
	⑤	⑤	⑤	⑤	⑤	⑤
	⑥	⑥	⑥	⑥	⑥	⑥
	⑦	⑦	⑦	⑦	⑦	⑦
	⑧	⑧	⑧	⑧	⑧	⑧
	⑨	⑨	⑨	⑨	⑨	⑨

교시	과 목 명	표기란
1		○
2		○
3		○
4		○
5		○
6		○
7		○

문항	답 란	문항	답 란	문항	답 란
1	① ② ③ ④	11	① ② ③ ④	21	① ② ③ ④
2	① ② ③ ④	12	① ② ③ ④	22	① ② ③ ④
3	① ② ③ ④	13	① ② ③ ④	23	① ② ③ ④
4	① ② ③ ④	14	① ② ③ ④	24	① ② ③ ④
5	① ② ③ ④	15	① ② ③ ④	25	① ② ③ ④
6	① ② ③ ④	16	① ② ③ ④		
7	① ② ③ ④	17	① ② ③ ④		
8	① ② ③ ④	18	① ② ③ ④		
9	① ② ③ ④	19	① ② ③ ④		
10	① ② ③ ④	20	① ② ③ ④		

※ 성명, 수험번호, 과목명 확인 후 감독관 날인.

감독관 확인란	

※ 응시자는 표기하지 마시오.

결시자 표기란	○

답안지 작성요령

1. 답안지 작성은 반드시 컴퓨터용 수성사인펜을 사용하여 다음 보기와 같이 표기합니다.
   〈보기〉 정상 답안 표기: ● 무효 처리 답안 표기: Ⓥ ⊗ ⊙ ◐ ⊘
2. 성명은 한글로 기재합니다.
3. 수험번호 (1)란은 아라비아 숫자를 쓰고, (2)란은 해당번호에 ● 표기 합니다.
4. 과목명 란은 해당교시 과목명을 한글로 기재하고 ● 표기 합니다.
5. 답안지에 낙서를 하거나 긁거나 구기면 안 됩니다.
6. 수정액(수정스티커)을 사용하거나 2개 이상 표기한 문항은 무효 처리 됩니다.

고등학교 졸업학력 검정고시 답안지

성 명 (한 글)						
수 험 번 호						
(1)						
(2)	⓪①②③④⑤⑥⑦⑧⑨	⓪①②③④⑤⑥⑦⑧⑨	⓪①②③④⑤⑥⑦⑧⑨	⓪①②③④⑤⑥⑦⑧⑨	⓪①②③④⑤⑥⑦⑧⑨	⓪①②③④⑤⑥⑦⑧⑨

※ 성명, 수험번호, 과목명 확인 후 감독관 날인.

감독관 확인란	

교시	과 목 명	표기란
1		○
2		○
3		○
4		○
5		○
6		○
7		○

※ 응시자는 표기하지 마시오.

결시자 표기란	○

문항	답 란	문항	답 란	문항	답 란
1	① ② ③ ④	11	① ② ③ ④	21	① ② ③ ④
2	① ② ③ ④	12	① ② ③ ④	22	① ② ③ ④
3	① ② ③ ④	13	① ② ③ ④	23	① ② ③ ④
4	① ② ③ ④	14	① ② ③ ④	24	① ② ③ ④
5	① ② ③ ④	15	① ② ③ ④	25	① ② ③ ④
6	① ② ③ ④	16	① ② ③ ④		
7	① ② ③ ④	17	① ② ③ ④		
8	① ② ③ ④	18	① ② ③ ④		
9	① ② ③ ④	19	① ② ③ ④		
10	① ② ③ ④	20	① ② ③ ④		

답안지 작성요령

1. 답안지 작성은 반드시 컴퓨터용 수성사인펜을 사용하여 다음 보기와 같이 표기합니다.
   〈보기〉 정상 답안 표기: ● 무효 처리 답안 표기: ⓥ ⊗ ⊙ ◐ ⊘
2. 성명은 한글로 기재합니다.
3. 수험번호 (1)란은 아라비아 숫자를 쓰고, (2)란은 해당번호에 ● 표기 합니다.
4. 과목명 란은 해당교시 과목명을 한글로 기재하고 ● 표기 합니다.
5. 답안지에 낙서를 하거나 긁거나 구기면 안 됩니다.
6. 수정액(수정스티커)을 사용하거나 2개 이상 표기한 문항은 무효 처리 됩니다.

고등학교 졸업학력 검정고시 답안지

성 명 (한 글)						
수 험 번 호						
(1)						
(2)	⓪	⓪	⓪	⓪	⓪	⓪
	①	①	①	①	①	①
	②	②	②	②	②	②
	③	③	③	③	③	③
	④	④	④	④	④	④
	⑤	⑤	⑤	⑤	⑤	⑤
	⑥	⑥	⑥	⑥	⑥	⑥
	⑦	⑦	⑦	⑦	⑦	⑦
	⑧	⑧	⑧	⑧	⑧	⑧
	⑨	⑨	⑨	⑨	⑨	⑨

교시	과 목 명	표기란
1		○
2		○
3		○
4		○
5		○
6		○
7		○

문항	답 란	문항	답 란	문항	답 란
1	① ② ③ ④	11	① ② ③ ④	21	① ② ③ ④
2	① ② ③ ④	12	① ② ③ ④	22	① ② ③ ④
3	① ② ③ ④	13	① ② ③ ④	23	① ② ③ ④
4	① ② ③ ④	14	① ② ③ ④	24	① ② ③ ④
5	① ② ③ ④	15	① ② ③ ④	25	① ② ③ ④
6	① ② ③ ④	16	① ② ③ ④		
7	① ② ③ ④	17	① ② ③ ④		
8	① ② ③ ④	18	① ② ③ ④		
9	① ② ③ ④	19	① ② ③ ④		
10	① ② ③ ④	20	① ② ③ ④		

※ 성명, 수험번호, 과목명 확인 후 감독관 날인.

감독관 확인란	

※ 응시자는 표기하지 마시오.

결시자 표기란	○

답안지 작성요령

1. 답안지 작성은 반드시 컴퓨터용 수성사인펜을 사용하여 다음 보기와 같이 표기합니다.
   〈보기〉 정상 답안 표기: ● 무효 처리 답안 표기: ⓥ ⊗ ⊙ ◐ ⦸
2. 성명은 한글로 기재합니다.
3. 수험번호 (1)란은 아라비아 숫자를 쓰고, (2)란은 해당번호에 ● 표기 합니다.
4. 과목명 란은 해당교시 과목명을 한글로 기재하고 ● 표기 합니다.
5. 답안지에 낙서를 하거나 긁거나 구기면 안 됩니다.
6. 수정액(수정스티커)을 사용하거나 2개 이상 표기한 문항은 무효 처리 됩니다.

고등학교 졸업학력 검정고시 답안지

성 명 (한 글)						
수 험 번 호						
(1)						
(2)	⓪	⓪	⓪	⓪	⓪	⓪
	①	①	①	①	①	①
	②	②	②	②	②	②
	③	③	③	③	③	③
	④	④	④	④	④	④
	⑤	⑤	⑤	⑤	⑤	⑤
	⑥	⑥	⑥	⑥	⑥	⑥
	⑦	⑦	⑦	⑦	⑦	⑦
	⑧	⑧	⑧	⑧	⑧	⑧
	⑨	⑨	⑨	⑨	⑨	⑨

※ 성명, 수험번호, 과목명 확인 후 감독관 날인.

감독관 확인란	

교시	과 목 명	표기란
1		○
2		○
3		○
4		○
5		○
6		○
7		○

※ 응시자는 표기하지 마시오.

결시자 표기란	○

문항	답 란	문항	답 란	문항	답 란
1	① ② ③ ④	11	① ② ③ ④	21	① ② ③ ④
2	① ② ③ ④	12	① ② ③ ④	22	① ② ③ ④
3	① ② ③ ④	13	① ② ③ ④	23	① ② ③ ④
4	① ② ③ ④	14	① ② ③ ④	24	① ② ③ ④
5	① ② ③ ④	15	① ② ③ ④	25	① ② ③ ④
6	① ② ③ ④	16	① ② ③ ④		
7	① ② ③ ④	17	① ② ③ ④		
8	① ② ③ ④	18	① ② ③ ④		
9	① ② ③ ④	19	① ② ③ ④		
10	① ② ③ ④	20	① ② ③ ④		

답안지 작성요령

1. 답안지 작성은 반드시 컴퓨터용 수성사인펜을 사용하여 다음 보기와 같이 표기합니다.
   〈보기〉 정상 답안 표기: ● 무효 처리 답안 표기: ⓥ ⊗ ⊙ ◐ ⊘
2. 성명은 한글로 기재합니다.
3. 수험번호 (1)란은 아라비아 숫자를 쓰고, (2)란은 해당번호에 ● 표기 합니다.
4. 과목명 란은 해당교시 과목명을 한글로 기재하고 ● 표기 합니다.
5. 답안지에 낙서를 하거나 긁거나 구기면 안 됩니다.
6. 수정액(수정스티커)을 사용하거나 2개 이상 표기한 문항은 무효 처리 됩니다.

고등학교 졸업학력 검정고시 답안지

성 명 (한 글)						
수 험 번 호						
(1)						
(2)	⓪	⓪	⓪	⓪	⓪	⓪
	①	①	①	①	①	①
	②	②	②	②	②	②
	③	③	③	③	③	③
	④	④	④	④	④	④
	⑤	⑤	⑤	⑤	⑤	⑤
	⑥	⑥	⑥	⑥	⑥	⑥
	⑦	⑦	⑦	⑦	⑦	⑦
	⑧	⑧	⑧	⑧	⑧	⑧
	⑨	⑨	⑨	⑨	⑨	⑨

교시	과 목 명	표기란
1		○
2		○
3		○
4		○
5		○
6		○
7		○

문항	답 란	문항	답 란	문항	답 란
1	① ② ③ ④	11	① ② ③ ④	21	① ② ③ ④
2	① ② ③ ④	12	① ② ③ ④	22	① ② ③ ④
3	① ② ③ ④	13	① ② ③ ④	23	① ② ③ ④
4	① ② ③ ④	14	① ② ③ ④	24	① ② ③ ④
5	① ② ③ ④	15	① ② ③ ④	25	① ② ③ ④
6	① ② ③ ④	16	① ② ③ ④		
7	① ② ③ ④	17	① ② ③ ④		
8	① ② ③ ④	18	① ② ③ ④		
9	① ② ③ ④	19	① ② ③ ④		
10	① ② ③ ④	20	① ② ③ ④		

※ 성명, 수험번호, 과목명 확인 후 감독관 날인.

감독관 확인란	

※ 응시자는 표기하지 마시오.

결시자 표기란	○

답안지 작성요령

1. 답안지 작성은 반드시 컴퓨터용 수성사인펜을 사용하여 다음 보기와 같이 표기합니다.
   〈보기〉 정상 답안 표기: ● 무효 처리 답안 표기: Ⓥ ⊗ ⊙ ◐ ⊘
2. 성명은 한글로 기재합니다.
3. 수험번호 (1)란은 아라비아 숫자를 쓰고, (2)란은 해당번호에 ● 표기 합니다.
4. 과목명 란은 해당교시 과목명을 한글로 기재하고 ● 표기 합니다.
5. 답안지에 낙서를 하거나 긁거나 구기면 안 됩니다.
6. 수정액(수정스티커)을 사용하거나 2개 이상 표기한 문항은 무효 처리 됩니다.

고등학교 졸업학력 검정고시 답안지

성 명 (한 글)						
수 험 번 호						
(1)						
(2)	⓪	⓪	⓪	⓪	⓪	⓪
	①	①	①	①	①	①
	②	②	②	②	②	②
	③	③	③	③	③	③
	④	④	④	④	④	④
	⑤	⑤	⑤	⑤	⑤	⑤
	⑥	⑥	⑥	⑥	⑥	⑥
	⑦	⑦	⑦	⑦	⑦	⑦
	⑧	⑧	⑧	⑧	⑧	⑧
	⑨	⑨	⑨	⑨	⑨	⑨

※ 성명, 수험번호, 과목명 확인 후 감독관 날인.

감독관 확인란	

교시	과 목 명	표기란
1		○
2		○
3		○
4		○
5		○
6		○
7		○

※ 응시자는 표기하지 마시오.

결시자 표기란	○

문항	답 란	문항	답 란	문항	답 란
1	① ② ③ ④	11	① ② ③ ④	21	① ② ③ ④
2	① ② ③ ④	12	① ② ③ ④	22	① ② ③ ④
3	① ② ③ ④	13	① ② ③ ④	23	① ② ③ ④
4	① ② ③ ④	14	① ② ③ ④	24	① ② ③ ④
5	① ② ③ ④	15	① ② ③ ④	25	① ② ③ ④
6	① ② ③ ④	16	① ② ③ ④		
7	① ② ③ ④	17	① ② ③ ④		
8	① ② ③ ④	18	① ② ③ ④		
9	① ② ③ ④	19	① ② ③ ④		
10	① ② ③ ④	20	① ② ③ ④		

답안지 작성요령

1. 답안지 작성은 반드시 컴퓨터용 수성사인펜을 사용하여 다음 보기와 같이 표기합니다.
   〈보기〉 정상 답안 표기: ● 무효 처리 답안 표기: Ⓥ ⊗ ⊙ ◐ ⦸
2. 성명은 한글로 기재합니다.
3. 수험번호 (1)란은 아라비아 숫자를 쓰고, (2)란은 해당번호에 ● 표기 합니다.
4. 과목명 란은 해당교시 과목명을 한글로 기재하고 ● 표기 합니다.
5. 답안지에 낙서를 하거나 긁거나 구기면 안 됩니다.
6. 수정액(수정스티커)을 사용하거나 2개 이상 표기한 문항은 무효 처리 됩니다.

고등학교 졸업학력 검정고시 답안지

성 명 (한 글)						
수 험 번 호						
(1)						
(2)	⓪	⓪	⓪	⓪	⓪	⓪
	①	①	①	①	①	①
	②	②	②	②	②	②
	③	③	③	③	③	③
	④	④	④	④	④	④
	⑤	⑤	⑤	⑤	⑤	⑤
	⑥	⑥	⑥	⑥	⑥	⑥
	⑦	⑦	⑦	⑦	⑦	⑦
	⑧	⑧	⑧	⑧	⑧	⑧
	⑨	⑨	⑨	⑨	⑨	⑨

교시	과 목 명	표기란
1		○
2		○
3		○
4		○
5		○
6		○
7		○

문항	답 란	문항	답 란	문항	답 란
1	① ② ③ ④	11	① ② ③ ④	21	① ② ③ ④
2	① ② ③ ④	12	① ② ③ ④	22	① ② ③ ④
3	① ② ③ ④	13	① ② ③ ④	23	① ② ③ ④
4	① ② ③ ④	14	① ② ③ ④	24	① ② ③ ④
5	① ② ③ ④	15	① ② ③ ④	25	① ② ③ ④
6	① ② ③ ④	16	① ② ③ ④		
7	① ② ③ ④	17	① ② ③ ④		
8	① ② ③ ④	18	① ② ③ ④		
9	① ② ③ ④	19	① ② ③ ④		
10	① ② ③ ④	20	① ② ③ ④		

※ 성명, 수험번호, 과목명 확인 후 감독관 날인.

감독관 확인란	

※ 응시자는 표기하지 마시오.

결시자 표기란	○

답안지 작성요령

1. 답안지 작성은 반드시 컴퓨터용 수성사인펜을 사용하여 다음 보기와 같이 표기합니다.
   〈보기〉 정상 답안 표기: ● 무효 처리 답안 표기: Ⓥ ⊗ ⊙ ◐ ⦸
2. 성명은 한글로 기재합니다.
3. 수험번호 (1)란은 아라비아 숫자를 쓰고, (2)란은 해당번호에 ● 표기 합니다.
4. 과목명 란은 해당교시 과목명을 한글로 기재하고 ● 표기 합니다.
5. 답안지에 낙서를 하거나 긁거나 구기면 안 됩니다.
6. 수정액(수정스티커)을 사용하거나 2개 이상 표기한 문항은 무효 처리 됩니다.